내일을 위한 역사

HISTORY FOR TOMORROW

Copyright © Roman Krznaric, 2024
First published as History for Tomorrow in 2024 by WH Allen, an imprint of Ebury Publishing. Ebury Publishing is a part of the Penguin Random House group of companies.

Korean translation copyright © 2025 by TheQuest(Gilbut)
Korean translation rights arranged with The Random House Group Limited through EYA Co.,Ltd.

- 이 책의 한국어판 저작권은 EYA Co., Ltd를 통한 The Random House Group Limited 사와의 독점계약이므로 ㈜도서출판 길벗(더퀘스트)가 소유합니다. 저작권법에 의해 한국 내에서 보호받는 저작물이므로 무단 전재 및 복제를 금합니다.

내일을 위한 역사

과거의 세계가 미래를 구할 수 있을까?

로먼 크르즈나릭 지음 | 조민호 옮김

더퀘스트

이 책에 쏟아진 찬사

탁월한 지식과 통찰력이 돋보이는 책. 과거를 이해하면 어떻게 미래를 더 잘 준비할 수 있는지 명확하고 냉철하게 설명한다. 수긍하지 않을 수 없다.

피터 프랭코판 | 《실크로드 세계사》《기후변화 세계사》 저자

큰 깨우침에 오싹하기까지 하다. 이 책은 우리가 누구이고 무엇을 할 수 있는지 알려준다.

조지 몽비오 | 《갱생》《우리는 어떻게 이 혼란에 빠졌는가》 저자

인간 존재가 뭉쳐서 힘을 합치고 서로를 도울 때 무엇을 해냈으며 또 무엇을 해낼 수 있는지 보여주는 사례로 가득하다. 사려 깊고, 혜안 있고, 용기를 북돋는 책이다.

마이클 우드 | 역사가, 방송인, 맨체스터대학교 공공역사학 교수

읽는 내내 즐겁고 유익했다. 우리 마음과 영혼을 열어 세상을 새로운 눈으로 바라보게 해주고, 우리 스스로 새로운 종(種)이 되어 곤경에 처한 세상을 실제로 바꿀 수 있도록 돕는다.

게일 브래드브룩 | 환경운동가, 멸종 반란(XR) 공동 설립자

오늘날 세상에 닥친 거대한 문제를 해결하는 데 꼭 필요한 생각들.

브라이언 이노 | 음악가, 혁신가

종합과 상상의 결정체. 세계 역사의 다채로운 모습들을 엮어 현재의 우리를 활기찬 미래로 이끌 패턴을 만들어냈다. 과거에 이미 실행한 적이 있고 새로운 공식으로 재적용할 수 있는 광대한 기록을 한 권에 담았다. 지혜롭고 실용적이다.

킴 스탠리 로빈슨 | 《쌀과 소금의 시대》《미래부》 저자

우리 시대 희망의 신호탄을 쏘아 올릴 역사적 순간에 관한 흥미진진한 이야기.

아미타브 고시 | 《육두구의 저주》 저자

전 세계에 걸친 드넓은 역사적 사건 사이의 예상치 못한 연관성을 찾아낸 걸작. 과거를 낭만화하지 않으면서 현재의 시급한 문제를 해결할 대안을 모색하도록 이끈다. 유례없이 독특하고 희망적인 책이다.

엘렌 느뵈 크링겔바흐 | 유니버시티칼리지런던 아프리카 인류학 교수

로먼 크르즈나릭은 우리 모두를 위해 과거로 눈을 돌렸다. 그의 이 절묘한 사례 연구로 우리는 현재 직면한 가장 큰 도전을 어떻게 헤쳐나가야 할지, 무엇을 배워서 능력을 확보해야 할지 알 수 있게 됐다.

세라 놋 | 인디애나대학교 역사학 교수, 《엄마의 역사》 저자

옮긴이 **조민호** 안타레스 대표. 연세대학교 철학과를 졸업한 뒤 저작권 에이전트, 단행본 출판 편집자로 일하면서 인문 및 경제경영 도서를 기획·편집했다. 옮긴 책으로 《가난한 리처드의 달력》《불안을 철학하다》《로빈 니블렛의 신냉전》《지루할 틈 없는 경제학》《과학이 권력을 만났을 때》《이코노믹 허스토리》 등이 있다.

내일을 위한 역사

초판 발행 · 2025년 11월 25일

지은이 · 로먼 크르즈나릭
옮긴이 · 조민호
발행인 · 이종원
발행처 · (주)도서출판 길벗
브랜드 · 더퀘스트
출판사 등록일 · 1990년 12월 24일
주소 · 서울시 마포구 월드컵로 10길 56(서교동)
대표전화 · 02)332-0931 | **팩스** · 02)323-0586
홈페이지 · www.gilbut.co.kr | **이메일** · gilbut@gilbut.co.kr
대량구매 및 납품 문의 · 02)330-9408

기획 및 책임편집 · 박윤조(joecool@gilbut.co.kr) | **편집** · 안아람, 이민주 | **제작** · 이준호, 손일순, 이진혁
마케팅 · 정경원, 김선영, 정지연, 이지원, 이지현 | **유통혁신팀** · 한준희 | **영업관리** · 김명자, 심선숙
독자지원 · 윤정아

교정교열 및 전산편집 · 이은경 | **표지디자인** · [★] 규 | **CTP 출력, 인쇄, 제본** · 정민

- 더퀘스트는 ㈜도서출판 길벗의 인문교양·비즈니스 단행본 브랜드입니다.
- 이 책은 저작권법의 보호를 받는 저작물로 이 책에 실린 모든 내용, 디자인, 이미지, 편집 구성은 허락 없이 복제하거나 다른 매체에 옮겨 실을 수 없습니다.
- 인공지능(AI) 기술 또는 시스템을 훈련하기 위해 이 책의 전체 내용은 물론 일부 문장도 사용하는 것을 금지합니다.
- 잘못 만든 책은 구입한 서점에서 바꿔 드립니다.

ISBN 979-11-407-1642-5 03100
(길벗 도서번호 040287)

값 21,000원

독자의 1초까지 아껴주는 길벗출판사

㈜도서출판 길벗 | IT단행본, 성인어학, 교과서, 수험서, 경제경영, 교양, 자녀교육, 취미실용 www.gilbut.co.kr
길벗스쿨 | 국어학습, 수학학습, 주니어어학, 어린이단행본, 학습단행본 www.gilbutschool.co.kr

인스타그램 thequest_book | 페이스북 thequestzigi | 네이버 포스트 thequestbook

"역사 서술의 가장 중요하고 올바른 과업은
사람들이 과거 행위에 관한 지식으로
현재를 신중히 견디고 미래를 현명하게
대비하도록 가르치는 데 있다."

토머스 홉스가 1628년 번역한 투키디데스의 《펠로폰네소스 전쟁사》 옮긴이 서문에서

머리말

앞으로 나아가기 위한 뒤돌아봄

역사의 통찰은 인류의 미래를 위해 모두가 함께 나눠야 할 보물창고다. 현재 시제가 지배하는 우리 시대는 과거의 경험이 우리가 나아갈 길을 안내하는 지침이 되어준다는 사실을 심각하게 과소평가한다. 생태계 붕괴 위협, 부의 불평등 심화, AI(인공지능)와 유전공학의 위험에 이르는 21세기의 집단적 도전에 직면하고서도 우리는 선조들에게 대대로 물려받은 엄청난 지혜의 보고를 활용할 줄 모른다. 앞으로 나아갈 길을 찾으려면 지나온 길부터 뒤돌아봐야 한다.

    오늘날 폭정은 우리의 공공생활을 지배하는 형태로 드러나고 있다. 정치인들 대부분은 오늘 자 머리기사에 대처하거나 최신 정책 추세를 따라가느라 정신이 없어서 하던 일을 잠시 멈추고 과거로부터 배우는 데 시간을 들이지 못한다. 소셜미디어는 우리의 관심을 온통 지금 이 순간에만 붙잡아두고, 이른바 '테크 구루tech guru'라는 사람들은 최첨단 기술이 우리 문명을 구원하리라고 맹신한다. 탄소 포집, 합성생물학, 인공지능 알고리즘만 있다면 역사는 아무짝에도 쓸모가 없는 걸까?

하지만 우리 일상에서는 놀라울 정도로 많은 사람이 과거에 매료되어 살고 있다. 수백만 명이 넘는 사람들이 역사 다큐멘터리 영상에 빠져 지낸다. 역사 팟캐스트도 열심히 듣고, 역사 전기도 심취해 읽으며, 쉴 때면 고대 유적지도 찾아다니고, 자기 조상이 누구인지 알고 싶어서 여기저기 알아보기도 한다. 과거를 향한 이런 열정이 인류가 앞으로 수십 년 동안 마주할 갖가지 딜레마를 해결하는 데 활용된다면 어떨지 한번 상상해보자.

그럴 만한 충분한 이유도 있다. 투키디데스Thucydides, 이븐 할둔Ibn Khaldun, 토머스 홉스Thomas Hobbes로 이어지는 남다른 역사 사상가들의 계보는 저마다 과거에 대한 연구가 미래를 탐색하는 데 큰 도움이 된다고 강조해왔다. 이를 일컬어 '응용역사Applied History'라고 부르기도 한다.[1] 그 목적은 노스트라다무스Nostradamus처럼 미래를 예측하는 게 아닌 미래를 향한 상상력을 열어주는 것이다. 역사는 우리에게 과거의 위기가 어땠는지 상기시키고, 하마터면 잊힐 뻔한 다양한 사회 조직 방식을 전수하고, 현재의 불의와 권력 관계의 뿌리를 드러내고, 생존과 번영을 위한 변화를 이끌 단서를 제공한다. 역사는 예언자가 아닌 상담자다. 우리에게 새로운 질문을 던져서 다른 길도 가능하다는 사실을 깨우치도록 격려한다. 일찍이 괴테Johann Wolfgang von Goethe는 역사가 공급해주는 자양분이 무엇인지 이해했고, "3,000년 세월을 쓰지 못하는 자는 하루하루를 근근이 살아갈 뿐"이라고 했다.[2]

복잡하기 짝이 없는 세상에서도 역사는 그와 같은 안내자로서 약속을 지킬 수 있을까? 쿠바 미사일 위기가 한창이던 1962년 10월에 미국 존 F. 케네디John F. Kennedy 대통령은 바버라 W. 터크먼Barbara W. Tuchman이 쓴 대중 역사서 신작 《8월의 포성The Guns of August》(1962)에서 지혜를 구했다. 정치인들과 군사 지도자들의 잘못된 인식, 잘못된 계산, 잘못된 행동이 어떻게 1차 세계대전의 발발로 이어졌는지를 이해하기 쉽게 연대순으로 기록한 책이었다. 케네디 대통령은 미국의 공격적인 정책 대응이 소련의 니키타 흐루쇼프Nikita Khrushchev 총리가 핵 단추를 누르도록 자극하는 연쇄적 결정으로 이어질까 봐 우려했다. 마침내 그는 동생이자 법무부 장관인 로버트 F. 케네디Robert F. Kennedy에게 "이번에는 '10월의 미사일The Missiles of October' 비슷한 책이 나오게 하지 않을 것"이라면서 이렇게 덧붙였다. "이후에 누군가 책을 쓴다면 알게 되겠지. 우리가 평화를 찾기 위해 얼마나 노력했고, 적이 변화할 여지를 주고자 얼마나 애썼는지를."³

역사학계는 쿠바 미사일 위기의 국면 전환 요인에 대해 지금도 열띤 논쟁을 펼치고 있다. 그렇지만 당시 핵전쟁 위험을 감수하면서까지 쿠바 침공을 고집하는 행정부 내 강경파에 맞서 신중한 접근방식으로 외교적 해결책을 모색하기로 한 케네디 대통령의 결단에 터크먼의 책이 결정적 역할을 했다는 데는 대체로 수긍한다. 결과적으로 위기는 성공적으로 해소됐다. 역사학자 마거릿 맥밀런Margaret MacMillan은 케네디 대통령이 그 책을 읽고 "누적된 착오와 실책이 어떻게 커다란 재앙을 초래할 수 있는지 뼈저리게 깨달았다"라고 평가했다.⁴ 성서에서 아돌프 히틀러Adolf Hitler의 《나의 투쟁Mein Kampf》(1925)에 이르기까지 전쟁을 자극한 여러 책이 있었다. 반면《8월의 포성》은 전쟁을 막아낸 몇 안 되는 책 가운데 하나일 것이다.

이 이야기는 지금 우리 시대를 향한 메시지이며 역사에서 배우는 것이 얼마나 큰 힘이 되는지 보여준다. 한편으로는 철학자 조지 산타야나George Santayana의 명언 "과거를 기억하지 못하는 이들은 과거를 반복할 운명에 처한다"처럼 역사가 귀중한 경고도 될 수 있음을 시사한다.[5] 케네디가 그랬듯이 과거의 실수를 기억하고 그로부터 배우는 일도 유용하지만, 역사가 우리를 이끌어주기를 바란다면 과거의 업적을 기억하고 그로부터 영감을 받는 일도 그에 못지않게 중요하다. 그렇기에 나는 이 책에서 과거에 대해 이중적으로 접근할 생각이다. 무엇이 옳았는지 보여주는 긍정적인 사례와 무엇이 틀렸는지 알려주는 경고의 이야기 모두에서 통찰을 찾을 것이다.

나 또한 역사를 '위대한 자들의 전기'라고 규정한 토머스 칼라일Thomas Carlyle의 낡은 관념에 도전해야 한다고 믿는다. 강력한 정치 지도자, 군사 지도자, 재계 거물이나 저명한 인사들의 결정과 행동이 역사의 전부가 아니다. 이런 엘리트주의적인 역사관은 이미 지난 반세기 동안 '아래로부터의 역사'를 중시하는 생각의 전환이 일어나면서 반박됐다. 에드워드 파머 톰슨Edward Palmer Thompson, 크리스토퍼 힐Christopher Hill, 내털리 지먼 데이비스Natalie Zemon Davis 등을 비롯한 공공·구전 역사 운동과 프랑스 아날학파École des Annales(정치·외교·전쟁 중심의 기존 역사학에서 벗어나 다양한 학문을 포괄해 역사를 문화적, 생활사적으로 기술하는 사조 – 옮긴이)의 전통을 따르는 역사가들의 연구는 사회운동과 지역사회 공동체 및 일반 시민들이 과거의 지형을 형성할 때 이바지했던 역할을 무시한 채 너무 많은 역사가 권력자 관점에서만 기록되었다고 지적했다. 그리고 그런 행태에는 당연히 결과가 따랐다. 역사가이자 정치학자 하워드 진Howard Zinn은 《미국 민중사A People's History of the United States》(1980)에서 이렇게 썼다. "대부분의 역사는 반발을 축소하고 국정을 과장함으로써 시민의 무력감을 조장한다."[6]

나는 이 '아래로부터의 역사'라는 움직임에 발맞춰 오늘날 인류가 직면한 가장 시급한 과제를 해결하고자 할 때 우리가 공동의 과거에서 어떤 영감을 얻을 수 있는지 찾아내려고 이 책을 썼다. 최악의 가뭄, 녹아내리는 빙하, 극단으로 치닫는 극우주의, 무너지는 복지, 고갈하는 에너지, 만연하는 바이러스, 무자비한 사이버 공격 등 전 지구적 시스템의 불빛은 이미 꺼질 듯이 깜빡거리기 시작했다. 마치 항구적인 위기의 시대로 접어드는 것 같다. 이런 때 역사는 혼란 속에서 키를 바로잡게 해줄 나침반이다. 역사의 보편적인 '법칙'을 발견했다고 주장하려는 게 아니다. 과거 역사의 방대한 복잡성을 떠올려볼 때 그런 시도는 헛된 망상에 불과하다. 역사적 변화가 어떤 식으로 일어나는지 특정 이론 모델이나 논지를 옹호하려는 것도 아니다.[7] 오히려 하워드 진의 정신을 기리며, 역사 속 이야기와 통찰로 사회 변화를 주도할 모든 이에게 힘을 싣고 싶을 뿐이다. 비단 정치인이나 정책 입안자뿐 아니라 지역 공동체 지도자, 학생 활동가, 사회적 기업가, 거리의 운동가, 교사는 물론 사람 사는 이야기에 중대한 변화의 순간을 가져오고자 하는 모든 시민을 위해서.

이 책의 10개 장은 각각 물 부족, 불평등 심화, 유전자 조작 위험 같은 핵심적인 글로벌 과제를 다룬다. 이 연구는 인간 사회의 생존과 번영에 근본적인 생태적·사회정치적·기술적 위협을 식별해 문명 붕괴와 실존적 위험에 대응하는 여러 학문 분야에서 출발한다.[8] 그런 뒤 우리가 지금의 도전에 더 혁신적이고 효과적인 방식으로 접근하려면 다양한 문화와 대륙에 걸친 지난 1,000년의 역사에서 무엇을 배울 수 있는지 물을 것이다. 때로는 좀 더 추가적인 관점을 확보하기 위해 괴테가 활용해야 한다고 말한 3,000년 세월까지 거슬러 올라간다. 다만 과거 역사를 고도로 다면화하고 글로벌화한 현재 우리 세계에 최대한 적용할 수 있도록 대부분의 사례는 당시 규모가 크고 복잡했던 도시사회들에서 가져왔다.

각기 독립적인 글로도 읽을 수 있는 앞으로 펼쳐질 장에서 나는 역사를 만들어가는 데 통상적으로 더 많은 관심을 받는 기술 혁신과 비교해 사회 혁신 또한 매우 중요하다는 사실을 설명할 것이다. 여기에서 사회 혁신이란 집단 행동과 인간 조직 그리고 공동선을 위한 공유된 이상의 혁신을 말하며, 사회운동의 파괴적 잠재력에서 직접민주주의로의 급진적 가능성, 공유지 관리와 관련한 숨겨진 역사에 이르기까지 무척 다양하다. 증기기관이나 스마트폰 발명에 버금가는 사회 혁신은 첨단 신기술에 비견될 정도로 우리 사회 전체를 변화의 '티핑 포인트Tipping Point'로 이끌어왔다. 과거의 지혜를 활용하고 싶다면 협력, 상호부조, 집단 참여 등 비범한 인간 역량에 관해 그동안 발견한 모든 것에서 배워야 한다. 관계적 르네상스가 필요한 때다.

연구하는 동안 나는 흥미진진한 역사적 사례를 자주 접했고,

이는 놀랄 만한 질문으로 이어졌다. 19세기 노예 봉기는 화석연료 중독에서 벗어나는 데 어떤 통찰을 줄 수 있을까? 자본주의 역사는 AI의 위험을 완화하는 데 필요한 것들을 이해할 때 어떤 도움이 될까? 문화적 관대함을 베풀었던 중세 이슬람 왕국은 이민이 폭증하는 시대에 어떤 교훈을 줄까? 극심한 소비주의로 몸살을 앓는 오늘날, 근대 산업화 이전의 일본에서 무엇을 배울 수 있을까? 인쇄기의 발명이나 조지 왕조 시대 런던의 커피하우스에서 촉발했던 갈등은 현재 소셜미디어가 초래한 정치적 양극화를 줄이는 데 어떤 아이디어를 제공해줄까? 식민지 이전 시대의 인도에서 쿠바 혁명에 이르기까지, 중국 청나라에서 핀란드 여성인권 투쟁에 이르기까지 수많은 역사는 격동의 미래를 헤쳐나갈 뜻밖의 시각과 전망을 보여준다.

나는 학문적으로 훈련받은 정치학자다. 역사의 렌즈로 세상을 바라보는 일은 지난 30년 동안 내 모든 연구와 글쓰기의 공통 분모였다. 갖가지 '주의主義'를 비롯해 일, 공감, 민주주의, 장기적 사고 같은 주제에 관해 역사적 관점을 취하는 모든 책, 기사, 논문이 그렇게 나왔다.[9] 이 책《내일을 위한 역사History for Tomorrow》도 마찬가지다. 나는 나 자신을 과거의 해석자나 대사大使로 여기면서 전문 역사가들의 저작을 탐구하고 그것을 다가올 세기의 위기와 연관 짓는다. 그러다 보니 나는 기록 보관소 깊숙한 곳에서 오랜 세월을 보내며 지적 풍요를 만들어낸 모든 역사가에게 큰 빚을 지고 있다. 이 책은 그들의 업적 없이는 결코 쓰이지 못했을 것이다.

나는 부모님께도 빚을 졌다. 십대 시절 저녁 식탁에서 부모님은 내게 역사에서 배워야 한다는 생각을 처음으로 심어주었다. 아버지는 폴란드에서 2차 세계대전 트라우마를 겪고 유럽을 떠나 오스트레일리아로 피난한 난민 경험담을 들려주곤 했다. 새어머니의 영향은 더 컸다. 새어머니는 전쟁통에 폭격으로 쑥대밭이 된 이탈리아 고향 마을에서 살아남은 열정적이고 헌신적인 중등학교 역사 선생님이었다. 와인을 한두 잔 마시고 나면 늘 이탈리아 통일과 공화국 수립의 영웅 주세페 가리발디Giuseppe Garibaldi에서 산업화한 영국의 노동조합 운동과 중세의 박식가 힐데가르트 폰 빙엔Hildegard von Bingen처럼 역사에서 소외당한 여성에 이르기까지 진짜 역사의 위대한 인물, 운동, 사건에 관해 말해주었다. 새어머니는 세상을 이해하는 데 역사가 무척이나 중요하고 생동감 있게 느껴지도록 만드는 재능을 지녔다. 발칸반도에서 지속 가능한 평화를 구축하려면 수백 년 전으로까지 거슬러 올라가는 지역감정부터 알아야 한다고 강조하기도 했다. 우리 선조들이 왜 애당초 수도, 철도, 의료 등을 공공 소유로 만들기 위해 그토록 오랫동안 투쟁했는지 기억한다면 그런 공공 서비스를 민영화하지는 못할 것이다. 글로벌 생태운동도 그 옛날 여성 참정권론자들과 인도 독립운동의 역사에서 배워야 할 점이 많다.

그런데 그 모든 것에는 주의해야 할 부분이 있다. 역사는 손쉽게 남용되고 악용될 수 있기에 과거에서 본보기를 구하는 일은 잠재적으로 위험한 과제다. 이오시프 스탈린Iosif Stalin과 마오쩌둥毛澤東을 비롯한 수많은 독재자는 역사책에서 자신들의 잔혹 행위를 지우는 데 능숙했다. 1990년대 발칸전쟁 때 세르비아 지도자들은 과거를 조작해 크로아티아와 보스니아가 고대 세르비아 제국의 일부였으므로 당연히 자신들의 영토라고 주장했고, 이에 크로아티아도 비슷한 신화를 만들어냈다.[10] 지금도 포퓰리즘에 취한 정치인들은 이민자들을 문 앞에 묶어두려고 국가적 순수성을 운운하며 가공의 역사를 퍼뜨린다. 이처럼 정치권력은 대중의 없던 기억을 만들어내기도 한다.

따라서 역사를 통해 배우는 데는 여러 어려움이 있다는 사실을 애초부터 인정하는 자세가 필요하다. 지금 이런 종류의 책도 과거 사례 가운데 일부만 골라낸 것으로 보일 수도 있다. 물론 사실이다. 체리는 따야 먹을 수 있기 때문이다. 모든 역사 서술은 선택적으로 이뤄진다. 주제, 시기, 관련 인물, 인종과 젠더, 문화와 기술, 정량적 데이터를 비롯한 갖가지 방법론적 문제를 선별해야 한다. 관건은 접근방식의 타당성과 명확성이다. 나는 수많은 역사적 맥락을 고려해 21세기 인류가 직면한 10가지 주요 위기를 해결하는 데 영감을 주는 사건과 일화를 의식적으로 선택했고, 특히 평범한 사람들의 집단적 투쟁과 주도적 행동에 적극적으로 초점을 맞췄다. 그것이야말로 우리가 가장 큰 잠재적 주체성을 발휘할 수 있는 영역이기 때문이다. 우리 대부분은 존 F. 케네디처럼 정치, 미디어, 비즈니스 같은 분야에서 공공 의제에 직접 영향을 끼칠 수 있는 강력한 인물들이 아니다. 하지만 역사는 우리가 다른 이들과 연대해 함께 행동함으로써 불확실한 미래를 헤쳐나갈 수 있음을 늘 보여줬다. 내가 딴 체리가 여러분의 생각과 행동에 값진 자양분이 되기를 바란다.

소설가 레슬리 폴 하틀리Leslie Poles Hartley는 《중개인The Go-Between》(1953) 첫머리에 이렇게 썼다. "과거는 낯선 나라다. 그곳에서 사람들은 다르게 산다." 우리는 정말로 우리와 다른 듯 보이는 과거 사회에서 배움을 기대할 수 있을까? 인식과 겸손을 바탕으로 한다면 가능하다고 믿는다. 우리 선조들이 디지털 네트워크나 인간 유전체 조작 같은 문제에 휘말리지 않았던 것은 사실이다. 그러나 그들도 가난과 전염병부터 전쟁과 물 부족에 이르기까지 오늘날의 문제들과 본질적으로 유사한 많은 어려움을 겪고 있었다. 유추analogy는 시간의 경계를 넘어 연결고리를 찾는 데 유용하다. 인공지능처럼 겉보기에 완전히 현대적인 기술조차도 과거에서 닮은꼴 사례를 찾을 수 있다. 그렇더라도 맹목적으로 유사점이나 차이점만 부각하거나 섣부른 단순화로 잘못된 비교를 하지 않도록 유의해야 한다. 모든 독재자가 또 다른 아돌프 히틀러도 아니고, 모든 전쟁이 또 다른 베트남전쟁도 아니며, 모든 경제 위기가 또 다른 월스트리트 붕괴도 아니다.[11]

제대로 된 인식이 필요한 또 하나의 문제는 정체성 및 사회적 지위와 관련이 있다. 응용역사 분야는 여전히 백인, 그것도 백인 남성이 크게 장악하고 있다.[12] 나는 이에 따라 발생할지 모를 편견과 왜곡을 알고 있기에, AI가 잘못 학습한 인종적 편견과 제국주의 유산에 식민지 역사에서 얻은 올바른 통찰을 적용한 컴퓨터과학자 아베바 비르하네Abeba Birhane나 사회학자 케힌데 앤드루스Kehinde Andrews의 연구 같은 더 광범위한 학문 분야도 참조했다.[13] 나아가 나는 내가 글로벌 노스Global North 출신임을 인지한다. 이 책에서 여러분을 포함해 지칭하는 '우리'도 대부분 북반구 선진국에 산다. 그래서 나는 되도록 유럽 및 북아메리카와 더불어 글로벌 사우스Global South와 비서구 문화권의 역사도 제시해 균형을 맞추려고 노력했다(맺음말에서 이 부분을 요약해 설명한다).

마지막으로, 과거를 낭만화하는 위험이 존재한다. 인류 역사는 온갖 비극으로 뒤덮여 있다는 사실을 인정하는 것이 중요하다. 끊임없이 전쟁이 일어났고, 수많은 사람이 굶주렸고, 착취가 만연했고, 사회가 무너졌다 일어나기를 반복했다. 그렇다고 이런 일들이 업적을 가려서는 안 될 것이다. 우리 선조들은 언제나 불의에 맞서 싸웠고, 위기에서 살아남았고, 도시와 문명을 재건하고자 몇 번이고 일어섰으며, 갖은 역경을 딛고 시대의 시련에 직면하면서 계속 우리에게 영감의 원천을 선물했다. 지난 1,000년에 우리가 상상조차 하지 못한 길과 가능성이 흩뿌려져 있다.

이 책은 궁극적으로 역사적 사고가 가진 힘을 이야기한다. 우리가 역사적으로 생각하면 현재의 폭정에 해독제를 제시할 수 있고, 미래 기술만 바라보며 구원을 갈망하는 맹목적인 진보의 서사에 반박할 수 있다. 우리에게 근본적인 희망의 메시지를 전하는 수많은 역사의 장이 있다. 우리 종種의 비범한 협력 역량을 토대로 함께 행동하면 우리 주변을 둘러싼 생태적·정치적·기술적 혼란을 헤쳐나갈 뜻밖의 해법을 찾을 수 있다. 마오리족 격언을 마음속에 새기면서 내일로 향하는 여정을 시작해보자. "과거에 눈을 둔 채 미래를 향해 거꾸로 걸어라."

차례

머리말 | 앞으로 나아가기 위한 뒤돌아봄 9

1장
화석연료 중독을 끊는 방법
저항운동과 불복종의 힘

두 반란 이야기 31
급진파의 숨겨진 역사 40
점진주의의 꺼져가는 불꽃을 살리다 43

2장
관대함을 키우는 방법
더불어 살아간 중세 이슬람 왕국

중국계 미국인과 황화의 공포 60
알안달루스: 중세 이슬람 왕국의 관용과 격동 67
내일의 도시를 위한 상생의 설계 75

3장
소비주의에서 벗어나는 방법
산업화 이전의 일본과 재생경제 설계

간소한 삶을 향한 극한 운동 89

에도노믹스: 산업화 이전 일본 경제에서 배우는 지속 가능성 95
지속 가능한 미래를 위한 선택 재설계 102

4장

소셜미디어를 길들이는 방법
인쇄문화와 커피하우스의 탄생

인쇄술은 어떻게 양극화, 박해, 폭력을 부채질했나 117
커피하우스 문화와 공론장의 탄생 127
활자적 사고에서 디지털 사고로 138

5장

모두를 위한 물을 얻는 방법
물 전쟁과 공유지의 위대함

물이 문명을 세우고 무너뜨리는 방식 146
수력민주주의와 모두를 위한 약속 152
새로운 물 전쟁 시대 159
역사의 손길을 더한 21세기 수자원 관리 165

6장

민주주의의 믿음을 되살리는 방법
지난날 공동체 민주주의의 재발견

민주주의는 어떻게 비민주적으로 설계되었는가 178
민주주의의 비공식 역사 181
쿠르드족 혁명가들이 공동체 민주주의를 받아들인 방법 189
시민의회와 숙의민주주의 193

7장

유전공학을 관리하는 방법
우생학의 허울과 공동선을 향한 탐구

미국의 우생학과 아우슈비츠로의 길 207
10센트들의 행진과 소아마비 근절 캠페인 216
유전자 공유지와 기업가형 국가 222

8장

불평등 격차를 줄이는 방법
케랄라와 핀란드의 평등 투쟁

케랄라 여성들이 카스트와 식민주의에 저항한 방법 237
핀토피아: 핀란드가 변두리 후진국에서 평등주의 쇼케이스로 떠오른 방법 245
근본적 희망과 연대의 힘 253

9장

AI를 효과적으로 통제하는 방법

자본의 착취에서 분산 소유권으로

금융자본주의는 어떻게 통제 불능의 슈퍼시스템이 되었는가 261
자본주의의 화신: AI, 추출의 기술 270
분산 소유권: 실리콘밸리에서 협동조합 밸리까지 281

10장

문명 붕괴를 피하는 방법

국가와 제국이 위기와 변화에서 살아남은 방법

아사비야와 집단 연대의 힘 297
생명애와 살아 있는 세상과의 화해 305
위기 대응: 위기로 혁신적 변화를 일으키는 방법 314

맺음말 | 근본적 희망이 남아 있는 5가지 이유 325

1장

화석연료 중독을 끊는 방법

저항운동과 불복종의 힘

'웨스트인디아인터레스트West India Interest'라는 조직이 있었다. 영국 역사상 가장 강력했던 정치 로비 집단 중 하나였다. 보통은 줄여서 '인터레스트'라고 불렸는데, 이름 그대로 서인도제도 식민지의 이익을 도모했다. 이해관계가 맞는 농장주, 상인, 금융업자, 정치인, 변호사, 성직자, 언론인 등이 한데 어울려 카리브해 설탕 무역을 위해 그곳 식민지에서 노예제를 유지하겠다는 단일 목표를 추구했다. 19세기 초 가장 활발하게 움직였던 이 조직의 이야기는 지금 우리 시대의 생태적 투쟁과 뜻밖의 공명을 일으킨다.

1807년 영국은 노예무역은 금지하면서도 노예제 자체는 폐지하지 않았다. 여전히 70만 명 이상의 노예들이 서인도제도의 영국 소유 사탕수수 농장에서 일하고 있었다. 1820년대에 이르러 완전 해방 요구 여론이 높아지자 인터레스트는 거세게 반발하며 반대 운동을 벌였다. 1823년 문학위원회Literary Committee는 노예제 찬성 전단을 곳곳에 뿌리고 주요 간행물 기사 관리를 위해 연간 2만 파운드(현재 가치로 환산하면 180만 파운드)의 투쟁 기금을 마련하는 등 대중 여론을 노예제 찬성 쪽으로 돌리고자 갖은 노력을 기울였다.

인터레스트는 자신들의 논리를 뒷받침하려고 여러 주장을 끌어모았다. 소설가 월터 스콧 경Sir Walter Scott의 사위이자 당시 열렬한 노예제 지지자 가운데 한 사람이던 존 깁슨 록하트John Gibson Lockhart는 노예제 덕분에 아프리카인들이 "미개함"에서 벗어날 수 있었다면서, 노예들이 해방되면 "피에 굶주린 무법자 도적 패거리"로 전락할 공산이 크다고 주장했다. 그는 《블랙우즈 에든버러 매거진Blackwood's Edinburgh Magazine》에 노예들은 노예제 반대론자들이 말한 "그 비참함의 1,000분의 1"도 겪지 않았다는 칼럼을 쓰기도 했다.[1] 또 다른 찬성론자들은 농장주 스스로 얼마든지 체제를 통제할 수 있고, 여성 노예에게 채찍질을 금지하는 등의 행위 규범도 이미 수립했다고 큰소리쳤다.[2] 노예 해방은 농장주 그리고 노예경제에 일자리와 생계를 의존하는 영국인 수천 명에게 "완전한 경제적 파멸"을 가져올뿐더러, 인도나 다른 나라에서 설탕을 더 비싸게 사들여야 할 소비자들에게도 큰 손해를 입힐 터였다.[3]

아마도 인터레스트 대표자들이 내세운 가장 그럴듯한 논리는 이런 주장이었을 것이다. 노예제가 도덕적으로 의심을 살 만하다는 사실은 인정한다. 그러나 노예들에게는 여전히 책임감 있게 자유를 행사할 '교육'과 '문명'이 부족하다. 따라서 급작스럽게 폐지해 혼란을 유발하기보다는 수십 년에 걸쳐 서서히 해방을 추진해 나가야 한다. 케힌데 앤드루스가 꼬집었듯이 그들 눈에 "야만인들은 자유로워지는 법을 이해할 수 없을 것"이다.[4] 1824년 어떤 기사는 "누구도 해를 입지 않고 해방에 이를 가장 가까운 시기는 1860년"이라며 구체적인 시점까지 제시했고, 사유재산 손실 측면에서 "자유롭고 정당한 보상"을 받아 마땅한 "농장주들의 권리"를 보호하는 것이 중요하다고 덧붙였다.[5]

그로부터 200년 뒤 에든버러에서 열린 2021년 테드TED 기후 변화 콘퍼런스에 참석한 나는, 거대 석유 회사 셸Shell의 최고경영자 벤 반 뷰어든Ben van Beurden이 패널 토론에서 화석연료를 두고 펼치는 거의 똑같은 주장을 듣고 있었다. 그는 수십 년 동안 희미한 베일에 싸인 '점진주의'를 등에 업은 채 셸이 석유와 가스 생산이라는 "구태의연한 사업"에서 탈피해 "역사의 올바른 편"에 서고자 한다고 말했다. 하지만 그 전환은 "감당할 수 있는 변화율"로 이뤄내야지 기존 사업이 "안쪽에서 붕괴할" 정도로 위험하게 서두를 수는 없다고 했다. 실제로도 셸은 풍력 발전 같은 재생 에너지로의 전환 자금을 조달하고자 석유와 가스를 계속 생산했다. 반 뷰어든은 "미래를 위한 전략에 자금을 지원하기 위해서라도 기존 사업이 필요하다"라고 강조했다. "그 사업들이 내일 당장 사라지거나 시들게 둘 수는 없습니다."[6] 나아가 그는 수요가 여전히 너무 많은 탓에 셸이 화석연료 생산을 계속할 수밖에 없다고 주장했다. 그래도 어쨌든 모든 현실을 고려해 2050년까지 순 탄소 배출량을 0으로 만들어서 탄소 중립을 달성하겠다고 약속했다. 그보다 더 빠르게는 비현실적이라는 말이었다.

반 뷰어든의 점진주의를 향한 정당화는 잘 다듬어지긴 했지만 반박하지 못할 만큼 견고하지는 않았다. 패널 토론에는 기후정의 활동가 로런 맥도널드Lauren MacDonald도 함께했는데, 그는 셸의 녹색 의제가 위선적이라고 강력히 비판했다. 셸이 기후과학자들의 주장을 믿지 못하게 하려고 수백만 달러를 투입했을 뿐 아니라, 스코틀랜드 해상 유전의 시추 승인을 얻기 위해 영국 정부를 상대로 로비를 벌이고 있다는 것이었다. 기후위기 대응에 관해 논의하는 콘퍼런스에서 반 뷰어든에게 공개 발언 기회가 주어진 것에 항의하며 극적으로 연단을 떠나기 직전 그는 "여기 앉아서 기후 행동에 관심이 있다고 말할 거라면" 왜 셸이 탄소 배출량을 대폭 감축하라는 네덜란드 법원의 판결에 항소했는지 물었다. 반 뷰어든은 유독 셸에만 다른 회사보다 훨씬 더 빨리 이산화탄소를 줄이라고 명령하는 "완전히 비합리적인" 판결이었기 때문이라고 응수했다. 판결 자체가 명백히 불공정하고 부당했으므로 주주 보호 차원에서 항소할 '의무'가 있었다는 논리였다.[7]

역사는 우리에게 말하고 있다. 비록 화석연료 생산으로 인한 피해와 사람을 노예로 부리는 변론 불가 범죄는 근본적으로 다르지만, 놀랍게도 두 사례 모두 변화에 직면해서도 굳건한 경제 기득권의 힘을 보여준다. 노예 해방의 몸부림과 마찬가지로 탄소 배출을 없애려는 노력도 기득권을 놓지 않으려는 기업과 그에 얽매인 정부의 비타협적이고 느려터진 점진주의로 말미암아 어려움을 겪고 있다.[8]

빠른 진전이 이루어지고 있다는 믿음은 유혹적이다. 같은 콘퍼런스에서 나는 100퍼센트 청정 에너지 세상이 코앞에 다가온 듯 열광적이고 낙관적인 목소리로 외치는 앨 고어Al Gore의 연설도 들었다. 재생 에너지 가격은 폭락했고, 전기자동차 혁명은 순조롭게 진행되고 있으며, 심지어 켄터키석탄박물관Kentucky Coal Museum 지붕에도 태양광 패널을 설치했다고 했다.

그런데 솔직히 숫자를 살펴보자. 1992년 리우 지구 정상회의 Rio Earth Summit에서 경종을 울린 이래 전 세계 연평균 탄소 배출량은 얼마나 감소했을까? 줄어들지 않았다. 2008년 글로벌 금융위기와 코로나19 팬데믹 이후 소폭 하락한 때를 제외하면 오히려 매년

50퍼센트 넘게 증가했다.⁹ 리우 회의 이후 인류는 이전의 모든 역사에서보다 더 많은 이산화탄소를 대기 중에 배출했다. 셸과 같은 기업들의 기술적 발전과 약속에도 불구하고 재생 에너지가 전 세계에서 차지하는 비중은 11퍼센트에 불과하다. 그마저도 수력 발전이 대부분이며 풍력은 2퍼센트, 태양광은 1퍼센트밖에 되지 않는다.¹⁰ 전체로 놓고 보면 극히 일부일 뿐이다. 지구 평균 온도를 섭씨 1.5도 이하로 유지하려면 최소 10년 동안 전 세계 이산화탄소 배출량을 해마다 꾸준히 8~10퍼센트씩 줄여야 한다. 참고로 2020년 세계 경제가 코로나19 봉쇄에 돌입했을 때 이산화탄소 배출량이 6.4퍼센트 감소한 대신 기업은 문을 닫았고, 항공기 운항은 중단됐고, 거리는 텅 비었다.¹¹ 그 이상이 필요한 것이다. 매년.

점진주의의 시대는 끝난 지 오래다. 신속하고 획기적인 변화의 필요성은 너무나도 명백하다. 그러나 기세등등한 화석연료 기업들이 여전히 펌프를 돌리려고 발버둥 치고, 전쟁이나 팬데믹 때처럼 과감한 정책을 시행하기에는 대다수 국가의 정부가 지나치게 소극적인 상황에서 어떻게 그런 변화를 이룰 수 있을까? 재생 에너지가 철강이나 플라스틱 산업에 거의 영향을 끼치지 못하고, 중국이 2050년에도 아랑곳하지 않고 에너지의 40퍼센트를 화석연료로 충당하고자 한다면 어떤 희망을 품을 수 있을까?¹² 목재에서 석탄, 말의 힘에서 엔진의 힘으로 옮겨가던 과거 대부분의 에너지 전환도 50~100년이 걸릴 만큼 무척이나 느리게 진행됐다는 사실을 직시해야 하지 않을까?¹³ 요컨대 급속히 뜨거워지는 세상에서 빙하처럼 느리게 움직이는 현실에 어떻게 맞서 싸울 수 있을까?

기적 같은 기술에 의존한다는 것은 매우 위험한 환상이다. 화석연료를 사용하는 산업과 발전소에서 발생하는 이산화탄소를 모아서 지하 깊은 곳에 저장한다는 '탄소 포집 및 저장CCS' 기술은 정말로 가능하다면 아주 좋은 해결책이 될 수 있겠지만, 안타깝게도 아직 초기 단계에 머물러 있는 데다 심각한 기후 붕괴를 저지할 만큼 빠른 속도와 규모로 탄소를 흡수할 수 있다는 증거 또한 현재로서는 불분명한 상황이다.[14] 지구공학과 관련한 다른 혁신 기술도 여전히 위험할뿐더러 완전히 검증되지 않았다. 하지만 다른 방법이 있다. 그저 기술에만 목매지 말고 파괴적 변화를 끌어낼 저항운동의 혁신 전략에 희망을 두는 것이다. 통찰력을 얻기에 노예제 폐지 투쟁으로 되돌아가는 것보다 좋은 길이 또 어디 있겠는가?

두 반란 이야기

인터레스트를 주축으로 한 영국의 노예제 옹호 세력은 1820년대 내내 노예 해방을 저지하는 데 성공했다. 그런데 역설적이게도 이들은 1823년 창설된 '영국령 전역의 노예제 완화 및 점진적 폐지 런던 협회London Society for the Mitigation and Gradual Abolition of Slavery Throughout the British Dominions', 통칭 '런던 반노예제 협회London Anti-Slavery Society'의 덕을 적지 않게 봤다. 이 협회의 취지는 긴 이름에 다 담겨 있었다. 윌리엄 윌버포스William Wilberforce와 토머스 포웰 벅스턴Thomas Fowell Buxton 등 이 협회의 주요 인사들은 근본적으로 보수주의자들이었기에, 노예로 살아온 아프리카인들은 아직 자유를 누릴 준비가 되지 않았으므로 해방 또한 적절한 속도로 이뤄져

야 한다는 가부장적 노예제 찬성론자들의 논리에도 자연스럽게 동조했다.[15]

그런데 1830년에 이르자 이 점진주의 전략에 불만이 터졌다. 엘리자베스 헤이릭Elizabeth Heyrick 같은 급진적 여성 운동가들이 들고 일어나 즉각적 폐지를 요구했고, 휘그당Whig이 정권을 잡은 정부도 워털루 전투의 영웅이자 노예제를 찬성한 총리였던 웰링턴 공작 아서 웰즐리Arthur Wellesley를 축출하고 더 많은 폐지론자를 영입했다. 하지만 그것만으로는 균형을 깨기에 충분하지 않았다.

결정적인 전환점은 영국을 충격에 빠뜨린 파괴와 저항의 행위와 더불어 찾아왔다. 다름 아닌 1831년 자메이카 식민지에서 일어난 노예 반란이다. 지난 20년 동안 카리브해에서 여러 차례 반란이 있었는데, 자메이카 반란은 바베이도스 노예제 폐지와 더불어 소 인도제도 식민지들의 몰락에 결정타가 된 사건이었다. 역사가 데이비드 올루소가David Olusoga는 이 반란을 "노예제 폐지 찬성으로 저울을 기울어뜨린 마지막 요인"이었다고 표현했다.[16]

반란은 노예 일꾼이자 침례교 집사였던 새뮤얼 샤프Samuel Sharpe가 주도했다. 당시 서른한 살이던 샤프는 본래 크리스마스가 끝난 직후 임금을 요구하는 평화로운 점거 파업을 계획했다. 이 지역에서는 보통 크리스마스를 기점으로 사탕수수 수확이 진행됐다. 하지만 그는 이내 더 공격적인 행동이 필요하다는 것을 깨달았고, 교회 예배 후 비밀리에 회의를 소집해 지지자들을 결집한 뒤 '대령'과 '대위' 등의 계급이 있는 민병대를 조직했다. 12월 27일 높은 산등성이에 있는 켄싱턴 농장을 공격하면서 반란이 시작됐다. 반란군은 농장에 불을 질렀고, 활활 타오른 불길은 수 마일 떨어진

다른 농장에도 공격 신호를 보냈다.[17]

반란은 주변 대부분의 노예를 선동해 섬 전체로 빠르게 확산했다. 곧이어 2만 명 이상의 노예들이 반란에 가담했다. 반란군은 200개가 넘는 농장에 불을 지르며 자메이카 북서부의 드넓은 지역을 장악했다. 정부군의 화력이 훨씬 앞섰는데도 해를 넘겨 1832년 1월 말이 돼서야 비로소 이들을 제압할 수 있었다. 정부군 병사들이 어느 농장에 접근하자 한 노예 여성은 빨래를 팽개친 채 곧장 설탕 공장에 불을 지르러 달려갔고, 총에 맞아 죽기 직전 "나는 죽을 테지만 내 아이들은 자유로울 것"이라고 울부짖었다.[18] 반란이 완전히 진압될 무렵에는 백인 사상자가 14명인 데 반해 반란군은 200명 이상이 사망했다.

곧바로 공식적인 보복이 시작됐다. 626명의 반란군이 반역죄

1832년 1월, 자메이카 식민지 노예 반란으로 불타는 로햄튼 영지의 주택 단지.

로 재판에 넘겨져 312명이 사형 선고를 받았다. 백인 식민지 주민들이 교수대 주변으로 몰려들어 처형을 지켜봤다. 악명 높았던 반란군 지도자 새뮤얼 샤프가 성경 구절을 읊조리며 죽음의 계단을 올랐다. 그의 주인은 재산을 잃은 보상으로 16파운드 10실링을 받았다. 뒷날 영연방 자메이카 작가 안드레아 레비Andrea Levy가 지적했듯이 식민지 지배자들에게 노예는 "사람보다 가축에 가까웠음"을 상기시키는 일이었다.[19] 150여 년 뒤인 1975년, 새뮤얼 샤프는 자메이카의 국가 영웅으로 추서됐다.

자메이카 노예 반란은 영국에 엄청난 충격을 안겼다. 반란군에 대한 폭력뿐 아니라 그들을 지원했던 선교사들을 공포에 빠뜨린 백인 폭도에 대해서도 분노 여론이 형성되면서 즉각적 해방을 요구하는 노예제 폐지 운동이 촉발했다. 한편으로는 프랑스가 오합지졸 노예 병사들을 막강한 군대로 탈바꿈시킨 투생 루베르튀르Toussaint Louverture의 혁명적 노예 봉기로 생도맹그(오늘날 아이티) 식민지를 잃은 것처럼, 섬의 통제권 상실이 두려운 기득권층 사이에서 추가 반란에 대한 공포감이 퍼져나갔다. 당시 휘그당 영국 총리 찰스 그레이Charles Grey의 아들로 식민지 사무국 의회 차관이던 '하윅 경Lord Howick' 헨리 그레이Henry Grey는 자메이카 주지사에게 보낸 편지에 이렇게 썼다. "현재 상황을 더는 지속할 수 없소. 해방만이 위험을 효과적으로 피하는 길이오."[20]

자메이카 식민지가 언제든 다시 폭발할 수 있는 화약고임을 확신한 휘그당 정부는 1833년 결국 역사적인 노예제 폐지법을 통과시켰다. 그러나 이 법은 노예제 폐지를 위해 투쟁한 사람들이나 노예로 살았던 이들 스스로 거둔 승리와는 거리가 멀었다. 정작 인터레스트는 '재산 손실' 명목으로 막대한 보상을 약속받았는데, 현재 가치로 따지면 연간 정부 지출의 40퍼센트에 육박하는 3,400억 파운드에 해당하는 액수였다(2015년 기준 영국 정부는 이 금액을 완전히 상환하지 못하고 있다). 유니버시티칼리지런던UCL의 '영국 노예 소유 유산Legacies of British Slave Ownership' 프로젝트에서 데이비드 캐머런David Cameron 전 총리의 조상을 포함해 4만 7,000명의 보상 수혜자를 정리했는데, 그 목록만 살펴봐도 노예제가 사회에 얼마나 깊숙이 침투하고 있었는지 알 수 있다. 노예였던 사람들에게 직접 보상해야 한다는 개념은 의제에 전혀 없었다. 정반대였다. 인터레스트는 이들이 법적으로 해방되기 전까지 최소 4년 동안 무급 '수습생'으로 남아 있어야 한다는 법률 조항을 확보했다. 대서양 횡단 노예무역의 후손에게 보상해야 한다는 현대의 도덕적 주장에 근거를 마련해주는 것은 바로 이 불의의 역사다. 케힌데 앤드루스의 지적처럼 "영국과 더 넓은 서구세계의 부는 노예제 기반 위에 축적됐으므로, 노예의 후손에게 빚을 진 것"이라는 올바른 결론을 도출해야 한다.[21]

노예제 폐지에 관한 이야기는 노예 해방이 주로 윌리엄 윌버포스 같은 현명한 백인 엘리트들의 박애주의 덕분이었다는 신화에 이의를 제기한다. 오히려 그것은 대중의 노력과 투쟁의 결과물이었다. 엘리자베스 헤이릭과 토머스 클락슨Thomas Clarkson을 비롯한 영국 운동가들의 주도로 대규모 집회, 대중 청원, 설탕 불매 운동 등이 평화롭고 합법적인 방식으로 이뤄지기도 했다. 한편으로 역사가 애덤 혹실드Adam Hochschild는 결정적 차이를 만들어낸 것이 "거대한 노예 반란, 특히 자메이카에서 자유의 날을 확실히 앞당긴 마지막 대봉기"였고, 이는 "평화로운 방식이 아니었다"라고 주장했다.[22] 영국 경제에서 설탕이 차지하는 비중이 감소한 것과 같은 요인을 포함해 노예제 폐지 배경을 여러 측면에서 인식하는 일도 중요하지만, 불복종과 저항이 변화의 중요한 티핑 포인트를 만들었다는 것은 분명한 사실이다.

하지만 이 이야기에는 더 생각해야 할 중요한 질문이 남아 있다. 영국 의회는 수십 년 동안 웨스트인디아인터레스트의 손아귀에 있던 정치인들로 가득했는데, 노예 폐지법을 통과시킬 만큼 충분한 의석수는 어떻게 확보될 수 있었을까?

또 한 번 더 반란이 그 답을 제시한다. 그런데 이번 반란은 내부에서 자생한 것이었다.

1830년 8월 28일 밤, 캔터베리 고대 순례지 인근 켄트주 동부 농장에서 한 무리의 노동자가 농장 마당에 몰래 들어가 산업혁명이 낳은 논란의 발명품 중 하나인 탈곡기를 박살 냈다. 당시 영국 농촌은 갈수록 높아지는 실업률과 농장 노동자의 저임금 탓에 극심한 빈곤으로 몸살을 앓고 있었다. 그들 눈에 탈곡기는 억압 그 자체였다. 이후 9개월 동안 반란이 전국적으로 확산해 수백 대의 탈곡기가 파괴됐다. 농장 노동자들은 지주들에게 등을 돌려 기계를 부수고 농가를 불태우면서 임금 인상과 그동안 지주들이 폐쇄한 공유지를 복원하라고 요구했다. 기록된 것만 해도 3,000건에 달하는 이 반란은 영국 역사상 가장 전염성이 높았던 농민 폭동 사례로 남았다.[23]

주도자는 '캡틴 스윙Captain Swing'이라는 별칭으로만 알려져 악명을 높여갔다. 익명의 노동자들은 지주들에게 보내는 자필 편지

AN ORIGINAL PORTRAIT
OF
CAPTAIN SWING

에 방화와 폭력을 예고하면서 '캡틴 스윙'이라는 화려한 서명을 남겼다. 물론 문제의 캡틴(선장)은 실존 인물이 아니었다. 정치적 발명품으로서 농촌 기득권 세력의 심장부에 혁명의 공포를 안겨준 실제보다 거대한 신화적 반란군이었다.

캡틴 스윙 반란 또는 폭동으로 불린 이 사건에 대한 대중의 지지는 삽시간에 영국 전역으로 퍼져나갔다. 옥스퍼드셔 오트무어에서는 변장한 노동자들이 그 지역의 귀족 애빙던 경Lord Abingdon이 폐쇄한 농지를 되찾고자 울타리를 허물었다. 이들 가운데 40명 이상이 영지 소지주들에게 체포됐으나, 옥스퍼드 성으로 호송되는 도중 마침 세인트 자일스 축제St. Giles Fair를 즐기고 있던 군중이 이들을 구출했다. 그렇더라도 '캡틴 스윙'을 향한 가장 큰 지지는 이

1장. 화석연료 중독을 끊는 방법: 저항운동과 불복종의 힘 37

반란을 농촌 노동자들의 사회적·정치적 배제에 대한 항거로 바라보고 국가 정치체제의 개편 필요성을 인식한 저널리스트 윌리엄 코벳William Cobbett 같은 도시의 급진주의자들에게서 나왔다. 가장 시급한 의제는 더 많은 노동자가 투표에 참여하도록 선거권을 확대하고, 소수 유권자가 하원 의원을 선출할 수 있게끔 허용하는 한편, 토리당Tory이 대부분을 통제하던 속칭 '부패 선거구'를 없애는 일이었다.

스윙 반란은 예상치 못한 결과를 낳았는데, 의회 개혁을 위한 새로운 움직임을 빠르게 가속했다는 점이다. 혁명의 불안은 발작에 가까운 두려움으로 정치 지배계급을 휩쓸었다. 그들은 1830년 유럽 전역을 강타한 민족주의 반란으로 이미 마음이 조마조마해진 상태였다.[24] 찰스 그레이 총리를 위시한 유력 정치인들은 개혁이 농촌 반란의 위험을 잠재울 유일한 방법이라고 주장했다. 그는 "내 개혁의 원칙은 혁명의 필요성을 예방하는 것"이라면서 "전복이 아닌 보존을 위한 개혁"을 역설했다.[25] 이듬해 치른 주요 선거에서 의회 개혁을 가장 크게 지지한 지역은 다름 아닌 반란의 영향을 직접 받은 곳들이었다. 당시 학자들은 이렇게 분석했다.

> 스윙 폭동의 맹위가 없었다면 개혁 친화적인 휘그당은 1831년 선거에서 하원 과반수 의석을 확보하지 못했을 것이다. 과반수가 아니었다면 개혁은 중단됐을 것이 분명하다.[26]

그렇다면 이 모든 것은 노예제 반대 운동과 어떻게 어떤 식으로 연결되어 있을까? 스윙 반란의 영향으로 한층 강화된 휘그당 정부는 1832년 개혁법을 통과시킬 수 있었고, 이는 무려 한 세기 동안 유지된 정치체제를 가장 광범위하게 개편한 성과였다. 부패 자치구를 제거하자 웨스트인디아인터레스트의 노예제 찬성을 지지했던 토리당 의원 수십 명이 1832년 12월 후속 선거로 깡그리 낙선해 정권에서 물러났다. 이제 의석수 3분의 2 이상을 장악한 휘그당은 이듬해 노예제 폐지법을 통과시킬 강력한 위치에 섰다.[27]

영국의 노예제 폐지에 관한 일반적인 설명에서 과소평가되곤 하는 두 반란 이야기는 오늘날에도 유효한 메시지를 전하고 있다. 자메이카 노예반란과 캡틴 스윙 농민폭동은 티핑 포인트가 된 사건이었으며, 대중봉기와 급진적 저항이 어떻게 정치 변화를 근본적으로 가속할 수 있는지 보여준 예기치 못한 결합이었다. 모든 복잡한 과정과 여러 원인에도 불구하고 로비, 청원, 대중시위 같은 통상적인 정치 전략을 능가하는 풀뿌리 저항운동과 불복종의 본질적 역할을 인식하지 않고서는 노예제 폐지의 역사를 제대로 설명할 수 없다.

그리고 이는 잠재적 논란의 여지가 있는 질문을 제기한다. 오늘날 탄소 배출을 금지하려는 투쟁에서 이와 같은 의회 밖 활동은 어떤 역할을 해야 할까? 1830년대 초반의 이 두 반란은 특별히 예외적인 사례이고, 현대 환경운동가들은 기존 체제의 법적인 테두리 안에서 개혁을 추구하며 규칙을 엄중히 따르는 것이 더 현명하다고 여길 수도 있을 것이다. 하지만 내가 곧 주장하겠지만, 두 사례는 역사에서 전혀 예외적이지 않았다. 사실 두 반란은 인류가 연출한 가장 변혁적인 사회 혁신에 속하는 '급진파 효과Radical Flank Effect'의 초기 사례일 뿐이었다.

급진파의 숨겨진 역사

'급진파'란 무엇을 말하고 어떻게 파괴적 변화를 일으킬까? 최근 수십 년 동안 사회운동을 연구한 학자들은 인간의 기본권과 사회 정의를 위해 투쟁한 역사상 매우 성공적인 시위운동은 하나같이 급진적인 조직이나 세력이 주도할 때 훨씬 더 효과적이었다고 말한다. 급진파는 주류인 온건파보다 더욱 극단적인 입장을 취하면서 온건파의 기존 요구를 권력자들에게 수용할 만하거나 '합리적'인 것으로 보이게 만든다. 실제로 그렇다. 급진파는 토론 조건을 변경해 이른바 '오버턴의 창Overton Window'을 바꾸도록 할 수 있다. 오버턴의 창은 미국 정치학자이자 정책 분석가로 활동한 조지프 오버턴Joseph Overton의 이름을 딴 용어로, 정부 당국이 판단할 때 대중 여론이 이 정도면 정치적으로 수용 가능하다고 여기는 정책 범위를 말한다. '담론의 창Window of Discourse'이라고도 부른다. 나아가 급진파는 온건파에게 유리한 정치적 위기감도 조성할 수 있다. 쉽게 말해 온건파의 요구에 응하지 않으면 급진파가 더 득세해 혼란이 가중되고 통제 불능 상황에 이를 수 있다는 불안감을 기득권 정치인들에게 심어줄 수 있다. 만일 급진파가 없다면 정부는 변화를 촉구하는 대중의 움직임을 쉽사리 무시할 것이다. 따라서 급진파는 정치적 의지를 실현할 열쇠다.[28]

이것이 '급진파 효과'라고 불리는 정치 이론의 요점이다. 역사적 증거는 어떨까? 식민지를 포함해 영국 영토에서 노예제를 없애려는 투쟁은 급진파 효과가 실제로 작용한 놀라운 사례였다. 자메이카 반란과 스윙 폭동이 없었다면 영국의 주류 개혁운동은 수십 년 넘게 지지부진했을 것이다. 이런 반란이 있어서 순식간에 정치적 위기감을 고조해 변화를 가속할 수 있었다. 급진파 효과가 이론으로 정립되기 시작한 것은 1960년대 미국의 민권운동에 이르러서다.

사람들은 마틴 루서 킹Martin Luther King Jr. 목사가 이끈 민권운동을 대개 평화적 농성이나 백인과 버스 동반 탑승 거부 등 비폭력 시민 불복종 운동의 승리라고 여기면서 기념한다. 하지만 시간이 흐르면서 이는 흑인권력운동Black Power의 중요성을 과소평가한 일종의 살균된 역사 인식임이 밝혀졌다. 사실 말콤 엑스Malcolm X, 캐슬린 클리버Kathleen Cleaver, 앤절라 데이비스Angela Davis 등 주요 인물들과 더불어 이슬람 국가Nation of Islam, 흑표범단Black Panthers 같은 과격 단체도 민권운동에 참여했다. 이들의 전술은 주류 운동보다 정부에 더 대립각을 세웠고, 요구사항도 훨씬 급진적이었다. 더욱이 당시 많은 흑인권력운동가들은 분리주의 흑인 국가와 혁명 봉기를 내세우는 한편, 자기방어를 위해 공개적으로 무기를 휴대했고 경찰과 폭력적인 충돌을 일으키기도 했다.[29]

그러자 기득권 정치인들은 상대적으로 온건한 민권운동의 요구라도 들어주지 않으면 점점 더 많은 아프리카계 미국인들이 과격한 무장단체 편에 설 것이라고 두려워했다. 한 고위 정부 관료는 케네디 대통령에게 이 시점에서 중대한 양보를 하지 않으면 "흑인들은 분명히 확인된 바 없고 책임감도 없는 지도자들을 찾게 될 것"이라고 경고했다.[30] 말콤 엑스 같은 인물을 말하는 것이었다. 마틴 루서 킹 목사도 1963년 버밍햄 교도소에 수감됐을 때, 비폭력 시위의 통로가 확보되지 않는 한 "수백만 명의 흑인이 좌절과 절망에 빠져 결국 흑인민족주의 이데올로기에서 위안을 찾게 된다"면서, 그러면 "남부 거리는 피로 물들 것"이라고 쓰기도 했다.³¹ 몇 년 뒤 그의 예언이 현실로 드러났다. 1967년과 1968년에는 도시에서 400건 이상의 인종폭동이 일어났는데, 남북전쟁 이후 미국에서 일어난 가장 큰 사회 불안의 물결이었다.

킹 목사 자신은 '사랑과 비폭력적 이의 제기의 탁월한 길'을 설교했을지 모르나, 민권운동의 성공 여부는 흑인권력운동 조직의 상쇄 압력에 달려 있었다. 사회역사가 안드레아스 말름Andreas Malm의 주장처럼 1960년대 주류 온건파 민권운동의 입법적 성과, 이를테면 인종분리정책 철폐는 "국가권력의 눈에 급진파와 비교해 상대적으로 덜 나쁜 선택으로 보였기 때문에" 이룰 수 있었다.³²

전통적으로 평화롭고, 온건하고, 규칙을 따랐다고 묘사된 수많은 사회운동은 사실 급진파의 활동으로 반사이익을 얻은 것이다. 영국의 여성투표권운동을 살펴보자. 처음에는 평화적이고 비대립적인 전략을 채택한 전국여성참정권협회연합NUWSS를 중심으로 조직됐으나 별다른 진전이 없다가, 1903년 이에 좌절한 에멀린 팽크허스트Emmeline Pankhurst가 훨씬 급진적인 여성사회정치연합WSPU을 설립해 청원이나 공청회 같은 기존의 '점잖은' 방식을 버리고 '말이 아닌 행동'을 모토로 채택했다. 이후 10년 동안 여성사회정치연합 회원들은 난간에 스스로 몸을 묶고, 공청회를 방해하고, 정부청사 창문을 깨부수고, 우편함에 불을 지르고, 수감 중에는 단식투쟁을 벌였다. 여성사회정치연합은 사람에게 해를 가하지는 않았지만, 주요 기물을 파괴하는 등 더욱 호전적인 전술을 사용했다. 팽크허스트는 이렇게 주장했다. "어떤 형태로든 호전적인 태도를 보이는 것도 도덕적 책무다."³³ 역사가 준 퍼비스June Purvis는 회원의 영향력 범위에 대한 이견은 있지만, 이들의 행동은 여성 참정권을 그 시대의 가장 중요한 정치적 문제로 부각하는 데 일조했고, 정치적 스펙트럼 전반에 걸쳐 페미니즘 의식을 고취해 여성투표권 획득을 위한 여러 파생 운동을 활성화하는 데도 큰 도움이 됐다고 평가했다.³⁴

노예제 폐지 운동, 민권운동, 여성해방운동은 급진파가 결정적 역할을 한 사례 가운데 일부에 불과하다. 목록을 이으면 이란혁명, 이집트 아랍의 봄, 네팔 군주제 몰락, 동성애자 권리 운동 등으로까지 연결할 수 있다.³⁵ 급진파는 온건파와 함께 대중적으로 중요하고 정치적으로 민감한 문제를 제기한다. 그렇다면 오늘날의 기후운동도 급진파의 힘을 더 적극적으로 활용해야 할까?

점진주의의 꺼져가는 불꽃을 살리다

2018년 겨울, 나는 런던 국회의사당 광장에 모인 수백 명의 군중 속에 섞여 있었다. 어떤 이들은 잘 자란 잔디밭에 굵은 글씨로 '우리의 미래'라고 적힌 검은색 관을 묻으려고 열심히 구덩이를 파고 있었다. 그것이 '멸종반란Extinction Rebellion, XR' 운동의 시작이었다. 경찰이 총출동해 시위대를 포위하면서 우리를 점점 더 압박하기 시작했다. 전형적인 '케틀링kettling'(주전자 안에 가두기) 전술이었다. 우리는 재빨리 경찰의 봉쇄선을 뚫고 모의 장례 행렬을 갖추며 관을 따라 광장 밖으로 이동했다. 수많은 군중이 도로를 점거하자 일련의 인간 바리케이드가 형성되면서 주요 다리와 교차로가 차단됐다. 뒤이어 시위대가 기후 비상사태를 선포했고, 탄소 중립을 빠르게 추진하라는 구호가 울려퍼졌다. 꽉 막힌 도로 여기저기에서 분노에 찬 자동차 경적이 울렸고, 창밖으로 고개를 내민 운전자들이 시위대를 향해 욕설을 퍼붓기도 했다. 경찰은 이동을 거부하는 사람들을 연행하느라 정신이 없었고 격렬히 저항하는 활동가들과 몸싸움도 벌였다.

과거에 나는 국제 비정부기구를 위해 보고서를 쓰고 정부 관료들을 대상으로 브리핑하는 등 주류 기후정치에 참여했다. 지난 몇 년 동안 평화적으로 진행된 기후 시위 집회에도 자주 참여했는데, 수만 명이 운집한 때도 있었다. 그러나 대부분은 지난 10여 년간 진행된 이라크전쟁 반대 시위와 마찬가지로 정부정책 방향을 바꾸는 데 별 도움이 안 됐다. 반면 내가 합법의 경계를 허무는 '직접행동'에 참여한 것은 이때가 처음이었다. 사실 고백하자면 나는 그 자리에 있고 싶지 않았다. 다른 이들의 생활을 방해하기는 싫었다. 성향상 나는 오래된 도서관에서 책을 쓰고 연구하는 게 더 낫다. 하지만 많은 이들과 마찬가지로 나는 기후위기에 실질적으로 조처하지 않는 정부의 고질적인 태도가 우리 미래 세대의 삶과 그들이 살아가야 할 지구에 오늘 출근하는 사람들에게 끼치는 영향보다 훨씬 심각한 폐해를 초래하리라는 사실을 깨달았다. 너무나도 굼뜨고 치명적인 변화 속도에 진절머리가 난 나는 급진파에 합류하는 게 가장 효과적이라는 결론을 내렸다. 좋은 조상이 되기 위해 내가 할 수 있는 최선이었다.

주류 미디어는 기후위기에 경종을 울리는 급진파를 악마화하는 데 무척 능숙하다. 그들에게는 수천 명의 시위대가 도로 위에 '드러누워' 교통을 방해하는 '멸종반란' 운동은 물론 유명 예술작품에 오렌지색 페인트를 뿌리는(물리적 손상은 입히지 않음) 환경운동 단체 '저스트스톱오일Just Stop Oil' 등 모든 급진파가 눈엣가시다. 활동가들은 약하게는 '얼간이', 심하게는 '테러분자'로 낙인찍히며, 지금껏 수천 명이 구속됐다. 이들의 방법이 정당한지 아닌지는 생각보다 복잡한 문제이며, 전략적 주장과 도덕적 주장을 모두 다뤄야 한다.

급진파 운동에 반대하는 기존 관점의 주요한 전략적 주장은 이런 방식이 일반적으로 효과가 없다는 것이다. 이 관점에 따르면 급진파는 일반 대중을 소외시킬 뿐만 아니라 대립 전술로 온건파 운동을 오염시키고, 자신들과 연합해 활동하는 온건파의 평판도 실추시킨다. 이는 흔히 '부정적 급진파 효과'라고 불린다.[36] 넬슨 만델라Nelson Mandela가 아프리카민족회의ANC 산하에 무장투쟁 조직 '움콘토위시즈웨uMkhonto we Sizwe(민족의 창)'를 창설한 1961년에도 비슷한 일이 일어났다. 재판에서 만델라는 "다른 모든 시도가 실패"했고 "평화적 시위를 위한 모든 통로가 차단"됐기 때문에 그 호전적인 길을 걸을 수밖에 없었다고 항변했지만, 남아프리카공화국 정부는 이를 이용해 아프리카민족회의의 비폭력 시민저항 운동마저도 불신하게 만들었다.[37] 기후운동과 관련해서는 2019년 10월에 일어난 사건을 들 수 있는데, '멸종반란' 활동가 두 사람이 아침 출근시간대에 런던 지하철 열차 위로 올라가 도시 외곽에 거주하는 상대적으로 빈곤한 다인종 지역 사람들의 통근을 방해했고, 이에 많은 사람이 급진파로부터 등을 돌렸다. 이들의 행동은 정치 스펙트럼 전반에 걸쳐 분노를 불러일으켰다. 그로 인해 멸종반란에 속한 활동가 상당수도 생계를 위해 대중교통을 이용하는 서민들이 아닌 특권층과 권력층만 표적으로 삼아야 한다고 여기게 됐다.

'부정적 급진파 효과'는 과격한 호전적 운동의 성공률이 비교적 낮다는 경향으로 뒷받침되는 듯 보인다. 정치학자 에리카 체노웨스Erica Chenoweth와 마리아 스테판Maria Stephan은 1900년 이후 323건의 사회 및 정치 운동을 연구한 책에서 "비폭력 운동이 폭력적인 운동보다 완전 또는 부분적 성공을 거둘 확률이 거의 두 배 더 높다"라고 썼다.[38] 동티모르의 '프레틸린Fretilin' 게릴라나 페루의 '센데로루미노소Sendero Luminoso(빛나는 길)'처럼 무기를 사용한 운동은 실패하는 반면, 1986년 독재자 페르디난드 마르코스Ferdinand Marcos를 축출한 필리핀의 '피플파워People Power' 혁명이나 1989년 50만 명의 사람들이 거리로 나와 불신받던 공산당 정부를 전복한 체코슬로바키아의 벨벳혁명과 같이 평화적인 대중 참여를 밑바탕으로 한 운동은 목표를 달성할 가능성이 더 높다는 것이다. 두 저자는 성공의 중요한 티핑 포인트로 전체 인구의 3.5퍼센트가 대의를 지지할 것을 꼽았다. 이에 함축된 의미는 명확하다. 급진파가 소수의 무장투쟁 활동가들을 끌어들이는 것은 잘못된 전략이다. 그러니 총도 잊고 오렌지색 페인트도 잊어라.[39]

여기에서 체노웨스와 스테판이 비폭력 대중 동원에 기반을 둔 기후 시위에 힘을 실어주기 위해 반복해서 인용하는 급진파 사례는 사실상 논점과 무관하다는 점을 지적하고 싶다.[40] 두 사람은 여성의 투표권, 인종 평등, 환경 보호 같은 구체적이고 실질적인 정책 목표가 아닌 독재체제 전복과 같은 정권 교체 운동에 초점을 맞춰 살피고 있다. 오늘날 가장 성공적인 사회운동이라고 할 만한 여성참정권 운동과 민권운동은 자료에 포함하지도 않았다. 영국의 '저스트스톱오일', 독일의 '엔데겔렌데Ende Gelände(더 이상의 논의는 없다)', 미국의 '기후 저항Climate Defiance' 같은 급진파 단체는 무기를 들어 정부를 전복하고자 하지 않는다. 조금 과격하긴 하나 화석연료 탐사 허가 종식이나 국가보조금 지급 금지 등의 정책 변화를 요구하는 시위를 벌일 뿐이다. 그러므로 이들을 언덕에 숨어 총포를 쏘아대는 게릴라 집단과 비교해 실패할 가능성이 높다고 비판하는 것은 아무런 의미가 없다.[41]

더 관련성 있는 비교를 하려면 참정권 운동, 민권운동, 노예제 폐지 운동처럼 정부정책 변화에 초점을 맞춘 사회운동과 해야 한다. 이런 운동을 비롯해 다른 많은 사회운동에서 급진파는 성공적인 결과를 얻어내는 데 주효한 역할을 했다. 지금까지 밝혀진 증거에 따르면 글로벌 기후운동도 급진파의 파괴적 존재감으로 유사한 이익을 보고 있다.[42] '멸종반란' 활동가들이 달리는 기차에 올라탔다고 비판받을 수는 있겠지만, 이러한 '부정적' 급진파 효과는 그들의 직접행동 운동을 목격한 대중의 '긍정적' 반응에 비해 훨씬 미미했다. 이 운동은 글로벌 사우스를 포함해 84개국으로 확산되었다. 설문조사 결과 멸종반란 운동은 지구 환경을 최우선 과제로 여겨야 한다는 사람들의 비율을 기록적인 수준으로 끌어올렸다.[43] 40개 이상의 국가 정부와 2,000개 이상의 지자체가 기후 비상사태를 선포하라는 요구에 응했다. 멸종반란의 공공의제 전환 역량은 '미래를 위한 금요일Fridays for Future, FFF'이나 '지구의 벗Friends of the Earth, FOE' 같은 주류 환경단체에서도 인정하고 있으며, 이들도 적극적으로 멸종반란과의 연대를 표명해왔다. 멸종반란 등 급진파 투쟁조직은 혁신적인 정책 제안을 위한 정치적 공간을 여는 데 이바지했다. 급진파 기후활동가들의 교통 방해로 2023년 네덜란드 정부는 의회 투표를 실시할 수밖에 없었고, 그 결과 화석연료 보조금은 신속하고 단계적인 폐지 절차를 밟게 됐다.[44] 이처럼 급진파의 건설적 투쟁은 '오버턴의 창'을 바꿈으로써 정책 혁신 가능성을 확대했다. 비록 일부 대중은 소외되는 결과를 낳았지만, 이는 성공에 따른 불가피한 대가였다.[45]

이와 마찬가지로 '저스트스톱오일'도 런던의 독점 행사로 왕립원예협회RHS가 주관하는 첼시꽃박람회Chelsea Flower Show에서 식물성 오렌지색 염료를 뿌려대 현장에 있던 원예 애호가들의 원성을 샀지만, 이들은 미디어가 받는 타격이 대중의 의식 변화에 긍정적 영향을 끼치기 때문에 충분히 위험을 감수할 가치가 있다는 판단 아래 이런 전술을 계속 사용하는 것이다. 대다수 영국 시민이 이들의 도발적이고 극단적인 방식에 반대한다는 여론 조사에도 불구하고, 이 단체의 행동을 중점적으로 분석한 연구에 따르면 이 시위가 기후 정책 촉진과 저스트스톱오일의 목표에 대한 지지를 떨어뜨렸다는 증거는 없었다. 오히려 이 급진파 단체의 시위로 "어떤 형태로든 기후행동주의에 참여할 의향이 있다고 응답한 비율이 영국 전체 인구 기준 8.7퍼센트에서 11.3퍼센트로 증가했고, 이를 인원수로 환산하면 약 170만 명"에 해당한다.[46] 이제 저스트스톱오일은 주요 유명인사들의 공개 지지도 받고 있다. 전설적인 포뮬러 1 Formula 1, F1 자동차 경주 선수 루이스 해밀턴Lewis Hamilton은 영국 그

랑프리 방해 시위를 지지했으며, 트위터(현 엑스x) 팔로워가 800만 명이 넘는 BBC 스포츠 해설위원 게리 리네커Gary Lineker는 윔블던 테니스 코트를 습격한 활동가들을 방송 중 공개적으로 옹호하면서 이렇게 덧붙였다. "실제로 효과적인 유일한 시위는 파괴적인 시위라는 걸 역사가 말해주지요."[47] 스포츠 영웅까지 나서서 우리 편에 서기 시작한다면, 무언가 달라지고 있다는 얘기다.

전략적으로 볼 때 기후운동에서 급진파에 관한 주장은 대체로 설득력이 있다. 도덕적으로는 어떨까? 소셜미디어에 계속 올라오는 가장 주된 첫 번째 비판은 이들의 행위가 불편을 초래한다는 것이다. 어떤 시위든지 도로를 막아 무고한 시민들의 출퇴근을 방해할 권리는 없다는 말이다. 틀린 이야기는 아니다. 하지만 거대한 산불로 아이들이 피난을 가야 하고, 홍수로 수백만 명이 집을 잃고, 10억 명이 기후난민이 되는 미래의 심각한 '불편'과는 비교할 수 없을 것이다.

두 번째 비판은 법을 어기는 행위 자체가 도덕적으로 잘못된 일이며 '법의 지배'를 신성불가침의 영역으로 받아들여야 한다는 주장이다. 그러나 민권운동의 불법 농성이나 마하트마 간디가 주도해 식민지 인도를 마비시킨 위법적 총파업이 없었다면 오늘날 우리는 어떻게 살고 있을까? 아무도 법을 어기지 않았다면 우리가 현재 당연히 여기는 기본적인 인권은 결코 누리지 못했을 것이다. 위정자들은 급진파를 '극단주의자' 또는 '범법자'로 취급하곤 하지만, 그런 단순한 사고방식으로는 진보적인 정치 변화가 어떻게 일어나고 민주주의에 무엇이 의미와 지속성을 불어넣는지 절대로 이해할 수 없다. 급진파 사회활동가 애비 호프먼Abbie Hoffman이 이를 신랄하게 지적했다. "나의 민주주의 비판은 바로 이 지점에서 시작해 이 지점에서 끝난다. 아이들은 권위를 무시하도록 교육받아야 한다. 그렇지 않다면 민주주의는 그저 코미디일 뿐이다."[48] 더 역설적인 것은 내 아이들이 다니는 학교 역사 교실 벽이 마하트마 간디, 마틴 루터 킹, 에멀린 팽크허스트 같은 영웅적인 범법자 사진들로 가득하다는 점이다. 과연 이 사진들을 당장 떼어내야 할까?

급진파가 도덕적으로 잘못됐다는 세 번째 비판은 어떤 경우라도 폭력 사용은 정당화할 수 없다는 것이다. 이러한 비판의 기저에는 급진적 환경운동이 일종의 생태 테러리즘으로 전락할 수 있다는 두려움이 깔려 있다. 마치 킴 스탠리 로빈슨Kim Stanley Robinson의 SF 소설 《미래부The Ministry for the Future》(2020)에서 석유 회사 임원들의 전용기를 무인 드론으로 둘러싸 추락시키는 가상의 비밀 조

내 아이들이 다니는 학교의 벽화. 급진파 여성운동 조직 여성사회정치연합을 창설한 에멀린 팽크허스트가 경찰에 연행되는 모습이다. 맨 왼쪽 모자를 쓴 에밀리 데이비슨Emily Davison을 비롯한 여성참정권 운동가들이 그 옆을 따르고 있다. 에밀리 데이비슨은 1913년 시위를 하던 중 조지 5세George V의 말에 부딪혀 사망했다.
* 소함 데Soham De 그림, 럼블미술관 제공.

직 '칼리의 아이들Children of Kali'처럼 말이다. 그렇지만 이런 비판도 사실을 한참 비껴간다. 모든 급진파 기후운동 단체는 폭력 사용을 명시적으로 거부한다. 석유 회사 정문에 바짝 붙어 피켓 시위를 벌이거나, 관련 정부 부처 회의를 방해하거나, 화력발전소를 점거하거나, 연료 트럭이 창고를 빠져나가지 못하도록 막는 등 비폭력적 전술에 집중하고, 통행량이 많은 교차로에서 길거리 파티를 열거나, 접근 권한이 없는 곳에 꽃과 나무를 심어 게릴라 가드닝guerrilla gardening을 하는 등 기습 축제 방식의 돌발 시위를 진행할 뿐이다.

사유재산을 침해하거나 파괴하는 행위 자체가 폭력이라고 말하는 사람들도 있을 것이다. 이는 많은 정치인과 학자들의 일반적인 견해다. 이를테면 에리카 체노웨스와 마리아 스테판은 폭력의 대상을 인간에게 국한하지 않고 "사람과 재산에 행하는 물리적 위해"라고 더 광범위하게 정의한다.[49] 재산을 바라보는 이런 경건함은 사유재산 보호를 인간의 기본권으로 여겼던 존 로크John Locke 같은 17세기 사상가들로 거슬러 올라갈 만큼 역사적 뿌리가 깊다. 그렇지만 곰곰이 생각해보자. 왜 재산을 인간의 생명만큼 신성시해야 할까? 정치인 암살 등 사람을 죽이는 테러리스트 집단은 화석연료에 투자하는 은행 계단에다 빨간 페인트를 뿌리는 기후운동가들이나 노예 상인의 동상을 쓰러뜨리는 인종 정의 활동가들과 분명히 차이가 있다.

구성원들이 익명으로 활동하는 기후위기 직접행동 단체 '타이어익스팅귀셔스Tyre Extinguishers(타이어 바람 빼는 사람들)'가 있다. 행동 목표는 단 하나다. "목표는 전 세계 도시에서 대기 오염의 주범인 사륜구동 자동차를 소유하지 못하게 하는 것이다. 우리는 기후 변화, 대기 오염, 안전하지 못한 운전자로부터 우리 자신을 방어하고 있다." 이들이 타이어 바람을 빼는 방법은 이렇다. 도시, 특히 부유한 지역에 주차되어 있는 SUV 타이어 밸브 캡을 열어 중앙의 핀이 눌리도록 렌즈콩을 넣어서 공기를 천천히 빼낸다(펑크를 내서 훼손하지는 않는다). 그러고는 차량 앞 유리에 캡틴 스윙의 편지처럼 타이어 바람이 빠졌다는 사실과 해당 차량이 배출하는 엄청난 양의 이산화탄소가 기후 변화에 얼마나 악영향을 끼치는지 정중한 문체로 설명한 고지문을 붙여놓는다. 이런 식이다. "모든 SUV 운전자가 모여서 나라를 만든다면 전 세계에서 일곱 번째로 큰 배기가스 배출국이 될 것입니다." 빈곤층의 '생계형 배출'이 아닌 부유층의 '사치스러운 배출'에 반대하는 이 운동은 2021년 영국에서 시작되어 입소문을 타고 불과 몇 달 만에 18개국으로 빠르게 퍼졌다. 최근 집계에 따르면 1만 2,000개 이상의 타이어에서 공기가 빠졌다.[50] 불편을 끼칠까? 물론 그렇다. 하지만 폭력일까? 그렇지 않다. 렌즈콩은 총탄이 아니다. 타이어익스팅귀셔스의 행동은 사유재산의 신성함에 대한 이데올로기적 집착에 의문을 제기한다. 무엇보다 사유재산 자체가 모든 생명이 의존하는 지구 생태계를 불안정하게 만들 때 더욱 그렇다.

일찍이 하워드 진은 "우리 시대의 중대한 문제들을 더는 점진주의의 약한 불꽃 위에 내버려둘 수 없다"라고 썼다.[51] 급진파 기후단체의 목적은 운동의 열기를 높이는 데 있다. 이들은 효과적이고 표적이 확실한 직접행동을 통해 생태위기를 정치위기로 바꿔서 변화의 티핑 포인트를 만들어낼 힘을 갖고 있다. 기후 비상사태의 가장 큰 문제점은 대개 사람들이, 그중에서도 탄소 배출량이 가장 높은 잘사는 나라 사람들이 정작 위기라고 느끼지 않는다는 것이다. 한여름에 일어난 화재로 치명적인 피해를 봤거나 가뭄에 고통당한 농부가 아닌 이상 기후 변화는 그들의 사생활에 즉각적인 영향을 끼치지 않는다. 기후 변화의 느린 폭거는 진주만 공습이나 느닷없이 전 세계를 휩쓸어 정부의 즉각적인 행동을 촉발하는 코로나19 팬데믹처럼 공포를 불러일으키지 않는다. 영향 대부분이 점진적으로 다가와서 우리는 결국 물이 천천히 뜨거워지는 냄비 속 개구리처럼 삶아지고 만다. 급진파의 활동은 우리가 너무 늦기 전에 냄비에서 뛰쳐나오도록 자극한다.

다른 전략은 필요 없으니 포기해야 한다는 뜻이 아니다. 노예제 반대 운동이 온건파 시위대가 청원서에 서명을 모으러 다니고 개혁주의 정치인들이 내부에서 체제를 바꾸고자 노력한 데서 도움을 받았듯, 글로벌 기후운동도 정치 로비에서 입법 활동에 이르기까지 모든 수준의 시민 참여가 필요하다. 그러나 이미 지난 30년 동안 주류 전략이 적절한 속도와 규모로 이산화탄소 배출량을 변화시키는 데 처절하게 실패했다는 점과 각국 정부의 화석연료 산업을 향한 미련을 고려하면 급진파의 경로를 따르지 않는 것이 되레 위험해 보인다. 우리는 인류 이야기의 중요한 전환점에서 저항과 불복종의 정치적 미덕을 수용해야 한다(10장에서 더 자세히 살핀다). 이 문제에 전념하는 활동가들은 지난 2세기 동안 가장 명망 있는 인권 및 사회 정의 운동들을 따라 이어져온 탁월한 역사적 전통, 곧 다른 모든 방법이 실패했을 때 급진적 전략을 추구해온 전통에 동참하고 있다.

누가 미래 세대에게 더 좋은 조상으로 기억될까? 화석연료 산업 일선의 경영진과 그들을 지원하는 정치인들일까, 아니면 우리의 살아 있는 소중한 지구를 보전하는 데 일생을 바친 전 세계 활동가들일까? 답은 점점 더 분명해지고 있다. 유엔 사무총장 안토니우 구테흐스António Guterres의 말이다. "기후활동가들은 위험천만한 급진주의자로 묘사되곤 합니다. 하지만 정말로 위험한 급진주의자는 화석연료 생산을 늘리는 국가입니다. 세계에서 가장 큰 이 오염원은 우리의 유일한 집을 방화한 혐의로 유죄 판결을 받을 것입니다."[52]

기후위기 극복에 자신의 모든 것을 걸고 있는 사람들을 너무 성급히 판단해서는 안 된다. 급진파는 불타오르는 세상에서 우리가 살아남는 데 필수적인 존재다. 그들에게는 노예 반란군에서 참정권 운동가들에 이르는 역사가 있다. 그리고 그들의 시간이 왔다. 자연주의 작가 제이 그리피스Jay Griffiths의 "어둠이 충분히 깊어져야 별을 볼 수 있다. 그 별들이 하늘에 반란을 새기려 줄을 짓고 있다"라는 글처럼.[53]

2장

관대함을 키우는 방법

더불어 살아간 중세 이슬람 왕국

1951년 11월 13일 금요일, 폴란드 출신의 18세 청년이 1,000명이 넘는 다른 유럽 이민자들과 함께 배를 타고 오스트레일리아 멜버른에 도착했다. 가진 것이라고는 포커 게임에서 딴 실크 셔츠 몇 벌과 여행 중 장만한 페즈 모자(튀르키예, 모로코 등지에서 많이 쓰는 원통형 남성용 모자 - 옮긴이)뿐이었고 가족도 없었다. 그 대신 그는 기억을 지닌 채 왔다. 전쟁으로 마을이 불타는 모습을 지켜봤고, 이모와 같이 집집이 문을 두드리며 음식을 구걸했고, 전쟁이

끝난 뒤 잔해로 넘쳐나는 베를린 거리를 헤매며 담배꽁초를 치웠고, 국제난민기구IRO에서 발급하는 이민 서류를 기다리면서 긴 하루하루를 보냈다. 그렇게 마침내 이곳에 왔다. 뱃삯은 오스트레일리아 정부가 치렀다. 어디로 보내든 2년 동안 일해야 한다는 조건이었다.

그는 5개 국어로 말할 줄 알았고 재능 있는 수학자이자 음악가였지만, 오스트레일리아에 와서는 시드니 병원에 보내져 야간에 청소부와 잡역부로 일했다. 낮에는 체코인, 헝가리인, 폴란드인, 리투아니아인 등 12명의 다른 노동자들과 병원 구내의 허름한 양철 오두막에서 잤다. 어떤 동료는 전쟁 때 독일 전차에 돌격했던 폴란드 기병대 장교였고, 어떤 동료는 아우슈비츠 수용소에서 시신을 치웠다고 했다. 그는 이곳에 예정보다 1년 더 머물면서 돈을 모았다. 밤에 일하는 동안 병동이 어두워지면 틈틈이 영어와 부기를 공부했는데, 다행히 간호사들도 눈감아줬다. 2차 세계대전이 끝나고 거의 10년이 지난 1954년, 비로소 그는 병원을 나와 새로운 삶을 시작했고, 이른바 '행운의 나라'로 불리는 오스트레일리아에서 성공을 꿈꾸는 수백만 명의 이민자 대열에 합류했다.

아버지의 이야기는 아버지 자신만의 이야기다. 그렇지만 인류 모두의 이야기이기도 하다. 우리는 끊임없이 이주하는 종이다. 5만 년 전 '호모 사피엔스Homo Sapiens'가 아프리카에서 중동으로 첫 여정을 떠난 이래 우리는 늘 여기저기 옮겨 다녔다. 우리는 숲을 들판으로 바꿨고, 도시를 세웠고, 서로를 식민지와 노예로 만들었고, 전쟁과 기근을 피해 바다를 가로질렀고, 일하며 가족을 부양하기 위해 안전한 피난처를 찾았다. 그렇게 우리는 지구의 모든 대류, 모든 환경 틈새를 차지했다. 오늘날 우리는 유목민이 아닐지라도 결코 한 곳에 머무르지 않는다. 우리는 본질적으로 불안하다. 우리는 떠도는 종 '호모 비아토르Homo Viator'다. 자발적 선택이든 어쩔 수 없는 상황이든, 인류는 언제나 고향이라고 부를 만한 새로운 장소를 찾아왔다.

나는 내 DNA에 쓰여 있는 이런 대이동의 흔적을 본다. 24퍼센트는 중동부 유럽 지역에 살던 아슈케나지Ashkenazi 유대인이고, 23퍼센트는 아일랜드인, 17퍼센트는 동유럽인, 9퍼센트는 크로아티아인이다. 내 모계 혈통의 분자유전학적 하플로그룹haplogroup(부계나 모계 혈통에서 같은 유전적 변이를 공유하는 분자유전학적 인구 집단-옮긴이)인 H6a1a는 가계도를 5,000년 전 중앙아시아로까지 끌고 올라간다. 사실상 그 누구도 국가나 민족의 경계를 넘지 않은 유전적 조상이 있다고 주장할 수 없다. 설령 우리가 모르고 있거나 알고 싶지 않더라도 이주의 역사는 우리 모두를 관통하고 있다. 충분히 거슬러 올라가는 순간 민족의 경계가 허물어지기 시작한다. '우리'와 '그들'은 없다.[1] 애국심은 공동체라는 상상의 산물에서 비롯된다. 자기 나라 축구 대표팀을 응원하는 것은 얼마든지 좋다. 다만 당신의 응원용 머플러에는 수많은 색깔, 심지어 상대편의 색깔까지도 들어가 있어야 함을 염두에 두자.

다가올 세기는 과거 산업혁명 당시 시골에서 도시로의 이동이나 19세기 후반 유럽의 대규모 이주보다 훨씬 더 큰 규모의 새로운 이주 시대를 예고한다. 1960년대 이후 국제 이주 수준은 놀랍게도 전 세계 인구의 3퍼센트 정도로 일정하게 유지되어왔다. 그런데 이 수치는 빠르게 옛날 데이터가 되고 있다. 현재 약 2억

8,000만 명이 이민자이며, 그 가운데 3,500만 명은 내부 박해나 전쟁 때문에 고국 땅을 떠나야 했던 난민이다.[2] 그런데 일부 추정치에 따르면 2050년까지 이민자 수는 세계 인구 10명 중 1명인 10억 명에 달하리라고 예상된다. 대부분은 극심한 가뭄이나 해수면 상승, 그리고 그로 인한 정치적 혼란을 피해 떠도는 기후난민이 될 공산이 크다.[3] 어떤 사람들은 상황이 호전되기를 바라면서 가까운 대도시나 마을로 이주할 것이다. 아마도 대부분의 이주는 국가 간이 아닌 국가 내부에서 이뤄질 것이다. 그래도 많은 사람이 걸어서, 작은 보트로, 트럭에 숨어서, 멀고 위험했던 조상들의 길을 따라 성공할 희망조차 품지 못한 채 국경과 대륙을 건너려고 할 것이다. 미국만 바라보며 북쪽으로 향하는 중앙아메리카 사람들, 유럽에 닿기만을 고대하는 북아프리카 사람들, 페르시아만 국가로 무작정 발길을 옮기는 방글라데시와 인도 사람들.

이민자들이 증가함에 따라 그 사회적 영향도 커지고 있다. 많은 국가에서 반이민 감정이 급격히 높아진 데다, 우익정당과 보수 언론이 나서서 외국인 혐오증을 부추기며 이민자들이 "우리 일자리를 빼앗고" "우리 삶을 위협한다"는 두 가지 발상으로 두려움을 양산한다.[4] 이 같은 비난의 화살은 이미 몇 세대 전에 정착한 이민자 출신 시민들에게도 향하고 있다. 하지만 환경 위기가 닥치고, 자동화로 말미암아 사람들이 새로운 일자리 찾기에 나서며, 몇몇 부유한 국가는 고령화와 인구 감소로 황폐해진 노동시장을 되살리기 위해 적극적으로 더 많은 이민자를 유치하는 상황에서 이민 증가 현상은 멈추지 않을 것이다.[5] 그렇다면 이런 의문이 떠오른다. 어떻게 하면 문화적 배경이 매우 다양한 수억 명의 사람들이 비교적 조화롭게 함께 살아갈 수 있을까?

　여기에서 나는 이민정책을 연구하는 학자들이 '상생conviviality'이라고 부르는, 다시 말해 다문화 공동체에서 차이를 인정한 채 서로 어울려 함께 살아갈 아이디어를 모으기 위한 과제와 가능성을 탐구해야 한다고 주장하고 싶다.[6] 그러기 위해서는 새로운 이민자뿐 아니라 민족적·종교적 배경이 달라서 여전히 '이방인' 취급을 받곤 하는 기존 시민들에게 아량을 베푸는 방법을 과거에서 찾을 필요가 있다. 역사에서 평화로운 공존이 있었던 황금기는 흔치 않다. 이민 연대기 대부분은 차별과 폭력으로 점철해왔다. 역사가 시어도어 젤딘Theodore Zeldin이 눈여겨봤듯이 "서구 역사는 대체로 편협"했다.[7] 하지만 그 옛날 유럽을 지배했던 이슬람 왕국부터 식민 지배에서 벗어난 가나와 싱가포르에 이르는 지난 1,000년의 여정을 통해 분열된 사회가 아닌 인간적 연결을 만들어낼 단서를 구할 수 있다. 이 문제에 관한 통찰을 얻으려면 우선 중국인들이 미국으로 이민하면서 겪은 잔혹한 이야기부터 시작해야 한다.

중국계 미국인과 황화의 공포

할리우드 영화를 보면 종종 1900년대 초 뉴욕 엘리스 섬에 도착한 유럽 이민자들이 불룩한 여행 가방과 우는 아이들을 안고 줄을 지어 기회의 땅 미국에서 새로운 삶을 시작하기 위해 입국 심사를 받는 장면이 나온다. 그런데 몇몇 영화는 반대편에 있는 캘리포니아 에인절 섬을 비춘다.

1910년 샌프란시스코만 에인절 섬에도 이민국이 개설됐다. 엘리스 섬과 달리 주로 중국 이민자들의 미국 입국을 제한하는 엄격한 정책을 시행하기 위해서였다. 중국인을 비롯한 아시아계 이민자는 자신들의 운명을 좌우할 강도 높은 심문을 받으면서 몇 주, 몇 달, 심하게는 몇 년 동안 구금당했다. 어떤 사람들이 그때의 답답한 심경을 담아 벽에 새긴 시가 지금도 그대로 남아 있다. 그 가운데 한 대목을 옮기면 이렇다. "목조 건물에 갇혀 날마다 자유를 빼앗기니, 이를 어찌 말로 다 하리오?" 이들의 이야기는 미국 이민 역사의 어두운 일면을 드러낸다.[8]

중국인 이민자들을 향한 편견과 폭력은 1850년대 태평천국운동의 혼란을 피해 떠나온 사람들이 캘리포니아 골드러시gold rush와 철도 일자리에 이끌려 미국 땅을 밟으면서 시작됐다. 첫 번째 대규모 이민자들이었다. 그 즉시 백인 노동자들은 이들을 '존 차이나맨John Chinaman'이라고 부르며 노예 수준의 임금이라도 감지덕지하는 막노동꾼이라고 비난했다. 백인 남성이 중국인 광부를 살해하는 사건도 벌어졌다. 그러나 1854년 캘리포니아 대법원은 중국인 증인들의 말은 법정 증언으로 받아들일 수 없다면서 사건을 파기 환송했다. 중국인은 "자연이 열등하다고 규정한 인종이며, 특정 수준 이상의 진보나 지적 발전이 불가능"하다는 이유에서였다.[9] 비슷한 법적 차별을 받고 있던 아프리카계 미국인과 아메리카 원주민처럼 중국인들도 쉬운 표적이 됐다. 이 판결 이후 중국인 이민자들을 대상으로 한 폭행, 방화, 사업 방해가 잇따랐다.

1873년 경기 침체로 경제공황이 발생하자 반중국 열기는 더욱 고조됐다. 소도시마다 중국인 거주지가 방화로 불타올랐다.

1876년에는 반중국 성향의 노동자당이 주 의회 의석 3분의 1을 차지하는 동안 캘리포니아연합형제단United Brothers of California 같은 새로운 반중국 노동조합이 결성됐다. 1877년에는 인종 폭력이 샌프란시스코 차이나타운을 휩쓸었다. 백인 폭도들이 중국인 세탁소에 불을 지르고 주인을 무참히 살해했는데, 이는 몇 년 전 로스앤젤레스 차이나타운에서 중국인 이민자 15명이 목 매인 채 발견된 사건과 유사한 폭동의 재현이었다.[10]

공화당과 민주당을 막론하고 기회주의에 물든 대다수 정치인은 중국인을 악마화하는 것이 백인 노동자 계층의 표를 얻어 선거를 유리하게 이끌 확실한 방법이라고 여겼다. 1880년대 초반까지 미국 인구의 10퍼센트를 차지하는 캘리포니아뿐 아니라 미국 전역에서 중국인 이민을 중단하라고 요구했다. 그 결과로 제정된 1882년의 이른바 '중국인 배제법Chinese Exclusion Act'은 국적이나 민족에 따라 이민을 명시적으로 제한한 최초의 연방법이었다. 이에 따라 외교관 등 일부를 제외하고 중국인 노동자의 모든 신규 이민이 금지됐다. 아울러 기존 이민자는 계속 미국에 거주할 수 있도록 허용했지만, 아무리 오래 살았더라도 시민권은 발급하지 않았다.[11]

중국인 이민자들에 대한 박해는 한마디로 표현할 수 있다. '황화黃禍, yellow peril', 곧 황색 인종에 대한 공포다. 세기가 바뀌면서 중국인에 대한 두려움은 이들을 통제 불가능하고 백인을 압도하는 무리로 묘사한 소설, 예술품, 만화, 연극, 신문 기사 등으로 표출됐다. 황화는 서구문명을 감염시켜 백인들의 생명과 재산을 빼앗아들이는 바이러스로 묘사되곤 했다. 마음 깊이 침투한 이 두려움은 1913년 영국 소설가 색스 로머Sax Rohmer가 탄생시킨 중국인 악당

'푸 만추Fu Manchu' 박사를 통해 구체화됐다. 그는 "황화의 화신" 그 자체로, "동양인 전체의 무자비한 교활함을 모두 지닌" 사악한 거물 범죄자였다.[12]

차별은 1941년 12월 7일 예기치 못한 상황이 벌어지기까지 수십 년 동안 계속됐다. 일본의 진주만 공습이 중국인 이민자들에게 해방의 기회가 되리라고 예상한 사람은 없었을 것이다. 이제 일본이 미국의 철천지원수가 됐고, 지난 4년간 일본과 전쟁을 벌여 온 중국은 미국의 동맹국으로 변모했다. 차별의 화살은 일본계 미국인(절반 이상은 아이들이었다)을 향해 쏟아졌고, 약 12만 명이 철조망으로 둘러싸인 수용소에 감금됐다. 반면 1만 명 이상의 중국계 미국인은 군대에 입대해 전투, 정보, 수송 임무를 맡았다. 군

1882년 중국인 배제법 통과를 그린 만평.

2장. 관대함을 키우는 방법: 더불어 살아간 중세 이슬람 왕국 63

대 내에서 여전히 인종차별적 증오가 성행하긴 했으나, 여러 회고에 따르면 그렇게 뒤섞여 생활한 덕분에 문화적 장벽이 꽤 허물어졌다. 대표적으로 뒷날 역사학자가 된 케빈 스콧 웡Kevin Scott Wong은 "부대원들이 포화 속에서 함께 싸우다 보니 인종, 민족, 계층을 넘어 모두가 평등해졌다"라고 회상했다.¹³ 이와 동시에 2차 세계대전 참전으로 미국 내에서 일손이 부족해지자 중국계 미국인 여성들에게도 노동시장이 개방됐고, 샌프란시스코 조선소 등지에서 백인 여성 및 아프리카계 미국인 여성들과 함께 리벳공으로 일할 수 있었다. 중국계 미국인이 점점 더 애국적인 '착한 아시아인'으로 인식되면서 1943년 마침내 미국 정부는 중국인 배제법을 비롯한 15개의 반중국 법을 폐기했다. 그리고 전쟁 중 폭격으로 불탄 에인절 섬의 구금 시설은 역사의 기억 속으로 사라졌다.

　1960년대에 이르자 아시아계 미국인, 특히 중국계 미국인은 자녀들을 법조계나 의학계 같은 중산층 직업을 목표로 열심히 공부시키는 '모범적 소수'로 묘사되기 시작했다.¹⁴ 하지만 이는 여러 측면에서 또 다른 고정관념일 뿐이었다. 오늘날도 마찬가지이지만 당시에도 여전히 많은 아시아계 미국인 청소년들이 학교생활에서 어려움을 겪었고, 부모의 기대에 부응해야 한다는 압박을 느꼈다. 이런 꼬리표는 미국 내 아시아계 미국인 공동체의 다양성을 인식하지 못하는 결과를 낳았으며, 이는 지금도 여전하다. 이 공동체에는 고소득 전문직 가정뿐만 아니라 빈곤 임금을 받고 일하는 중국 및 기타 국가 출신 이주노동자들과 10여 개가 넘는 아시아 국가 출신 난민들도 포함된다.¹⁵

　중국인들의 미국 이민 역사는 과거를 통해 현재 우리 시대의 이민 문제를 말해준다. 극명하게는 관대함의 푸른 싹이 돋아나기까지 얼마나 오랜 시간이 걸릴 수 있는지를 냉엄히 일깨워준다. 만일 진주만 공습이 없었더라면 1세기 이상, 어쩌면 그보다 더 오랜 세월이 필요했을지도 모른다. 그러나 그 모든 시간이 흐른 뒤에도 차별과 증오는 계속되고 있다.[16] 이민자들을 바라보는 태도에도 큰 변함이 없다. 2017년 취임 첫 주에 도널드 트럼프Donald Trump는 무슬림이 대다수인 7개국 여행객들의 미국 입국을 금지하는 행정명령을 내렸다. 이런 태도는 9·11 테러 이후 이슬람 혐오의 산물일 뿐만 아니라 그보다 훨씬 앞서 중국인 배제법으로 인종 차별을 자행한 전례에서 영향을 받은 것이다.[17] 같은 맥락에서 멕시코인 이민자들이 "강간범"이자 "우리 일자리를 빼앗는 범죄자"라는 그의 증오 어린 비난은 그 옛날 '황화'의 위협에 대한 현대적 보복이었다.[18] 이탈리아, 프랑스, 네덜란드, 오스트레일리아 같은 국가의 극우 정치인들도 비슷한 언어를 사용해왔다.

특히 1870년대와 같은 경기 침체기에 중국인 노동자를 희생양으로 삼은 일은 경제적 요인이 근본적으로 어떻게 상생에 커다란 걸림돌이 되는지를 여실히 보여준 사례다. 2008년 글로벌 금융위기 이후 반이민 정서가 급속히 높아진 것도 이 때문이다. 일자리가 부족하거나 불안정해져서 임차료나 대출금을 못 갚게 되면, 사람들은 설령 아무런 책임 증거가 없는데도 '이방인' 이민자들에게 재빨리 탓을 돌린다.[19] 그러나 여러 연구 결과에 따르면 이민자들은 악영향을 끼치기는커녕 오히려 경제적으로 큰 이익을 창출한다. 이주노동자들은 전반적으로 정부 재정의 알짜배기 공헌자들이고, 건강이나 주거 혜택 대비 훨씬 많은 세수를 가져다준다. 영국의 경우 이주노동자들은 세금을 국내 성인 평균보다 연간 2,300파운드 더 내며, 평생으로 치면 7만 8,000파운드의 세수를 확보하게 해준다.[20] 일자리를 빼앗긴다고 하는데, 사실 이주노동자와 현지인이 일자리를 놓고 일대일 경쟁을 하는 경우는 매우 드물다. 통상적으로 이주노동자들은 폐기물 수거나 과일 수확처럼 지역 주민이 하지 않으려는 일을 맡는 데다 그 일자리를 두고 경쟁하는 상대는 이전 세대 이주노동자들이다. 이민 문제 전문가 마르코 타벨리니Marco Tabellini는 "이민자들끼리의 경쟁으로 낮아지는 임금이 현지인들의 실질 소득에 끼치는 악영향은 무시할 만한 수준이거나 되레 긍정적"이라고 설명했다.[21] 게다가 숙련된 노동력으로 경제를 활성화하는 데 도움을 주기도 한다. 물론 그렇더라도 이런 사실이 포퓰리즘 정치인들의 태도를 쉽게 바꾸지는 못할 것이다. 궁극적으로 사실보다 두려움에 관한 문제이기 때문이다.

이민자들이 급증하고 경제와 고용이 불안정한 세상에서 우리는 다양한 배경의 이민자들을 향한 여러 차별과 증오를 계속 목격하게 될 것이다. 이 비극적인 궤도를 돌려놓을 방법은 없을까? 서구에 만연한 계몽주의적 진보의 이상은 시대가 지남에 따라 인류의 도덕성으로 확장됐기에 더 큰 아량과 더 열린 마음을 품게 됐다고 믿도록 만들었다. 이제 우리는 마녀를 화형시키거나, 아동 노동으로 경제를 돌리거나, 여성을 투표에서 배제하지 않는다.

그러나 역사는 서구인들의 이런 선형적 서사에 얽매인 적이 없다. 우리는 인간의 가능성이 가장 밝았던 순간을 찾기 위해 더 먼 과거로 여행해야 한다. 시간을 더 거슬러 올라가 1,000년 전 알 안달루스 왕국으로 떠나볼 차례다. 그곳에 더 관대한 미래를 열어갈 수 있는 근본적인 희망의 불빛이 있다.

알안달루스: 중세 이슬람 왕국의 관용과 격동

여러분이 기원후 1000년의 유럽 어느 곳에서 태어난다고 상상해보자. 그런데 태어날 곳이 어떤 사회인지는 모른다. 계층, 종교, 민족, 젠더도 전혀 알 수가 없다. 어느 곳을 선택하겠는가? 불공평한 선택이라고 느끼는 것도 무리는 아니다. 유럽의 중세라고 하면 보통 '암흑의 시대'라는 야만적인 이미지가 떠오른다. 드라마 〈왕좌의 게임Game of Thrones〉에서처럼 전쟁, 폭력, 음모, 역병, 빈곤이 난무하는 피비린내 나는 시대다. 하지만 제대로 찾아보면 더 많은 선택지를 만날 수 있다. 가장 탁월한 선택은 오늘날 에스파냐 남부의 도시 코르도바다. 이곳은 유럽 전역에 '세계의 보석'으로 알려져 있다.

당시 코르도바는 8세기 우마이야Umayyad 왕조의 압드 알라흐만Abd al-Rahman 1세 때부터 1492년 그라나다가 기독교 통치에 최종적으로 항복할 때까지 이베리아반도 대부분을 다양하게 아우른 무슬림 왕국 알안달루스의 중심지였다. 코르도바는 불빛이 화려한 거리, 북적이는 시장, 수백 곳의 욕장(목욕탕), 깨끗한 수로를 갖추고 인구 50만 명이 그 모든 것을 누리는 경이로운 도시였다(런던과 파리는 인구가 2만 명에 지나지 않았다). 나아가 지식과 학문의 중심지로도 유명했다. 역사가 에드워드 기번Edward Gibbon은 역작 《로마제국 쇠망사The Decline and Fall of the Roman Empire》 6권(1789)에서 주요 도서관이 아리스토텔레스, 에우클레이데스(유클리드), 히포크라테스 그리스어 저작의 아랍어 번역본을 포함해 "60만 권의 책을 소장하고 있으며, 그중 44권이 서지 목록을 기록하는 데 사용됐다"며 감탄을 금치 못했다.[22] 유럽 어느 곳도 코르도바의 풍요로운 문화와 경쟁할 수 없었다.

그렇지만 무엇보다도 코르도바가 왕국 전체와 비교할 때 확실히 다른 점은 거의 기적에 가까운 문명적 업적을 이뤄냈다는 것이다. 저마다 아주 다른 민족 공동체들이 이곳 코르도바에서 오랜 기간 무척이나 평화롭게 살았다. 에스파냐어로 '콘비벤시아convivencia', 곧 '공존'의 시대로 불리는 이 시기의 코르도바를 역사가 마리아 로사 메노칼María Rosa Menocal는 이렇게 설명했다. "유대인, 기독교인, 무슬림이 이웃으로 살면서 도저히 극복할 수 없는 차이와 지속적인 대립에도 불구하고 복잡한 관용의 문화를 키워냈다."[23] 역설적이게도 이 설명은 중세 역사를 연구하는 역사학자들 사이에서 반세기 넘게 치열한 학문적 논쟁을 불러일켰다. 과연 이 말에서 얼마만큼이 진실일까?

알안달루스는 무슬림이 가장 권위 있는 위치를 차지하는 계급사회였다. 그런데 이슬람 율법에 따라 그들이 '딤미dhimmi(보호할 자들)'라고 부른 '책(성서)의 사람들'은 공공장소에서 예배나 미사를 드리지 않고 '지즈야jizyah'라는 이교도 특별세를 납부하는 한 자신의 종교를 실천할 권리가 있었다(처음에는 유대인과 기독교인만 해당했으나 이후에는 시크교, 조로아스터교, 힌두교, 불교를 믿는 이교도로도 확대 적용했다). 많은 기독교인이 무슬림 정복자들에게 억압받았고, (대개는 세금을 피하고자) 이슬람으로 개종하는 기독교인이 늘어가는 데 위협을 느꼈다. 반면 유대인들에게 코르도바는 기독교 통치자들의 오랜 박해로 위계 구조의 맨 밑바닥을 경험한 뒤에야 마침내 정착한 최고의 안식처였다.[24] 실제로 많은 수의 유대인이 알안달루스 왕국의 관대한 정책에 매료되어 코르도바로 이주했고 결국에는 북아프리카 출신 무슬림 베르베르족을 비롯한 다른 이주민들과 함께 전체 인구의 약 5퍼센트를 차지했다.

역사가 존 엘리엇John Elliott에 따르면 각기 떨어져 사는 무슬림, 유대인, 기독교인도 있었지만 "도시와 마을에 함께 모여 일하고 어울리면서" 일상을 보냈다.[25] 시장에서 물건을 사고팔기도 하고, 욕장에서 서로 씻겨주기도 하고, 음악을 합주하기도 하고, 때로는 은밀하게 성관계를 갖기도 했다. 무슬림들이 이슬람에서 금하는 와인을 마시기 위해 몰래 기독교 수도원을 찾았다는 기록도 있다.[26] 종교역사가 브라이언 캐틀러스Brian Catlos는 "일상적 맥락"에서 그랬다고 강조했다. "사람들은 자신을 알안달루스인이라고 여겼으며, 동료 시민들도 신앙과 상관없이 서로를 그렇게 대했다."[27]

사회적인 상호작용은 공용어인 아랍어를 중심으로 이뤄졌다. 그들은 아랍어로 잡담하고, 흥정하고, 농담하고, 논쟁했다. '코르도바의 알바로'라 불린 기독교 신학자 폴 알바로Paulo Álvaro는 "재능 있는 젊은 기독교인 모두가 아랍어로 쓰인 책을 열정적으로 읽고 공부한다"며 불평하기도 했다.

> 친구에게 라틴어로 편지를 쓸 수 있는 사람이 한 명이라면, 모두에게 아랍어로 자신을 표현하고 아랍인들보다 더 나은 시를 쓸 수 있는 사람은 천 명이나 된다.[28]

1360년에 유대인 공동체 지도자 사무엘 할레비 아불라피아 Samuel Halevi Abulafia는 톨레도에 유대교 회당을 세울 때 화려한 이슬람 나스르Nasr 시대의 건축양식을 도입했을 뿐 아니라 벽면에 히브리어와 아랍어로 된 문구를 아름답게 새겨 넣었는데, 이는 톨레도가 기독교인들에게 함락된 지 300년이 지난 지금까지도 여전히 교양 있는 유대인의 카스티야 언어라고 평가받는다.[29] 아랍어는 알안달루스가 세계에서 가장 국제적인 사회가 될 수 있었던 문화적 접착제였다. 알안달루스와 가장 가까운 동시대의 경쟁 상대를 꼽자면 아마도 노르만족 출신의 루제루 2세Ruggeru II(재위 1095~1154년)가 통치한 시칠리아일 것이다. 그도 무슬림, 기독교인, 유대인을 비롯한 다문화사회를 구축했고 라틴어, 그리스어, 아랍어를 두루 허용하는 한편 아랍, 노르만, 비잔틴 양식을 융합한 건축 유산을 남겼다.[30]

알안달루스의 유명한 인물 가운데 사무엘 하나기드Samuel HaNagid라는 유대인 시인이자 정치 지도자가 있었다. 1013년 코르도바가 베르베르족에게 약탈당하고 우마이야 왕조가 여러 타이파 taifa(이슬람 도시국가)로 분열될 때, 사무엘 가족은 다른 유대인 난민들과 함께 말라가로 도피해 향신료 사업을 시작했다. 전해지는 이야기에 따르면 사무엘의 향신료 가게를 방문한 현지 관리의 하인이 그의 뛰어난 아랍어 서예 실력을 보고는 편지를 써달라고 부탁했다. 그의 뛰어난 문필 능력은 입소문을 타고 삽시간에 퍼져나갔다. 그는 곧 왕을 제외하고 가장 강력한 권력을 가진 그라나다 재상의 개인 비서로 임명됐다. 34세 때는 사무엘 자신이 뒤를 이어 재상 자리에 올랐다. 유대인으로서는 상상하기조차 어려운 일이었

13세기 이베리아반도의 문화 교류

류트와 비슷한 악기를 서로 연주하는 무슬림과 기독교인

함께 체스를 두는 유대인과 무슬림

다. 사무엘은 무슬림 왕의 신뢰를 받는 외교관으로 활동했고, 아라비아 종마를 타고 무슬림 군대를 지휘하기도 했다. 동시에 그는 그라나다 유대인 공동체의 지도자로 부상했다. 사무엘은 아랍문학 양식과 운율을 활용한 새로운 형태의 히브리어 시 체계를 개발한 것으로도 유명한데, 이는 이민자들이 문화적 융합으로 창출한 혁신과 자산의 훌륭한 본보기다.[31]

어떤 학자들은 사무엘 하나기드를 알안달루스에서 볼 수 있었던 관용 문화의 전형으로 여기지만, 그만 예외였을 뿐이라고 주장하는 학자들도 있다. 이들은 이른바 콘비벤시아 시대에도 주기적으로 민족적·종교적 폭력이 자행됐다고 지적한다. 9세기 중반 코르도바에서는 기독교인 약 50명이 신앙을 이유로 처형당했다. 1066년에는 그라나다에서 유대인 학살이 일어났는데, 아버지를 이어 재상이 된 사무엘의 아들 요셉Joseph이 분노한 무슬림 무리에게 사지가 찢겨 죽었다. 12세기부터는 유럽 내 다른 지역과 마찬가지로 유대인을 향한 폭력이 이베리아반도 전역으로 확산됐다.[32] 콘비벤시아를 너무 낭만적으로 바라볼 필요는 없다. 이슬람이 지배하던 이베리아반도 지역의 관용 문화는 빈틈이 많았고, 특히 경제적·정치적 위기 상황에서는 폭압과 폭력으로 쉽게 번질 수 있었다. 그렇더라도 당시 들끓는 긴장 속에서도 무슬림, 기독교인, 유대인 공동체가 두루 평화롭게 공존한 역사를 부정할 수는 없다.[33] 브라이언 캐틀러스는 알안달루스에서 "대중적인 종교 박해는 극히 드물었다"라고 지적한다.[34] 더욱이 알안달루스는 14세기부터 이베리아반도 전역으로 확대된 기독교 통치와 비교했을 때 훨씬 더 관대했다. 이를테면 이베리아반도 전역에서 1391년에는 무려 10만 명의 유대인이 기독교인들에게 학살당했으며, 비슷한 수의 유대인들이 강제 추방되었다.

무엇이 공존을 가능케 했을까? 공통 언어와 종교의 자유 덕분인 것은 분명하다. 하지만 무엇보다 주효했던 것은 도시생활에서 강요되다시피 한 친밀함이었다. 비교역사학자 데이비드 리버링 루이스David Levering Lewis는 타이파 시기에 대해 "이런 독립 도시들은 활발한 상업활동과 더불어 훨씬 커다란 콘비벤시아를 이뤄냈다"라고 말한다.[35] 도시 생활은 공동체적 경계를 넘나드는 개인적 관계를 강화하고 관용과 존중의 문화를 지속시킨 경제적 상호 의존의 네트워크를 만들어냈다. 무슬림 가죽 세공사가 기독교인 무두장이에게 물건을 떼다 쓸 수도 있었고, 유대인 의사가 무슬림 건축업자에게 집을 지어달라고 할 수도 있었다(반대의 경우도 마찬가지였다).[36]

대부분의 도시가 편견, 차별, 불평등으로 가득한 것은 사실이다. 파리 교외의 빈민가나 이스트로스앤젤레스 슬럼가에서 빈곤한 주거 환경과 인종차별적인 경찰 단속을 겪는 사람들이 이를 너무나 잘 알고 있다. 그래도 도시는 인류 역사상 위대한 사회적 혁신 중 하나이며, 다양한 배경의 사람들을 대규모로 융합하는 탁월한 방식이다. 도시가 우리를 시민으로 만든다. 도시 생활을 연구한 어떤 자료에 따르면 도시가 커질수록 외부인들에게 더 관대한 경향이 있다. 서로 원활히 소통할 수 있는 공통 언어가 있으면 더욱 그렇다.[37] 이민 문제에 초점을 맞춘 2016년 브렉시트 국민투표에서 런던이 유럽연합EU 탈퇴에 압도적으로 반대표를 던진 반면 농촌 지역은 대체로 찬성한 까닭 이면에는 이런 배경이 있다. 도시에서는 1,000년 전 코르도바처럼 현지인과 이민자들이 상점, 학교, 직장, 공원, 스포츠 클럽, 대중교통, 카페 등에서 끊임없이 접촉한다. 이렇듯 도시 생활의 직접적인 접촉은 사람들이 서로 공통점을 인식하고 문화적 다양성을 위협이 아닌 자연스러운 차이로 여기는 데 도움이 된다.

이런 관대함의 밑바탕을 이루는 심리 현상은 '접촉 이론contact theory'이 잘 설명해준다. 핵심 논지는 이것이다. 서로 다른 집단들이 상대적으로 평등한 조건에서 접촉하고, 상호작용하고 협력할 수밖에 없는 상황에 놓일 경우, 일반적으로 편견과 고정관념 그리고 여타 크고 작은 분열이 감소하는 결과를 가져온다. 500건 이상의 다양한 연구를 분석했더니 94퍼센트가 넘는 사례에서 집단 간 접촉이 편견을 줄이고 아량은 키우는 것으로 나타났다. 민족과 종교가 다른 아이들이 한 축구팀에서 활동한 사례나, 앞서 2차 세계대전 때 중국인 이민자들이 백인들과 함께 싸운 예처럼 다양한 인종이 하나로 뭉쳐 서로 생사를 맡긴 경우가 대표적이다.[38]

알안달루스 왕국의 도시와 마을은 중세의 긴 역사와 복잡다단한 당시 현실을 기반으로 접촉 이론이 대규모로 실제 작동한 놀라운 사례다. 브라이언 캐틀러스는 이슬람이 지배하던 이베리아반도에서 각기 다른 공동체가 공존한 역사야말로 "인간으로서 우리가 차이와 결점에도 불구하고 서로 잘 지낼 엄청난 능력"을 지닌 증거라고 역설했다.[39] 역사가 우리에게 보내는 희망의 메시지가 아닐 수 없다.

내일의 도시를 위한 상생의 설계

이민이 활성화한 시대에 도시 안에서 서로 우호적인 문화를 만들 겠다는 것은 지극히 합리적인 생각이다. 이민자들은 당연히 계속 도시로 모여들 것이고, 2050년이 되면 전 세계 인구의 3분의 2 이상이 도시에 거주할 것이다.[40] 도시에는 관대함을 키워낸 강력한 역사가 있다. 하지만 알안달루스에서조차 일어났고 미국의 중국인 이민자들을 괴롭혔던 폭력을 어떻게 하면 최소화할 수 있을까? 도시가 분열의 싹을 품는 대신 통합을 이루려면 중요한 요소가 필요하다. 다름 아닌 '상생'의 설계다. 여기에서 설계란 사람들끼리의 관계가 윤택해질 수 있는 조건을 형성하기 위한 정부 정책 입안자들의 계획을 말한다.

참고할 만한 세 나라에서 내일의 도시가 어떤 모습이어야 할지 영감을 얻을 수 있다. 그중 한 곳은 가나다. 독립 후 공화국 가나의 초대 대통령이 된 콰메 은크루마Kwame Nkrumah는 영국 식민 통치에서 힘겹게 벗어나더라도 아칸Akan, 에웨Ewe, 가아당베Ga-Adangbe 부족과 같은 민족집단 간의 차이가 국가를 분열시킬 수 있다고 우려했다. 그래서 1950년대 중반부터 그는 "지역적이든 집단적이든 종교적이든, 그 기반에 따른 정당 결성을 허용하는 것은 정치적 혼란을 야기할 뿐만 아니라 더 나쁘게는 국가의 존립을 위협할 씨앗을 뿌리는 셈"이라고 경고했다.[41]

1957년 독립이 결정되자 은크루마는 가나의 다민족 다종교 공동체가 평화롭게 공존하도록 장려하는 통합된 국가 정체성을 만들기 위한 일련의 정책과 계획에 착수했다. 가나의 탄생을 기념하는 새로운 국기, 국가, 기념물, 지폐, 우표가 만들어졌다. 이 과정에서 퇴임하는 영국 관료들이 엘리자베스 2세Elizabeth II 여왕 대신 은크루마의 흉상과 다리에 묶인 사슬을 끊어내는 아프리카 야자민목독수리의 모습을 담은 독립 기념우표를 보고 분노하기도 했다. 그리고 논란이 많았던 결정이지만, 갖가지 토착어로 나라가 분열되는 것을 막고자 영어를 국가 공용어로 지정했다. 은크루마는 문화적 차이를 근절하려고 한 것이 아니라 오히려 다양성 내에서 통합을 촉진하려고 했다. 자신 역시 그 지역 출신이 아니면서도 정치집회에 북부식 웃옷을 입고 나가기도 했고, 무슬림이 아님에도 소수민족인 무슬림과의 연대를 위해 라마단 기간에 금식에 참여하기도 했다.[42]

국가 건설과 관련한 이 같은 근본적인 조치는 가나가 독립 국가가 된 이후 종족 간 분쟁이 비교적 낮은 수준에서 일어난 이유라고도 할 수 있다. 비록 1994년 가나 북부 지역에서 콘콤바-나눔바 분쟁 같은 심각한 폭력사태가 발생했고 토지 문제 등으로 종족 간 갈등이 지속해서 벌어지고는 있지만, 분쟁연구가 폴 콰메 아사모아Paul Kwame Asamoah에 따르면 가나는 일반적으로 "불안정한 아프리카 다른 지역과 비교하면 평화로운 국가"다.[43] 설문조사 자료도 이를 뒷받침한다. 가나는 아프리카 대륙에서 다른 민족과 종교에 대한 관용 수준이 가장 높은 국가다.[44]

가나가 문화적 공존을 촉진하기 위해 국가 차원에서만 단독으로 행동한 것은 아니다. 풀뿌리 시민 및 종교 단체가 특히 도시 지역에서 중요한 역할을 했다. 매주 일요일 오후에는 아샤이만 지역 주민들이 여성 발전 모임에서 청소년 클럽에 이르기까지 수십 개의 다민족 다종교 조직 간 회의를 열었다. 이들은 단체 티셔츠를 입은 채 함께 탁자를 놓고, 현수막을 걸고, 서로가 거주하는 영역을 오가는 등 바람직한 공동체 연대의 참모습을 보여줬다. 이런 태도에 감화한 듯 2019년에는 가나의 이슬람 최고 지도자 오스마누 누후 샤루부투Osmanu Nuhu Sharubutu가 자신의 100번째 생일을 기념하면서 종교 간 화합의 의미로 가톨릭교회 미사에 참석했다.[45]

그러나 통합된 국가 정체성은 사회적 관용과 아량을 키우는 데 도움이 되는 동시에 배제와 배척의 도구로도 쉽게 악용될 수 있다. 도널드 트럼프 같은 전형적인 포퓰리즘 정치인에게 멕시코인 이민자들은 이들이 미국에서 얼마나 오래 살았는지와 상관없이 그저 이방인이다. 이런 맥락에서 국기는 시민의 통합만큼이나 분열의 잠재력을 담고 있다. 그렇다면 다양한 도시 공동체에 상생과 우호를 설계하는 데 사용할 다른 전략은 없을까?

이쯤에서 우리는 식민지 이후 맞닥뜨린 딜레마가 여러 면에서 가나와 유사했던 싱가포르로 눈을 돌릴 수 있다. 1세기가 넘도록 영국의 통치를 받다가 1965년 완전히 독립했을 때, 이 아시아 도시국가의 초대 총리 리콴유李光耀는 통일 공화국을 어떻게 만들어갈지 고뇌에 빠졌다. 당시 싱가포르는 인구 구성에서 중국계가 대다수(약 75퍼센트)인 가운데 말레이계(15퍼센트)와 인도계(7퍼센트)가 함께 살았는데, 이 때문에 내부적으로 극심한 민족적 갈등을 겪고 있었다. 이에 리콴유 총리는 기자회견에서 "싱가포르는 다인종 국가가 될 것"이라고 선언했다. "싱가포르는 말레이계 국가가 아닙니다. 중국계 국가도 아닙니다. 인도계 국가도 아닙니다."[46]

다문화 국가의 꿈을 현실로 구현하려는 혁신적인 시도 중 하나가 공공주택 분야에서 이뤄졌다. 최근 싱가포르를 방문했을 때, 당시 주요 개발 계획에 참여했던 사람의 안내로 도심 외곽 지하철 노선 끝자락에 있는 주거 지역을 찾아간 적이 있다. 거기에는 도시에서 가장 오래된 듯한 고층 복도식 아파트 여러 동이 깔끔하게 관리된 잔디밭을 둘러싸고 있었다. 안쪽 광장에는 노인들이 아침 운동으로 태극권을 하고 있었고, 바깥쪽 그늘에는 사리(인도 여성들의 전통 의상 - 옮긴이)를 입은 여성들이 삼삼오오 모여 이야기를 나누고 있었다. 우리는 그중 한 건물로 들어가 엘리베이터를 타고 5층에 올라갔다. 외부 복도로 보이는 기다란 발코니에 아이들 자전거며, 화분이며, 빨래 건조대가 줄줄이 놓여 있었다. "이렇게 싱가포르를 다르게 만든 겁니다." 그가 의기양양하게 말했다. 내가 의아해하는 표정을 지으니 그는 이렇게 설명했다.

1964년과 1969년의 인종폭동 이후 싱가포르 주택개발청HDB은 '인종 화합'을 촉진하는 영구 공공임대 아파트 사업을 설계했다.[47] 그 주요 내용은 현재에도 운용 중인 '민족 할당제'다. 각각의 임대주택 단지는 싱가포르 주요 인구 구성을 반영해 할당하되 주택별로 분리하지는 않는다. 외부 복도도 이 체제의 일부이며, 중국계, 말레이계, 인도계 거주민들이 한 아파트에 살면서 자연스레 이웃과 소통하게 된다. 발코니 역할을 하는 공간이 외부 복도뿐이므로 아이들이 서로 어울려 뛰어다니고, 이웃끼리 담소를 나누고, 종교 축제 때 특산품 과자 같은 소소한 선물을 주고받으면서 일종의 작은 문화 교류가 이뤄지는 공용 공간의 역할을 한다. 각 건물 1층에는 말레이계 무슬림의 결혼식이나 중국계 주민들의 장례식은 물론 입주자 협의회 회의 때 이용하는 공용 공간도 있다. 한 연구는 "싱가포르 국민의 80퍼센트 이상이 거주하는 고층 공공임대주택 단지 내 공용 공간은 일상적인 상생의 공간"이라고 규정했다.[48]

다시 엘리베이터를 타고 내려가면서 나는 그에게 싱가포르의 고도로 설계된 다문화적 화합이 믿기 어려운 정도로 너무 완벽하다고 말했다. 그는 한껏 고무되어 주택 정책으로 민족 간 공존을 활성화한 정부 업적을 자랑스러워하면서도, 다른 부분에서는 문제를 완전히 해소하지는 못했다고 인정했다. 건설 분야나 그 밖의 육체노동에 종사하는 수만 명의 임시 이주노동자들(대부분은 남부 인도·방글라데시·베트남 출신)은 아직 이 체제 안으로 들어오지 못했고, 여전히 낮은 임금에 가뜩이나 열악한 기숙사에서도 쫓겨나는 등 인종차별을 당한다. 체제의 다른 쪽 끝에서는 중국계 인구가 정부 최고 관료직 대다수를 차지하면서 결과적으로 공공생활 영역을 실질적으로 지배하는 '중국인 특권' 문제에 대한 인식이 날로 높아지고 있다. 이는 싱가포르 정부의 공식적인 인종평등 담론과는 분명히 차이가 있다.[49] 해마다 인종 화합의 날 행사를 여는 싱가포르에서 인종폭동의 시대는 이미 오래전 일이 됐지만, 공존의 살아 있는 현실은 알안달루스에서처럼 여전히 복잡한 모순으로 가득 차 있다.

싱가포르 모델이 직면한 가장 큰 과제는 정치적이다. 적당히 권위주의적인 정부 체제 덕분에 독립 이후 한 번도 정권을 놓치지 않았던 집권 여당은 최소한의 반대로 정책을 무리 없이 추진할 수 있었다. 그러나 자비로운 독재 말고 진정한 민주주의 국가에서 살고 싶어진다면 어떻게 될까?

더 민주적인 맥락에서 상생의 도시를 만들기 위해 매우 다른 접근방식을 개발한 에스파냐로 가보자. 21세기 첫 10년 동안 에스파냐는 지각 변동 수준의 인구 변화를 겪었다. 특히 모로코와 라틴 아메리카에서 600만 명이 넘는 이민자가 유입되면서 외국계 인구가 전체 인구의 14퍼센트에 달했다. 이에 따라 극우정당 복스Vox가 부상해 반이민 정치 운동에 불이 붙기도 했다. 하지만 환경 저널리스트 가이아 빈스Gaia Vince는 프랑스나 독일 등 다른 국가와 비교하면 "에스파냐의 반이민 정서는 그리 높은 편은 아니다"라고 지적한다.[50] 왜 그럴까?

가장 주된 이유는 새로운 세대를 위한 다민족 도시를 계획하고 설계한 에스파냐 정부의 노력과 관리 능력 덕분이다. 에스파냐는 기존 이민정책을 뒤엎고 서류 미비 불법 체류 노동자를 포함해 정규직에 종사하는 모든 이주민에게 시민권을 부여했다. 의료 등 공공 서비스를 이용할 수 있도록 해주는 대신 국가 공공재정에 득이 되는 세금제도로 정식 편입한 것이었다. 나아가 수만 명의 아프리카계 이민자들에게는 1년 동안 취업 허가를 내줘서 이들을 지하 경제 위로 끌어올렸고, 고용이 유지되기만 하면 영주권자가 될 수 있는 유인도 제공했다. 아울러 이민자 지원 프로그램에 예산 20억 유로를 추가로 투입해 이들이 일자리를 찾고, 에스파냐어를 배우고, 시민권 수업에 참여할 수 있도록 도왔다.

카탈루냐의 마타로 같은 도시에서 그 결과를 명확히 확인할 수 있다. 일요일 오후가 되면 세르다뇰라(거주민 네 명 중 한 명이 에스파냐 외 지역 이민자) 인근 공원에서 카탈루냐 사람과 카스티야 사람이 세네갈이나 모로코 이민자들과 어울리고, 아이들은 여러 민족이 뒤섞인 팀에서 축구 시합을 한다. 모든 이민자는 거주지 등록 시스템 '엠파드로나멘트empadronament'로 지자체에 신고하면 다른 주민과 똑같은 사회복지 혜택을 받을 수 있다. '새로운 시민'을 위한 무료 수업에 자발적으로 참여할 수 있는데, 이때 '콘비벤시아'라는 용어를 접하게 된다. 앞서 살핀 중세 알안달루스의 미덕이 지금껏 유지되는 것이다. 이 수업은 문화적 관대함과 이웃 사랑의 이상을 장려한다. 이 도시를 인류학적으로 연구한 논문에 따르면, 민족 간에 분쟁이 아예 없진 않지만 전반적인 모습은 우호적인 존중과 공존이다.[51]

그렇지만 역사적 기록에 비추어볼 때, 마타로나 에스파냐 전체의 콘비벤시아는 잠재적으로 취약하다. 극우정당이 득세하면서 이민정책도 다시금 예전으로 되돌아갈 소지가 있다. 관건은 출생률이다. 지금 추세대로라면 에스파냐 인구는 2100년에 50퍼센트까지 감소할 것으로 예상된다. 경제와 연금제도를 유지하려면 세수를 확보하기 위해 더 많은 이민자가 필요하다. 다른 많은 유럽 국가처럼 이민자 수용은 선택이 아닌 필수다.

함께 부대끼며 사는 게 결코 쉬운 일은 아닐 것이다. 그래도 가나, 싱가포르, 에스파냐의 사례를 통해 도시가 늘 잘해왔던 일, 서로 다른 문화와 배경을 가진 사람들이 한데 뒤섞여 도움을 주고받는 발판을 마련함으로써 상생하는 도시 생활을 설계하는 다양한 방법을 찾을 수 있다. 물론 이 세 가지 사례가 절대적인 모델이나 청사진은 될 수 없다. 공공 영구임대주택 민족 할당제는 싱가포르에서는 효과가 있을지 몰라도 공공주택이 부족하거나 민족 구성이 더 세분화한 곳에서는 실행이 불가능할 수 있다. 그렇더라도 서로의 문화적 차이를 존중하면서 평화롭게 더불어 살아가기를 바란다면 함께 마음을 열어 성공 가능성을 높일 수 있는 계획과 설계를 추진할 수 있을 것이다.

    우리는 인류 역사가 '이방인'으로 간주하는 사람들을 향한 편견, 차별, 폭력의 옹졸함으로 점철해 있음을 안다. 그러나 반대로 역사는 관대한 사회가 어떤 모습인지, 어떻게 하면 그렇게 될 수 있는지에 대해서도 똑같이 많은 것을 가르쳐주고 있다. 지난 1,000년 동안 우리 선조들은 격동과 혼란 속에서도 서로의 차이를 극복하고 나란히 번영할 방법을 찾았다. 역사를 교훈 삼아 우리는 내일의 상생을 위한 도시를 만들어가고 사람 사이의 우호관계를 다져나갈 지식과 통찰을 찾을 수 있을 것이다.

3장

소비주의에서 벗어나는 방법
산업화 이전의 일본과 재생경제 설계

우리의 터무니없이 생산적인 경제는
소비를 우리 삶의 방식으로 만들고,
상품 구매와 사용을 우리의 의식으로 바꾸고,
소비에서 정신적 만족과 자아의 만족을 찾으라고 요구한다.
우리에게는 더 빠른 속도로 소비되고, 타오르고, 대체되고,
폐기되는 것들이 필요하다.
— 미국의 경제학자 빅터 르보Victor Lebow, 1955.[1]

    오늘날 우리가 알고 있는 쇼핑은 1872년 파리에서 발명되었다. 아리스티드 부시코Aristide Boucicaut가 세계 최초의 백화점으로 새롭게 단장한 봉마르셰Bon Marché의 신관 문을 활짝 연 해였다. 이제 유명해지기 시작한 건축가 귀스타브 에펠Gustave Eiffel이 건물을 설계했다. 곧이어 소설가 에밀 졸라Émile Zola는 "현대 무역의 대성당"이라고 극찬했다.[2] '좋은 시장' 또는 '좋은 거래'라는 뜻의 봉마르셰는 쇼핑을 모든 경험을 아우르는 종합 엔터테인먼트로 격상시켰다. 사람들은 폭포수처럼 떨어지는 고급 실크 커튼과 동양식 양탄자로 꾸며진 호화로운 회랑을 거닐며 쇼핑하고, 친구들을 만나고, 정복을 갖춰 입은 웨이터가 가져다주는 점심을 먹고, 독서실에 비치된 무료 신문을 읽고, 현란한 아트리움에서 펼쳐지는 미술 전

시회와 오페라 공연을 보기 위해 앞다퉈 이곳을 찾았다. 18세기까지만 해도 '소비'란 치명적 질병과 같은 낭비를 일컫는 용어였다. 그런데 봉마르셰가 그 병을 중독성 있는 쾌락으로 바꿔놓았다.

실크 커튼 이면에는 유럽과 북미 전역으로 확장하는 소매 산업의 모델이 될 기업, 마케팅 혁신을 이룬 냉정한 자본주의 기업이 있었다. 세브르 거리 초입에 있는 봉마르셰 입구로 들어서면 곧바로 할인매장들을 마주하게 되는데, 시끌벅적한 쇼핑객들 사이에 끼어 있다 보면 이번 행사를 놓쳐서는 안 될 것 같은 느낌을 받는다. 우아한 곡선형 계단을 올라가면 똑같은 지붕 아래에서 또 다른 분위기가 연출된다. 수많은 가정용품과 사치품을 차분히 둘러볼 수 있고, 숙련된 판매원의 도움을 받아 마음에 드는 옷도 입어볼 수 있고, 가격도 정찰제여서 다른 시장에서처럼 흥정할 필요 없이 쇼핑을 즐길 수 있다. 타월, 시트, 커튼 등 모든 흰색 품목을 할인가로 판매하는 '2월 화이트 세일'을 노릴 수도 있다. 오늘날 '블랙 프라이데이' 쇼핑 열풍도 봉마르셰에서 처음 도입한 계절 세일의 변종이라고 할 수 있다.

문화역사가 키스 토머스Keith Thomas는 소득이 증가하자 중산층 경제가 기본 욕구 충족 이상으로 성장하면서 사회적 지위를 부의 과시로 표현하기 시작했는데, 이것이 18세기 유럽에서 등장한 '무한 욕망'의 문화를 형성했다고 설명했다.[3] 봉마르셰의 가장 큰 혁신은 사람들이 필요하다고 생각하지 않았던 것들을 소비하게 함으로써 이 욕망을 자극한 데 있다. 이 회사의 유혹적인 광고와 우편 주문 카탈로그는 야심 찬 중산층 사람들에게 코트는 한 벌로는 부족하며 계절마다 다른 코트가 필요하고, 여행용 코트, 친구 집을 방문하거나 극장에 갈 때 입는 코트까지 필요하다고 알려줬다. 교양 있는 가정에서는 생선, 고기, 올리브, 딸기를 먹을 때 용도에 맞는 포크를 구비하고 있어야 한다. 식사 자리에 맞는 냅킨도 저마다 따로 있고, 커튼도 집안 분위기에 맞춰 그때그때 다르게 달아줘야 한다. 훌륭한 집 자제들이라면 세일러복이 있어야 하고, 가족여행 때도 그에 맞는 새로운 옷을 입혀야 한다. 봉마르셰는 사람들의 욕망을 매우 수익성 있는 예술의 형태로 전환했다.

백화점의 탄생은 시작일 뿐이었다. 20세기 초 서구사회를 사로잡은 경제 성장에 대한 집착은 이를 뒷받침하기 위해 끊임없이 소비주의를 요구했다. 1920년대에 소비문화는 지그문트 프로이트 Sigmund Freud의 조카 에드워드 버네이스 Edward Bernays 같은 여론 전

용도별 신사용 코트. 1920년 봉마르셰 카탈로그에서.

문가들에 의해 한층 강화됐다. 이들은 담배가 해방을 상징하는 '자유의 횃불'이라며 여성들에게 흡연을 권장했고, 양돈 산업을 밀어주기 위해 달걀에 베이컨을 곁들이는 것이 세련된 미국식 아침식사라고 선전했다.[4] 2차 세계대전 이후에는 이른바 '매드맨Mad Men' 광고업자들과 사실상 '그냥 사Just Buy It'로 들리는 나이키 광고가 이를 더 부추겼다.[5] 이제 우리는 대형 온라인 쇼핑 플랫폼의 알고리즘에 유혹당한다. 개인 맞춤형 광고와 '지금 구매하기' 버튼은 우리의 진정한 욕구와 만들어진 욕망을 즉각 충족시켜주겠다고 꼬드긴다. 자, 양파 고글 필요하신 분?

이 과정에 불가피한 것들이 있을까? 전혀 없다. 그러나 소비주의는 민주주의나 조직화한 종교처럼 좋은 삶의 의미를 재정의할 만큼 성공적이다. 산업화 이전 사회에서 사람들은 탁월한 용사, 독실한 사제, 훌륭한 학자가 되면 존경과 지위를 얻었다. 그런데 오늘날에는 우리가 사는 옷, 운전하는 차, 호화로운 휴가가 존경과 지위의 척도일 가능성이 더 크다. 나는 산다. 고로 존재한다. 우리의 물질적 열망은 사회학자 줄리엣 쇼어Juliet Schor가 '업스케일 에뮬레이션upscale emulation(고급화 경쟁)'이라고 부르는 과정에서 계속 높아지고 있다. 우리는 친구, 가족, 지역 공동체 속에서가 아니라 화면 속 우리가 알지 못하는 부유하고 유명한 사람들과 자신의 생활양식을 비교한다.[6]

소비문화가 직면한 문제는 우리의 기본 욕구 충족만으로 더 높은 수준의 행복을 누릴 수 없다는 불안감이 아니라 일정 수준을 넘어서면 물질은 우리를 더 행복하게 만들지 못한다는 데 있다. 우리는 또한 소비문화가 지구에 끼치는 치명적인 영향에도 대처해야 한다.

글로벌 노스의 부유한 쇼핑객들은 산업화 이전 선조들이 상상조차 하지 못했을 생태적 약탈의 최전선 부대다. 버려진 아이폰iPhone과 희토류 금속으로 산을 이루는 전자 폐기물, 돌고래와 바다거북과 우리 아이들 배 속에서 발견되는 미세 플라스틱, 우리가 마시는 물과 공기에 섞인 독성 화학물질, 우리가 먹을 고기 한 접시를 위해 대규모 소 방목장을 만드느라 파괴한 숲, 이것들은 기후 변화에 관해 더 많은 생각을 하게 한다. 100퍼센트 재생에너지가 있다 한들 집중적인 자원 사용은 생물 다양성 손실, 대기 오염, 토양 황폐화라는 한계 상황으로 우리를 계속 밀어낼 것이다. 인류의 '물질 발자국material footprint', 곧 소비 수요를 충족하기 위해 추출하는 물질의 총량은 지구가 안전하게 유지될 수 있는 양의 두 배에 달한다. 우리는 매년 지구 두 개 분량의 자원을 소모하고 있고, 이 추세는 꺾일 기미가 보이지 않는다. 경제인류학자 제이슨 히켈Jason Hickel이 지적했듯이 "이런 과잉 대부분을 고소득 국가의 과도한 소비가 주도"하고 있다.[7] 부자들이 전 세계를 집어삼키고 있는 것이다.

지구는 무한한 자원을 품은 끝없이 광활한 개척지가 아니다. 지구 역시 태양으로 구동되어 우주의 어둠 속으로 회전하며 나아가는 닫힌 체계다. 경제학자 케네스 볼딩Kenneth Boulding의 표현대로 "우주선 지구Spaceship Earth"로서 우주의 암흑 속을 유영하고 있을 뿐이다.[8] 소비문화의 무한한 욕망이 유한한 행성에서의 삶과 양립할 수 없다는 것쯤은 수정구슬 따위가 없어도 알 수 있다.

역사가 우리를 소비주의에 묶어두었다면, 어떻게 그 역사가 우리를 해방시킬 수 있을까? 역사가 인류, 특히 부유한 글로벌 노스 시민들을 소비 습관에서 해방시켜 지구 파괴 행위를 멈추게 할 수 있을까? 쇼핑, 수다, 식사, 구경하는 사람들로 붐비는 봉마르셰 쇼핑센터를 걷다 보면 이 소비자본주의의 거대 괴물을 도저히 멈출 수 없겠다는 생각이 든다. 너무 견고하고, 너무 강력하고, 너무 즐겁다.

그래도 역사는 다른 길이 가능하다는 사실을 보여준다. 단순히 개인이 습관을 바꿔서 '녹색 소비자'로 변모하라는 것이 아니다. '재생 설계'를 수용하는 더 깊은 체제 변화가 필요하다. 우리 경제를 섬세하게 균형 잡힌 지구의 생태적 한계 내에서 운용하도록 설계해 지구 스스로 재생할 수 있는 양보다 더 많은 자원을 사용하지 않고, 지구 스스로 감당할 수 있는 양보다 더 많은 폐기물을 만들지 않도록 하는 것이다. 재생 설계는 다양한 토착문화에 뿌리를 두고 반세기 전에 성립된 생태경제학의 지속 가능한 이상이다.[9] 재생 설계는 인류사회가 남긴 귀중하지만 대부분 인정받지 못한 혁신으로 이루어져 있다. 식민지 시대 미국에서 봉건제 일본에 이르기까지 소비주의의 역사를 들여다보면 재생 가능한 미래를 설계하기 위한 깊은 통찰을 얻을 수 있다.

간소한 삶을 향한 극한 운동

아마도 존 울먼John Woolman이라는 이름을 들어본 사람은 거의 없을 것이다. 미국이 아직 영국의 식민지이던 1720년 뉴저지에서 태어난 그는 개신교 교파 '종교친우회Religious Society of Friends'의 일원이었는데, 이 교파가 흔히 말하는 '퀘이커교Quakers'다. 퀘이커교는 별도의 교회당이나 안수받은 성직자를 부정했다. 가르침과 인도는 그리스도로부터 직접 받는 것이며, 이를 생활 전체에 적용하고 사회 정의를 수호하는 것이 이들의 주요 교리였다. 따라서 퀘이커교는 교세에 집착하지 않았다. 이들은 간소한 삶 또는 소박한 삶을 추구했고, 현재에도 '간소함의 증언Testimony of Simplicity'을 일련의 규칙으로 삼아 청빈한 삶을 살고자 애쓰고 있다.

존 울먼을 비롯한 모든 퀘이커교도는 염색하지 않은 천으로 만든 어두운 색 옷을 입었으며, 버클이나 레이스 또는 리본과 같은 장식도 달지 않았다. 이들은 철저한 미니멀리스트로 물질적 소유를 최소화했고, 집에서도 푹신한 쿠션이나 벨벳 커튼 없이 나무 가구만 사용했다. 음식도 간소하고 평범한 것들만 먹었다. 말도 많이 하지 않는 데다 복잡한 존칭도 생략했다. 요일도 '첫째 날' '둘째 날' 식으로 불렀다.

18세기 초 많은 퀘이커교도가 규칙을 어기는 형제들이 늘어나는 데 몹시 불안해했다. 영향력 있는 퀘이커교도이자 펜실베이니아 식민지를 개척해 그 어원이 된 윌리엄 펜William Penn의 사치가 대표적이었다. 그는 웅장한 저택에 살면서 최고급 와인을 즐기고 서러브레드 품종의 값비싼 말을 사들였다. 그러자 1740년대에 존 울먼은 퀘이커교를 소박함과 경건함의 정신적·윤리적 뿌리로 되돌리려는 운동을 주도했다. 그는 지칠 줄 모른 채 전국을 순회하면서 간소함의 미덕을 설파하고, 동료 퀘이커교도에게 노예제와 같은 불의에 맞설 것을 촉구했으며, 노예제의 부당함을 폭로하는 글도 여러 편 썼다.

한 역사가에 따르면 그는 비록 뛰어난 웅변가나 위대한 지식인은 아니었지만, "미국이 배출한 소박한 삶의 가장 고귀한 본보기"였다.[10] 울먼은 간소한 삶을 일종의 극한 운동으로 바꿔놓았다. 생계를 유지하고자 직물을 팔았는데, 장사가 잘돼서 돈을 너무 많이 벌자 손님들에게 더 싼 물건을 사거나 그만 사라고 부탁하면서까지 수익을 줄이려고 몸부림쳤다. 오늘날 하버드 경영대학원에서는 절대로 이렇게 가르치지 않을 것이다. 울먼은 급기야 돈을 덜 벌려고 사과 과수원을 돌보는 일로 전향했다. 그는 공정무역의 선구자이기도 했는데, 노예를 부려 생산한 면화 제품 불매운동을 벌였고 대금을 주인이 아닌 노예 하인에게 지불해야 한다고 주장했다. 채식주의자이기도 해서, 어느 날 가금류 고기를 선물로 받고는 "설마, 이웃을 먹으라는 말씀은 아니지요?"라고 응수했다. 1771년 영국으로 전도 여행을 떠날 때는 선실이 너무 사치스러워 6주 동안 다른 선원들과 함께 축축하고 지저분한 조타실에서 지냈다. 영국에 도착하면 곧장 요크를 방문해 그곳에서 영국의 열악한 사회 상황을 직접 관찰할 예정이었다. 하지만 마차를 타고 간다는 말을 듣고는 '말 형제들'을 고생시킬 수 없다는 생각에 320킬로미터가 넘는 길을 그냥 걸었다. 그렇게 마침내 요크에 도착했지만, 끝내 돌아오지 못하고 천연두에 걸려 죽었다. 그는 자신이 늘 챙겼던 가난한 사람들의 묘지에 묻혔다.

그는 괴짜였을까? 의심의 여지가 없다. 정신 나간 사람? 그건 아니다. 존 울먼은 근본적인 변화를 주도한 명석한 인물이었다. 그는 종교적 원칙을 지키면서 살아도 사치스러울 수 있음을 알았기에 생활의 안락함과 편리함을 자발적으로 희생했다. 그는 노예제에 반대하고, 동료 인간과 동물을 존중하고, 가난한 사람들을 돕고, 자신의 신념을 널리 퍼뜨림으로써 물질주의보다 더 만족스러운 삶의 방식과 자유를 표현했다. 퀘이커교의 소박함이 그 모든 것의 밑바탕이 되어 그를 세속적인 쾌락의 추구로부터 해방시켰다.

존 울먼은 소박한 삶의 전당에 역사상 가장 고무적인 사례로 이름을 올릴 자격이 있지만, 그 전당에 그만 있는 것은 아니다. 고대 그리스 철학자 '디오게네스Diogenes'는 부유한 은행가의 아들로 태어났어도 삶을 간소화해서 와인을 담았던 낡은 참나무통에서 살았다. 13세기 수녀회 가난한 여인회Order of Poor Ladies를 세운 '아시시의 성녀 클라라St. Clare of Assisi'는 평생을 가난 속에서 가난한 사람들과 생활했다. 철학자이자 수필가 헨리 데이비드 소로Henry David Thoreau는 뉴잉글랜드 시골 호숫가에서 손수 통나무집을 짓고 살면서 "인간은 버릴 수 있는 만큼 부유해진다"라고 선언했다. 수백만 명의 사람에게 더 간소한 삶을 살도록 영감을 준 마하트마 간디도 있다. 그는 스스로 옷을 짜 입고 소박한 아시람(자급자족을 기반으로 하는 힌두교의 수행 및 생활 공동체 - 옮긴이)을 세워 제자들과 함께 지냈으며, "간소하게 살라. 다른 사람들도 간소하게 살 수 있도록"이라고 가르쳤다.

비좁은 통 안에서 빈털터리로 살거나 옷을 직접 만들어서 입고 싶은 사람이 얼마나 될까? 소비가 중심인 사회에서 간소한 삶은 너무 많은 희생, 너무 많은 금욕, 너무 많은 포기를 수반하는 검소함의 극단주의로 여겨질 수 있다. 그러나 실제로 간소하게 사는 사람들은 그렇게 생각하지 않는다. 이들은 종교적 믿음이나 사회

정의 또는 생태계 보호 같은 더 큰 이상에 자신의 정체성을 투영해 살아가고 있다. 오늘날 '자발적 간소함Voluntary Simplicity' 운동에서 즐겨 쓰는 표현을 빌리자면, 새로운 소파의 편안함을 "외적으로 간소하나 내적으로는 풍요로운" 가치 중심의 삶으로 바꾸는 실존적 교환이다.[11] 지역 공동체 합창단에서 노래를 부르거나 개인 텃밭에서 채소를 기르는 등 우리 삶에서 돈이 필요 없으면서도 자유를 만끽할 수 있는 공간을 확장하는 일, 소비가 아닌 존재와 관련이 있는 활동이다.

이렇게 잠재적 이점도 있지만, 간소한 생활의 진짜 문제는 극한 운동이기 이전에 소수의 운동이라는 것이다. 소비주의 시대로 접어든 이래 간소함 추구는 줄곧 변두리 활동으로 남아 있다. 물질주의의 힘을 막기에는 간디나 소로, 퀘이커교도나 성녀 클라라 같은 인물들로는 턱없이 부족하다. 우리가 물질이 행복을 증진하기 어렵다는 사실을 알고 있을지 몰라도 신용카드 같은 경제적 수단을 갖고 있는 한 우리 대부분은 더 많은 옷, 더 많은 신발, 더 많은 기기, 더 많은 잡동사니를 축적하게 된다. 물질적 재화를 개인적 성취와 연결하는 광고 메시지가 우리 내면에 너무 깊숙이 박혀 있어서 다른 선택지는 실행 가능하기는커녕 생각하기조차 어렵다. 우리는 미래학자 제임스 월먼James Wallman이 '과소유증후군stuffocation'이라고 부른 상태를 선택한다.[12]

현재 우리가 처한 생태위기를 직시하고 있는 사람들마저 대개는 자신의 생활양식을 바꾸고 싶어하지 않는다. 고소득 국가 10개국을 대상으로 한 설문조사에서 전체 응답자의 75퍼센트가 환경규제를 강화할 필요가 있다고 여겼지만, 절반 가까이는 개인 습관을 바꿀 필요는 없다고 대답했으며, 20퍼센트만이 항공기를 덜 띄워야 한다거나 육류 소비를 줄여야 한다고 응답했다.[13] 소비 자체보다 소비에 치우친 사회문화를 거부하기가 어려운 것이 지금의 현실이다. 아이폰 신제품은 너무나도 매력적이고, 아마존 프라임Amazon Prime은 너무나도 편리하고, 휴가여행 항공편은 너무나도 저렴하고, 햄버거는 너무나도 유혹적이다.

물론 주류 소비문화에서 탈피해 다른 길을 추구하는 사람들도 있다. 이들의 행동은 변화를 불러올 수 있다. 이를테면 현재 영국에서는 18~24세의 16퍼센트가 우유나 달걀도 먹지 않는 비건vegan을 포함해 육류를 거부하는 채식주의자다.[14] 이들이 지역 식당이나 카페에서 비육류 메뉴를 선택할 수 있도록 요청할 때마다 메뉴에 더 많은 선택지가 추가되면서 식물성 식단의 보편화를 촉진하고 곧 변화의 티핑 포인트에 도달할 수 있다. 그렇지만 전 세계 육류 산업은 여전히 건재하다. 영국에서만 해마다 10억 마리 이상의 닭이 도살된다. 현재 속도로 가면 2050년까지 우리 지구는 추가로 약 1억 2,000만 톤의 사람과 4억 톤의 가축을 감당해야 하며, 이들이 만들어내는 모든 환경 폐기물과 생태계 파괴도 견뎌내야 한다.[15]

이는 심각한 딜레마를 초래한다. 자진해서 식단을 채식으로 바꾸는 등의 개별 행동이 몇몇 부문에는 긍정적 영향을 끼칠 수 있지만, 그것만으로는 우리에게 절실히 필요한 규모와 속도로 재생 경제를 창출하기에는 충분치 않다. 소비자본주의의 문화적 관성과 그 배후의 기득권이 너무 깊게 자리잡고 있다. 이렇게만 해서는 너무 더디고 너무 적게 바뀔 것이다. 그렇기에 체제 변화 차원에서 해결책을 모색할 수밖에 없다. 유물론적 비판 철학자 헤르베르트 마르쿠제Herbert Marcuse는 서구사회가 '소비기계'에 갇혀 있다고 한탄한 바 있다.16 관건은 어떻게 하면 이 기계를 해체하거나 최소한 그 작동방식이라도 근본적으로 바꿀 수 있느냐다.

존 울먼은 올바른 방향으로 움직이고 있었다. 그는 단순히 자신의 습관만 바꾸려고 한 것이 아니라 북아메리카 전역에 흩어져 살던 퀘이커교 공동체 전체가 간소한 삶을 받아들이도록 하려고 노력했다. 그러나 하루 쇼핑객만 수백만 명인 21세기 서구 국가에서 이 과업을 수행하기란 훨씬 더 도전적인 일이다. 역사 속에서 이 같은 대규모의 간소한 삶이 실제로 있었던 사례가 존재하는가? 소비문화의 힘을 통제해 생태적 한계 내에서 작동하는 복잡한 도시사회를 만들 수 있을까? 놀랍게도 울먼이 간소함의 복음을 전파하던 바로 그 무렵, 지구 반대편에서 세계 최초라고 할 만한 지속가능한 경제체제가 온전히 가동되고 있었다.

에도노믹스: 산업화 이전 일본 경제에서 배우는 지속 가능성

여러분이 지금 일본 에도의 상업 중심지에 있는 오래된 목조 다리인 니혼바시에 서 있다고 상상해보자. 전국시대를 평정한 도쿠가와 이에야스德川家康가 도쿄의 옛 지명인 에도에 막부를 세우고 그 일가가 쇼군으로서 통치하던 1603년부터 1868년까지를 에도시대 또는 도쿠가와 시대라고 부르는데, 여러분은 지금 1750년경의 그곳에 있다. 비가 부슬부슬 내리는 새벽인데도 곳곳이 왁자지껄하다. 우산을 쓰고 분주히 오가는 행인들, 어깨 위에 커다란 바구니를 메고 다리를 건너는 생선 장수들, 강둑 양쪽의 시장 노점들로 쌀이며 천을 운반하는 일꾼들로 북적인다. 그 유명한 니혼바시 우오가시(수산물 시장)의 생선 냄새가 주변 공기를 가득 채우고 있다. 여러분은 에도만의 지평선 위로 떠오르는 태양을 멀리 바라본다.

　에도시대의 일본은 나머지 다른 세계와 단절되어 있었다. 기독교 선교사들과 서구 열강의 영향으로부터 자신들을 보호하고자 도쿠가와 막부 정권은 국제무역 관계 대부분을 끊고 외국 여행도 금지했다. 하지만 에도가 100만 명이 넘게 사는 대도시로 성장하는 것을 막지는 못했다. 에도시대는 에도성의 쇼군과 지역 다이묘(영주)가 지배하는 봉건사회였다. 쇼민(평민)은 주로 에도성 동쪽 외곽에 살았고, 도시의 번듯한 나머지 건물 대다수는 신사나 다른 용도로 사용되고 있었다. 1657년 메이레키明曆 대화재로 전체 면

도쿠가와 시대 에도의 중심지였던 니혼바시 지역

적의 60퍼센트가 불타고 약 10만 명이 사망하는 큰 변을 당했지만 에도는 여전히 주택과 사원, 선박과 교각이 모두 나무로 이뤄진 도시였다.

그런데 조금 더 자세히 들여다보면 에도는 엄청나게 놀라운 도시였다. 이 도시에는 쓰레기가 없었다. 거의 모든 물건을 재사용하거나, 고쳐 쓰거나, 용도를 바꿔 사용하거나, 최후의 수단으로 재활용했다. 현재 우리가 그럴듯한 용어로 '순환경제circular economy'라고 부르는 바로 그것이었다. 역사에서 지속 가능성을 찾고자 애쓰는 역사가 이시카와 에이스케石川英輔에 따르면 에도의 경제는 "매우 효율적인 폐쇄적 순환 체제"로 운용됐다.[17] 사람들은 면화로 만든 단순한 형태의 일본 전통 의상 유카타浴衣를 오래도록 입다가 천이 닳아 부드러워지면 잠옷으로 고쳐 입었다. 그러다가 천이 더 헤지면 잘라서 기저귀로 만들어 계속 빨아 썼고, 더 닳아 구멍이 나면 바닥 걸레로 쓰다가 도저히 못 쓸 정도가 됐을 때 연료로 태웠다. 면은 너무나 귀한 옷감이기에 일부 지역에서 '보로襤褸'라 일컫는 전통적인 조각보 바느질 기법도 발달했다. 보로는 말 그대로 '누더기' 옷이라는 뜻이다. 형편이 어려운 사람들은 버려진 천 조각을 모아다가 헤진 다른 옷에 기워서 입었고 대대로 물려줬다. 세상에 버릴 물건은 없었다. 모든 게 재활용됐다. 촛농은 다시 초가 됐고, 낡은 금속제 냄비는 녹아서 다른 기물이 됐고, 머리카락은 모여서 가발이 됐다. 주택을 모듈 방식으로 만든 까닭도 나중에 마루판을 쉽게 걷어내고 깎아서 다른 집을 지을 때 재사용하기 위해서였다. 싸울 일이 없어진 사무라이는 우산을 수리했다. 벼농사를 짓고 남은 지푸라기로는 신발이나 밧줄을 만들거나 물건을 포장하는 데 쓰다가 마지막에는 퇴비에 섞거나 아궁이 불쏘시개로 사용했다. 종이 재활용은 그 자체가 커다란 산업이었다. 나무껍질마저도 질긴 종이로 만들어 사용한 뒤 화장지로 재활용했다. 인분을 처리할 때도 돈을 낼 이유가 없었다. 되레 분뇨를 수거하는 사람이 돈을 주고 사들인 다음 퇴비로 만들어 팔았다. 순환경제는 일본 열도 전역에서 운용됐으나 가장 발달한 곳은 역시 에도였으며, 이 도시에서만 1,000곳이 넘는 수리 및 재활용 업체가 호황을 이뤘다.[18]

이 같은 심층적인 지속 가능성의 문화는 자원 부족 문제, 특히 목재를 관리하기 위한 규제를 통해 강화됐다. 당시 일본의 경제는 현재 우리가 화석연료에 의존하는 것만큼이나 나무에 의존했

에도노믹스Edonomics의 결정판: 전통 보로 기법으로 만든 누더기 기모노
* 트레이 트래헌 컬렉션Trey Trahan Collection 제공

다. 에도 막부가 들어서고 집권한 도쿠가와 세력은 이 중요한 자원이 심각하게 부족하다는 사실을 깨달았다. 산림지대는 오랜 전쟁과 인구 증가로 거의 고갈되어 경제가 붕괴할 지경이었다. 환경역사가 콘래드 토트먼Conrad Totman은 그때 상태가 지금까지 이어졌다면 "오늘날 일본은 고도로 산업화한 풍요로운 푸른 열도가 아니라 황폐한 달 표면 같은 땅의 빈민굴에서 간신히 살아가는 가난한 농민사회가 됐을 것"이라고 썼다.[19]

이런 운명을 피할 수 있게 했던 에도 막부의 규제 체제는 산림 재생을 위해 특정 종류와 크기의 나무 벌목을 제한하는 것에서부터 출발했다. 이를 위반하면 막대한 벌금을 물어야 했고, 일부 지역에서는 사형에 처하기도 했다. 나아가 벌목에 사용할 도구와 마을에서 모을 수 있는 땔감의 양에도 제한을 걸었다. 아울러 이 조치는 광범위한 목재 배급제와 결합했다. 주택이나 그 밖의 건물을 짓는 데 사용할 수 있는 목재의 종류, 크기, 개수를 제한하는 법령이 도입됐다. 배급 원칙은 지위에 따라 다르게 적용됐다. 다이묘나 사무라이처럼 사회 계급이 높은 사람들은 희소한 목재를 더 많이 사용해 더 큰 집을 지을 수 있었다. 그렇더라도 그들 또한 제한을 받았다. 콘래드 토트먼은 당시 목재 배급제가 완벽하게 시행되지는 못했지만 산림이 재생할 "시간을 벌어준 주효한 정책 수단"이었다고 강조했다.[20]

'음성적' 수요 제한은 '양성적' 공급 방식과 어우러졌다. 에도 막부는 역사상 유례가 없는 대규모 조림 정책을 펼치기 시작했다. 집권세력이 상의하달식으로 부과한 정책이긴 했으나 지역 농촌인구의 참여가 관건이었다. 초반에는 성미 급한 일부 지방 영주들이 강제로 노동력을 동원해 밀어붙였지만 시간이 지나면서 주민들에게 묘목을 심으면 돈을 주는 식의 인센티브 방식으로 발전했다. 임대되는 숲이 점점 더 늘어났다. 마을 주민들이 부지를 사들여 나무를 심은 뒤 훗날 벌목할 목재를 미리 판매하는 형태가 주를 이뤘다. 나무를 키워 수십 년 뒤 벌목하면 그 자리를 재임대해 다시 묘목을 심어 키웠다. 마을 총회는 공동으로 대규모 산림 부지를 지속 가능하게 관리하고 분쟁을 방지하기 위한 새로운 규칙들을 마련했으며, 토지의 침식과 홍수 피해를 막기 위해 새로운 숲을 조성했다. 1750년경부터 무려 한 세기 동안 이어진 이 정책으로 나무 수천만 그루가 심어졌고 황폐했던 풍경이 푸른 숲으로 바뀌었다.[21]

지속 가능한 경제 순환과 자원 재생의 이런 조합이 산업화 이전 일본에서 등장한 '에도노미Edonomy'의 본질이었다. 일본의 에도 시대는 안정적인 생태적 한계 내에서 운용되는 재생경제란 어떤 모습일지 보여주는 역사의 본보기다.[22] 환경과학자 오치아이 에이이치로落合栄一郎는 그것이 "우주선 지구의 소규모 모델"이었으며 "제로웨이스트zero-waste, 제로배출zero-emission이라는 개념이 널리 알려지기 훨씬 전부터 이러한 원칙을 유지하기 위해 모든 조치를 취했다"라고 썼다.[23] 또한 일본이 2세기가 넘는 오랜 기간에 걸쳐 저탄소 경제를 유지한 점도 눈여겨볼 만하다. 나아가 이와 동시에 문화적으로 번영한 놀라운 시대도 만들어냈다. 비록 가난한 농부들이나 가부장적 억압에 갇힌 여성들의 삶은 힘들었지만, 에도 시대는 마츠오 바쇼松尾芭蕉의 시, 우타가와 히로시게歌川広重의 그림, 거리극, 스모, 도자기, 서예, 꽃꽂이 등의 문화를 탄생시켰다. 에도에 산업도시 런던처럼 증기기관차는 없었을지 몰라도 세련미와 아름다움으로 그 빈틈을 메우고도 남았다.

요약해보자. 에도노미의 등장은 무엇을 설명할 수 있을까? 어떤 역사가들은 일본 사회의 세대 간 연대감을 강조하는데, 그 덕분에 묘목 심기 같은 장기 정책을 펼 수 있었고 후대가 그 혜택을 누릴 수 있었다는 것이다. 또 어떤 역사가들은 일본 사회에 깊숙이 자리잡은 '못타이나이もったいない(과분하다·아깝다)' 같은 문화적 정서를 꼽는다. 낭비하지 말고 '적당히' 가져야 한다는 충분함의 원칙이다. 1860년대에 에도를 방문했던 한 외교관이 설명했듯이, 빅토리아 여왕 치세하의 영국 중산층 저택의 화려한 응접실과 달리 강력한 영주가 거주하는 집조차 작고 소박했다. 이들에게는 양보다 질이 훨씬 더 중요했다.

하지만 더 일반적인 설명은 도쿠가와 정권의 고립주의적 무역 금지 정책에 초점을 맞춘다.[24] 폐쇄적 경제체제, 곧 자급자족 체제를 유지하다 보니 목재나 면화 같은 희소성 높은 자원을 자체적으로 효율성을 따져가며 사용할 수밖에 없었다는 것이다. 목재 배급제나 임대임업 등의 경제정책을 무리 없이 추진할 수 있었던 쇼군의 절대권력 또한 에도노미 운용에서 주효한 요인으로 작용했다. 그렇더라도 그 정책은 자원의 희소성에 창의력과 헌신으로 대응한 지역 주민들의 참여가 없었다면 결코 성공하지 못했을 것이다. 누더기를 이어 붙여 입고, 촛농을 다시 굳혀 쓰고, 다 크려면 한참 걸리는 묘목을 묵묵히 심었던 평범한 백성들. 정부 규제의 성공 여부는 주민 참여에 달려 있으며, 그것이 가능했기에 에도노믹스는 성공을 거둘 수 있었다.

세계 최초의 대규모 생태문명은 그렇게 탄생했다. 그러나 그

시대는 오래가지 못했다. 19세기 후반 '메이지 유신明治維新'으로 도쿠가와 정권이 몰락한 후 일본은 대외무역을 재개해 초현대적 고소비 고탄소 사회로 나아가는 궤도에 진입했다. 새삼스러울 것도 없이 오늘날 많은 환경 전문가와 기관은 지속 가능한 재생경제를 설계할 교훈적 모델로 에도노믹스를 돌아본다. 21세기 생태 현실에 걸맞은 '에도노믹스 2.0'을 만들려면 무엇이 필요할까? 과거에서 어떤 통찰을 얻을 수 있을까?

지속 가능한 미래를 위한 선택 재설계

인류의 재생 가능한 미래로 향하는 길은 설계의 문제로 생각하면 유용하게 접근할 수 있다. 지구 생태계가 감당할 수 있는 범위를 넘어서게 만드는 특정 소비자 선택을 '설계에서 배제'(또는 '편집에서 제외')하여 더 이상 선택 메뉴에 나타나지 않게끔 하는 동시에, 우리가 생태적 한계 내에 안전하게 머물도록 하는 대안적 선택지를 '설계에 포함'(또는 '편집에 포함')하는 것이다.[25] 일상적인 소비자 결정이 환경에 파괴적이며 때로는 눈에 보이지 않는 영향을 끼칠 수 있는 시대에, 우리는 인간 선택의 구조 자체를 재조정해야 한다. 우리에게 시급히 필요한 재생 혁명을 일으키기 위해 에도시대에서 두 가지 근본적인 통찰을 얻을 수 있다.

첫 번째는 에도의 본보기를 따라 무배출 순환경제를 만들고자 노력해야 한다는 것이다. 지속 가능한 건축을 연구하는 애즈비 브라운Azby Brown의 관찰처럼 "에도시대의 환경과 설계 원칙이 순환경제 방식에 매우 잘 들어맞으니, 에도의 사례에서 영감을 얻어 견본 모델을 만들 수" 있다.[26] 실제로 이를 통해 노후화를 미리 계획해 일회성 '취득, 제조, 사용, 폐기' 과정에 기반한 선형 산업 시스템을 배제하고, 대부분의 자원과 제품이 '수리, 재생, 용도 변경 및 재활용'을 통해 지속적으로 재활용되는 순환형 시스템을 도입할 수 있다. 이런 방식은 과거 극심한 자원 부족 시기를 경험한 이들에게는 친숙한 개념이다. 2차 세계대전 같은 전쟁을 겪은 사람들은 양말을 기워 신고, 기계를 고쳐 쓰고, 천 조각을 모으고, 곡식 한 톨도 허투루 버리지 않았던 시절을 기억한다. 산업화 이전의 일본에서는 이러한 '제로 웨이스트' 마인드셋이 세대를 거듭해 일상의 규범 속에 깊이 뿌리내려 있었다.

에도시대 주민들이 유카타를 잠옷, 기저귀, 바닥 걸레로 재활용하면서 계속 사용성을 부여한 것은 크게 감탄할 만한 일이지만, 당시 일본 상황은 오늘날 우리가 직면한 모습과는 무척 달랐다. 그때는 자원이 부족해 순환경제가 체제로 자리매김할 수 있었으나, 모두가 알다시피 지금은 일회용 플라스틱을 만드는 데 사용되는 석유화학 제품만 해도 넘칠 만큼 공급된다. 따라서 우리는 일본 모델에서 벗어나 엄격한 규제를 통해 희소성을 분석해서 애초부터 순환에 기반을 둔 제품을 설계하고 기업들이 이를 비즈니스 모델에 통합하도록 해야 한다. 예를 들어 재생경제 체제에서 스마트폰을 생산한다면 자원집약적 제품은 선택지에서 배제되고, 우리는 지속 가능한 모델 중에서만 선택하게 될 것이다. 재활용이 가능한 플라스틱과 광물 소재만 사용하고 모듈식으로 설계해 스크린에서 배터리까지 모두 사용자가 손쉽게 수리하거나 교체할 수 있어야 한다. 네덜란드의 '페어폰Fairphone'이 그런 제품이다.[27] 스마트폰을 두 배 더 오래 쓸 수 있다면 지금의 절반만 생산해도 될 것이다. 이윤을 추구하는 기업들이 쉽게 따르지 않을 테니 정책 측면에서 반드시 규제해야 한다. 시간도 필요하다. 기업들이 기존 모델을 단종하고 재생경제 기준에 부합하는 신제품을 선보일 수 있도록 미리 규제 발효 기한을 제시해서 단계적으로 따르게 한다. 5년 정도면 적당하다. 전기자동차 분야에서도 이런 식으로 화석연료 자동차 생산을 줄이고 사용자 선택을 '편집'하기 위해 일종의 표적 정책을 펼치고 있다. 이를테면 프랑스 파리 정부는 2030년을 기한으로 화석연료 자동차의 도로 주행을 금지했다.

　페어폰 같은 제품이 활성화하면 자발적으로 전환할 사람들이 많아지리라고 믿는 게 희망사항이듯, 순환경제 체제를 도입하면 자발적으로 전환할 기업들이 많아지리라고 믿는 것도 마찬가지로 희망사항이다. 그래서 우리는 에도시대처럼 총체적인 순환경제 생태계가 필요하다.[28] 이미 한 걸음 앞서 나간 국가들도 있다. 네덜란드는 2030년까지 50퍼센트, 2050년까지 100퍼센트 순환경제를 구축하겠다고 공표한 뒤 곧바로 정책화했고, 암스테르담과 같은 지자체도 이에 발맞춰 식품·섬유·건설(건축자재 재사용) 등의 생산 분야에 순환경제 규정을 도입했다.[29] 프랑스에서는 제조업체가 냉장고 에너지 효율 등급처럼 제품에 '수리 가능성 지수'를 표기하도록 하고 있다. 해당 제품의 수리 난이도를 공개함으로써 기업들이 자연스럽게 순환경제 기여도를 놓고 경쟁하도록 유도하는 것이다. 같은 맥락에서 유럽연합도 '수리할 권리'를 법률로 제정해 TV(곧이어 스마트폰) 등 여러 전자제품에 최대 10년 동안 수리가 가능하게끔 의무화했다. 2023년 기준 전 세계 경제에서 7.2퍼센트만이 순환경제다.[30] 그 수치를 에도시대 수준으로 끌어올리려면 애플Apple, 삼성, 테슬라Tesla, 홀심Holcim(세계 최대 시멘트 생산 회사) 같은 글로벌 기업들이 순환경제에 더 적극적으로 동참할 법적 의무를 마련해야 한다. 각국 정부는 오래전부터 사람의 건강을 해치는 석면 등의 제품을 규제해왔다. 그런데 왜 지구 건강을 해치는 제품은 규제하지 않을까?

어떤 경제 평론가들은 효과적인 재생경제를 이루기에 순환만으로는 턱없이 부족하다고 주장한다. 일회용품에 많이 사용하는 폴리스티렌polystyrene, 분사용 용기에 주로 쓰는 금속 캔, 침대 매트리스, 일회용 기저귀 등의 제품은 재활용이 쉽지 않으며 재활용할 때도 너무 많은 에너지가 소모된다. 더욱이 '우주선 지구'는 설령 그 설계가 대부분 순환형이라 해도 100억 대의 추가 스마트폰, 노트북, 전기자동차의 환경적 영향을 단숨에 흡수할 수 없다. 이런 제품을 생산, 판매, 구동하는 데 드는 탄소 발자국이 너무 커서 순환경제의 이점을 능가해버린다.[31] 그렇기에 우리는 소비 수요 자체에 대해서도 뭔가 조치를 취해야 한다. 소비를 지속 가능한 수준으로 낮추는 방법에는 무엇이 있을까? 특히 소비를 치유 삼아 살아가는 부유한 나라에서는 어떻게 해야 할까?

스위스 제네바나 프랑스 그르노블 같은 도시에서는 광고 메시지를 눈에 띄지 않게 편집하고자 '시각 공해'를 일으키는 광고판을 규제하기 시작했다. 또 어떤 도시는 자가용 자동차 운행을 줄이고 자전거와 도보 이동을 장려하기 위해 혼잡 지역을 통과하는 화석연료 차량에 요금을 부과하고 있다. 그런데 2023년 런던의 초저배출구역ULEZ 확대 지정에 대한 논란에서 알 수 있듯이 이러한 정책을 시행하기가 녹록지 않다.[32] 에도시대에는 목재에서 시작해 나중에는 비단옷과 장식품까지 배급하는 등 더 급진적인 규제책을 시행했다. 이것이 오늘날 탄소 배출과 더불어 적색육 섭취 같은 주요 생태 파괴 요인에 대해서도 규제 방안을 도입해야 할지 고려하도록 촉구하는 에도노믹스의 두 번째 통찰이다.[33]

배급제는 인류의 삶에서 오랜 역사가 있으며, 에도시대는 그 가운데 하나의 사례일 뿐이다. 서구 세계에서 배급제가 마지막으로 광범위하게 도입된 시기는 2차 세계대전 때였다. 영국의 경우 전쟁 기간 동안 홍차·육류·휘발유 같은 일상품을 배급했는데, 그 결과 국가 지출에서 소비가 차지했던 비중이 87퍼센트에서 55퍼센트로 감소했다. 미국도 같은 기간 전쟁에 자원을 집중해야 했고 전시경제로 과도한 인플레이션이 발생할까 봐 두려워 가격 통제 정책과 함께 배급제를 도입했다. 일본의 진주만 공습 이후 16개월 동안 타이어, 휘발유, 설탕, 커피, 육류, 치즈를 포함해 13개 품목이 배급제로 관리됐다. 그리고 이 시기에 경제학자 존 케네스 갤브레이스John Kenneth Galbraith가 부국장으로 있던 가격관리국OPA은 수백 종의 기본 소비재에 각각 최고가를 설정해 300만 개가 넘는 제조 기업에 영향을 끼쳤다. 이때의 이른바 '제너럴 맥스General Max' 규제책은 25만 명이 넘는 자원봉사자(대부분 여성)에 의해 시행되었으며, 이들은 5,000개 지역의 전시 물가 및 배급 위원회와 협력해 인근 상점들의 물건 가격을 정기적으로 점검해서 소매업자들이 제도를 악용하지 못하도록 감시했다.[34] 전 세계에서 가장 강력한 자본주의 경제 체제가 전쟁 동안 자유시장 원칙을 저버렸다고 상상

2차 세계대전 당시 미국 정부 공식 배급 포스터

하기 어렵겠지만, 실제로 그랬다.

배급제는 시행할 때 늘 세 가지 난관에 봉착한다. 첫째, 규정을 준수하지 않는 사례가 생긴다. 에도시대 일본에서 목재 사용 제한을 종종 위반했던 것처럼, 미국에서도 1944년까지 육류의 40퍼센트는 암시장에서 거래됐다.35 둘째, 규정이 불공평하다고 인식된다. 에도의 경우 규정을 차등 적용해 애초부터 불공평한 측면이 있었지만, 영국에서는 귀족이나 공장 노동자나 똑같이 배급받았는데도 부자들은 이에 아랑곳하지 않고 얼마든지 꿩고기처럼 배급 품목이 아닌 식품을 구매하거나 값비싼 고급 식당에서 식사를 즐기곤 했다. 셋째, 통상적으로 배급제는 공산주의 체제에서 권위주의적 수단으로 시행되거나 지극히 예외적인 상황에서만 운용된다. 다시 말해 일반적인 정책이 아니다. 에도시대의 배급제는 사실상 무사 독재정권하에서 시행됐고, 영국과 미국은 정부가 비상조치를 취할 수밖에 없는 전쟁 상황에서 운용됐다. 아무 때나 쓸 수 있는 카드가 아니다.

이런 이유로 오늘날 배급제를 도입하기란 매우 어렵다. 대개의 시민이나 정부는 생물 다양성 손실, 기후 변화, 대기 오염 같은 생태 문제를 나치 공군의 폭탄 투하 위기에 대응하거나 코로나19 팬데믹 상황에서 보건 안보를 위해 국경을 봉쇄할 때와는 다르게 국가 비상사태로 여기지 않는다. 게다가 배급제는 전시 계엄 상황이나 공산주의를 떠올리게 하는데, 배급 카드를 들고 길게 줄을 서서 버터와 설탕을 기다리는 광경이 상상되고 시민의 자유를 억압하는 권위주의 정부가 머릿속에 그려진다. 모처럼 휴가를 얻었는데 왜 태국으로 날아갈 수 없단 말인가? 그래서 대부분의 정치인은 배급제를 표 깎아 먹는 가장 확실한 방법이라고 두려워하면서 지지하지 않는다.

그러나 글로벌 생태 비상사태에 대해 충분히 실행 가능한, 심지어 필수 대응책으로 배급제를 지지하는 정책 입안자, 싱크탱크, 국책 연구소, 경제학자 등의 움직임이 커지고 있다. 지금까지는 에너지 부문에 논의가 집중되어왔다. 프랑스의 경우 경제학자 토마 피케티Thomas Piketty가 "개인별 탄소 카드를 신설해 각자가 소비하는 탄소량을 측정하는 시스템을 만들면 기후 문제를 해결하는 데 필수적인 제도적 도구로 사용할 수 있을 것"이라고 역설했다.[36] 베를린의 싱크탱크 핫오어쿨인스티튜트Hot or Cool Institute도 '개인별 탄소 허용량PCA'이라는 용어를 들어 배급제를 주장했다. 이런 연구자들이 근거로 든 성공 사례는 시민들이 스마트폰 앱을 통해 디지털 계정에서 탄소 허용량을 공제하는 시스템을 이미 도입한 핀란드의 라티와 전자카드 시스템을 활용해 같은 정책을 시행 중인 오스트레일리아 노퍽 섬이다. 두 곳 모두 상당 수준의 탄소 배출량 감소 효과를 봤다. 연구자들은 차등 없이 모든 사람에게 똑같은 할당량을 부여할 뿐 아니라 디지털 플랫폼에서 거래도 할 수 있게끔 해서 오염을 많이 배출하는 사람은 그만큼 비용을 내고 배출량이 적은 사람은 보상을 받게 하는 방식을 지지한다. 그들은 이런 제도가 공정하게 관리되고 저소득 가구를 보호한다는 진정한 인식이 있는 한 대중적 지지를 얻을 수 있다는 설문조사 결과를 제시하면서, 전 세계 많은 도시가 '주거지역 주차 허가 할당제' 같은 이름으로 완곡한 형태의 탄소 배급제를 성공적으로 시행하고 있다고 지적한다.[37]

이에 대한 비판의 목소리가 없는 것은 아니다. 어떤 연구자는 재생에너지 가격이 화석연료 수요가 사라질 만큼 낮아지면 탄소 배급제 따위는 필요 없다고 주장한다. 하지만 그것은 그때가 돼야 가능한, 지금으로서는 하나 마나 한 이야기다. 우리가 여전히 화석연료를 사용해야 하는 한, 탄소를 배출해야 하는 한, 탄소 배급제를 18세기 에도시대 일본이 그랬듯 효과적인 정책 선택지로 고려해야 한다. 민주주의를 들먹이며 무작정 반대하기보다 오히려 민주적인 시대이니 공론화해서 시민들의 의견을 구하는 것이 옳다.

우리는 존 울먼 같은 역사의 인물을 잊어서는 안 된다. 울먼의 사례는 배급제나 순환경제 등의 공공정책을 요구하는 것뿐 아니라 우리가 지구에서 안전하고 평화롭게 살기 위해서는 개인의 삶도 달라져야 함을 시사한다. 우리 자신부터 움직여야 한다. 섭씨 1.5도 생활양식을 위한 6가지 원칙을 제시한 '테이크더점프Take the Jump' 같은 시민운동에 동참하는 것도 한 방법이다.

잡동사니 정리 전자제품은 최소 7년만 보관하기.
휴가지 단거리 항공편은 3년에 한 번만 이용하기.
녹색 먹거리 식물성 식단 채택하고 음식물 쓰레기 남기지 말기.
유행 없는 옷차림 새옷은 1년에 최대 세 벌만 구입하기.
신선한 여행 자가용 말고 대중교통 이용하기.
체제 변화 더 확대된 정책 밀어주고 바꾸기 위해 행동하기.[38]

처음 다섯 가지 원칙마저 어렵게 느껴진다면 일단 한 달 동안만이라도 시도해보자. 그런데 여기서 더 주목해야 할 원칙은 여섯 번째다. 소비 선택을 자발적으로 고쳐보는 것은 좋은 시작일 뿐, 궁극적으로 엄청나게 많은 것이 걸려 있는 상황에서는 체제 변화만큼 효과적인 대안이 없다. 순환경제를 비롯한 재생 정책을 정치적 의제로 확고하게 올려놓을 수 있는 시민 주도 활동을 지원해야 한다. 그리고 이런 정책들은 재생 가능한 미래를 열기 위해 다른 변화들로 보완되어야 한다. 예컨대 GDP(국내총생산) 성장을 바라보는 낡은 관점을 대체할 새 지표를 찾고, 주주자본주의에 얽매인 추출주의extractivisim(자연 자원의 채굴과 수출에 중점을 두는 착취적 개발 모델로, 대개 자본주의적 이윤 추구에 의해 주도된다-옮긴이) 경제의 대안이 될 스튜어드형 오너십stewrad ownership(기업의 의사결정을 주주의 수익이 아니라 장기적 사명에 기반하여 설계하는 소유 구조. 주주 우선주의 모델의 대안으로 간주된다-옮긴이) 협동조합 같은 비즈니스 모델을 활성화해야 한다(9장에서 구체적으로 논의한다).

    에도노믹스는 여전히 유효한 희망의 사례로 남아 있으며, 역사에서 영감을 얻어 상상력의 지평을 넓히라고 촉구하고 있다. 에도시대 사례의 가장 큰 가치는 현재 상태를 유지하는 단순한 지속 가능성을 넘어 더 깊이 있는 재생 개념으로 확대할 여지를 남겼다는 데 있다. 진정한 의미의 재생경제란 끊임없이 회복하고 새롭게 해서 생태적 풍요를 창출해 우리가 세상에 던져졌을 때보다 더 나은 상태로 만드는 것이다. 거듭 강조하지만 일본에서 실제로 일어났던 일이다. 심각한 산림 벌채 비상사태를 처음에는 정부 주도로 대응했지만, 시민의 적극적인 참여가 있었기에 묘목 심기라는 기념비적인 장기 실천 전략이 성공했고, 이로써 일본은 푸른 열도로 탈바꿈할 수 있었다. 인류 사회는 위기에 효과적으로 대응할 뛰어난 잠재력을 보유하고 있다. 에도의 기억이 우리가 현시대의 위기에 맞서 생태문명으로 진화하는 여정을 계획하는 데 크나큰 본보기가 될 수 있다.

4장

소셜미디어를 길들이는 방법
인쇄문화와 커피하우스의 탄생

엘리자베스 시대가 인쇄와 기계 시대로 진출한 때만큼이나
오늘날 우리는 전기 시대로 깊이 들어섰다.
그리고 우리는 엘리자베스 시대 사람들이
두 가지 상반된 사회와 경험 속에 살아가며 느꼈던 것과
동일한 혼란과 우유부단함을 경험하고 있다.

— 마셜 매클루언Marshall McLuhan, 1962.[1]

《로마제국 쇠망사》에서 에드워드 기번은 수로 체계, 공공 하수도, 도로 건설, 석조 아치 등 고대 로마인들의 위대한 기술 혁신을 강조했다. 그러나 18세기에 살았던 그는 오늘날 우리가 소셜미디어라고 부르는 인터넷 혁신을 개척했다는 사실은 언급하지 못했다.

소셜미디어는 광범위한 분산 네트워크와 의사소통 플랫폼을 통해 개인 간 정보 교환을 가능케 하는 피어투피어Peer-to-Peer, P2P 통신기술로 정의할 수 있다. 흥미롭게도 고대 로마의 철학자이자 정치가 키케로가 남긴 서간문 900통을 훑어보면 이 방식이 어떻게 작동하는지 알 수 있다. 키케로는 그 많은 편지를 그냥 쓰지 않았다. 서신 형식으로 자신의 의견과 사상을 전하는 것은 당시 로마 지식인들 사이에서 일반적인 방식이었다. 형식은 개인 사이의

서간문이어도 궁극적으로는 대중이 읽으라고 쓴 것이다. 더 많은 사람이 공유하고, 어려운 시기에 서로 위안을 주고, 지적인 토론을 즐기고, 사고의 지평을 넓히려는 의도에서 기획한 일종의 프로젝트다. 키케로는 다른 이에게서 받은 편지 사본과 발췌문을 공유하며 자연스럽게 자신의 의견을 추가했고, 자신이 편지를 보낼 때도 널리 배포하고 대중이 읽을 수 있도록 했다. 한 편지에서 그는 "3월 24일 발부스Balbus가 내게 보낸 서신과 카이사르Caesar가 그에게 보낸 서신의 사본을 보내네"라고 썼다. 다른 편지에는 이런 내용도 나온다. "자네는 내 편지가 출간됐다고 널리 알렸지. 글쎄, 사실 나는 괘념치 않는다네. 여러 사람에게 사본이 전해지도록 허락했으니 말일세." 실제로 로마인들은 소셜미디어에 게시물을 작성하고, 메시지를 공유하고, 콘텐츠를 리트윗했다. 다만 전자식 '공유하기' 버튼의 편리함이 없던 시절이라 노예들을 이용해 메시지를 전달했다. 기술역사가 톰 스탠디지Tom Standage는 "노예들이 로마의 광대역 서비스 역할을 했다"라고 표현했다.² 그리고 사람들은 업데이트를 끊임없이 갈망했다. 키케로는 친구에게 간청하듯 이렇게 썼다. "소식이 있든 없든 뭔가 써주시게."³

오늘날 디지털 커뮤니케이션과의 유사점은 또 있다. 우리가 문자 메시지를 보낼 때 문장을 줄여서 간단하게 약자로 표현하듯이, 로마인들도 편지에 'SPDsalutem plurimam dicit(극진한 인사를 드립니다)'나 'SVBEEVsi vales bene est, ego valeo(잘 지내신다면 좋은 일입니다, 저도 잘 지냅니다)' 같은 약어를 사용했다. 거리가 짧은 곳에는 지금으로 치면 딱 아이패드iPad인 나무 틀로 고정한 밀랍 판에 철필로 써서 보내곤 했는데, 수취인이 메시지 내용을 확인한 뒤 지우고 곧바로 답장을 쓸 수 있었다. 매일 정부가 공식 정보 공보인 '악타 디우르나acta diurna(일일 공고문)'를 광장에 게시하면, 고용된 필사꾼이 핵심 내용을 발췌해 필사하여 멀리 떨어진 지역에 배포했다. 이 일종의 뉴스 요약본에는 유명인들의 이혼 소식이나 처형된 주인의 시신을 쫓아 테베레강에 뛰어든 충직한 개의 이야기처럼 오늘날 소셜미디어 피드에 자주 오르내리는 흥밋거리들도 소개됐다. 도시 성벽은 페이스북Facebook 담벼락의 원형이라고 할 만했다. 이 벽들은 공공 게시판 역할을 했으며, "아티메투스가 나를 임신시켰어" 같은 개인적 발언부터 "4월 19일, 빵을 굽다" 같은 일상적인 얘기까지 온갖 낙서와 글귀로 가득했다. 폼페이 성벽에는 이런 메시지도 적혀 있었다. "오, 벽이여! 네가 쓰러지지 않은 것이 놀랍구나! 이처럼 많은 필자의 이토록 지루한 낙서를 견디다니!"[4]

당연하겠지만 우리의 광통신 네트워크에 비하면 고대 로마제국의 소셜미디어는 매우 느렸다. 공식적인 우편 체계를 거치지 않으면 로마에서 보낸 편지가 지금의 영국 브리튼 섬인 브리타니아나 지중해 동쪽 시리아 지역에 도착하기까지 한 달 넘게 걸렸다. 읽을 줄 아는 사람들이 제국 인구의 약 10퍼센트밖에 되지 않아서 메시지가 입소문을 타고 퍼지는 일도 거의 없었다(로마인에게 보낸 바울의 편지만큼은 예외였다). 하지만 이 같은 한계에도 불구하고 로마인들의 고대 통신기술은 현대의 디지털미디어 기술이 우리가 생각하는 만큼 혁명적이지 않을 수도 있음을 상기시킨다. 문자가 발명된 이래 인류는 좋은 소식이든 나쁜 소식이든 목소리를 증폭하고 정보와 생각을 널리 퍼뜨리는 방법에 관해 끊임없이 탐구해왔다. 웹사이트, 이메일, 문자 메시지, 소셜미디어 플랫폼, 블로

그, 팟캐스트, 동영상 스트리밍 등 오늘날 일련의 디지털 커뮤니케이션 기술은 훨씬 오래된 이야기의 일부일 뿐이다.

　이런 사실은 디지털 시대의 과제를 해결하기 위해 과거로 눈을 돌릴 수 있게 해준다. 정치적 양극화와 가짜 뉴스fake news에서부터 악의적인 비방과 관심 조작과 선거 방해에 이르는 소셜미디어의 해악적 영향에 대응하고자 할 때 역사는 우리에게 무엇을 말해줄 수 있을까? 그런데 이 질문의 밑바탕에는 우리가 사용하는 디지털 기술이 정말로 산업계의 설명처럼 중립적 도구에 불과한지, 아니면 그 설계 의도와 상관없이 특정한 방식으로 인간 사회와 인간 정신을 형성할 수 있는지에 대한 더 큰 의문이 있다. 다시 말해 1960년대 문화비평가이자 미디어 이론가 마셜 매클루언의 주장처럼 "미디어가 메시지"일까?[5]

　디지털 커뮤니케이션이 등장하기 전 인류 지식의 생산과 보급에 가장 중요한 변화를 불러일으킨 발명품인 인쇄기만큼 이 문제에 관해 커다란 통찰을 제공하는 기술 혁신은 없을 것이다. 인쇄술이 가져온 엄청난 이점을 인식하는 것도 중요하지만, 그 역사에서 교훈을 얻고 싶다면 인쇄기가 처음 나올 당시에는 예상치 못했던 파괴적 결과를 먼저 살필 필요가 있다.

인쇄술은 어떻게 양극화, 박해, 폭력을 부채질했나

1440년대에 독일 마인츠에서 요하네스 구텐베르크Johannes Gutenberg가 최초의 기계식 인쇄기를 만들어 180권의 라틴어 성서

초판을 인쇄했을 때, 그의 발명품은 로마 가톨릭교회의 가르침을 전파하는 데 이바지할 신의 선물이라고 칭송받았다.⁶

그러나 인쇄기에 내린 교황의 축복은 이내 저주로 판명됐다. 필경사가 일일이 손으로 써서 사본을 만들던 오래된 필사 문화가 사라지고, 유럽 전역으로 빠르게 퍼진 인쇄기가 가톨릭교회의 권위에 대놓고 도전하는 이단의 교리까지 퍼뜨렸기 때문이다. 정확히 무슨 일이 일어났을까? 마르틴 루터Martin Luther가 급속히 전파된 것이다.

1517년 10월, 이 독일 신부는 그 유명한 95개조 반박문을 비텐베르크 성당 정문에 못 박았다. 그가 라틴어로 쓴 이 반박문에는 돈을 받고 벌을 면해주는 '면벌부Indulgentia(인둘겐티아)' 판매 등 가톨릭교회의 부패를 비판한 내용이 담겨 있었다. 그로부터 두 달 만에 루터를 지지하는 사람들의 자금 지원으로 뉘른베르크와 라이프치히 등지에서 팸플릿과 신문 형식의 인쇄본이 두루 배포됐다. 독일어 번역본 소책자도 인쇄 출판되면서 독자층을 크게 넓혔다. 그의 소책자는 불과 2주 만에 독일 전역에 알려졌고, 채 한 달도 되지 않아 유럽 구석구석까지 퍼져나갔다. 마르틴 루터의 동료 프리드리히 미코니우스Friedrich Myconius는 "마치 천사가 그들의 전령이 된 것 같았다"라고 말했다.⁷

루터는 차이를 만든 게 천사가 아니라 인쇄기라는 사실을 깨달았다. 오늘날 소셜미디어의 위력을 아는 정치인들처럼 루터도 인쇄술의 힘을 재빨리 이용했다. 무엇보다 종교 지배층의 언어인 라틴어에 익숙지 않은 일반 대중을 상대로 이 힘을 활용했다. 신약성서를 처음 독일어로 번역해 선보인 사람도 그였다. 이제 일반인들도 사제의 도움 없이 집에서 독일어로 인쇄 출판된 성서를 읽을 수 있었다. 교황을 당나귀 머리에 물고기 비늘이 달린 몸으로 묘사한 목판화가 담긴 값싼 독일어 소책자도 발간했다. 이에 발끈한 가톨릭 신학자들이 그의 주장에 반박했지만, 그들이 라틴어로 쓴 글은 루터의 대중 매체에 상대가 되지 않았다. 1520년에서 1526년 사이 독일어권 지역에서 인쇄 발행된 소책자의 25퍼센트 이상은 루터의 글을 편집한 것이었다. 종교개혁으로 이어진 첫 10년 동안 배포된 소책자 600만 부 가운데 3분의 1이 루터가 발행한 인쇄물이었는데, 가톨릭 경쟁 책자들보다 5배 더 많이 팔렸다.[8] 현대의

1523년에 인쇄 배포한 마르틴 루터의 소책자에 나오는 교황 초상화. 이런 풍자화는 루터의 반가톨릭 메시지를 문맹 대중에 전달하고 호소하는 데 효과적인 수단으로 활용됐다.

소설가 제임스 패터슨James Patterson이나 J. K. 롤링J. K. Rowling도 부러워할 만한 성과였다.

만일 인쇄기가 없었다면 개신교 신앙은 그처럼 빠르게 대규모로 성장하지 못했을 것이다. 한 세기도 더 전에 영국의 존 위클리프John Wycliffe와 보헤미아의 얀 후스Jan Hus 같은 인물들이 가톨릭교회를 비판하고 나섰지만, 그때는 그들의 사상을 확산할 기계식 인쇄기가 없었다. 이런 의미에서 마르틴 루터는 기술 시대에 태어난 행운아였다. 그의 행동은 이후 세대의 종교개혁가들에게 영감을 줬다. 1522년 영국의 윌리엄 틴들William Tyndale은 루터의 독일어 신약성서 사본을 토대로 영문판을 제작하는 위험하고 전복적인 일에 착수했다. 인쇄술이 서구문명에 끼친 영향을 연구한 역사가 엘리자베스 아이젠슈타인Elizabeth Eisenstein은 개신교가 "종교적이든 세속적이든 기득권 세력을 겨냥한 공개 선동과 선전을 위해 인쇄기를 이용한 최초의 운동"이 됐다고 서술했다.[9]

또 다른 측면에서 인쇄기는 기존 가톨릭교회의 확고한 권위에 도전하는 해방의 힘으로도 작용했다. 그렇지만 동시에 혼란을 초래하며 유럽대륙 전역의 종교적 격변과 사회적 양극화를 촉발하는 데 영향을 끼쳤다. 인쇄혁명에 힘입어 일어난 가톨릭과 개신교의 분리는 두 세기에 걸쳐 유럽을 분열시켜 신학적 논란과 더불어 약 800만 명의 유럽인이 사망한 종교전쟁Wars of Religion(1562~1598년)과 30년전쟁Thirty Years War(1618~1648년) 같은 비극으로 이어졌다. 아이젠슈타인이 주장했듯이 "구텐베르크의 발명품은 그 어떤 전쟁 기술보다 기독교적 화합을 파괴하고 종교전쟁을 부추기는 데 기여했을 것"이다.[10]

이제 인쇄술은 더 이상 그렇게 결백해 보이지 않는다. 오늘날의 소셜미디어 기술과 맞먹는 양극화 효과를 지녔기 때문이다. 그런데 그 파괴적 영향력은 한층 더 나아가 종교개혁 당시 온 유럽을 휩쓴 마녀사냥의 광기를 부추기는 데도 결정적인 요인을 제공했다. 마법이나 주술은 오래도록 유럽 문화의 일부로 내려왔지만, 1530년에서 1650년 사이 이른바 '마녀'의 희생은 대륙을 들끓게 한 병리적 광란이었다. 영국에서만 약 500명이 마녀사냥으로 죽었으며, 광란의 중심지 독일에서는 약 2만 5,000명이 처형당했고 그 가운데 80~90퍼센트는 마녀라는 명칭이 말해주듯 여성이었다.[11] 린들 로퍼Lyndal Roper 등 종교역사가들의 기록처럼 마녀로 지목된 이들은 식인 행위, 유아 살해, 악마 숭배 및 악마와의 성관계, 밀랍 인형을 이용한 죽음이나 질병 유도, 가축 학살, 염소나 빗자루를 타고 날아다닌 행위 같은 비이성적인 혐의로 죽음을 당했다.[12]

이 무지하고 광란 어린 억압의 물결이 빠르게 확산한 배경에도 인쇄기가 있었다. 역사가 찰스 지카Charles Zika는 이렇게 설명했다. "인쇄기가 없었다면 종교개혁도 없었다고 하는데, 내가 보기에 마녀사냥 역시 일어나지 않았을 일이다."[13]

무엇보다 당시 독일에서는 지금의 가짜 뉴스가 되레 점잖아 보일 만큼 무척이나 선정적인 뉴스 기사가 노골적인 삽화와 함께 기성 신문에 버젓이 실리기도 했다. 초기 사례로 쉴타흐의 하녀에 관한 '무시무시한 이야기'가 있다. 기사 내용은 이랬다. 1533년 세족식이 있던 성목요일에 쉴타흐 마을에서 끔찍한 화재가 발생했다. 그리고 다음 날, 마을 여관에서 일하던 하녀가 주술을 사용해 범행을 저질렀다는 혐의로 붙잡혔다. 처음에 그녀는 자신의 무죄를 완강히 주장했지만, 머지않아 (아마도 고문에 못 이겨) 범죄 사실을 인정했다. 지난 18년 동안 은밀히 성관계를 가져온 악마의 도움을 받았다고 자백한 것이다. 기사에서 이름을 밝히지 않은 그 하녀는 화덕 쇠스랑을 타고 날아다니며 온 마을에 불을 질렀고, 방화사건 훨씬 이전부터 자신의 어머니처럼 흑마술로 마을 주민들에게 해를 끼치고 있었다고 했다. 곧바로 그녀는 재판에 넘겨졌고, 부활절인 월요일에 화형당했다.

이 기사는 열성적인 인쇄업자들에 의해 점점 더 살이 붙어 출판됐고 또 널리 재출판됐다. 그들은 온갖 상상력을 총동원해 상반신이 벗겨진 여성이 장작 위에서 불타는 모습의 삽화를 싣는 등 이 이야기를 선정적으로 묘사했다. 심지어 네덜란드 철학자 데시데리위스 에라스뮈스Desiderius Erasmus조차도 머나먼 로테르담에서 이와 같은 이야기를 두루 접한 뒤, 악마의 소행이라는 기사가 이토록 많은 걸 보면 "마냥 꾸며낸 이야기로만 볼 수는 없다"라고 논평하기도 했다.[14]

마녀에 관한 인쇄 기사는 가톨릭과 개신교 모두가 퍼뜨렸는데, 그들은 악마가 세상을 파괴하고 있다고 믿는 종말의 시대에 이를 활용해 죄와 유혹에 경종을 울리는 도덕적 교훈으로 삼고자 했다. 그러나 동시에 이런 행태는 폭발적으로 성장하던 인쇄산업의 철저한 상업 전략이었다. 실제 범죄사건에도 마녀만 갖다 붙이면 대중의 엄청난 관심을 끌어낼 수 있었다. 내털리 그레이스Natalie Grace 같은 역사가들은 이를 두고 "클릭베이트clickbait(클릭 유도 링크)의 초기 형태"라고 설명했다.[15] 비교적 최근에야 '가짜 뉴스'라는 용어가 대중화했으나, 현상 자체의 기원은 적어도 16세기 유럽

1533년의 낚시성 삽화: 쉴타흐의 하녀는 산 채로 화형을 당하고, 그녀가 불을 질렀다는 마을은 불길에 휩싸인다. 제목은 '악마와 마녀의 무시무시한 이야기'.

인쇄기를 통해 퍼져나간 마녀 이야기로 거슬러 올라갈 수 있다.[16]

나아가 유럽 곳곳의 인쇄업자들은 라틴어로 쓰인 마녀사냥 교본《말레우스 말레피카룸 Malleus Maleficarum(마녀 잡는 망치)》(1486)을 대량으로 번역 출판했는데, 이 책은 독일을 비롯한 여러 나라의 심문관들이 마녀로 의심되는 이들을 식별하고, 추적하고, 고문하는 데 이용됐다. 실제로 인쇄기는 수십만 명의 여성, 특히 가장 빈번하게 표적이 된 나이 든 미혼 여성이나 과부들을 끝없는 두려움 속에서 살아가게 만든 공포정치의 표준 지침을 마련하는 데도 이바지했다.[17]

인쇄술의 이런 역사는 오늘을 사는 우리에게 어떤 의미를 전달할 수 있을까? 우선 현대 디지털 미디어와의 유사점은 확실해 보인다. 우리는 더 이상 마녀를 믿지 않지만, 마녀사냥이 낳은 낚시성 유혹은 지금도 여전히 소셜미디어 뉴스 피드에 넘쳐나는 자극적 제목과 '대안적 사실alternative facts'(여러 관점이나 사실이 동시에 존재하거나 대립하는 상황을 가리키는 말이나, 2017년 트럼프 행정부가 '사실이 아닌 내용'을 '대안적 사실'이라 표현해 논란을 일으킨 뒤로 신조어처럼 쓰임 – 옮긴이)로 남아 있다.[18] 마녀사냥은 이제 '불법 이민자'나 '이슬람 극단주의자' 같은 집단으로 옮겨갔다. 외부인은 그 옛날 마녀와 마찬가지로 우리 사회를 괴롭히는 경제 문제와 그 밖의 사회 병폐의 희생양으로 악용된다. 찰스 지카는 이 같은 현대적 박해를 지적하면서 "유럽의 마녀사냥 역사"를 "우리가 배울 수 있고 배워야 할 역사"라고 강조했다.[19]

종교개혁이 동반한 종교적 양극화도 당혹스러울 정도로 친숙하다. 소셜미디어 플랫폼에서 하루가 멀게 일어나는 사회적·정치적 양극화 논란 또한 매번 충격을 느끼면서도 익숙해지고 있다. 알고리즘이 공유 게시물과 뉴스 피드로 주입된 신념을 지속해서 강화하는 메아리의 방에 우리를 가두고 있기 때문이다. 일반적인 양극화로는 '보수주의 대 진보주의' '낙태 반대 대 낙태 찬성' '기후 변화 부정 대 기후 변화 인정' 등이 있다. 시간을 돌려 과거로 가면 이미 4세기 전부터 인쇄술의 영향으로 인한 역사적 선례가 있었다. 다름 아닌 '가톨릭 대 개신교'라는 거대한 양극화였다.

인쇄기가 서로 다른 개신교 급진주의자들을 강력한 공동체로 통합함으로써 기득권 가톨릭교회에 대항하는 도구로 쓰였듯이, 디지털 네트워크도 반체제 운동과 정치세력이 기득권 정당과 정부에 저항하는 시민들을 한데 모으고 단결시키는 도구로 쓰인다. 미국의 도널드 트럼프, 인도의 나렌드라 모디Narendra Modi, 브라질의 자이르 보우소나루Jair Bolsonaro 같은 우파 포퓰리즘 정치인들도 미국의 좌파 버니 샌더스Bernie Sanders나 에스파냐의 신생 좌파 정당 포데모스Podemos처럼 영리하게 소셜미디어를 활용했다. 마찬가지로 2010년대 아랍의 봄Arab Spring과 홍콩의 우산운동Umbrella Movement 등 반권위주의 봉기 또한 소셜미디어 게시물과 캠페인으로 촉발해 확산했다.[20]

소셜미디어가 극우 극단주의자들에게 특히 유리하다는 증거도 있다. 미디어의 특성상 그들이 퍼뜨리려는 메시지에 적합하다.[21] 첫째, 편집 규범이 엄격한 기성 매체에서는 거의 다룰 수 없는 노골적으로 인종차별적인 외국인 혐오와 음모론을 확산하는 데 제한이 없고 사실상 규제가 없는 플랫폼을 제공한다. 둘째, 분산된 지지자들을 온라인 공동체로 응집해 그들이 자신의 깜냥 이상으로 영향력을 행사할 수 있게 해주는 매우 효과적인 수단이다. 2021년 1월 트럼프 지지자들의 국회의사당 습격 사건을 조사한 미국 하원 특별위원회는 조 바이든Joe Biden의 대통령 취임을 막아 도널드 트럼프의 권력을 유지하려는 반란이 페이스북과 트위터(현 X) 플랫폼에서 촉발했음을 분명히 했다. 소셜미디어 플랫폼 알고리즘은 2020년 미 대통령 선거가 불법으로 이뤄졌다는 가짜 뉴스를 삽시간에 퍼뜨렸고, 프라우드보이즈Proud Boys나 큐어넌QAnon 같은 백인 우월주의 극우집단을 홍보했다.[22]

2020년에 개봉한 다큐멘터리 영화 〈소셜 딜레마The Social Dilemma〉를 보면 실리콘밸리 IT 기업가들이 소셜미디어는 친구들을 하나로 모으고 세상을 연결하는 선한 힘을 발휘하도록 설계됐을 뿐, 사회 분열을 조장하고 민주주의 체제를 전복하려는 집단에 이용당할 줄은 꿈에도 몰랐다고 순진한 척 강변하는 장면이 나온다. X가 트위터였던 시절 핵심 개발자 출신으로 기술 담당 임원이 된 제프 세이버트Jeff Seibert는 이렇게 말했다. "아무도 이런 결과를 의도한 적이 없다고 믿어 의심치 않습니다." 아마도 거짓말은 아닐 것이다. 하지만 그들 가운데 누구라도 인쇄술의 역사에 관한 책을 읽었더라면 자신들이 만든 선의의 커뮤니케이션 도구가 사회 양극화를 초래할 잠재력을 품고 있음을 깨달았을지도 모른다. 그들에게 엘리자베스 아이젠슈타인의《초기 근대 유럽의 인쇄 혁명The Printing Revolution in Early Modern Europe》(1979)을 한 권씩 선물했어야 했다. 존 F. 케네디가 바버라 W. 터크먼의《8월의 포성》을 관료들에게 나눠준 것처럼 말이다.

그랬다면 적어도 몇 사람은 자신들이 무엇을 했는지 인지했을 수도 있다. 영화 막바지에 핀터레스트Pinterest 전 최고경영자이자 페이스북 광고수익 창출 책임자 팀 켄들Tim Kendall은 소셜미디어의 영향과 관련해 무엇이 가장 걱정되느냐는 질문에 이렇게 답했다. "제 생각엔, 아주 짧은 시간 내에 내전이 일어날 것 같군요."[23]

그저 막연한 경고처럼 들릴 수도 있다. 그러나 인쇄혁명의 여파로 종교전쟁이 유럽을 황폐화한 역사를 돌이켜보면 그의 말이 맞을 수도 있다. 디지털혁명은 앞으로도 수년 수십 년에 걸쳐 비슷한 양상의 폭력을 부추길 수 있고, 전례 없는 데이터 네트워크 속도는 과거보다 훨씬 더 빨리 폭력 사태를 촉발할 수 있다. 국회의사당 습격 사태는 사회 붕괴와 정치 분열의 시작에 불과할 수도 있다. 이번 세기 후반까지 북아메리카가 6개국으로 나뉜다 해도 그리 놀랍지 않을 것 같다. 혹시라도 그런 일이 벌어진다면 훗날 역사가들은 더 분석할 것도 없이 부의 불평등과 기후위기 같은 요인에 더해 IT 재벌과 그들을 억만장자로 만들어준 양극화 알고리즘 때문이라고 결론 내릴 것이다. 고의적인 근시안이 그들의 가장 큰 범죄가 될 수도 있는 것이다.

커피하우스 문화와 공론장의 탄생

통신기술이 얼마나 쉽게 폭력과 억압의 도구로 악용될 수 있는지 보여준 인쇄기의 역사는 소셜미디어 시대에 무거운 경고를 준다. 물론 인쇄기가 가져온 변혁의 성과를 부정할 수는 없다. 인쇄술에 힘입어 17세기 후반부터는 주술이나 마법 같은 미신을 거부하는 합리주의 사고가 확산하기 시작했다. 인쇄술은 대중 문해력의 발전을 뒷받침했고 독서의 즐거움과 지적 해방감을 증폭했다. 계몽주의 시대의 과학적 발전도 가능케 했다. 예컨대 천문학자와 지도 제작자는 이제 자신들의 발견을 쉽게 공유하고 비교함으로써 별과 대륙의 더 정확한 지도를 만들 수 있게 됐다.[24] 예상치 못한 놀라운 사실도 있는데, 인쇄술이 18세기에는 현대 민주주의 문화와 인권 정립에 근본적인 역할을 했다는 점이다. 어떻게 그럴 수 있었을까? '공론장public sphere'이라는 보이지 않는 새로운 대륙을 창조했기 때문이다. 그렇지만 이 일은 또 다른 혁신적 발명인 커피하우스의 도움이 없었더라면 불가능했을 것이다.

내가 살고 있는 옥스퍼드에서 길을 따라 조금 내려가다 보면 무려 1650년경에 생긴 영국 최초의 커피하우스가 있다. 현재 이곳은 이어폰을 귀에 꽂은 채 조용히 노트북 자판을 두드리며 인터넷을 누비는 학생들로 가득하지만, 몇 세기 전이었다면 활기찬 대화와 토론의 공간이었을 것이다. 튀르키예에서 처음 시작된 커피하우스는 곧바로 영국으로 건너와 순식간에 전국으로 퍼져나갔고, 1700년에는 런던에서만 2,000개 넘게 운영됐다. 과거 신문사들이 즐비했던 플리트스트리트의 맨워링스Manwarings 같은 곳에 들어가면 주인이 친절한 말투로 "선생님, 무슨 소식 있으실까요?" 또는 "각지에서 온 최신 소식이 있습니다!"라고 말을 건넬 것이다. 단돈 1페니만 내면 커피 한 사발이나 한 잔을 내주는데, 그걸 몇 시간이고 앉아서 천천히 마실 수 있었다. 개인 테이블이나 부스에 앉거나 더 넓은 공동 테이블에 앉을 수도 있었다. 어떤 열성적인 손님의 설명처럼 "담배 파이프와 소책자들로 가득한 1에이커(4제곱미터) 넓이의 커다란 테이블"은 당시 영국 커피하우스의 특징이었다.[25] 이곳에서 사람들은 새로 도착한 정기 간행물을 읽거나, 친구 또는 그날 처음 만난 사람과 최신 소식을 두고 토론하거나, 글을 쓴 뒤 다른 사람들이 읽게끔 남겨두곤 했다. 지금 같은 이메일이 없던 때라 커피하우스를 통해 메시지를 주고받기도 했다. 하루에도 몇 번씩 들러서 자기한테 새로 온 메시지가 있는지 확인하는 손님들도 있었다.

톰 스탠디지는 커피하우스가 "정보를 공유하는 매력적인 소셜 플랫폼"으로 기능하면서 뉴스, 의견, 가십거리 등을 교환하는 일종의 운영체제 역할을 했다고 설명했다. 1707년 당시 기록에 따르면 "커피하우스는 특히 자유로운 대화를 나누기에 좋고, 거의 모든 종류의 뉴스를 인쇄물로 읽을 수 있는 매우 편리한 곳"이었다.[26] 어떤 비평가들은 커피하우스가 뜬소문을 만들어내고 시간 낭비를 조

1700년경 맨워링스 커피하우스 신문 광고.
손님들이 공동 테이블에 앉아 커피를 마시거나,
대화를 나누거나, 최신 간행물을 읽으며 시간을 보냈다.

장한다고 우려했다(어쩐지 익숙하게 들린다). 하지만 커피하우스는 지적 활력이 흘러넘치는 공간으로 더 유명했다. 과학 토론, 예술과 문학 담론, 사업과 무역 협상을 전문으로 하던 커피하우스도 있었다. 상인과 선주들에게 인기가 많았던 '로이드Lloyd' 커피하우스에서의 수많은 만남은 런던 보험시장을 탄생시켰다. 그리고 무엇보다 커피하우스는 정치담론의 중심이었다. 한 시인의 말처럼 "커피 정치인들이 뭔가를 창조"해냈다.[27] 어떤 커피하우스는 자체적으로 정치 잡지를 발행하기도 했고, 어떤 곳은 저널리즘의 모태가 되기도 했다. 1711년 창간된 《스펙테이터Spectator》는 '윌will' '차일드Child' '세인트제임스St. James' 등의 커피하우스에서 엿들은 대화 내용을 보도하면서 성장했다.28

　이렇듯 정치담론이 널리 활성화함에 따라 훗날 독일의 사회이론가 위르겐 하버마스Jürgen Habermas도 자신이 '공론장'이라고 이름 붙인 개념의 기원을 18세기 런던의 커피하우스에서 찾았다.29 공론장은 말 그대로 다양한 배경을 지닌 사람들이 공공 문제에 관해 자유롭게 대화하고, 정부를 비판하고, 공화주의를 옹호하고, 노예제 폐지 같은 진보적인 생각을 공유하는 사회적 공간을 의미했다. 사실상 공론장은 민주주의로 나아가기 위한 학교 역할을 했다. 이 모든 것이 가능했던 까닭도 인쇄기가 커피하우스에 정보와 사상의 흐름을 제공한 덕분이며, 사회적 지위를 막론하고 누구나 자신의 견해를 거침없이 표현할 수 있었기 때문이다. 한 관찰자에 따르면, 커피하우스 주인은 "사람을 차별하지 않았으며, 그곳에서는 신사, 기계공, 귀족, 악당 모두가 섞여 한 덩어리"였다.30 손님 대부분이 신흥 중산층의 교육받은 남성들이라 커피하우스의 포용적인 성격을 그저 낭만적이라고 생각하기 쉽겠지만, '페니 대학penny universities'이라는 별칭으로도 불린 그 시절 커피하우스는 명실상부하게 가장 평등한 공론장이었고, 언론과 사상의 자유를 실현하기에 이상적인 환경을 제공했다.

　그러나 그로 인해 그들은 잠재적 사회 파괴 분자로 낙인찍혔다. 일찍부터 위험을 인지한 찰스 2세Charles II는 1675년 "불만 가득한 자들이 작당해 국왕과 각료들에 대한 추문을 만들어 퍼뜨리는 장소"라는 이유를 들어 커피하우스 영업을 금지하려고 했다. 당시 런던의 커피하우스를 주름잡던 대니얼 디포Daniel Defoe나 공화주의 열혈분자 토머스 페인Thomas Paine 같은 급진주의 작가들이 커피하우스들에게 반란과 선동이라는 명성을 안겨주는 데 한몫했다. 하지만 실제로 커피하우스에서 누리는 자유는 당시의 정치적 분위기에 따라 제한될 수 있었다. 런던의 변호사이자 페인의 절친한 친구인 존 프로스트John Frost가 프랑스혁명의 격동기에 퍼시Percy 커피하우스에서 "나는 평등을 지지하고 왕은 지지하지 않는다"고 열변을 토했다가 주변 사람들로부터 거센 야유를 받는 사건이 벌어지기도 했다. 결국 그는 고발당했고, 6개월 동안 징역을 살았다.[31]

19세기 초에 이르러 커피하우스는 쇠퇴하기 시작했지만, 그들이 키워온 공론장은 영역이 더 넓어졌다. 1830~1840년대 영국의 급진 언론사들은 정부의 무거운 세금 부과에도 살아남아 번창했으며, 한층 호전적인 신문인 《노던스타Northern Star》나 《푸어맨즈 가디언Poor Man's Guardian》도 노동조합 지부, 정치 클럽, 지역 술집에 배포되어 수백만 노동자에게 다가갔다. 노동자 권리 운동의 중심인 차티스트Chartist 지도자 피어거스 오코너Feargus O'Connor는 급진 언론이 "근면한 계층을 하나로 묶어주는 고리"라며 치켜세웠다.[32]

그렇지만 이후 150년 동안 대중매체 시장의 급성장으로 공론장의 다원주의는 점차 퇴색 일로를 걸었다. 먼저 《데일리뉴스Daily News》나 《데일리메일Daily Mail》과 같은 대량 부수 발행 신문이 등장했는데, 언론계를 빠르게 장악하고자 값싼 광고비로 경쟁력을 높이려다가 되레 경영난을 겪으면서 밀려났다. 그리고 1922년, 머지않아 '영국방송회사British Broadcasting Company'에서 '영국방송공사British Broadcasting Corporation'가 되는 BBC가 설립되자 공공정보 제공을 중앙집권화하고 획일화하는 국영방송 시대가 열렸다. 끝으로 2차 세계대전 후 기하급수적으로 보급된 TV의 영향도 빼놓을 수 없다. 1970년대까지 서구 가정의 99퍼센트가 TV를 보유했고, 하루 평균 3시간 이상 방송을 시청했다.[33] 조지 왕조 시대 소책자와 정기 간행물이 넘쳐나는 런던 커피하우스에서 늘 활발한 토론이 이뤄지던 초기 인쇄문화의 황홀했던 시절은 사람 사이의 사회적 소통 없이 채널만 돌리면 되는 수동적인 홈 엔터테인먼트 문화로 대체됐다.

그렇게 시간이 흘러 1990년대가 되자 인터넷이 폭발적으로 성장하면서 모든 판이 다시 뒤바뀔 것을 예고했다. 자유로이 흐르는 디지털 정보로 공론장을 되살릴 기회가 도래한 것이다. 이제 네티즌들은 대중 매체의 편파적인 공급자를 우회해 스스로 능동적인 콘텐츠 제작자가 될 터였다. 공개 게시판, 블로그, 독립 뉴스 웹사이트, 틈새 전자 잡지 등이 다양한 관점에서 아이디어를 공유하는 새로운 인터넷 공동체의 '코르누코피아cornucopia(풍요의 뿔)'를 선사할 것이다. 디지털 지식인들이 승리감에 도취해 선언했듯이 "정보는 자유로워지기를" 갈망한다.[34] 모든 것이 엄청나게 많은 것을 약속했다. 하지만 우리는 무슨 일이 일어났는지 안다. 소셜미디어는 소수의 빅테크 기업들에게 독점되고, 개인 데이터는 교묘한 스크래핑scraping을 거쳐 광고주에게 판매된다. 그에 더해 알고리즘이 거르고 거른 정보, 온갖 가짜 뉴스, 음모론, 선거 해킹, 몰아보기, 둠스크롤링(부정적인 뉴스나 게시물을 강박적으로 확인하는 행위 - 옮긴이), 다크 웹(주로 범죄 목적으로 사용되는 비공개 네트워크 - 옮긴이), 관중들의 트롤링trolling과 셀카 도배, 포모FOMO(소외 공포), 과도하게 귀여운 이모지, 엄지 척 아니면 엄지 내림. 2022년 하버마스가 지적했듯, 공론장은 '좋아요'와 '싫어요' 클릭으로 쪼그라들었다.[35]

공론장은 18세기의 위대한 사회적 혁신 중 하나였다. 디지털 시대에 우리는 그것을 어떻게 되찾을 수 있을까? 여기서 일종의 역사적 카페인 충전이 도움이 될 것이다. 공론장을 탄생시킨 커피하우스로 돌아가보자.

커피하우스 문화에서 첫 번째로 주목할 만한 특징은 매장 사이의 건강한 경쟁이었다. 각각의 커피하우스는 소규모 사업체였다. 체인점도 없었다. 꼭 가야 할 커피하우스가 없다면 걸어서 금방 갈 수 있는 거리에 다른 커피하우스 대여섯 곳쯤은 얼마든지 찾을 수 있었다. 현재의 소셜미디어는 페이스북, X, 틱톡TikTok 같은 몇몇 거대 플랫폼이 지배하고 있다. 마스토돈Mastodon이나 시그널Signal처럼 광고 없는 오픈소스 대안 플랫폼은 상대적으로 시장 점유율이 낮다. 따라서 역사를 지침 삼아 1911년 록펠러Rockefeller 가문의 스탠더드오일Standard Oil을 43개 회사로 쪼개 석유시장 독점을 끝낸 방식과 유사한 반독점법을 이용해서 빅테크 기업들을 분할하는 것이 현명한 방안이 될 수 있다.[36] 미국 상원의원 엘리자베스 워런Elizabeth Warren을 비롯한 진보 정치인들이 선호하는 정책이다. 그는 1990년대에 마이크로소프트Microsoft의 웹 브라우저 기술 통제를 방지하고자 반독점법을 적용했듯이, 오늘날 지배적인 디지털 거인들의 몸집을 줄여서 시장의 자유로운 경쟁을 촉진하고 "정치권력을 움직여 자신들에게 유리한 판을 만들지 못하도록 막아야 한다"라고 주장한다.[37] 정부는 이익 추구 기업들의 대응 조직인 디지털협동조합 등을 지원함으로써 기업 생태계도 동시에 확대할 수 있다(9장에서 자세히 다룬다). 우리에게는 더 많은 선택지가 필요하다. 고를 수 있는 게 스타벅스뿐이라면? 생각만 해도 끔찍하다.

그런데 문제는 소셜미디어가 이른바 '네트워크 효과network effect'에 취약하다는 데 있다. 사람들은 다른 사람들이 몰리는 곳에 몰리는 경향이 있다. 그래서 왓츠앱WhatsApp처럼 이미 친구와 가족 등 대다수 사람이 쓰고 있는 플랫폼을 고수한다. 더욱이 비슷한 앱을 여러 개 깔아두고 일일이 메시지를 확인하기란 여간 귀찮은 일이 아니다. 이런 이유로 결국 소수 기업이 플랫폼을 지배하게 된다. 자연스러운 경쟁을 통한 분산은 기대하기 어렵다. 그렇기에 독점 지배를 완화하기 위해서는 가장 큰 기업의 플랫폼을 공공 소유로 전환하는 등 다른 접근방식으로 빅테크를 분할할 필요가 있다. 디지털 클라우드 서비스를 공공 운영체제로 전환한 유럽연합의 '유러피언 오픈 사이언스 클라우드European Open Science Cloud'가 좋은 선례를 남겼다. 상하수도나 철도 인프라를 정부가 제공하고 운영하는 필수 공공 서비스로 여기듯이, 디지털 인프라도 마찬가지라고 생각할 수 있다. 기술분석가 아짐 아자르Azeem Azhar가 이와 관련해 여러 제안을 했는데, 그중 하나는 디지털 플랫폼 기업이 특정 시장 점유율 기준(예를 들어 10퍼센트 또는 15퍼센트)에 도달하면 이용자가 클릭 몇 번만으로 자신의 프로필과 그동안 업로드한 데이터를 다른 플랫폼으로 손쉽게 이동하도록 허용해야 한다는 것이다.[38] 커피 맛이나 매장 분위기가 마음에 들지 않으면 얼마든지 다른 카페로 옮길 수 있는 것과 똑같은 맥락이다.

공론장의 핵심 구성요소라고도 할 수 있는 커피하우스의 두 번째 특징은 자신과 견해가 다른 낯선 사람과의 활발한 테이블 논쟁이었다. 지금은 소셜 뉴스 플랫폼 레딧Reddit의 온라인 채팅방 등이 그 역할을 대체하고 있다. 그러나 이런 채팅방이 무책임한 양극화의 소굴이 되기 쉽다는 사실은 공공연한 비밀이다. 악성 이용자들은 익명의 방패 뒤에 숨어 아무 말이나 거침없이 쏟아내고, 부실하거나 부재하는 관리 체계는 그들에게 아무런 책임도 묻지 않는다. 레딧 이용자 2,500만 명이 10년 동안 올린 35억 개 게시물을 분석한 연구에 따르면, 사람들은 비정치적 주제보다 정치적 주제를 논할 때 공격적인 언어를 사용한 경우가 35퍼센트 더 높았고, 그에 대한 댓글도 열 개 중 한 개가 인신공격이었다. 정교한 어휘 분석 소프트웨어로 분석한 바에 따르면, 레딧 스레드에서 흔히 보이는 정치 관련 대화는 마치 여섯 살짜리 아이가 쓴 것처럼 보인다는 사실도 발견됐다.[39]

그렇지만 한편으로는 익명 이용자 사이의 디지털 담론에서 18세기 가장 유명했던 커피하우스가 떠오르는 몇 가지 긍정적 모델도 찾을 수 있다. '메타필터MetaFilter' 같은 또 다른 토론 플랫폼에서는 공격적 언사를 거의 찾을 수 없다. 이는 "서로 배려하고 존중할 것" "특권의식은 금물" "미묘한 차별을 조심할 것" 등 이용 수칙을 명확히 제시한 덕분이며, 의견 불일치를 존중하는 문화를 조성하는 데 도움이 된다.[40] 공격적인 언사가 대화창에 노출되면 깃발 아이콘이 표시되고 관리자가 재빨리 개입한다. 이들은 마치 13세기부터 영국 의회 토론을 주관해온 하원의장처럼 행동하며, 의원들이 품위를 유지하도록 보장한다. 아울러 메타필터가 주로 1만 2,000명의 활성 이용자(일회성 가입비 5달러)로부터 자금을 조달

받는다는 것도 주효한 특징이다. 이용자들은 재무제표에나 관심 있는 벤처캐피털이나 주주들의 알력 없이 건전하고 균형 잡힌 토론과 안전한 담론의 공간을 공유하고 유지하는 데 공감하면서 기꺼이 지갑을 열고 있다.

그래도 조지 왕조 시대의 커피하우스 담론 문화를 되살리고 싶다면 19세기 초 퇴보했다가 지난 20년 동안 엄청난 인기를 얻은, 이제는 카페라고 불리는 오프라인 커피숍으로 눈을 돌릴 수 있다. 하지만 스페셜티 원두나 완벽한 조각 케이크에 집중하는 대신 그 시절의 공동 대화 테이블을 되살려야 한다. 각종 신문과 잡지가 쌓인 길고 커다란 테이블이 오늘날 당면한 문제에 관해 다른 사람들과 자유로이 의견을 교환할 공간임을 알고 동네 카페에 들어간다고 상상해보자. 노트북도 스마트폰도 없다. 익명성도 없다. 그저 사람끼리 얼굴을 맞대고 이야기할 뿐이다. 현재 영국에는 약 3만 곳의 커피숍이 있다. 각 커피숍에서 하루에 담론이 열 번만 이뤄지더라도 1년이면 1억 건이 넘을 것이다.[41]

그랬다면 분명히 어떤 카페들은 특정 전문 주제를 이야기하는 장소로 유명해질 것이며, 아마도 2011년부터 전 세계 83개국에서 1만 5,000건이 넘게 죽음에 관한 대화 모임을 가져온 '데스카페 Death Café' 운동에서 영감을 얻을 수 있을 것이다. 사람들이 서로 생각과 경험을 나눠볼 만한 흥미로운 주제 목록을 아예 메뉴로 인쇄해 공동 테이블 위에 비치하면 좋을 것 같다. 지난 수년 동안 나는 시어도어 젤딘과 함께 정확히 이런 일을 해왔다. 대화 메뉴를 이용해 다양한 배경을 지닌 사람들을 모아 카페, 공원, 커뮤니티 센터 같은 공공장소에서 담론을 진행한 것이다.[42] 모두 24가지 보편적인 주제를 다뤘는데, 몇 가지 메뉴만 소개하자면 "삶에서 다양한 종류의 사랑에 관해 무엇을 배웠나요?" "어떤 방식으로 더 용기를 내고 싶은가요?" "지난 몇 년 동안 삶의 우선순위가 어떻게 바뀌었나요?" "미래에 대해 어떻게 생각하나요?"였다.

정치적으로 민감한 상황에서조차 낯선 사람들 사이의 대화가 꽃을 피울 수 있다는 사실을 과소평가해서는 안 된다. 2002년의 일이다. 지배세력 간의 정치적·종교적 갈등 때문에 가족을 잃은 이스라엘인과 팔레스타인인들을 하나로 모으고자 풀뿌리 비영리단체 페어런츠서클Parents Circle이 '헬로 피스Hello Peace'라는 대화 프로젝트를 시작했다. 주요 도시와 마을의 광고판에 무료 전화번호를 게시했다. 이스라엘 사람이 전화를 걸면 팔레스타인 자원봉사자에게 연결되어 어떤 주제든 최대 30분 동안 통화할 수 있었다. 팔레스타인 지역에서 전화하면 마찬가지로 이스라엘 사람에게 연결됐다. 프로젝트가 시작되고 5년 동안 양측 사이에 100만 건 이상의 대화가 이뤄졌다.[43] 때로는 말싸움이 벌어지기도 했으나 대체로는 서로를 향한 이해와 지속적인 우정으로 이어졌다. 페어런츠서클에서 추진한 이 대화 프로젝트는 이스라엘 방위군에 의한 민간인 사망 사고를 부각한 탓에 반정부운동으로 몰렸고, 이스라엘 정부는 페어런츠서클을 '테러집단'으로 규정한 뒤 여러 차례 활동 금지 명령을 내렸다.[44] 그러나 이에 굴하지 않은 채 2023년 말 발발한 새로운 갈등 속에서도 서로의 '적들'을 하나의 마음으로 규합해 슬픔을 공유하고 공통점을 찾는 대화를 이어나가며 지금도 활동을 계속하고 있다.

서로 잘 모르는 사람들 사이의 대화는 양극화를 해소하는 강력한 해독제가 될 수 있으며, 고착된 견해와 진부한 생각에서 탈피하는 데에도 도움이 될 수 있다. 늘 그런 것은 아닐 테지만 가끔이라도 그럴 수 있다. 가끔이 쌓여 자주가 된다. 잘 관리되는 온라인 채팅방에서의 대화든, 동네 커피숍에서 얼굴을 마주하는 대화든 간에 대화는 건강하고 활기찬 공론장의 가장 중요한 요소다. 다른 사람들의 마음을 발견하는 일이 곧 우리 자신의 마음을 확장하는 방법이다. 시어도어 젤딘의 말처럼 "만족스러운 대화란 당신이 한 번도 해본 적 없는 말을 하게 만드는 대화"다.[45]

활자적 사고에서 디지털 사고로

디지털 미래를 내다볼 때 인쇄기의 역사를 뒤돌아봐야 할 마지막 이유가 있다. 인간의 마음에 무슨 일이 일어날지 이해하기 위해서다. 1960년대 마셜 매클루언의 간결한 슬로건 "미디어가 메시지다"로 돌아가보자. 이 슬로건은 인쇄기가 주술적 광기를 부추긴 방식이나 소셜미디어 플랫폼이 정치 양극화의 장이 된 방식 같은 커뮤니케이션 기술 너머로 초점을 옮기라고 촉구한다. 일찍이 매클루언은 "미디어의 내용"을 "도둑이 감시견의 주의를 돌리기 위해 들고 다니는 육즙 가득한 고기와 같다"고 꼬집었다.[46] 그의 날카로운 관점에 따르면 정작 중요한 문제는 미디어가 전달하는 메시지가 아니라 미디어 자체가 우리 정신 구조에 깊이 개입하는 미묘한 방식이다. 이는 '인지 역사cognitive history'라는 새로운 분야의 주제이기도 한데, 우리가 '무엇을' 생각하는지가 아닌 '어떻게' 생각하는지에 관한 것이다.⁴⁷ 그렇다면 당시 인쇄기는 인간 정신의 인지적 진화에 어떤 영향을 끼쳤을까? 그리고 오늘날 디지털 미디어의 영향에 관해 무엇을 알려줄 수 있을까?

마셜 매클루언을 비롯해 월터 옹Walter Ong 같은 문화역사가들이 보기에 구텐베르크의 인쇄기 발명에 따른 주효한 결과는 '귀'를 중심으로 한 '구술문화'에서 '눈'을 우선시하는 '문자문화'로의 감각 전환이었다.⁴⁸ 이제 사람들은 이야기와 대화의 공동체적 경험으로 세상을 배우는 대신 침묵과 고립 속에서 읽는 페이지의 단어와 문장으로 지식을 흡수하게 됐다. 그렇게 인간의 사고 과정은 인쇄술이 등장하기 이전 사회에서는 거의 볼 수 없었던 내적 자기성찰로 변화했다. 기술역사가 닐 포스트먼Neil Postman은 "인쇄술이 개별성의 중요성을 크게 강화해 이를 새로운 활자적 사고의 핵심 요소로 탈바꿈시켰다"라고 설명했다.⁴⁹

나아가 인쇄술은 새로운 형태의 질서와 표준화도 몰고 왔다. 그런 혁신에는 알파벳순으로 책의 참고문헌 및 색인을 정렬하는 방식과 페이지 번호 제공 등이 포함됐고, 이는 중세시대 필사본에서는 찾아볼 수 없던 관행이었다.⁵⁰ 1604년 로버트 코드리Robert Cawdrey가 최초의 영어사전인 《알파벳순으로 정리한 표Table Alphabeticall》를 펴냈을 때만 해도 그는 독자에게 "만일 찾고자 하는 낱말이 a로 시작한다면 이 표의 첫 부분을 살피고, v로 시작한다면 끝 쪽으로 넘겨서 살필 것"이라고 주의 깊게 설명해야 했다. 인쇄된 말이 가져온 대중의 문해력 증대는 언어적 통일성도 이끌어 모두가 이해할 수 있는 표준화한 문자언어를 선호하게 되었다. 그러면서 소수 지역 방언의 중요성은 점점 약화되었다. 매클루언은 이

통일성이 민족주의 성장에 영향을 끼쳤다고 주장했다.[51]

우리 눈이 페이지를 가로지르는 낱말들을 체계적으로 스캔하는 법을 배울 무렵, 인쇄술은 자연스럽게 선형적 사고방식도 장려했다. 지금도 그렇지만 책이나 소책자는 시작과 중간 그리고 끝으로 이뤄져 있다. 내용의 전개 과정이 순차적이므로 우리의 사고 과정도 직선이 됐고, A에서 B로 이어지는 인과적이고 기계적인 세계관이 강화됐다. 선형적 사고는 계몽주의 과학의 합리적 논리와 항구적 진보에 대한 개념을 뒷받침했으며, 여러 토착문화에 널리 퍼져 있던 균형과 순환성 원리, 이를테면 인류가 어머니 지구와 균형을 이루며 산다는 생각이나 음과 양의 순환성 같은 동양적 사고방식과 극명히 대조됐다.[52]

그동안 우리는 이 같은 서구적 정신에 부지불식간 너무 깊이 스며든 활자적 사고의 상속자로 살아왔다. 하지만 이제 또다시 우리는 디지털 시대의 기술로 그런 사고 회로가 재배열될 가능성에 직면해 있다. '호모 튀포그라피쿠스Homo Typographicus(인쇄하는 인간)'에서 '호모 인테르네티쿠스Homo Interneticus(인터넷하는 인간)'로의 전환은 자아와 세상에 대한 우리의 이해에 중대한 변화를 일으킬 것이며, 인류의 인지 역사에 새로운 단계를 가져올 것이다.[53] 검색 상자와 하이퍼링크는 우리가 서로 아이디어를 연결하고, 정보를 구성하고, 의미를 발견하는 방식에 어떤 영향을 끼칠까? 디지털 소셜 네트워크는 급기야 인간의 성격을 바꾸고 새로운 정치 이데올로기나 종교를 만들어낼까? 우리의 전자적electronic 실존은 시간에 대한 인식과 다른 생명체와의 관계를 어떻게 바꿀까? 개인용 AI 챗봇과 로봇이 더 발달하면 인간의 사랑과 가족의 본질은 어떻게 변할까? 물론 이런 질문에 답하기에는 너무 이를 수 있다. 인쇄기가 발명되자마자 그 영향력을 예측하려는 것과 마찬가지라고나 할까? 그래도 궁금하니 조금이나마 유추해보기로 하자. 2100년의 학생들이 객관식 역사 시험에서 다음과 같은 문제를 풀어야 한다고 가정해보자. 올바르게 설명한 문장을 고르는 문제다(복수 선택 가능).

문제: 21세기 초에 일어난 디지털혁명의 영향에 관한 다음 설명 중 옳은 것은?

1. 인간의 주의력과 집중력을 근본적으로 떨어뜨려 많은 과목에서 교육 성취도가 크게 저하했다.
2. 상호 연결된 네트워크 구조가 전체론적 체제 수준으로 사고를 촉진함으로써 양자 컴퓨팅과 인간 의식에 대한 이해에 획기적 진전을 가져왔다.
3. 정치와 사업의 계층적이고 중앙집권적인 조직에 저항하는 수평적 P2P 관계의 새로운 문화를 촉발해 무정부주의 정치 이데올로기를 부활시켰다.
4. AI로 강화된 중독성 강한 가상현실 기술은 우울증의 유행과 현실세계와의 단절을 초래했으며, 이는 기후위기 행동을 방해하는 결과를 낳았다.
5. 서유럽 전역에서 독재정권이 부상하는 데 일부 기여했으며, 미국을 여러 국가로 분열시킨 내전을 조장했다.
6. 포스트 성장post-growth 재생경제의 확산을 가능케 하여 자본

주의의 몰락을 앞당겼다.

6가지 설명 모두가 금세기 말까지 사실이 될 수도 있다. 시험 문제 형식을 취했지만, 우리가 벌써부터 디지털 미래를 꿰뚫어볼 수 있다고 여기는 태도는 현명하지 못하다는 사실을 강조하고자 사례로 들었다. 역사적으로 인류의 모든 기술은 의도치 않은 결과를 초래하기도 했으며, 인쇄기의 역사가 명확히 보여주듯이 그 결과가 수십 년 또는 수백 년 동안 드러나지 않기도 한다. 어떤 결과는 인쇄술로 불거진 종교개혁 시기의 양극화된 폭력처럼 파괴적일 수 있다. 반면 어떤 결과는 18세기 커피하우스를 토대로 민주적 공론장이 발전한 것처럼 유익할 수도 있다.

인쇄기의 역사는 오늘날 디지털 커뮤니케이션 시대에 이미 나타난 것들을 더 확실히 간파하고 위험 가능성에 초점을 맞추는 데 도움이 될 수 있다. 그러므로 우리는 소셜미디어가 조장하는 양극화를 완화하기 위해 행동하고, 관대함과 상호 이해의 영역을 확장하기 위한 협력의 방식으로 사람들 사이 대화의 공간을 육성하고자 최선을 다해야 한다.

역사에 근거해 디지털 기술을 올바르게 활용하고 관리하는 방법에 관한 새로운 공공 담론이 필요하다. 스마트폰을 잠시 내려놓고 카페 테이블에 마주 앉아 이야기를 시작해보자. 운을 떼기에 마셜 매클루언의 말이 제격이다. "우리가 도구를 만들고 나면, 그 도구가 우리를 만든다."

5장

모두를 위한 물을 얻는 방법
물 전쟁과 공유지의 위대함

우리의 문명은 물을 죽이고 있다. 오늘날 무려 10억 명이 깨끗한 식수를 마시지 못하며, 지금껏 전쟁으로 사망한 수보다 10배나 많은 사람이 오염된 물 때문에 죽어간다.[1] 우리에게 들이닥칠 미래는 더 암담하다. 기후 변화가 지속적인 가뭄을 초래하고 있다. 대규모 산업형 농업은 지하 깊숙이 대수층에 저장된 마지막 생명수인 천연 암반수마저 고갈시키고 있다. 급격한 인구 증가로 물 소비는 이미 지속 가능성의 한계를 훨씬 뛰어넘었다. 앞으로 수십 년 동안 인구 네 명 가운데 한 명 이상은 물 부족의 영향을 직격으로 받을 것이다. 그 안타까운 사람들은 여러분이나 여러분의 자녀일 수도 있겠지만, 아마도 대부분은 여러분이 알지 못하는 이들일 것이다. 2018년 기적적으로 비가 내려 4년간의 가뭄을 깨기 전까지 시민 500만 명이 거주하던 남아프리카공화국의 해안도시 케이프타운은 식수가 완전히 고갈하는 '데이 제로Day Zero(최후의 날)'를 앞두고 있었다. 심각한 물 부족을 코앞에 둔 다른 도시들로는 이집트 카이로, 인도네시아 자카르타, 미국 로스앤젤레스, 중국 베이징, 오스트레일리아 멜버른, 멕시코 멕시코시티, 브라질 상파울루 등이 있다. 환경과학자 반다나 시바Vandana Shiva가 단호히 경고했듯이 "물 위기는 지구 생태계 파괴 중 가장 만연해 있고, 가장 심각하며, 가장 눈에 띄지 않는 차원"의 재앙이다.[2]

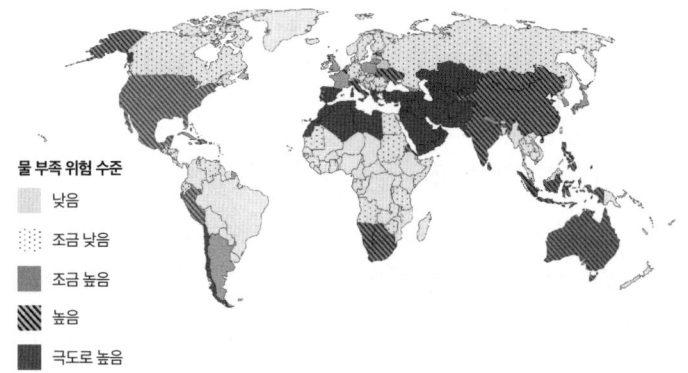

2040년까지 심각한 물 부족에 직면할 국가들

물 부족 위험 수준
- 낮음
- 조금 낮음
- 조금 높음
- 높음
- 극도로 높음

2040년까지 글로벌 초강대국 미국과 중국을 포함한 59개국이 높은 또는 극도로 높은 수준의 물 부족 압박을 겪게 될 것으로 전망된다.

출처: 세계자원연구소WRI[3]

　우리의 푸른 행성은 70퍼센트가 물로 덮여 있다고 하지만, 이 수치는 상당히 기만적이다. 물이라고 해서 다 같은 물이 아니다. 전체의 2.5퍼센트만 담수이고, 그마저도 99퍼센트 이상은 빙하와 토양, 지하 대수층에 갇혀 있다. 지구상의 물 10,000방울 중 지표면이나 강, 호수에 존재하는 이용 가능한 담수는 1방울이 채 못 된다.[4] 시인이자 철학자인 새뮤얼 테일러 콜리지Samuel Taylor Coleridge 의 시 〈노수부의 노래The Rime of the Ancient Mariner〉(1798)를 기억할 필요가 있다.

　"물, 사방이 물이었으나, 마실 물은 한 방울도 없었네."

　물이 정말로 풍부했던 때는 역사에서만 찾을 수 있다. 인류 연대기의 거의 모든 페이지에 물이 등장한다. 그 어떤 문명도 물 없이는 번영할 수 없었다. 갈증을 해소하고, 곡식을 키우고, 오물을 씻어내고, 동력을 공급하고, 배를 정박하고, 교역을 가능케 한 것이 물이었다. 대부분의 문화권에서 물을 신처럼 떠받든 것도 놀라운 일이 아니다. 고대 그리스에는 무려 50명이 넘는 물의 신, 물의 여신, 물의 정령이 있었다.

    오늘날 우리가 잃어버린 것은 바로 물을 향한 이 같은 경외심이다. 곧 다가올 위기를 극복하고 싶다면 이 경외심을 회복해야 한다. 여러분은 여러분의 나라 이름과 사는 동네 이름은 알아도 여러분이 사는 곳의 집수지 이름은 잘 모를 것이다. 사실상 우리 모두, 특히 글로벌 노스의 부유한 나라에 사는 사람들은 물에 별다른 관심을 두지 않는다. 손 씻고, 용변 보고, 샤워하고, 차 만들고, 설거지하는 데 그냥 무심코 흘려보내는 귀하디귀한 생명의 영약이 우리 일상에서 얼마나 큰 비중을 차지하고 있는지 인식하지 못한다. 역사에는 우리의 수도꼭지가 마르기 전에 우리를 정신 차리게 할 많은 이야기와 본보기가 담겨 있다. 이 장에서는 고대 중국과 중세 에스파냐, 중동의 물 전쟁 현장으로 달려갈 것이다. 그럼으로써 우리는 물이 제멋대로 사고파는 상품이 아님을, 모두의 이익을 위해 민주적으로 관리해야 할 공동의 보물임을 깨달을 수 있을 것이다. 그렇게 물에 합당한 경외심을 되찾는 것이다.

물이 문명을 세우고 무너뜨리는 방식

국가를 '통치'한다고 할 때 쓰는 한자 '치治'는 본래 '물을 다스리다' 또는 '강을 부리다'라는 뜻의 '치수治水'에서 유래했다.[5] 물을 관리하고 이용하려는 노력은 창장강長江(장강)과 황허강黃河(황하)의 파괴적인 범람에 대처하는 방법에서부터 습하고 벼가 잘 자라는 남부에서 건조하고 척박한 북부로 물을 옮기는 일에 이르기까지 수천 년 중국 역사의 중심이었다. 기원전 2000년경 중국 최초의 국가 하나라를 세웠다고 전해지는 우왕은 대홍수를 막기 위해 13년 동안 백성들과 함께 관개 수로와 제방을 건설한 치수의 달인이었다(용이 수로 파는 것을 도왔다는 전설도 있다). 지금도 중국의 주요 정부관료 중 다수는 수력공학자들이다.

7세기 초 대운하의 완공은 중국 역사에서 결정적인 티핑 포인트가 된 사건이었다. 이후 중국은 500년 동안 전 세계에서 가장 강력한 제국으로 발전했다. 베네치아는 이름도 못 내밀 이 대운하는 창장강 이남 항저우에서 황허강 이북 베이징에 이르는 인간이 만든 가장 긴 수로다. 미국으로 치면 뉴욕에서 플로리다까지의 거리에 해당한다. 이로써 창장강과 황허강이 연결됐고, 경제권이 완전히 달랐던 남부와 북부도 연결됐다. 만리장성을 쌓을 때보다 훨씬 더 많은 수백만 명의 노력 덕분에 메말랐던 북부 평야에 논밭을 일구기에 충분한 물을 댈 수 있었고, 농업 생산량은 물론 인구와 무역도 급속히 성장했다. 국경 수비군도 부대를 유지하고 북부의 침략자를 물리치는 데 필요한 물과 식량을 넉넉히 확보했다. 영토도 계속 확장됐다.

경제성장과 더불어 문학적·문화적 각성도 이뤄졌다. 물이야말로 모든 것을 가능케 하는 비밀 재료였으며, 1090년 송나라 수도 카이펑에 세워진 12미터 높이의 물시계가 이를 상징한다. 역사가 카를 비트포겔Karl Wittfogel은 중국을 '수력문명'의 모범이라고 평가했는데, 대규모 농업사회를 유지하기 위한 수자원을 관리하려면 운하와 댐을 짓는 데 필요한 노동력을 손쉽게 징발할 중앙집권적이고 권위적인 정부가 필요하다고 주장해 논쟁을 초래하기도 했다.⁶

중국의 수력학 발전을 집대성한 인물로는 18세기 중반 청나라가 전성기를 누리던 시절 수자원 관리를 총괄한 관료 천훙머우 陳宏謀(진홍모)를 들 수 있다. 그의 삶은 중국판 '아메리칸 드림' 그 자체였다. 1696년 시골의 가난한 집에서 태어난 그는 오로지 노력과 학문적 재능만으로 제국의 관직에 올라 승진을 거듭해 성공적인 지방 총독이 되었으며, 이후 병을 얻어 사직을 요청했으나, 황제가 거듭 만류해 1771년 숨을 거둘 때까지 일했다. 전해지는 바에 따르면 그는 열심히 일만 하는 재미없는 사람이었다. 유머감각이 전혀 없었으며, 금욕적인 성향이 강해서 음주나 흡연도 하지 않았고, 즐기기 위한 성관계를 공개적으로 비난했다. 시인이 된 딸을 두었는데, 정작 그는 시를 한가한 자들이나 하는 놀이라며 멸시했고, 동료 관료들의 문학적 교양도 허세에 불과하다고 비웃었다.

하지만 물에 관한 한 그는 천재적인 기술 관료였다. 그는 공익을 향한 공자의 이상과 자신의 가난했던 어린 시절의 기억에 이끌려 농촌의 가난한 사람들을 돕는 데 헌신했다. 40년 동안 관개시설을 확충하고 배수체계를 관리하는 한편 비상 곡물창고도 주의 깊게 살폈다. 마을마다 물레방아를 설치했으며 수로, 댐, 간척지도 수시로 보완했다. 한 성省에서만 우물을 3만 개 넘게 파라고 지시한 적도 있다. 어떤 가뭄에도 피해가 없게끔 하기 위해서였다. 1740년대 큰 가뭄이 들었을 때는 기근 구호활동을 직접 지휘해 청나라

조정이 할 수 있는 모든 지원을 아끼지 않았다. 당시 어떤 유럽 국가도 그렇게는 하지 못했다. 더욱이 막대한 초기 비용에도 불구하고 장기적으로 나라에 이익이 된다고 조정을 설득해 치수 설비 투자를 이끌어냈다. 천흥머우는 지금도 중국에서 국가 기술의 상징이자 냉철한 기술 관료의 모범으로 추앙받고 있다.[7]

그러나 그가 남긴 값진 유산으로도 19세기의 비극으로부터 나라를 구해낼 수는 없었다. 영국 및 프랑스와의 아편전쟁, 태평천국 운동, 세수 감소로 인한 압박 속에 청나라는 무너지기 시작했다. 관료제는 부패와 무능으로 붕괴했다. 관개수로와 제방은 언제 손봤는지도 모른 채 방치되어 있었고, 비상 곡물창고는 텅텅 빈 지 오래였다. 대운하의 생명줄도 침식됐다. 급기야 기후 재앙이 들이닥쳤다. 1876년부터 1878년까지 지구 전체 기후를 뒤흔든 엘니뇨 El Niño가 전 세계적으로 대혼란을 일으켜 어떤 지역에서는 전례 없던 대홍수가 일어났고, 어떤 지역에서는 그보다 더 심각한 가뭄이 발생했다. 인도와 브라질도 피해가 상당했지만 청나라만큼 최악인 곳은 없었다.

북부 산시성과 산둥성의 대기근은 지옥과 같았다. 비가 내리지 않자 굶주린 농민들은 풀과 나무껍질을 먹기 시작했다. 집에서 목재를 떼어다 팔고 지붕으로 엮어 올렸던 썩은 갈대를 먹었다. 수백만 명이 난민으로 전락해 남쪽이나 해안으로 피신했다. 남아 있던 사람들은 하나둘씩 굶어 죽었고, 정부의 구호품은 부패한 관리들이 가로챘다.

폐허가 된 집에 죽은 이들과 죽어가는 이들 그리고 아직 살아 있는 이들이 뒤엉켜 있었다. 배고픔에 눈이 뒤집힌 개들은 여기저기 몰려다니며 시신을 뜯어 먹었고, 사람들은 그 개들을 잡아먹었다. 여성들은 나이가 많든 어리든 인신매매 패거리들에게 끌려가 팔렸다. 그리고 자살은 너무 흔해 아무런 주의도 끌지 못했다.⁸

일부 기록에 따르면 10만 명 이상의 여성과 아이들이 남부 노역 하청자들에게 팔려 강제노동에 투입됐다. 생지옥은 거기에서 끝나지 않았다. 중세 유럽이나 1930년대 초 우크라이나 대기근 때와 마찬가지로 굶주림에 이성까지 놓아버린 사람들은 죽은 이웃의 시체를 잘라 그 인육마저 먹고 말았다. 어떤 관료는 "부모를 잃은 아이들이 어디인지 모를 장소로 끌려가 무참히 살해당한 뒤 음식이 됐다"라고 조정에 보고했다. 심지어 어떤 곳에서는 포 뜬 인육을 둘둘 말아놓고 길거리에서 팔기도 했다.⁹

엘니뇨의 희생자: 1877년 산둥성에서 손수레에 실려 팔리는 아이들.

증기기관차의 등장, 전화기의 발명, 영국과 오스트레일리아 간 최초의 크리켓 시범경기 등이 떠오르는 19세기에 이런 역사가 있었다는 데 경악을 금치 못할 것이다. 1,000만에서 2,000만 명이 굶주려 죽은 중국의 대기근은 그동안 방치한, 하지만 반드시 기억해야 할 역사다. 환경역사가 마이크 데이비스Mike Davis는 이를 "후기 빅토리아 시대의 대참사"라고 썼다.

이처럼 중국이 물을 다스렸던 이야기와 물이 없어 고통을 받았던 이야기는 우리에게 더 큰 역사적 교훈을 들려준다. 다름 아닌 물이 문명을 세우기도 하고 무너뜨리기도 한다는 진실이다. 어떤 국가는 이미 이 교훈을 뼛속 깊이 인식하고 있다. 중국도 그런 나라 가운데 하나이며, 그렇기에 거대한 운하와 댐을 줄기차게 만들고 티베트에 있는 소중한 수원을 끝까지 자신들 통제하에 두려는 것이다. 네덜란드도 마찬가지다. 국토의 4분의 1이 해수면 아래에 놓여 있는 이 나라는 수세기 동안 홍수가 가장 큰 위협이었다. 반면에 에티오피아는 전 세계에서 가뭄이 가장 심한 국가다. 그러나 지리적으로 운이 좋아 최악을 경험하지 않은 대부분의 국가에서 물은 대중의 관심이나 논의의 여지가 없는 사소한 문제로 치부된다. 과연 언제까지 운에 기댈 수 있을까? 지구 전체가 극심한 물 위기에 빠질 때도 무사할 수 있을까? 이제라도 중국의 이와 같은 역사, 특히 정부의 태만과 예기치 못한 기후 현상이 결합해 1870년대의 재앙을 초래한 과정에서 차가운 교훈을 얻어야 한다. 많은 국가가 여전히 손 놓고 있는 우리의 기후 미래를 향한 매섭고도 무거운 경고다.

중국의 수력문명은 물을 다스리는 가장 효과적인 수단에 대한 의문도 제기한다. 중국을 모델로 삼는 어떤 분석가들은 수자원을 관리하는 가장 좋은 방법이 국가 정부 체제를 상의하달식 권위주의적 중앙집권화로 바꾸는 것이라고 주장한다. 그래야 중국에서 2013년 거의 20년 만에 완공한 산샤三峽 댐 같은 기념비적 프로젝트를 국가 차원에서 일종의 자애로운 독재로 무리 없이 추진할 수 있다는 것이다. 그러나 이런 방식은 아무것도 보장해주지 않는다. 중국 역사가 보여줬듯이 그런 체제는 국가가 위기에 처했을 때 정부의 부패와 무능을 초래할 수 있다. 생존하려면 물에 의존할 수밖에 없는 모든 사람에게 더 민주적이면서 더 효과적인 접근방식은 없을까? 이제 시간을 더 거슬러 올라가 중세시대 에스파냐의 물 문명을 들여다볼 차례다.

수력민주주의와 모두를 위한 약속

고대의 종이 열두 번 울린다. 목요일 정오를 알리는 소리다. 에스파냐의 도시 발렌시아에 있는 성모 마리아 대성당 문밖에 검은색 망토를 두른 아홉 사람이 모여 있다. 그중 한 사람은 띠가 달린 모자를 쓰고 의식용 황동 작살을 들었다. 수백 년 동안 그래왔듯이 곧 재판이 이뤄질 터였다. 이제 이곳은 유럽에서 가장 오래된 사법기관인 '물의 법정Tribunal de les Aigües'이다. 많은 관광객이 재판 과정을 지켜보려고 몰려든다. 관리인이 황동 작살을 휘두르며 농경지에서 물을 몰래 빼가는 등 '물법'을 어긴 혐의로 고발된 농민들을 호명할 즈음, 도시의 풍요로운 농업 후방지대인 '우에르타huerta'의

각 지역 관개 수로를 대표하는 재판관들이 참석한다. 재판관들은 이곳에서 공개적으로 사건을 논의한 다음 벌금을 부과하거나 기각한다. 심리할 사건이 없을 때가 많지만, 석조 사도상들이 배경 속에 엄숙하게 서 있는 가운데 물의 법정은 매주 목요일 어김없이 열린다.

재판소의 기원은 수수께끼로 둘러싸여 있다. 8세기에 이슬람이 에스파냐를 정복한 이후 발렌시아에 정교한 수자원 관리 체계가 마련됐고, 무어인(8세기경 이베리아 반도를 정복한 아랍계 이슬람교도 - 옮긴이) 농부들은 올리브·견과류·가지·과일 등을 재배하기 위해 관개수로를 팠다. 이들의 농업정책은 1238년 기독교 세력이 이 지역을 재정복한 뒤에도 그대로 계승됐는데, 가뭄이 들었을 때 물과 관련한 분쟁을 해결하기 위한 지역 합의 규칙도 그중 하나였다. 15세기 무렵부터 방금 묘사한 물의 법정이 열리기 시작했고, 19세기 초에는 매주 목요일 정례 재판 심리가 확고히 자리잡아 지금까지도 유지되고 있다. 또한 둑이나 제방을 일컫는 '아주드azud' 같은 아랍어 용어가 계속 쓰이면서 중세 이슬람 문화의 유산임을 증명하고 있다.[10]

이 재판은 전 세계에서 가장 주목할 만한 민주적 자원 자치 관리 사례라고 할 수 있다. 약 2만 명의 지역 농부가 2년에 한 번씩 투표를 통해 관개지 대표를 선출한다. 2011년에는 첫 번째 여성 재판관도 나왔다. 이런 방식이 오래도록 유지될 수 있었던 까닭은 효과가 좋았기 때문이다. 공식적으로 활동하는 경비 인력이 있어서 물을 함부로 끌어다 쓰거나 이웃의 물을 훔치는 불상사는 거의 일어나지 않는다. 카를 비트포겔이 주장한 상의하달식 중앙집권적

현재까지 이어지는 역사: 발렌시아 물의 법정은 수세기 동안 도시의 고딕 대성당 밖에서 매주 회의를 열어왔다.

수자원 관리 정책에 반박하고 싶다면 매주 목요일 열리는 재판 심리를 구경만 하면 된다. 그리고 발렌시아 오렌지를 한 입 베어 물 때마다 입안 가득 퍼지는 과즙 맛을 보면, 그것이 1,000년 역사를 지닌 헌신적인 공공 수자원 관리의 결실임을 금세 깨달을 수 있을 것이다.[11]

2009년 노벨 경제학상 수상자 엘리너 오스트롬Elinor Ostrom은 발렌시아 물의 법정에 특별한 관심을 보였으며, 이 사례는 인간 공동체가 발전시킨 매우 중요하면서도 제대로 이해되지 못한 사회 혁신 가운데 하나인 '공유지' 개념에 관한 그의 선구적 연구의 초석이 됐다.

본래 정치학자로서 입지를 다져온 오스트롬은 '호모 에코노미쿠스Homo Economicus'라는 널리 퍼져 있던 경제 모델에 도전해 국제적인 명성을 얻었다. 이 모델은 인간이 주로 개인의 이기심에 의해 동기를 부여받아 자신의 개인적 효용을 극대화하려는 존재라고 가정한다. 그런데 오스트롬은 수십 년에 걸친 실증적 연구를 바탕으로 인간 공동체가 시장이나 국가에 의존하지 않은 채 토지나 물 같은 자원을 성공적으로 자체 관리한 공유지라는 경제 영역을 탐구함으로써 인간 존재의 본질이 협력에 더 가깝다는 사실을 보여줬다. 그는 공유지를 설정하면 지역 공동체가 아무런 자기통제 없이 공유 자원을 낭비하고 개인들 사이에서도 서로 이기심을 채우려고 아귀다툼이 일어난다는 만연한 생각을 반박했다. 그동안 이런 편견은 '공유지의 비극Tragedy of the Commons'으로 알려져왔다. 하지만 오스트롬은 역사에서 실제로는 수많은 지역사회가 공유 자원 관리를 위한 민주적 자치 체제를 만들어 성공적으로 시행했다고 주장했다.

그는 역사에서 발견한 증거를 토대로 노벨 경제학상 수상의 결정적 연구 성과가 된 책《공유의 비극을 넘어서Governing the Commons》(1990)를 썼고, 상당 분량을 할애해 발렌시아의 우에르타 관개 체계의 기원과 작동방식을 자세히 설명했다. 그 밖에도 수세기 동안 어류 자원을 지속 가능한 방식으로 관리한 서아프리카 지역 공동체와 스위스 퇴르벨 마을 주민들이 1224년 이래 고산지대의 숲과 초원 그리고 관개지를 공동 소유한 사례 등도 두루 소개했다. 응용역사를 향한 굳건한 믿음과 실천으로 오스트롬은 이런 역사적 사례를 분석해 희소 자원을 효과적으로 공동 관리할 8가지 필수 정책 설계 모델을 개발했다. 정책 규정 제정 시 지역 공동체 참여, 규칙 위반에 대응하는 제재 방안 마련, 명확한 자원 이용 한도 설정, 지역별·조건별 맞춤형 규정, 외부 감사 및 사정 기관 설립, 단계별 통제 권한 부여, 자원 사용 현황 모니터링 시스템 확충, 분쟁 해결 수단 정립이 그것이다.[12] 이는 발렌시아 물의 법정이 구현한 원칙과 정확히 일치했다.

    엘리너 오스트롬은 일종의 엑스선 같은 시각을 지닌 덕분에 국가와 시장 사이에 누구도 사적으로 유용하지 않고 모두가 지속 가능하도록 관리해야 하는 공유 자원인 '공유지'라는 눈에 잘 보이지 않는 경제 영역이 존재한다는 사실을 간파했다. 오스트롬 자신도 인지한 것처럼 이 단순하면서도 급진적인 생각은 토착 공동체로부터 이어져 내려온 생태적 관리 관행이다. 태양이나 달에 주인이 없듯이 적어도 아직은 아무도 물, 공기, 땅, 나무 등을 소유해서는 안 된다. 모두가 아끼고 나눠 써야 할 소중한 공유 자원이다.

    이러한 세계관은 고대 법 전통에서도 마찬가지로 발견된다. 예컨대 529년 동로마제국 유스티니아누스Justinianus 황제가 법으로 성문화한 공공신탁 원칙은 "자연법에 따라 공기, 흐르는 물, 바다와 해안은 모든 인류가 공유한다"라고 규정했다. 아울러 1649년 제라드 윈스탠리Gerrard Winstanley는 부유한 영국 지주들이 차지하고 있던 공유지를 되찾고자 개간파 운동Digger rebel을 전개하면서 지구는 "모든 이의 공동 금고"라고 선언했다.

    어느 정도는 노벨상 수상 이력에 힘입은 결과겠지만, 오스트롬은 2012년 세상을 떠난 뒤에도 전 세계에서 가장 많이 인용되고 있는 정치학자다(2023년 11월 기준 1위).[13] 그의 연구는 공동체 자원 관리에 관한 깊은 역사적 식견을 바탕으로 호모 에코노미쿠스라는 주류 경제학의 복음에 정면으로 대항했을 뿐만 아니라,

이제는 인류 역사상 가장 거센 공유지 회복 운동을 고무하는 데에도 도움을 주고 있다. 그리스에서 가나에 이르는 수자원 민영화 반대 운동, 땅속 깊은 대수층 암반수까지 빨아올려 비싸게 팔아치우는 생수 기업을 상대로 투쟁하는 지역 공동체, 강과 하천에 공동 소유권을 부여하고 바다 전체를 광활한 공유지로 바꾸기 위한 각종 캠페인, 5,000개 이상의 민주적 공동체가 농촌에 공평하게 물을 공급하는 오스트레일리아 수자원 협동조합의 성장 등 이미 세계 곳곳에서 변화의 물결이 출렁이고 있다.[14] 나아가 수생 분야를 넘어 더 많은 영역이 공유지로 변모하고 있다. 디지털 분야도 예외는 아니어서, 태생부터 오픈소스인 위키피디아Wikipedia와 리눅스Linux 등의 소프트웨어는 물론 누구나 쉽게 접근 가능한 오픈 액세스open access 과학 지식 데이터베이스까지 공개되면서 디지털 공유지의 확산도 속도를 높이고 있다. 화석연료 기업들이 마음놓고 대기 중으로 탄소를 배출하는 것을 규제하려는 미국 내 공공신탁 소송이나 거대 제약회사들의 약초 유전자 코드 특허 취득을 금지하려는 노력 등도 마찬가지다. 거의 모든 분야가 엘리너 오스트롬과 그가 연구한 공동체의 역사에 빚을 지고 있다.[15] 나도 그렇다. 정치학 박사 과정을 포함해 사회 변화를 연구한 지 20년이 지난 뒤 누구인지도 몰랐던 그의 강의를 처음 들었을 때, 나는 그제야 공유지 개념이 오늘날에도 유효할뿐더러 반드시 필요하다는 사실을 비로소 깨달았다.

물론 공유지는 엘리너 오스트롬을 비롯한 여러 학자나 활동가가 주목하기 이전에도 늘 존재했다. 다만 국가와 시장 사이 그 어딘가에서 제대로 주목받지 못한 채 운용됐을 뿐이다. 최근 '재발견'한 공유지는 아마도 이집트 룩소르의 투탕카멘 무덤이나 중국 시안의 병마용兵馬俑 유적보다 우리 시대에 더 중요한 역사적 발견일 것이다. 바로 인도네시아 발리에서 찾아낸, 9세기에 개발됐다고 추정되는 관개수로 체계 '수박subak'이다. 수박은 약 2만 헥타르에 걸쳐 계단식 논 다섯 개와 물 관리 사원으로 이뤄진 시스템으로 무려 1,000년 동안 발리 농업 공동체를 결속하고 지속 가능한 생태 환경을 유지하게 해준 핵심이었다. 공유지 연구가들은 이와 같은 민주적 수자원 관리 체계가 관개용수로 어려움을 겪고 있는 세계 곳곳의 물 부족 지역에 도움이 될 수 있다고 믿는다.[16] 게다가 이 시스템은 궁극적으로 거대한 댐과 같은 하향식 해결책보다 효과적일 수 있다. 이런 댐들은 지역 공동체 전체를 이주시키고 지역사회의 지식을 무시하느라 '흰 코끼리white elephant'(규모가 크고 유지 비용은 많이 드는데 쓸모는 없는 것을 비유하는 말-옮긴이)가 되고 마는 경우가 너무 흔하다. 오스트롬도 댐 건설 정책을 맹렬히 비판했다. "우리는 제도적 재앙이 되고 마는 공학적 경이로움이 더는 필요 없습니다."[17] 막대한 세금이 투입되는 정부의 대규모 인프라 프로젝트를 기다리기보다 공동체 공유지 관리의 힘을 활용하는 편이 훨씬 현명할 수 있다.

하지만 회의론자들은 물에 관한 한 작은 것이 늘 아름답지만은 않다고 일견 타당한 주장을 할 수 있다. 한마디로 규모가 너무 작다는 관점이다. 물의 법정이나 협동조합 같은 지역 공동체 관리 방식이 매력적이기는 하지만, 농공업에 따른 하천 오염을 규제할 국가 차원의 정책과 가뭄이나 홍수 같은 위기 상황에 대한 대규모의 조율된 대응책도 분명히 필요하다. 기후 변화와 그에 따른 전 세계적 악영향이 빠르게 다가오고 있는 오늘날, 분산형 공유지 관리 모델은 그저 듣기에만 좋은 유토피아적 이상일 뿐일까?

이 질문은 우리를 엘리너 오스트롬의 생각과 발렌시아 물의 법정으로 또다시 인도한다. 이 질문에 답하려면 다가올 세기의 물 분쟁이 어떤 양상으로 펼쳐질지, 분쟁을 넘어 전쟁이 될 소지는 없을지를 먼저 이해해야 한다.

새로운 물 전쟁 시대

인간은 이미 수세기 동안 물을 놓고 싸워왔다. 이는 라틴어 '리발리스rivalis'가 어원인 낱말 '라이벌rival(경쟁자)'만 봐도 직관적으로 알 수 있다. 리발리스는 '도랑의 공동 사용자', 곧 물을 함께 쓰는 사람을 뜻한다. 그러나 물을 두고 벌어지는 분쟁은 어지간해서는 신문 1면에 실리지 않는다. 그래도 예외가 하나 있는데, 비교적 최근에 일어난 볼리비아 중부 도시 코차밤바의 물 전쟁이다.

1999년 극심한 인플레이션에 시달리던 볼리비아 정부는 세계은행World Bank과 국제통화기금IMF의 압박을 견디지 못하고 코차밤바의 수도 서비스를 민영화했다. 미국의 건설 회사 벡텔Bechtel의 자회사인 새 공급업체는 수도요금을 35퍼센트나 급격히 인상했을 뿐 아니라, 심지어 가정에서 지붕에 빗물을 모아도 과태료를 부과했다. 2000년 1월, 공장 노동자와 거리의 아이들부터 전통적인 공동 수자원 체계가 무너질까 걱정하는 농부에 이르기까지 수만 명이 거리로 뛰쳐나가 항의 시위를 벌였다. 하지만 경찰과 장기간 충돌이 이어지자 정부는 계엄령을 선포했고, 이는 시민들의 분노를 더욱 부채질했다. 거리 봉쇄, 최루탄 살포에 실탄 발사까지 이어지면서 6명의 사망자가 발생했고 수백 명이 체포됐다. 같은 해 4월 정부는 협약 끝에 마침내 코치밤바의 수도를 다시 국영화하고 시민들에게 돌려줬다.[18] (벡텔은 거액의 손해배상 소송을 제기했다가 국제적 비난을 받고는 2006년 볼리비아에서 철수했다 – 옮긴이) 이후 볼리비아 정부는 수자원 민영화를 불법화했고, 2009년에는 헌법을 개정해 물 사용을 인권으로 규정했으며, 2010년에는 '어머니 지구의 권리에 관한 법률Law of the Rights of Mother Earth'을 제정함으로써 물 보호 체계를 확고히 했다.

1990년대에 시작된 수자원 민영화 물결은 볼리비아뿐 아니라 나이지리아, 인도, 필리핀 등 다른 여러 국가에서도 비슷한 반발을 불러일으켰다. 가장 주된 요인은 민영화로 인한 물값 상승이 빈곤 계층에게 가장 큰 타격을 주기 때문이었다.[19] 국가 내부의 갈등이 이렇다면 국가 간 물 분쟁은 어떨까? 그리고 갈등이 커질 가능성은 어느 정도일까? 이를 살피려면 중동의 사례를 들여다볼 필요가 있다.

1967년 6월 5일, 이스라엘이 뒷날 20세기의 가장 파괴적인 승리라고 평가받을 군사작전을 시작했다. 이스라엘군은 한 주도 채 되지 않아 이집트, 요르단, 시리아 공군과 육군을 섬멸하고 시나이 반도, 서안 지구, 골란 고원을 점령했다.

전쟁이 대체로 그렇지만, 이 '6일전쟁Six-Day War'에도 복잡한 원인이 뒤얽혀 있었다. 이스라엘을 눈앞에서 치우고 싶었던 이집트 가말 압델 나세르Gamal Abdel Nasser 대통령의 개인적 욕망, 이스라엘이 허위 정보로 분쟁을 촉발했다는 소련의 이간질, 1948년 이스라엘 건국 이래 계속되고 있던 영토 분쟁, 여기에 빼놓을 수 없는 종교 갈등이 한데 엮인 결과였다. 그리고 또한 이 전쟁은 의심할 여지 없이 물 전쟁의 가장 명확한 역사적 사례였다.

이스라엘은 이 전쟁의 승리로 영토 면적을 4배로 늘림과 동시에 전략적 수자원 확보량도 크게 늘렸다. 서안 지구 아래 깊숙한 곳에는 이 지역에서 가장 거대한 대수층이 있고, 골란 고원에는 요르단강의 상류 수원이 있었다. 전쟁 당시 이스라엘군 총사령관이었고 뒷날 총리까지 오른 아리엘 샤론Ariel Sharon은 자서전에 이렇게 썼다.

> 사람들은 흔히 1967년 6월 5일을 6일전쟁이 시작된 날로 여긴다. 공식 날짜는 그날이다. 그런데 실제로는 2년 반 전, 이스라엘이 요르단강 우회 문제에 대응하기로 결정한 날 시작됐다. 우리와 시리아 사이의 국경 문제도 중요했지만, 물 확보는 생사가 달린 가장 첨예한 문제였다.[20]

1964년 시리아는 다른 아랍 국가들의 지원을 받아 이스라엘에 공급되는 요르단강의 물 3분의 1을 자국 영토로 돌리는 대규모 치수 사업에 돌입했다. 난민으로 떠돌던 수백만 명의 유대인을 위해 녹색 시온주의Zionism(유대인 민족구가 건설을 위한 민족주의 운동–옮긴이) 고향을 만들겠다던 사막 국가 이스라엘에게 요르단강의 물을 잃는다는 것은 경제적·정치적 대재앙이었다. 시리아가 굴착을 시작하자마자 이스라엘 전차가 포격을 가했고, 더 심각한 군

사 충돌로 번지기까지는 시간문제일 뿐이었다.[21]

6일전쟁의 유산은 지금까지 고통스럽게 남아 있다. 이스라엘은 충분한 물을 확보했지만, 서안 지구에 거주하는 팔레스타인인 290만 명은 운이 좋지 않았다. 이스라엘은 요르단강의 물을 제한했을뿐더러 자국에 유리하게 왜곡한 국제 조약을 명분으로 서안 지구 대수층 물의 약 80퍼센트도 이스라엘로 흘러들게 했다. 그 때문에 그곳 팔레스타인인들은 자신들 발밑에 있는 물을 이스라엘 국영 수도공사 메코롯Mekorot에서 엄청나게 비싼 가격에 사서 써야 한다. 그마저도 팔레스타인인들 중 50퍼센트는 한 달에 열흘만 사용할 수 있다. 반면 서안 지구의 이스라엘 정착민들에게는 싼값에 물이 제공되므로 팔레스타인인들보다 4배나 더 많은 물을 소비한다.[22] 어떤 이스라엘인은 수영장까지 갖고 있지만, 팔레스타인 농부들은 영구적인 가뭄에 시달리고 있다. 지구상 어디도 이곳보다 물로 인권을 유린하는 곳은 없다. 물이 이토록 정치적인 곳도 없다. 2023년 10월 하마스의 군사 공격으로 갈등이 재발했을 때, 이스라엘 정부가 가장 먼저 취한 응징 조치도 가자 지구에 물 공급을 끊는 것이었다.

물 역사가 중에는 6일전쟁을 이례적 사건으로 보는 이들도 있다. 역사 기록에 물을 둘러싼 전쟁은 거의 등장하지 않는다는 이유에서다. 이들 '물 평화' 학파는 1918년에서 1994년 사이에 일어난 412건의 국가 간 위기 가운데 물과 관련한 분쟁은 일곱 건에 불과하다고 지적한다.[23] 사실 물 전쟁을 본격적으로 살피려면 기원전 2500년까지 거슬러 올라가야 한다. 고대 수메르 문명의 도시국가 라가시와 움마가 티그리스강과 유프라테스강 사이의 비옥한 분지를 놓고 전쟁을 벌였다. 그렇지만 이후에는 이렇다 할 기록이 없다. 이런 이유로 이들은 역사에서 물 협력이 물 분쟁보다 훨씬 더 많았다고 주장한다.

그러나 과연 앞으로도 그럴까? 대부분의 전망은 이번 세기가 지나기도 전에 국가 간 물 분쟁이 증가한다는 데 초점을 맞추고 있다. 6일전쟁은 앞으로 일어날 일에 대한 조기 경보다. 그동안 일어난 전쟁들이 물보다는 땅이나 석유 같은 자원을 놓고 벌어진 경우가 많은 것도 사실이지만, 21세기 들어 전 세계가 기후 변화와 인구 증가 위기에 직면하면서 물이야말로 가장 중요한 자원이 됐다. 2001년 당시 유엔 사무총장 코피 아난Kofi Annan이 경고했듯이 "우리가 조심하지 않으면 미래의 전쟁은 석유가 아닌 물 때문에 벌어질" 것이다.[24] 선견지명이 있는 발언이었다. 최근 자료에 따르면 세기가 바뀐 이후 국제적으로 물 갈등이 급증했고, 이는 역사적 추세를 거스르고 있다(164쪽 그래프 참조).[25]

분쟁의 가능성은 정치지리학의 역사에 내재되어 있다. 1978년에는 강 유역이 국경을 넘나드는 국제 수역이 214곳이었다. 그 뒤로 소련과 유고슬라비아의 연방 체제가 붕괴하자 263곳으로 늘어났다. 지구 표면의 절반 이상이 이런 지역이며, 인구로 치면 다섯 명 중 두 명이 이곳에 산다. 콩고강은 13개국, 나일강은 11개국, 메콩강은 6개국에 걸쳐 흐른다. 중국의 경우 인도와 방글라데시 지역 인구 6억 3,000만 명이 거주하는 '갠지스강-브라마푸트라강-메그나강' 유역의 물을 효과적으로 통제하면서 이 지역 수력 발전의 중심이 됐다. 튀르키예는 티그리스-유프라테스 유역 상류에 댐을 건설함으로써 하류 지역인 시리아와 이라크의 물 부족을 초래해 이

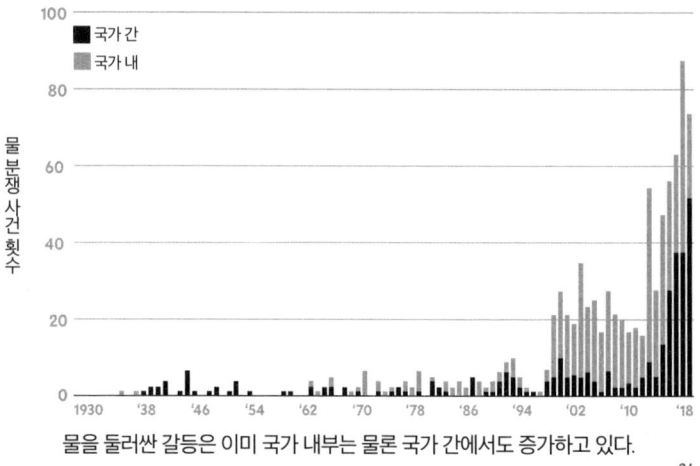

물을 둘러싼 갈등은 이미 국가 내부는 물론 국가 간에서도 증가하고 있다.

출처: 세계자원연구소[26]

들의 내전과 사회 불안을 심화했다.[27] 에티오피아가 최대 국책사업으로 건립한 그랜드에티오피아르네상스댐GERD은 나일강 물 공급이 차단될까 봐 두려워한 이집트와 수단 사이의 분쟁을 촉발했다.

    물과 전쟁은 기후위기로 갈증에 시달릴 세상에서 치명적 공범이 될 운명이다. 그런데도 세계 각국은 여전히 물보다 덜 중요한 것들에 집착해 전쟁을 벌일 것이다. 하지만 물이야말로 미래 갈등을 일으킬 원인 중에서 가장 결정적인 요소다. 극심한 물 부족이 낳은 불안정과 폭력을 피해 수천만 명의 난민이 목숨을 걸고 국경을 넘을 것이다(이민자 문제는 2장에서 살폈다). 물은 석유와 달라서 대체할 수 있는 게 없다. 머지않아 전 세계 모든 국가는 환경운동가 모드 발로Maude Barlow가 "푸른 금blue gold"이라고 부르는 물을 쟁취하려고 악착같이 움직일 것이다.[28]

역사의 손길을 더한 21세기 수자원 관리

물과 엮인 지정학적 위기는 이미 속도를 더해가고 있으며 뾰족한 해결책도 없다. 이런 상황에서 역사가 최소한이라도 그 잠재적 긴장을 완화할 만한 단서를 제공할 수 있을까?

다시 한번 생각지도 못한 영감의 원천을 찾기 위해 발렌시아 물의 법정으로 돌아가보자. 서안 지구 같은 분쟁 지역에도 그때와 비슷한 메커니즘을 적용해 물 위기를 완화할 수 있다는 생각은 희망사항에 불과할까? 이스라엘 정착민들과 팔레스타인 사람들이 웃옷을 맞춰 입고 매주 모여 물을 안건으로 회의를 여는 게 정말 얼토당토않은 상상일까? 그러나 이것이 바로 팔레스타인의 저명한 수문학자 압델라흐만 타미미Abdelrahman Tamimi의 제안이다. 그는 "농업인들 간 갈등뿐 아니라 이스라엘인, 팔레스타인인, 요르단인 사이의 긴장을 줄이기 위해서라도 물의 법정 모델을 도입해 적용해야 한다"고 확신한다.[29] 타미미의 설명에 따르면 협력을 뒷받침할 대화와 신뢰의 메커니즘이 아니고서는 중동에서 물 갈등을 조금이라도 해소할 방법을 결코 찾을 수 없다. "우리는 물을 놓고 전쟁할 수도 있고 협력할 수도 있습니다. 어느 쪽일지는 우리에게 달렸습니다. 그 첫 단계는 서로를 신뢰하는 것입니다."

허황된 생각이 아니다. 중동 지역 환경 평화 구축 기구 에코피스 미들이스트EcoPeace Middle East가 이미 팔레스타인, 이스라엘, 요르단 시장단과 시민이 함께한 공동 회의를 통해 요르단강 하류 계곡을 공유지로 공동 관리하는 '굿 워터 네이버스Good Water Neighbours' 프로그램을 성공적으로 진행하고 있다. 2013년에는 이스라엘 정부를 설득해 49년 만에 갈릴리 호수의 담수를 요르단강 하류로 방류하도록 하는 성과를 거두기도 했다. 같은 맥락에서 중동 환경 연구기관 아라바 연구소Arava Institute도 2022년 이스라엘과 팔레스타인 수자원 관리 당국 간 대화를 주선해 요르단 계곡물을 팔레스타인 농지에 연결하는 파이프라인을 건설했다.[30] 이 같은 수자원 외교 프로젝트는 지금의 갈등 상황 속에서도 계속되고 있다. 이러한 물 외교 프로젝트들은 계속되는 갈등 속에서도 이어지고 있으며, 한 방울 한 방울씩 차근차근 풀뿌리 차원에서 평화를 구축하고자 노력하고 있다.

　엘리너 오스트롬이 조금만 더 오래 살았더라면 이런 계획들을 가장 먼저 지지하고 그 속에 있는 더 큰 잠재력을 단박에 간파했을 것이다. 오스트롬의 공유지 연구는 지역사회에만 너무 집중하고 중동의 물 분쟁 등 국가 차원의 복잡한 문제는 회피한다는 비판을 받기도 했지만, 사실 그는 더 큰 그림을 그리고 있었다. 오스트롬은 물과 같은 공유 자원을 관리하는 데 핵심 요소는 의사결정 체계를 중첩된 계층으로 구축하는 것이라고 믿었으며, 이를 '다중심 거버넌스polycentric governance'라고 불렀다. 본래 이 개념은 그의 배우자이자 정치경제학자 빈센트 오스트롬Vincent Ostrom이 창안했는데, 공동체 회의를 통해 지역사회 전반에 관한 의사결정을 내렸던 뉴잉글랜드 청교도 정착민 그리고 연방으로부터 주 단위로 권력을 분산했던 19세기 미국 정치구조에서 영감을 받은 것이었다.[31] 엘리너 오스트롬은 권력을 각각의 지역에서 국가와 글로벌 수준에 이르기까지 여러 수준으로 분산해야 하고, 그 분산이 위에서 아래 또는 중앙에서 주변으로 부과되는 하향식이면 안 된다고 주장했다

(6장에서 논의할 '공동체 민주주의' 모델과 유사하다). 소규모 공동체 수준에서 발렌시아 물의 법정 같은 조직이 있듯이, 공유 수역에서 국가 간 이해관계를 조정하는 지역 기구나 전 세계 수자원 공유지를 관리하는 국제 재판소 등이 있으면 되는 것이다. 협의체가 하나만 있을 까닭이 없다. 자율적이면서도 영향권이 중첩되는 여러 협의체의 활동이 얼마든지 가능하다.

그렇다면 이런 협의체들은 정확히 어떻게 작동할까? 지역 수준에서 이미 일부 모델이 존재한다. 아마도 사람들 대부분은 '다뉴브강 보호 국제위원회ICPDR'에 대해서 들어본 적이 없겠지만, 19개국 8,100만 명에게 이 위원회는 (독일의) 흑림Black Forest 지역에서 발원해 흑해로 흘러가는 다뉴브강 유역의 수자원 관리에서 핵심 역할을 수행한다. 공무원, 과학자, 시민단체가 힘을 합쳐 홍수를 예방하고 오염을 통제하면서 유럽연합의 수자원 기본법에 따라 물을 보존하고 공평하게 공유되도록 애쓰고 있다. 다뉴브강에서의 자유 항행을 보장한 1856년의 국제 조약에 근거해 1994년 설립된 이 위원회는 합의에 의한 의사결정 방식을 통해 인접 국가 간 협력 정신을 모색하고 있다. 그중 다수는 크로아티아와 세르비아처럼 갈등의 역사가 깊은 국가들이다. 위원회의 업적 중 하나는 불과 20년 전까지만 해도 오염이 심각해 사실상 '죽은 물'로 여겨졌던 흑해 생태계를 복원함으로써 생물 종 수를 두 배로 늘린 것이다.[32] 이와 유사한 기구로 북아메리카 지역에서는 '대호수위원회Great Lakes Commission'가 있는데, 미국 8개 주와 캐나다 2개 주에서 거대한 오대호를 공동으로 관리한다. 이 지역 4,000만 명 인구가 오대호에서 식수를 공급받고 있다. 이 두 주요 생태지역 관리 기구는 매우 뛰어난 기술관료적 전문성을 보여준다. 다만 더 민주적인 시민 공동 참여 체제로는 아직 진화하지 못한 상황이다. 한층 통합적인 진정한 공유지 설계로 현재와 미래 세대 모두가 만족하는 수자원 관리 기구가 되기를 기대해본다.33

글로벌 차원에서 들여다보면 거버넌스(지배구조)의 격차가 크다. 국제기구로 유엔 정도가 있으나, 국경을 넘나들며 물 분쟁을 중재하겠다고 마련한 유엔 '물 협약Water Convention'은 43개국만 비준에 참여해 사실상 법적 권한이 없다. 국가 수자원 주권이 최우선인 것이다. 물에 관한 법률을 연구하는 학자이자 레바논의 행정가 타렉 마주브Tarek Majzoub는 이 문제에 진전을 보려면 발렌시아 모델에 기반을 둔 국제 물 재판소를 건립해야 한다고 제안했다.34 물과 관련해 인권 탄압을 자행하거나 글로벌 물 공유지를 침해한 국가 및 기업에 제재를 가할 일종의 국제 시민 물 재판소다. 이 공개 법정에 기소된 피고는 강 하류에 있는 나라에 무단으로 오염수를 흘려보내고, 독성 폐기물을 여과 없이 쏟아붓고, 과도한 탄소 배출로 가뭄과 홍수를 초래하고, 화석연료 기업들의 로비에 넘어가고, 물값을 시민들이 감당할 수 없는 지경으로 끌어올린 행위 등에 대해 책임져야 할 것이다. 이와 비슷한 지역 기구인 라틴아메리카 물 재판소Latin American Water Tribunal는 1998년 설립 이래 대륙 전역에서 공청회를 열고 250건 이상을 판결한 바 있다. 이 재판소는 멕시코에서 브라질에 이르는 각 지역 공동체들이 각국 정부의 무분별한 댐 건설과 수자원 민영화를 막아내는 데 크게 이바지했으며, 특히 토착민의 물 권리를 지원하는 데 앞장섰다.35 살아 있는 세계를 파괴하는 범죄로 '에코사이드ecocide(생태 살해)' 개념이 국제법적 주목을 받기 시작한 오늘날, '아쿠아사이드aquacide(물 살해)' 범죄를 예방하기 위한 제도 마련도 시급하다.

기술 맹신론자들은 이런 거버넌스 구조가 필요 없다고 여긴다. 그들은 바닷물에서 담수를 얻는 해수 담수화 기술 같은 혁신에 주목한다. 실제로 에스파냐, 이스라엘, 중국을 비롯한 여러 국가가 일찍부터 담수화 시설에 투자하고 있다. 그중 많은 곳이 태양열로 가동된다. 가뭄이 일상이 되고 지하수마저 다 끌어다 쓴 캘리포니아는 운하를 파서 물 부족에 대응하고 있다.[36]

이 같은 접근방식의 문제점은 빈곤국이나 가장 물이 부족한 지역사회는 담수화 기술 비용을 감당할 수 없을뿐더러, 거액의 설비 시설을 운영할 기업들에 의존도가 높아져 볼리비아 사례처럼 수자원 민영화로 전환될 가능성이 더 높아진다는 데 있다. 지금 내가 살고 있는 영국만 해도 5,700만 명 시민이 마시는 물은 모두 저마다 지역 독점을 확보한 민간 기업에서 공급한다. 19세기에 수도 시영화를 위해 치열하게 투쟁했던 시민들이 살아나 이 사실을 알게 되면 엄청난 충격을 받을 것이다. 그들 가운데는 1884년 "사기업은 오직 이익만을 추구하기에 시민의 권익과 사기업의 이익에서 교집합을 찾는 것은 불가능에 가깝다"고 외쳤던 정치가 조지프 체임벌린Joseph Chamberlain도 있었는데, 뒷날 그는 권력과 야합해 결국 제국주의자로 돌아섰다.[37] 말년의 그라면 오늘날 민간 수도 회사들이 비용을 절감하고 주주 배당금을 늘리려고 하천에 불법으로 오염수를 흘려보내는 모습을 봐도 별로 놀라지 않을 것이다. 이제는 정치적 스펙트럼 전반에서 수자원 소유권을 다시 공공에 되돌려줘야 한다는 목소리가 커지고 있다.

바로 그곳(공공)이 물이 있어야 할 곳이다. 물은 사고파는 상품이 아니라 공익을 위해 철저히 관리해야 할 공유 자원이다. 생태 비상사태가 심각한 상황에서 물 위기에 대처하고자 어떤 국가는 가시적으로 효과가 확실해 보이는 중국의 하향식 모델에 주목할 것이다. 그러나 엘리너 오스트롬이 명확히 밝혀낸 것처럼, 역사를 통틀어 물을 만인의 공동 금고로 여기고 민주적으로 자체 관리한 많은 지역 공동체에서 영감을 얻어야 할 이유도 그만큼 확실하다. 우리 주변 지역을 위한 수자원 협동조합이든 국가 간 분쟁을 해결하기 위한 국제 물 재판소든 간에 공유지의 역사가 품고 있는 위대한 사회적 혁신은 충분히 도전할 가치가 있는 강력하고 야심 찬 비전을 제공한다. 이를 통해 발렌시아 물의 법정 같은 사례가 왜 계속 유효할 수 있는지 입증할 수 있으며, 물의 법정 구성원들은 앞으로도 수 세대에 걸쳐 매주 목요일이면 성당의 사도상 아래에서 모일 것이다.

6장

민주주의의 믿음을 되살리는 방법
지난날 공동체 민주주의의 재발견

프랑스 고고학자 레이몽 모니Raymond Mauny는 무척이나 실망스러웠다. 1950년대 후반, 그는 현재의 아프리카 말리 지역인 니제르강 삼각주에서 (너비가 약 1킬로미터에 이르는) 흥미로워 보이는 널 따란 둔덕을 발굴하고자 머나먼 이곳까지 왔다. 약 7미터 높이의 흙무더기 측면을 기어올라 전문가의 눈으로 표면을 살폈지만 깨진 도자기, 담배 파이프, 무너진 흙벽돌집 같은 흩어진 잔해들밖에 없었다. 고고학적 발견의 가능성은 거의 없어 보였다. 웅장한 건물, 사원, 궁전이나 거대한 조각상은 흔적조차 없었다. 화려한 고대 왕조가 연상되는 흔적도, 부와 권력을 유추할 증거도 없었다. 이곳은 그가 그토록 찾고 싶었던 위대한 잃어버린 도시가 아니었다. "이 변덕스러운 땅에 유물 따위는 없다." 모니는 실망에 빠져 그곳을 떠났고, 다시는 찾지 않았다.[1]

모니는 자신의 발밑에 놀라운 고고학적 보물인 고대 도시 '젠네제노Djenné-Djeno'가 묻혀 있다는 사실을 꿈에도 알지 못했다. 젠네제노는 기원전 250년에서 기원후 1400년까지 서아프리카에서 가장 번성한 도시문명이었다. 전성기에는 4만 명이 넘는 사람들로 북적거리던 무역의 중심지였다.

젠네제노가 그토록 매혹적인 이유는 오랫동안 아프리카 전역을 누비며 유적지를 약탈하며 보물을 찾아 헤매던 서구 고고학자들조차 그 존재를 모르고 지나쳤다는 데 있다. 레이몽 모니를 비롯한 식민지 시대 고고학자들은 나일강 유역 고대 이집트의 절대권력자 파라오의 성채처럼 아프리카 고대 도시도 강력한 왕권과 계급으로 이뤄진 도시였으리라고 단정했다.

그러나 젠네제노는 정반대였다. 이 도시에는 권력자의 성채가 없었다.

1970년대 후반에 이르러서야 생각을 바꾼 고고학자들이 다시 발굴을 시작했다. 그리고 마침내 그들은 이곳에 고급 도자기, 혁신적인 금속 공예품, 정교한 조각품을 만들어내는 수준 높은 도시 문명이 존재했음을 깨달았다.[2] 그런데 이상하게도, 그곳에서는 그들이 예상했던 중앙집권적이고 권위주의적인 지배 권력의 흔적을 찾아볼 수가 없었다. 초기 발굴작업에 참여한 고고인류학자 로더릭 매킨토시Roderick McIntosh는 그들의 가장 큰 발견에 대해 조금도 의심하지 않았다. "우리가 발견한 것은 무엇인가? 첫째, 왕이 없다. 계층 구조도 없다."[3]

식민지 시대까지만 해도 서구 사회는 아프리카라면 당연히 과거에 전제적이고 계급이 있는 절대왕조나 적어도 씨족사회가 있었으리라는 편견에서 벗어나지 못하고 있었다. 나이지리아 정치경제학자 다몰라 아데주모아이비오우Damola Adejumo-Ayibiowu는 이렇게 썼다. "유럽 중심주의는 아프리카의 민주적 정치 역사를 부정하고 아프리카 문화 또한 완전히 독재적일 것으로 추정한다."[4] 하지만 젠네제노가 이런 편견을 깨부수고 로더릭 매킨토시가 '헤테라키heterarchy'라고 이름 붙인 체제의 증거를 보여준 것이다. 헤테라키는 농부, 어부, 대장장이, 상인 할 것 없이 모든 사회 구성원이 왕,

귀족, 사제 같은 지배계급 없이도 스스로 도시를 관리하는 수평적인 자치 체제를 말한다. 통치자나 부자를 위한 웅장한 건물은 없다. 알현실이나 연회장도 없다. 젠네제노는 상대적 자율성을 유지하며 함께 거주하고 일했던 다양한 직업 집단으로 구성되어 있었다. 고급 도자기 같은 부를 상징하는 물건들도 도시 내 70여 곳에서 골고루 발견된 것으로 미뤄볼 때 평등한 지배에 어울리는 평등한 사회 구조였음을 알 수 있다.[5]

알고 보면 놀라운 일도 아니다. 사실 아프리카 대륙 전역에 걸쳐 계급적 체제에 반하는 집단적 형태의 정치체제가 등장했다는 증거가 많이 있다. 가나 정치철학자 콰시 위레두Kwasi Wiredu가 강조했듯이 "생활이나 통치와 관련한 아프리카의 전통적 의사결정 체계는 원칙적으로 민주적인 합의"였다.[6] 17세기 식민지 노예무역이 본격화하기 전 지금의 콩고 지역인 루운드는 부족 간 수평적 연방을 구성한 평화로운 곳이었다. 부족 전체의 왕을 세우지 않는 대신 각 마을은 원로들로 이뤄진 공동체 회의를 열어서 의사결정을 내렸다. 마을 차원의 의사결정은 대다수 구성원이 참여할 수 있는 대중 집회에서 이루어졌으며, 주로 '팔라버' 오두막이나 '팔라버' 나무 아래에서 진행되었다[포르투갈어로 '이야기' 또는 '말'을 뜻하는 palaver에서 유래한 용어로, 'What a palaver!(웬 야단법석이야!)' 같은 표현이 여기서 비롯되었다]. 이러한 장소들은 오늘날에도 아프리카 마을에서 흔히 찾아볼 수 있다.[7]

이와 비슷하게 나이지리아 남동부의 이그보족Igbo 공동체에도 집단적 의사결정의 오랜 역사가 있다. 19세기에 처음으로 이그보족 땅에 들어온 영국인들은 자신들이 머릿속에 그리던 통치자를

지금도 말리 상하에 있는 도곤 마을 원로들은 토구나 또는 팔라버 오두막에서 회동한다.

찾을 수 없었다. 중요한 사안을 결정할 때면 마을 사람들에게서 권한을 위임받은 누군가가 공동체 회의에 참석해 의견을 전달하는 체계만 있을 뿐이었다. 그 누군가는 마을 원로일 수도, 성인 남성일 수도, 여성일 수도 있었다. 이 다중심 분권화 체제 속에서 수만 명의 부족민이 아무 문제 없이 잘 살았다.[8] 1973년 한 인터뷰에서 당시 102세였던 이그보족 노인 누 우달라Noo Udala는 그 방식을 이렇게 회상했다.

> 백인들이 오기 전에는 온 마을 일을 전부 맡아서 보는 족장이 없었지요. 하지만 이런저런 일을 조직하도록 도와주는 기관은 몇몇 있었어요. 마을 전체에 중요한 일이 생기면 촌장끼리 만나서 이야기했어요. 서로 위아래가 있지는 않았지만, 가끔은 우리 촌장이

우선권을 받았다오. 우리가 제일 오래된 마을이었거든. 하지만 어떤 결정을 내리기 전에 꼭 마을 사람들이 동의를 해줘야 했어요. 우선 어른인 남자들과 나이 많은 여자들이 마을 단위 회의에 참석했지요. 여기에서 나온 결정을 씨족 모임에도 알린다오. 회의에는 남녀 할 것 없이 어른이면 누구나 참석할 수 있었지요.9

나는 개인적으로 아프리카 부족의 정치구조에 관한 이 짧은 엿보기만으로도 깊이 감동했다. 고백건대 1990년대에 나는 세간에 잘 알려진 영국의 한 대학에서 몇 년 동안 민주주의 역사와 실천 과정을 강의했는데, 그때 내 강의 계획표 어디에도 이런 아프리카 민주주의 전통에 관한 내용은 없었다. 나는 그저 민주주의를 서구의 발명품이자 독재자와 폭군으로 가득한 세계에 수출해야 할 특별한 선물이라고만 여겼다. 이 결함투성이 식민주의적 세계관과 더불어 '민주주의'란 곧 '대의민주주의representative democracy'를 의미한다는 가정도 있었다. 다당제 경선을 통해 몇 년마다 한 번씩 유권자가 선출하는 전문 정치인이 있어야 한다는 생각 말이다. 지역 의회에서 지역 주민들이 문제를 공개적으로 논의하고 다수결이 아닌 합의로 결정하는 분권화한 자치정부 모델인 '공동체 민주주의communal democracy' 같은 대안적 형태는 논의 대상조차 되지 못했다. 젠네제노? 이그보? 정말이지 부끄럽지만, 나는 한 번도 들어본 적이 없었다.

그러나 대부분의 주류 민주주의 강좌나 교과서에서 눈에 띄게 누락된 바로 이런 사례가 우리 민주주의의 미래에 매우 중요하다. 이 같은 역사적 사례는 근본적인 쇄신이 시급한 오늘날, 전혀 다른 방식으로도 정치를 할 수 있다는 통찰의 문을 열어준다.

서구를 대표하는 대의민주주의 모델은 심각한 위기에 처해 있다. 여론조사 결과만 봐도 대번에 드러난다. 세계 곳곳에서 이미 대의민주주의 기관이나 정치인들을 향한 신뢰가 급속히 추락하고 있으며, 정치 연구가이자 문화역사가 데이비드 반 레이브룩David Van Reybrouck은 이를 "민주주의 피로 증후군democratic fatigue syndrome"이라고 묘사했다.[10] 현대 민주주의의 미디어 주도 선거, 개인 주도 정치, 기업 주도 정책 등은 하나같이 실패한 목록이다. 지난 30년간 무관심으로 일관한 기후위기, 높아져만 가는 소득 불평등과 일자리 불안정, 꿈도 못 꾸는 내 집 마련, 무너져내린 의료체계, 더 극심해지는 총기 폭력과 테러. AI와 선거 관련 디지털 해킹은 민주적 절차의 무결성을 위협하고 있다(10장에서 더 들여다본다). 이에 더해 입법부는 물론 사법부도 극우세력이 장악하고 있다. 국민의 기본적인 시민권과 정치적 권리마저 위협받으면서, 머지않아 1930년대 정치로 회귀한다는 비극적 전망에 무력감만 느낄 뿐이다. 데이터는 잔혹할 정도로 명확하다. 권위주의 정부가 갈수록 증가하고 있다. 스웨덴 예테보리대학교에서 발표한 자유민주주의 지수를 보면, 현재 전 세계 179개국 가운데 34개국만이 자유민주주의로 분류된다. 30년 만에 가장 낮은 수치이며, 세계 인구의 절반 이상이 독재체제에서 살고 있다는 의미다.[11]

우리가 아는 민주주의는 취약하고 무너지는 중이다. 그런데도 이 영구적 위기의 시대를 감당할 조짐조차 보이지 않는 기존 체제에 매달리거나 두 손 모아 간절히 자비로운 독재자가 우리를 구해주기만을 기도해야 할까? 젠네제노처럼 발굴이 필요한 또 다른 민주적 가능성이 우리 발아래 역사 속에 묻혀 있지는 않을까?

민주주의는 어떻게 비민주적으로 설계되었는가

민주주의의 역사에 관한 새로운 이야기를 할 때가 됐다. 이는 부분적으로는 아프리카를 비롯해 그동안 노골적으로 무시되어온 다른 지역들의 혁신적인 민주주의 관행을 발견하는 일인 동시에 오래도록 무턱대고 믿어온 서구 민주주의를 둘러싼 신화를 해체하는 일이다.

처음부터 한 가지 사실을 분명히 해두겠다. '대의정부'라는 매우 존중받는 이상은 민주정치를 가능케 하기 위해서가 아니라 방지하기 위해서 고안된 것이다. 나를 포함해 많은 이가 가르쳐온 일반적인 이야기는 민주주의의 기원을 고대 아테네에서 찾으며, 오랜 공백 끝에 근대 영국 의회의 정치 발전과 18세기 프랑스 및 미국의 민주주의 혁명으로 부활했다고 설명한다.[12] 하지만 이보다 더 진실과 동떨어진 이야기는 없다.

민주주의를 일컫는 '데모크라시democracy'는 고대 그리스어 '데모크라티아demokratia'에서 유래했다. '사람들의 힘', 곧 '민중의 권력'이라는 뜻이다. 그런데 미국 건국의 아버지들은 민중의 권력이 부유한 기득권층을 위협할 수 있다는 생각에 두려움을 느꼈다. 1789년 미국 헌법을 설계한 인물 중 한 사람인 제임스 매디슨James Madison은 시민들이 직접 의사결정에 참여하는 아테네의 직접민주제와 선출된 대표자가 시민 대신 목소리를 내는 대의민주제 사이에서 고민했다. 그러고는 후자가 "시민의 지혜를 국가의 진정한 이익이 될 수 있도록 정제하고 개진하는 데 더 유리"하며, "시민 개개인이 직접 목소리를 내는 것보다 공익에 더 부합한다"고 결론내렸다.[13] 고대 그리스가 아닌 로마에서 시행했던 행정부-사법부-입법부 사이의 권력 균형 체제를 채택한 근본적 이유도 혹시 모를 민중의 반란을 진압하기 위함이었으며, 재산을 가진 백인 남성에게만 투표권을 제한한 것도 마찬가지 이유에서였다.

이 같은 엘리트주의는 프랑스혁명에서도 똑같이 드러났다. '사제Abbé' 에마뉘엘 조제프 시에예스Emmanuel Joseph Sieyès는 1789년 발표한 선언문 〈제3신분이란 무엇인가?Qu'est-ce que le Tiers-État?〉에서 정치는 "공동의 이익"을 가장 잘 확보할 수 있도록 선출한 대표자라는 "특수한 직업"에 맡겨야 한다고 주장했다. 정치학자 프랑시스 뒤퓌데리Francis Dupuis-Déri의 결론처럼 "미국과 프랑스의 현대 선거제도 창시자들은 명백히 반민주적"이었다.[14]

영국도 다르지 않았다. 기득권 정치세력은 평등파Leveller와 차티스트의 풀뿌리 정치 운동을 탄압하고 토머스 페인과 메리 울스턴크래프트Mary Wollstonecraft 같은 지식인들의 급진적 목소리를 억누름으로써 모든 시민이 투표권을 얻어 정치에 직접적으로 참여하는 상황을 막아내고자 부단히 애썼다. 그 결과 소수 특권층의 입맛대로 선출된 정치 대표자들이 마음껏 활동하는 일종의 과두제가 탄생했다. 1762년에 정치철학자 장자크 루소Jean-Jacques Rousseau는 이 체제의 본질을 간파하고 이렇게 썼다.

영국인들은 자신이 자유롭다고 믿는다. 그들은 심각하게 착각하고 있다. 그들은 의원 선거 기간에만 자유를 누릴 수 있다. 의원이 선출되자마자 국민은 노예가 된다.[15]

만일 루소가 오늘날 세계 전역의 정치도 여전히 18세기 모델에 갇혀 있다는 사실을 알게 된다면 기절초풍할 것이다. 인정하기 싫겠지만 현재 우리는 '데모스demos(민중)'의 목소리를 '걸러서' 듣기 위해 특별히 고안되었으며 본질적으로는 국민을 '무력화하는' 민주주의 정부의 노예로 살고 있다. 그리고 바로 이것이 모든 문제의 근원이다. 오늘날 전문 정치인이라는 사람들 대부분은 식량 및 에너지 가격 상승, 공중보건 예산 삭감, 파괴적인 기후위기 등에 직면한 일상적 현실과 너무 동떨어져 있어서 시민들을 효과적으로 대표할 수 없다. 어떻게든 당선만 되고 나면 장기적 공익보다는 자신들의 단기적인 성과와 정당의 이익만을 추구하겠다는 행태를 막을 방법이 사실상 없다.

이런 상황이니 이 복잡하고 글로벌한 세상에서 정말로 실행할 수 있는 대안은 찾을 수 없는 걸까? 윈스턴 처칠Winston Churchill도 "민주주의는 최악의 정치체제다. 단 지금까지 시도했던 다른 모든 정치체제를 제외한다면 말이다"라고 선언했다.[16] 재치 있는 말이긴 하지만 틀렸다. 다른 이들처럼 처칠은 민주주의를 대의민주주의와 동일시했다. 그러나 역사의 연대기에는 우리 시대에 훨씬 더 잘 맞을 수 있는 다른 형태의 민주주의가 숨겨져 있다.

민주주의의 비공식 역사

민주주의의 대안적 역사를 살펴려면 어쨌든 민주주의가 태동한 기원전 5세기와 4세기 사이의 고대 그리스 아테네로 되돌아가야 한다. 그렇지만 이를 대의민주주의의 먼 전례가 아닌 주류 정치 역사에서 소외된 근본적 참여민주주의의 전통인 공동체 민주주의의 전례로서 이해해야 할 것이다.

잘 알려진 바와 같이 아테네 민주주의는 직접적인 참여에 기반을 둔 동시에 철저히 배제적이었다. 여성, 노예, 이민자는 정치활동에 참여할 수 없었다. 전체 인구의 20퍼센트를 넘지 않는 남성 시민 3만~5만 명이 정치활동을 하지만 이들도 다 참여하는 게 아니었다. 그렇다면 어떤 식으로 도시국가 내부나 도시국가 간의 문제를 처리했을까?

우선 남성 시민이라면 누구나 법률안에 투표하고 참여할 수 있는 민회 '에클레시아Ekklesia'가 있었다. 매주 아크로폴리스 인근의 프닉스 언덕에서 열렸는데, 공간적 제약 때문에 최대 6,000명만 들어설 수 있었다. 그러나 도시국가 정부의 핵심은 500인으로 구성된 의회 '불레Boule'였다. 이들이 실질적으로 의제를 설정하고 공공 재정과 외교를 관리했다. 특정 개인이나 가문에 힘이 쏠리지 않게끔 권력을 공정하게 분배하기 위해 불레 의원은 공개 추첨 방식으로 선출됐다. 돌이나 나무에 특정 인원수만큼 홈을 판 '클레로테리온kleroterion'이라는 추첨 도구를 사용했는데, 불레 의원으로 활동하고 싶은 사람이나 추천하고 싶은 사람의 이름을 나뭇잎이나 돌조각에 써서 홈에 넣으면 무작위로 제비를 뽑는 방식이었다. 이렇게 선출된 사람은 1년 동안 의원직을 유지했다. 법을 집행하는 600명의 판사 '아르카이Arkhai'도 추첨을 통해 선출했으며, 시민 법정 '헬리아이아Heliaia'에 필요한 배심원단도 재판 당일 아침 제비뽑기로 뽑았다.[17]

우리에게 민주주의란 일반적으로 4년마다 한 번씩 투표소에 나가 기표 도장을 찍는 것 말고는 상상하기 어렵다. 반면 아테네의 남성 시민들은 정치와 함께 살고 숨 쉬었다. 아테네 남성 시민의 50~70퍼센트가 일생에 한 번은 불레 의원으로 활동했는데(오늘날에도 그렇게 할 수 있다면 어떨지 생각해보자) 그런 방식은 효과가 있었다. 비록 모든 인구가 참여할 수는 없는 데다 그 와중에도 부패와 권력 다툼이 일어나는 등 완벽한 체제와는 거리가 있었으나, 공공 재정을 나름대로 투명하게 관리했고, 시민을 위한 시설을 확충했으며, 거의 2세기에 걸친 전쟁의 세월도 견뎌냈다. 당대 인물이던 아리스토텔레스 역시 이렇게 시민과 정치인 사이의 장벽을 허물고 소수 엘리트의 지배를 방지하는 무작위 추첨 방식의 덕을 본 사람이었다. 그는 "자유의 한 가지 원칙은 서로 번갈아가며 통치하고 통치받는 것"이라면서, "추첨으로 아르카이를 선출하는 것은 민주정이고 그들이 하는 일은 과두정"임을 분명히 했다.[18]

18세기에 대의제가 확립된 이래 배심원단을 무작위로 뽑는 방식을 제외하면 아테네 민주주의의 더 광범위한 참여 방식은 우리 민주주의 전통에서 거의 사라졌다. 그런데 그 이전 수백 년만 하더라도 추첨과 직접 참여라는 고대 그리스의 관행은 유럽 정치에서 흔한 일이었다.

14~15세기 초 르네상스 시대의 도시국가들, 이를테면 메디치

Medici 가문이 집권하기 이전 단테 알리기에리Dante Alighieri가 활동하던 피렌체공화국에서는 추첨제가 정부를 특징 짓는 제도였다. 국가원수는 물론 입법위원회와 오늘날 내각에 해당하는 시뇨리아 signoria를 포함해 거의 모든 주요 정부 직책을 추첨으로 선출했다. 시민 중에서 자신이 속한 장인 또는 상인 협회인 길드guild의 지명으로 후보가 나오기도 하고, 이전에 이미 권위 있는 직책을 차지했던 사람이 탈락하기도 했다. 아테네에서와 마찬가지로 임기는 1년을 넘지 않았다. 이런 식으로 피렌체 시민 75퍼센트가 어느 시점에서든 2,000개 공직 가운데 하나를 맡았다. 이탈리아 역사가 피에로 구알티에리Piero Gualtieri는 이 추첨 방식이 자루에 이름을 적어 넣는다는 뜻의 '임보르사치오네imborsazióne'이며, 도시 엘리트 가문들 간의 권력 장악과 파벌 형성을 방지함으로써 "피렌체 정부에 안정을 가져다주는 결정적 역할"을 했다고 설명했다.[19]

고대 그리스와 마찬가지로 '시민'을 남성 인구로 제한했지만, 추첨제는 매우 효과적이라 여겨지면서 시에나나 페루자 같은 다른 이탈리아 도시국가들로 퍼져나갔다. 북으로는 독일 프랑크푸르트와 뮌스터까지 확대됐고, 이베리아반도를 가로질러 에스파냐 바르셀로나, 사라고사, 무르시아, 라만차, 엑스트레마두라 지역까지 이 추첨제를 채택했다. 1492년 에스파냐 국왕 페르난도 2세Fernando II는 스스로를 개심자라고 선언하면서 이렇게 말했다. "짐의 경험에 따르면 추첨제를 실시하는 도시나 지방이 선거를 기반으로 하는 지역보다 백성들의 삶이 더 윤택하고 행정과 관리도 더 건전했도다. 더 조화롭고 공평했으며, 더 평화롭고 자유로웠느니라."[20] 참으로 훌륭한 판단이 아닐 수 없다.

그렇다면 아테네의 또 다른 핵심 관행인 대중민주주의 의회를 개최해보는 것은 어떨까? 이 제도에서 공동체 구성원들은 선거나 추첨으로 선출되지 않고도 직접 의사결정에 참여할 수 있다. 그런 곳이 있었냐고? 민주주의 역사상 가장 잘 보존된 비밀 중 하나이자 일명 '삼동맹Three Leagues'으로도 알려진 '라에티아 자유국 Rhaetian Free State'에 오신 것을 환영한다.

1524년에서 1799년에 이르기까지 무려 3세기 동안 오늘날 스위스 알프스 고산지대에 동맹체 세 곳이 있었다. '회색 동맹Grey League' '신의 가문 동맹League of God's House' '십재판구 동맹League of the Ten Jurisdictions'. 이들은 당시 유럽을 장악한 합스부르크 제국의 영토 야망에 맞서 스스로 보호하기 위해 정치적 동맹을 맺었다. 그렇지만 공작이나 왕자를 내세워 통치하는 당시의 전형적인 방식 대신, 계급을 없애고 공동체 의회와 집단 의사결정을 기반으로 하는 연방 체제를 형성했다.

라에티아 자유국은 처음에는 적응하는 데 어려움을 겪었고, 설상가상으로 유럽에서 일어난 '30년전쟁'을 비롯해 가톨릭과 개신교 사이의 분쟁에 휘말려 큰 혼란을 겪었다(4장을 참조할 것). 그러나 시간이 지남에 따라 15만 명의 삼동맹 시민을 위한 효과적인 정부 형태를 발전시켰다.

분권화한 피라미드 구조의 기초는 모든 남성 시민에게 참여할 권리가 있는 227곳 지역 의회였다. 자갈이 깔린 마을 광장이나 날이 추운 겨울에는 큰 선술집에 모여서 지역 세율, 농지 공유, 도로 정비 같은 의제를 논의하고 결정했다. 그런 뒤 각 지역은 49개 공동체 중 하나로 대표를 파견했다. 대표라고 해서 독립적 권한이 있는 선출직 대표가 아니라 지역에서 의결된 내용을 보고하는 일종의 전령이었다. 그 위로는 연방 의회 '분데스타크Bundestag'가 있어서 1년에 한두 번씩 각 공동체 대표가 모여 회의를 진행했다. 행정부는 세 동맹체의 대표로 구성됐는데, 이들 또한 의회의 의결 사항을 집행할 뿐 권력을 휘두를 권한은 없었다. 그리고 이 모든 것보다 최상위에 있는 국민투표 체계가 권한 남용이나 잘못된 집행을 바로잡았다. 라에티아 자유국 전체를 단일 단위로 해서 찬성 또는 반대를 선택하는 방식이 아니었다. 특히 외교 문제 같은 민감한 결정은 다수 공동체의 동의가 필요했고, 각 공동체는 동의안을 보완하거나 조건부로 수락할 권리도 갖고 있었다.[21]

정치역사가 벤저민 바버Benjamin Barber는 "연방 분권화 원칙을 이보다 철저히 적용한 사례는 찾기 어려울 것"이라고 평가했다.[22] 라에티아 자유국은 지금껏 유럽에 존재했던 가장 참여적인 민주주의 형태였다. 하향식이 아닌 지역 공동체 단계의 대면 토론과 합의 구축을 우선시하는 상향식 정치체제였고, 부유한 상인은 물론 순박한 구두 수선공이나 가난한 목동을 포함해 거의 모든 남성이 정치적 발언권을 가졌다. 영국에서는 400년이 더 지나서야 실현될 수 있던 일이었다. 여전히 여성은 배제됐고 절차가 복잡하긴 했지만, 자유국 시민들 사이에서 엄청난 자부심을 불러일으켰다. 이와 관련한 재미있는 일화가 있다. 라에티아 자유국의 한 농부가 노새에 짐을 잔뜩 싣고 알프스 산길을 가다가 말에 탄 어떤 외국의 왕자와 마주쳤다. "비키거라!" 왕자가 거만하게 외쳤다. 그러자 농부가 거리낌 없이 달려들어 왕자를 말에서 끌어내리고는 우습다는 듯 이렇게 말했다. "나는 라에티아 자유민이야. 네가 왕자면 나도

왕자야!"²³

그러나 불행하게도 라에티아 자유국은 나폴레옹 보나파르트 Napoleon Bonaparte만큼은 말에서 끌어내리지 못했다. 그렇게 삼동맹은 1799년 권력을 장악한 이 프랑스 장군의 손에 해체됐다. 그럼에도 그 유산은 스위스에 남아 계속 유지됐다. 지금도 스위스는 '란츠게마인데Landsgemeinde'라고 불리는 공동체 민주주의의 상징인 공개 주민총회가 여전히 살아 있고, 26개 자치구의 철저한 지방자치로 유럽에서 정치적 분권을 가장 잘 유지하고 있는 국가다. 스위스처럼 국민투표를 많이 하는 나라는 전 세계 어디에도 없을 것이다. 그렇지만 젠더 차별은 오래도록 떨쳐내지 못했다. 스위스는 1971년이 되어서야 여성에게 연방 선거 투표권을 준 것으로 악명이 높았다.

라에티아 자유국이 오랜 기간 대규모 지역 의회 공동체 정부를 시행한 것으로 유명하긴 하지만, 이는 중세 초기부터 유럽의 다른 지역에서도 나타난 모델이었다. 프랑스의 경우 이 모델은 지방자치 정부 '코뮌commune'에서 공유 방목지를 관리할 때 활용한 이래 국가 중앙집권화가 확대되는 상황에서도 19세기까지 이어졌고, 1871년 노동자들이 프랑스군에 잔혹하게 진압되기 전 일시적으로나마 도시를 장악하는 데 성공한 파리 코뮌에서 큰 역할을 했다. 지역 의회는 러시아 농촌 공동체 '미르mir'의 일부이기도 했으며, 1917년 러시아혁명 초기 소비에트 노동자평의회 형태로도 등장했다. 1930년대 무정부주의 노동자들이 바르셀로나와 다른 도시를 장악할 당시의 공화국 에스파냐에서도 지역 공동체 민주주의 의회가 번성했다.²⁴ 공동체 민주주의는 미국 식민지 초기 청교도

공동체 민주주의는 현실에서 실현되고 있다. 라에티아 자유국 시기의 지역을 포함한 스위스 자치구에서는 중세부터 이어져 내려온 란츠게마인데 주민총회를 계속 개최하고 있다. 수천 명의 지역 시민이 참여하며, 투표는 거수로 이뤄진다.

정착민들이 도입한 뉴잉글랜드 지역 의회 활동에서도 오랜 역사를 발견할 수 있다. 공동체 민주주의는 영국의 지역 텃밭 협회에서도 여전히 작동하며, 회원들이 공동으로 채소밭을 관리한다. 기회가 주어지기만 한다면, 인간은 자신의 삶을 스스로 통제할 수 있는 집단적 자유를 쟁취하려는 강력한 열망을 지닌다.

　이로써 우리는 민주주의에 관한 새로운 이야기를 확보하게 됐다. 이를 단순히 대의민주의 관점에서 바라본다면 중요한 역사적 사실을 간과하는 셈이다. 아테네인들이 처음 프닉스 언덕에 모인 이래로 우리가 '공동체 민주주의'라고 부를 만한 참여형 정치의 숨은 전통이 존재해왔는데, 이는 '3D', 곧 '분권화decentralisation' '숙의deliberation' '직접 의사결정direct decision making'이라는 세 가지 차원을 기반으로 한다.[25] 참여형 정치는 수직적 관계가 아닌 수평적 관계에 기반하며, 추첨제나 주민총회 같은 메커니즘을 활용한다. 수세기 동안 다양한 형태로 퍼진 이 대안 모델의 본질적 성격은 18세기에 대의정치를 내세운 중앙집권적 정부가 부상한 것이 불가피한 일이 아니었음을 상기시킨다. 만일 이 이야기에서 몇 가지 다른 반전과 우여곡절이 있었다면 유럽 사회는 전문 정치인보다 일반 시민에게 더 많은 권한을 부여하는 공동체 민주주의 같은 더 다양한 정치체제를 갖출 수도 있었을 것이다.[26]

다른 역사를 상상하기 시작하면 다른 미래도 상상할 수 있게 된다. 그렇다면 오늘날 공동체 민주주의 개념에 영향을 끼친 이그보 공동체나 라에티아 자유국과 비슷한, 지금보다 더 참여적인 민주주의가 출현하는 모습을 그려보는 것이 정말로 가능할까? 회의론자들은 지금처럼 인구가 최소 수백만 명이 넘는 국가에서는 이런 체제가 맞지 않는다고 주장할 것이다. 더욱이 대규모 위기 상황에서는 너무 번거로울뿐더러 비효율적이고, 경험 많은 정치인과 기술 관료들보다 전문성이 떨어져 효과를 내지 못한다고 비판할 것이다.

하지만 나는 그 반대라고 말하고 싶다. 오히려 공동체 민주주의야말로 이 격동하는 위기의 시대에 가장 좋은 정치체제다. 그리고 이미 그런 징후가 나타나기 시작했다.

쿠르드족 혁명가들이 공동체 민주주의를 받아들인 방법

2004년 4월, 미국 정치철학자이자 역사가 머레이 북친Murray Bookchin은 놀라운 내용이 담긴 편지 한 통을 받았다. 이때 나이가 여든이 넘었던 그는 청년 시절 마르크스주의에 심취했다가 1930년대 스탈린주의에 신물이 나서 수십 년 동안 무정부주의자로 활동하며 '사회생태학'의 선구자로 명성을 얻었고, 1990년대 후반에는 대안 없는 무정부주의에도 환멸을 느껴 결별한 뒤 공동체주의자의 길을 걸었다. 사회생태학은 사회가 계급주의를 버리고 자본주의적 이해관계에서 벗어나야만 인간이 자연과 조화를 이루며 살아갈 수 있다고 주장하는 이론이다. 그는 소수이긴 해도 좌파 자유주의자들 사이에서 충성스러운 추종자를 거느렸지만, 대중에게 널리 알려진 인물은 아니었다.

당시 버몬트주 버링턴에 있는 북친의 자택에 도착한 편지는 수감 중인 쿠르드족Kurd 혁명 지도자 압둘라 외잘란Abdullah Öcalan이 보낸 것이었다. 그는 튀르키예, 이란, 이라크, 시리아 등지에 흩어져 살아가는 쿠르드족을 통합해 독립 국가를 세우겠다는 목표로 1978년 마르크스주의 무장단체 쿠르드노동자당PKK을 창설한 카리스마 넘치는 인물이었다. 1999년 무장 반란을 시도했다는 혐의로 튀르키예 국가정보국에 붙잡혀 수감 생활을 이어가던 그는 언제 풀려날지 모르는 상황에서도 쿠르드족 해방 운동의 지도자로서 영향력을 발휘하고 있었다.

북친이 받은 편지에는 예상치 못한 이야기가 쓰여 있었다. 수감되어 있는 동안 외잘란은 교도소 내 도서관을 이용할 수 있었는데, 거기에서 머레이 북친의 주요 저작인 《자유의 생태학The Ecology of Freedom》(1982)과 《도시 없는 도시화Urbanization without Cities》(1992)의 튀르키예어 번역본을 발견해 읽었다. 전통적인 하향식 정치 방식과 대의정부 모델을 비판하는 두 책을 계기로 그는 생각이 완전히 바뀌었다. 마치 기독교인들을 핍박하려고 다메섹(다마스쿠스)으로 향하던 중 예수를 만나 개종한 뒤 180도 달라진 사울(바울) 같았다. 외잘란은 무장투쟁과 국가권력 장악을 유일한 혁명 방식으로 여기는 마르크스주의 이데올로기에서 벗어나 기존 국가 내에서 북친의 '민주적 공동체주의' 모델로 새로운 자치정부를 만드는 것이 쿠르드족의 가장 큰 희망임을 깨달았다. 폭력과 전복이 아닌 쿠르드족 주민들을 위한 민주적 의회를 조직하고, 그 의회를 모아 연방을 형성하고, 권력을 분산해 의회에 위임하는 이 체제는 라에티아 자유국의 방식과 일치했다. 외잘란은 북친의 통찰력 깊은 역사 분석에 감동했다. 머레이 북친은 스위스의 여러 자치구와 미국 뉴잉글랜드 청교도 지역 공동체에서 르네상스 시대 이탈리아와 고대 아테네에 이르기까지 공동체주의 방식이 어떻게 작동했는지 자세히 설명하면서 "진정한 공동체주의의 요소를 찾기 위해서는 과거를 되돌아보는 것이 중요하다"라고 역설했다.[27]

　외잘란은 자신을 북친의 '학생'이라고 표현하면서, "선생님의 연구를 충분히 이해했고, 그 개념을 중동 사회에 적용하고 싶습니다"라고 썼다.[28] 그는 누구보다 진지했다. 이미 마을 족장들에서 투쟁 전사들에 이르기까지 쿠르드족에게 북친의 저작을 직접 연구하고 그의 역사관을 토대로 한 공동체 민주주의 모델을 현실로 구현하도록 촉구한 상태였다. 2006년 북친이 사망하자 그는 무척이나 안타까워했으며, 쿠르드노동자당은 공식 성명을 통해 그를 "20세기 최고의 사회과학자"로 기리고 "우리의 새로운 투쟁 속에서 살아가도록 할 것"이라고 약속했다.[29]

그들은 실제로 공동체주의를 실현했다. 2011년 시리아에서 내전이 발발하자 북동부에 살고 있던 쿠르드족은 세 개 지역을 장악하는 데 성공했고, 놀랍게도 북친의 공동체주의 모델에 기반을 둔 실질적이고 실효적인 자치정부를 수립했다.[30] 그곳에서 그들은 모두가 자유롭게 토론과 의사결정에 참여할 수 있는 수백 개의 지역 공동체를 구성했다. 주민들은 고대 스파르타 마을 같은 회관에 모여 부족한 의료품 등을 분배하고 지역 민방위 조직에 관한 일에서 자전거를 타고 너무 쌩쌩 달리는 아이들 훈육에 이르기까지 모든 사안을 논의했다.[31] 더 중요한 차원의 문제는 지구별로 묶은 공동체 의회에 대표를 파견해 조율했다. 의료, 교육, 재정 등 부문별로 전문화한 특별 위원회도 만들었다. 과거 대부분의 공동체와 다르게 쿠르드족 모델에서는 여성 평등을 특별히 더 우선시했다. 모든 회의에는 여성과 남성 의장이 함께 참석해야 했고, 투표가 유효해지려면 회의 참석자의 최소 40퍼센트가 여성이어야 했다. 중동의 격렬한 갈등 속에서도, 구시대가 남긴 오래된 껍질 속에서도, 위로부터가 아닌 바닥으로부터의 새로운 민주사회가 형성되고 있었다.

로자바Rojava라는 이름의 자치정부를 세워 실효적 지배에 성공한 쿠르드족은 이후에도 몇 년에 걸쳐 이 지역 내에서 공동체를 확대하고 노동자 협동조합을 결성했으며, 나아가 머레이 북친의 사회생태학적 이상에 따른 지속 가능한 농업 방식을 도입하고자 애썼다.[32] 2015년 전직 영국 외교관 한 명이 이곳을 방문했을 때 이렇게 기록했다. "혼란스러웠다. 위계질서나 단일 지도자, 중앙정부의 방침을 찾으려 했지만 사실 그런 것은 존재하지 않았다. 단지 각각의 조직만 있었다."33 이래도 그저 급진 민주주의의 소규모 실험 정도로 치부할 수 있을까? 로자바는 덴마크나 네덜란드보다 면적이 더 넓으며 400만 명 이상의 인구가 살고 있다.

공동체 민주주의를 비판하는 사람들은 기다렸다는 듯이 명백한 결함을 지적한다. 예를 들어 의사결정을 하는 데 시간이 매우 오래 걸린다는 점(누가 그런 회의에 일일이 다 참석할 시간이 있겠는가)과, 공동체 의회에서 임명된 사람들도 선출된 정치인들만큼 이기적으로 행동할 수 있다는 것이다. 그러나 로자바 자치정부나 브라질 포르투알레그리Porto Alegre 자치구의 참여예산제, 타이완의 디지털 민주주의 프로젝트 같은 공동체적 과정에서 나온 증거들은 이런 관점을 반박한다.34 일반적으로 시민들은 공동체 의식 속에서 활력을 얻으며, 공공 서비스에 투자하거나 부패를 근절하는 등의 의제에서 정치인들보다 더 합리적이고 공정하고 친환경적인 결정을 내리는 경향이 있다. 저널리스트이자 환경운동가 조지 몽비오George Monbiot의 주장처럼 머레이 북친의 모델은 "이론보다 실제에서 훨씬 더 잘 작동"한다.35

로자바 혁명은 오늘날에도 여전히 강력하게 진행 중이며, 로자바는 시리아의 취약한 국경 안에 자리한 가능성의 섬이다. 시리아는 계속된 내전과 전에 없던 큰 지진으로 어려움을 겪기도 했지만, 로자바의 공동체 민주주의는 역사에 근거한 통찰이 실질적인 정치 변화를 이끈 모범 사례로 기록될 것이다. 외잘란은 여전히 수감 중이며, 북친이 연구한 고대 공동체 역사를 쿠르드족 지역 부족

고대 아테네보다 더 평등한 공동체: 2014년 시리아 북동부의 쿠르드족 자치정부 로자바 내 카미슐리Qamishli 공동체에서 여성문제위원회 회의를 진행하는 모습.

• 사회생태학 연구가 재닛 비엘Janet Biehl 촬영

연대 형태에 접목하는 등 공동체 민주주의와 관련한 정치와 역사를 주제로 집필 활동을 이어나가고 있다.[36] 공동체 민주주의가 로자바의 수백만 쿠르드족에게 효과를 발휘했다면, 서구세계의 정치체제와도 융합될 잠재력이 있지 않을까?

시민의회와 숙의민주주의

로자바의 공동체 민주주의를 향한 노력 말고도 과거 정치 역사를 반영한 민주적 발전이 하나 더 있다. 다름 아닌 추첨제의 귀환이

다. 지난 10년 동안 '숙의민주주의'의 물결이 세계를 휩쓸었다. 동성 결혼에서 생태위기에 이르기까지 공공의 이슈를 논의하기 위해 무작위로 선정된 시민들이 모여 '시민의회'를 연다. 그리고 나서 수렴한 의견을 국회나 지자체 의회에 정책 권고안으로 제안한다. 정치이론가 엘렌 랑드모어Hélène Landemore는 이를 "형사 배심원제의 특대 버전"이라고 표현했다.37 아마도 가장 잘 알려진 사례는 시민의회가 자발적 임신 중단, 곧 낙태를 허용하는 헌법 개정안을 국회에 권고했고, 이후 국민투표를 통해 가결한 2017년 아일랜드일 것이다. 이는 가톨릭 신도가 대다수인 국가로서 중대한 이정표를 남긴 사건이었다. 경제협력개발기구OECD 회원국 38개국에서만 2010년 이래 250건 이상의 시민의회가 열렸으며, 그 가운데 상당수는 환경 문제를 의제로 올렸다.38

시민의회의 부상은 20세기 초 여성에게 참정권이 확대된 것만큼이나 민주주의 역사에서 매우 중요한 발전이다. 이들 시민의회가 활용하는 추첨 방식은 고대 그리스 시대로 거슬러 올라가는 과거 관행을 의식적으로 모델로 삼은 것이다. 유럽에서 가장 영향력 있는 시민의회 옹호론자 데이비드 반 레이브룩은 "고대 아테네에서 영감을 얻은" 이 모델을 적극 지지했다.39 그렇다면 이 모델은 어떻게 작동하고 얼마나 효과적일까?

2022년 나는 운 좋게도 아일랜드 시민의회가 주관한 '생물 다양성 손실에 관한 시민의회Citizens' Assembly on Biodiversity Loss'에 직접 참여할 수 있었다. 이 중요한 문제를 의제로 올린 세계 최초의 시민회의로, 초대장을 받은 2만 가구에서 참여 신청을 한 사람 중 99명을 무작위로 선정해 시민 참여단을 구성했다. 아일랜드 인구 현황에서 나이, 젠더, 민족, 지역, 직업 등을 골고루 반영하는 알고리즘이 적용됐다.[40] 이렇게 선정된 시민 참여단은 실제 환경 현장 답사를 마친 뒤 더블린 외곽의 오래된 해변 호텔에서 4주 일정으로 주말마다 모여 토론과 논쟁을 펼쳤다.

나는 개회식 날 참여단에게 강연을 해달라는 주최 측의 요청을 받았다. 강연에서 나는 우리 스스로를 미래 세대에게 '좋은 조상들good ancestors'로 여기도록 권유하면서, 우리가 내리는 결정이 후손들의 삶에 영향을 끼칠 것이라는 점을 상기시켰다. '좋은 조상' 개념은 몇 년 전 내가 쓴 책의 주제이기도 했다.[41] 나아가 나는 단기적으로 선거 여론조사와 득표에만 집착하는 기성 정치인들과 달리 시민의회야말로 장기적으로 국가와 지구 전체에 가장 득이 되는 일을 하고 있다고 역설했다. 강연이 끝나고 참가자 일곱 명과 진행자 한 명으로 구성된 각 테이블에서 내 강연 내용에 대해 분임 토의를 진행했고, 이어서 내가 시민 참가자들이 던지는 질문에 답하는 질의응답 시간이 이어졌다.

이후에는 생태학자들과 정책 전문가들이 잇따라 연단에 올라 아일랜드 두꺼비 서식지와 어류 자원 감소 문제를 비롯해 유럽연합의 생물 다양성 보존에 관한 법률의 복잡성 등 갖가지 현안을 브리핑했다. 시민의회가 권고안을 정리할 때 고려할 사항이었다. 이 때 나는 시민의회가 이 정도로 기술적이고 전문적인 사안까지 다룰 수 있을지 우려했다. 특히 대다수 참석자가 생물 다양성 문제에 대해 사전 지식이 거의 없는 듯 보였다. 그러나 고작 몇 시간 만에 참석자들은 정보에 입각한 토론을 활발하게 벌이며 날카로운 질문을 던지기 시작했다. 그들의 자신감은 급속히 커지더니, 첫날이 끝날 무렵에는 참가자 중 4명 중 1명이 일어서서 전문가에게 질문을 던졌다.

나는 회의에 참여한 시민들의 다양성에서도 깊은 인상을 받았다. 그 자리에서 나는 돼지농장 농부, 신발가게 점원, 약사, 간호사, 그리고 시리아와 우크라이나 출신의 아일랜드 사람들을 만났다. 이들은 국가 의회를 지배하는 기득권 특권층과는 거리가 멀었다.[42] 평소처럼 당론만 고집하며 다투거나 고함치는 정치인들이나 뒤에 숨어 있는 기업 로비스트들의 존재감 없이 진지한 정책 논의가 오가는 모습을 지켜보자니 상쾌했다. 이 아일랜드 사회의 축소판을 지켜보며 나는 시민의회 방식이 선거 투표보다 장점이 뚜렷하다는 생각이 들었다. 투표는 독재자나 선동가들이 선호할 뿐만 아니라 사람들이 소셜미디어 이슈 거품으로 흡수한 시각을 재생산하는 경향이 있다(2016년 영국의 브렉시트 찬반 투표가 이를 확실히 보여줬다). 이에 반해 시민의회에서는 사람들이 자신과 다른 견해를 실제로 접할 수 있고, 각 분야 전문가의 의견을 직접 들을 수 있으며, 서로 설득하거나 설득당할 수 있는 평등하고 참여적인 토론 문화가 형성된다.

시민의회는 공동체 민주주의 전통의 가장 좋은 부분을 구현하는 동시에 신중히 설계된 무작위 선정 방식을 활용함으로써 사회 전체의 다양성을 합리적으로 대표한 시민들이 공동의 문제를 지혜롭게 해결하도록 돕는 것처럼 보인다. 이 방식을 긍정적으로 바라보는 정책 입안자들이 시민의회를 숙의민주주의를 위한 미니 정부라고 부르는 것도 어찌 보면 당연하다. 그러나 이 주제와 관련한 각 분야 학자와 정책 실무자들이 모인 유럽 전문가 콘퍼런스에 참석했을 때, 나는 곧 이 제도가 완벽과는 거리가 멀다는 사실을 깨달았다. 시민의회는 운영 비용이 많이 들고, 종종 너무 급하게 진행되며, 때로 다양성이 부족하다는 이야기가 나왔다. 일반적으로 선거 개혁이나 낙태 등 비교적 좁은 정책 현안에 집중하는 반면, 경제성장 의존도나 글로벌 노스와 사우스 간 빈부격차 같은 장기적 문제는 해결하지 못했다(2021년 '기후 및 생태 위기에 대한 글로벌 시민의회' 정도만 예외다).[43] 게다가 시민의회는 정치적으로 쉽게 이용당하기도 한다. 프랑스 에마뉘엘 마크롱 Emmanuel Macron 대통령은 자신이 직면한 정치적 위기를 타개하고자 기후 변화 시민의회를 정부 주도로 수립하기도 했다.[44]

하지만 내가 보기에 가장 근본적인 문제는 시민들에게 진정한 권력이 없다는 데 있다. 이미 시민의회는 특히 생태 문제에서 기성 정치인들보다 훨씬 더 혁신적인 정책을 마련해 제안했다. 이를테면 생태계 파괴를 법으로 처벌할 수 있도록 범죄화하라고 권고했다.[45] 그런데 정작 정치인들은 시민들의 제안을 그저 조언쯤으로 치부하며 무시했다. 나는 그 콘퍼런스에서 일부러 손을 들어 저명한 전문가에게 기성 정치인들이 자기 권력의 일부를 시민의회에 이양하려면 어떤 것들이 필요한지 물었다. 그러자 그는 단호하게 내 질문이 잘못됐다고 답했다. 시민의회는 어디까지나 대중의 참여를 확대해 정부 의회를 활성화하는 협의체일 뿐 대의민주주의의 대안은 될 수 없다는 논리였다.

우리는 관점이 완전히 달랐다. 사실 나는 그곳에 참석한 사람들의 생각도 반으로 갈라져 있다는 사실을 알 수 있었다. 나는 대의제가 우리 시대의 시급한 과제를 해결하기에는 한계가 분명하다는 쪽이었고, 그렇기에 시민의회가 선출직 정치인들과 함께 실질적인 의사결정을 할 수 있어야 한다고 믿었다. 나와 믿음이 같았던 한 참석자는 폴란드 그단스크 시장이 시민의회에서 80퍼센트가 찬성한 정책은 무조건 시행하겠다고 선언한 일과 벨기에 동부 오스트벨기엔 공동체 자치구에서 영구 시민의회를 설립한 사례를 제시하며 목소리를 높였다. 또 어떤 사람은 '멸종반란' 등 기후운동 단체들도 실제 의사결정 권한을 갖는 시민의회를 요구하고 있다고 지적했다.[46] 나도 이어서 영국의 상원을 추첨제에 기반한 시민의회로 대체하여, 입법안 제출 및 수정 권한을 가지며 주요 정책 분야(예를 들어 후대에 영향을 끼치는 사안)에 대한 거부권을 행사할 수 있는 '좋은 조상 의회'로 전환할 것을 제안했다.[47] 말하자면, 하원은 그대로 유지함으로써 공동체 민주주의와 대의민주주의를 결합한 일종의 융합 체제다. 몇몇은 내 제안에 고개를 끄덕였지만, 다른 이들은 급진적으로 들리는 내 제안에 반대하는 기색이 뚜렷했다.

시민의회의 미래에 대한 논쟁은 계속되고 있다. 한 가지 확실한 사실은 시민의회가 민주정치를 재창조하고 선거근본주의의 한계에서 벗어나는 데 우리의 가장 크고 실질적인 희망이라는 것이다.[48]

솔직히 말하자면 지금의 대의민주주의는 더 이상 본래의 목적에도 부합하지 않는다. 생태 비상사태 같은 문명 위기에 대처해야 하는데 정당들의 아귀다툼과 줄기찬 정치 로비와 만성적인 단기 성과주의로 무엇을 할 수 있단 말인가? 지금의 민주주의가 정말로 우리에게 자유로운 선택권을 주고 민주시민으로서 자부심을 느끼게 해주는 정치체제일까? 고대 아테네와 라에티아 자유국에서 나이지리아 이그보족과 쿠르드족 로자바에 이르는 사례를 바탕으로 역사적 상상력을 발휘해 분권화와 숙의 그리고 직접 의사결정이라는 세 가지 요소가 어우러진 공동체 민주주의의 대안을 찾아야 할 때다. 대의민주주의를 버리자는 의미가 아니다. 우리가 투표로 선출한 정치인도 이 조합에 필요하고 그 또한 유용하다. 적어도 누군가는 더 참여적인 체제를 위한 규칙을 만들고 그것이 효과적으로 작동하지 않을 때는 책임을 져야 하니까 말이다. 요점은 그들이 정치적 권력을 독점해서는 안 된다는 것이다. 우리는 형법 적용 등 중요한 문제에서 올바른 결정이 이뤄지도록 그 판단을 시민과 공유하는 오랜 배심원단 전통을 갖고 있다. 이런 관행을 더 광범위한 정책 문제로 확대하고, 전문 정치인뿐 아니라 시민들도 참여해 공익을 모색하면 안 되는 이유가 무엇일까? 단언컨대 이제 선거근본주의는 과거의 유물이 되어야 한다.

7장

유전공학을 관리하는 방법
우생학의 허울과 공동선을 향한 탐구

여러분이 중세 연금술사 실험실에 있다고 상상해보자. 어둑하고 으스스한 방 한구석에 불꽃을 일렁이며 부글부글 끓고 있는 가마솥이 보인다. 탁자 위에는 형형색색의 알 수 없는 액체로 채워진 모양도 이상한 유리병들이 가득하고, 가죽 장정에 비밀스러운 기호가 새겨진 책도 있다. 시커먼 망토를 두른 수염이 긴 연금술사가 노란 유황 결정을 막자사발에 넣어 빻고 있다. 그는 비금속을 금으로 바꿀 힘을 가졌다는 전설 속 '철학자의 돌Philosopher's Stone'을 만들려고 한다.

오늘날 연금술은 마법의 묘약과 불가능한 꿈에 집착하는 사이비 과학으로 보일 뿐이다. 그러나 연금술의 기원을 찾아 올라가면 깊은 철학적 이상에 기반을 둔 진지한 과학적 추구로서의 지적 혈통을 발견할 수 있다. 연금술은 고대 이집트에서 처음 등장한 이래 8세기에서 10세기 사이 중동 지역에서 번성했고, '1144년 2월 11일 금요일' 마침내 유럽에 도착했다. 이베리아반도에서 아랍 문화를 연구하던 잉글랜드 수도사 체스터의 로버트Robert of Chester가 연금술의 구성에 관한 아랍어 문헌 번역을 마친 날이었다.[1] 이때부터 연금술은 17세기 아이작 뉴턴Isaac Newton이나 로버트 보일Robert Boyle 같은 저명한 과학자들도 추종자가 될 정도로 위상이 높아졌다.

이 초기 '화학자들'은 주로 물질의 변형에 관심이 있었다. 실험 끝에 이들은 와인에 식초를 조금 넣으면 전체가 식초로 변하고, 소량의 레닛rennet(응고 효소)만 있으면 우유 몇 갤런도 치즈로 바꿀 수 있다는 사실을 알아냈다. 그렇다면 구리나 은에 유황이나 수은을 더해 금으로 못 바꿀 이유가 어디 있겠는가? 그저 아직 올바른 조합법을 찾지 못했을 뿐이다.

연금술의 목적이 단순히 부자가 되기 위한 것만은 아니었다. 과학기술 역사가 로런스 프린시프Lawrence Principe에 따르면 당시 연금술사들에게는 "자연세계를 개선"하고 "신의 신성한 창조를 완성"해야 한다는 신학적 사명감이 있었다.[2] 그래서 이런 탐구는 원재료를 '고귀한' 금으로 바꾸는 것 이상으로 확장됐다. 연금술을 이용해 병을 치료할 약을 만드는가 하면 어떤 연금술사들은 궁극적으로 인간 생명 자체를 만들어내려고까지 했다. 16세기 스위스의 의사이자 연금술사 파라켈수스Paracelsus는 《사물의 본질에 관하여Of the Nature of Things》(1537)에서 라틴어로 '작은 사람'을 뜻하며 빼어난 지적 능력과 예술적 기술을 지닌 초인(남자) '호문쿨루스Homunculus'를 만드는 방법을 설명했다. 필요한 재료는 잘 준비된 정액과 말똥, 그리고 약간의 인내심이었다.

남자의 정액을 유리 호리병에 넣은 뒤 부패 수준이 최고조에 이른 말똥에 넣어 밀봉한 다음 40일 동안 그대로 두거나 풀어져서 움직일 때까지 충분히 오랫동안 보관한다. 이 시간이 지나고 나면 남자와 비슷하나 투명하고 아직 몸은 온전히 갖추지 못한 상태가 될 것이다. 이제 그 이후부터는 매일 조심스럽고 신중하게 남자 피로 된 영약을 먹이고 40주 동안 말똥 속에서 일정하고 균일한 열을 받으면, 마치 여자에게서 태어난 아기처럼 모든 신체 부위를 가졌지만 크기는 훨씬 작은 남자 아기로 변할 것이다. 이것이 호문쿨루스다.[3]

아마도 여러분은 연금술을 과거의 유물 정도로 생각할 것이다. 그런데 사실 연금술은 본질을 계속 유지한 채 지금까지 이어져 내려왔다. 현재 우리는 그것을 '유전공학'이라고 부른다. 21세기 생명공학 과학자도 물질을 변형하고 자연을 재구성한다는 그 옛날 연금술사와 동일한 기본 목표를 갖고 있다.[4] 파라켈수스가 본다면 더 많은 유사점을 알아차렸을 것이다. 1978년 처음으로 성공한 '체외 인공 수정in vitro fertilisation, IVF', 곧 '시험관 아기'는 '호문쿨루스'의 업데이트된 버전이라고 할 수 있다. 호문쿨루스는 남성의 정자만 이용했지만, 시험관 아기는 남성의 정자와 여성의 난자를 유리 용기에 섞어서 만든 배아다. 시험관을 지칭하는 '인 비트로in vitro'는 문자 그대로 '유리 안에서'라는 뜻이다.

전 세계적으로 1,200만 명 이상의 아기가 이 방식을 통해 태어났으며, 1990년대부터는 착상 전 유전자 검사 기술이 도입되면서 부모는 '낭포성 섬유증cystic fibrosis' 같은 유전병 징후가 보이는 배아를 거부할 수 있게 됐다.[5] 2012년 유전자 편집 기술 '크리스퍼-캐스9CRISPR-Cas9'의 발견은 자연을 완벽하게 만들겠다는 연금술사들의 꿈에 한층 더 가까이 다가서게 했으며, 동식물의 유전자를 재구성할 뿐만 아니라 인간종을 새로 형성하고 강화할 수 있는 신과 같은 힘을 부여했다.[6] '크리스퍼 유전자 가위'라고도 불리는

괴테의 희곡 《파우스트Faust》(1808)에서 바그너Wagner는 연금술의 비법을 이용해 놀랍도록 말을 잘하고 영리한 호문쿨루스를 창조한다.

이 기술로 비교적 간단하게 잘라내고 붙여 넣는 과정을 통해 DNA 서열 일부를 제거하거나 추가하거나 변경할 수 있다. DNA 서열에 생명을 위협하는 유전 정보가 있던 환자들이 크리스퍼-캐스9 기술로 치료되기도 했다.

    유전자 편집과 배아 선별의 연금술은 우리만의 설계가 들어간 호문쿨루스를 창조할 가능성을 높이고 있다. 여건만 허락된다면 머지않아 부모는 스마트폰을 고르듯이 태어날 신생아의 특성도 선택할 수 있을 것이다. 아이의 성별은 물론 머리 색깔이나 눈동자 색깔(미국의 일부 난임 클리닉에서 이미 제공하는 서비스)도 선택할 수 있고, 혈우병 같은 유전질환 없이 태어나도록 할 수도 있으

며, 알츠하이머나 유방암에 걸릴 확률을 낮출 수도 있을 것이다.[7]

앞으로 계속해서 기술이 발전하면 유전공학 슈퍼스토어에서 제공하는 상품은 훨씬 더 다양해질 것이다. 음악적 재능이나 운동 능력이 뛰어난 아이를 원하는가? 기능이 저하된 장기를 대체할 수 있는 유전자 변형 돼지 심장은 어떤가? 기억력을 향상하거나 노화를 늦추는 유전자 요법이 필요한가? 텍사스의 한 회사에서는 단돈 5만 달러에 고양이를 복제할 수 있다. 복제 인간이 힘든 일을 대신하는 것이 영화에서나 가능한 일일까? 물론 아직 유전자 치료 기술은 개발 초기 단계에 있고, 많은 국가에서 배아 유전자 편집이나 배아 선별 검사에 법적 제한을 엄격히 두고 있지만, 올더스 헉슬리Aldous Huxley의 소설《멋진 신세계Brave New World》(1932)와 앤드루 니콜Andrew Niccol 감독의 영화 〈가타카Gattaca〉(1997)의 허구를 구현할 과학은 이미 존재하며 언제라도 현실이 되기를 기다리고 있다.[8]

유전공학 혁명은 불의 발견이나 농업의 부상처럼 인류의 여정을 근본적으로 바꾼 역사상 보기 드문 전환점 중 하나다. 자연과 인간의 관계에서 새로운 단계가 시작됐다는 신호탄이자 두 번째 창세기라고 해도 과언이 아니다. 이제 인간은 지구의 생명과 진화의 미래를 변화시킬 창조자의 반열에 올라섰다. 찰스 다윈Charles Darwin의 '자연 선택'은 '인간이 설계한 선택'으로 위험하기 짝이 없는 속도로 대체되고 있다.

이 새로운 유전적 초능력의 위험을 어떻게 하면 안전하게 관리할 수 있을까? 생명공학은 우리의 육체적 고통을 완화할 놀라운 기회를 제공한다. 하지만 동시에 극심한 윤리적 딜레마, 사회적 책임, 정치적 위협도 안겨준다. 단테의《신곡La Divina Commedia》(1321)

에서 연금술사들은 신의 신성한 법칙을 왜곡했다는 죄목으로 거짓 예언자나 마술사들과 함께 여덟 번째 지옥의 구렁 깊숙이 던져졌다. 오늘날의 유전공학자나 생명공학자들도 미래 세대로부터 비슷한 평가를 받게 될까?

그래도 소아마비 백신을 최초로 개발할 당시의 감동적인 이야기는 인간이 새롭게 발견한 유전 지식을 어떻게 하면 공익을 위해 활용할 수 있는지 깊은 통찰을 준다. 그렇지만 그 전에 과거의 경고로 다시 눈을 돌려 인간종을 유전적으로 조작하려던 재앙적 시도의 예기치 못했던 경로를 추적할 필요가 있다. 바로 '우생학eugenics'이다.

미국의 우생학과 아우슈비츠로의 길

"자자, 이리 오세요! 모이세요! '우량 아기 선발 대회Better Babies Contest'가 곧 시작됩니다!"

1927년 인디애나 주립 박람회 현장이다. 농부들이 잘 키운 소를 출전시켜 그 우수성을 평가받는 동안, 부모들은 잘 기른 아이를 출전시켜 탐나는 푸른 리본과 상금을 놓고 경합을 벌인다. 특별히 마련된 대회 건물 앞에 '전시된' 아이들이 우선 신체적 특징을 평가받는데, 두상이 고르지 않거나 귀가 이상하게 생겼거나 피부가 보드랍지 않으면 감점을 받는다. 이어서 말을 할 수 있거나 거울에서 자기 모습을 알아보는 능력 같은 정신적 재능에 점수가 매겨진다. 이번 박람회에서 단연 인기 있는 행사다. 후원 기업 관계자들

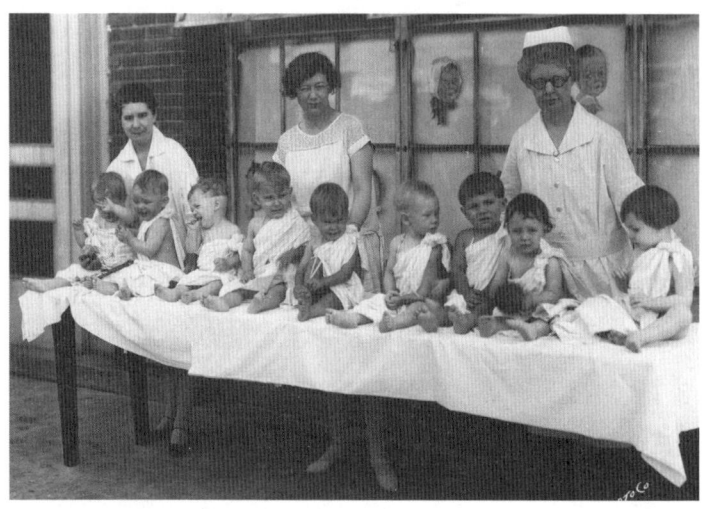

1927년 '우량 아기 선발 대회'에서 최종 선발된 아이들. 흰색 토가 착용이 의무였고 백인 아이들만 출전시켰다.

사진 제공: 인디애나주립기록보관소

과 언론사 기자들이 참석한 가운데 어떤 아이들이 뽑힐지 구경하려는 수천 명의 사람들로 북적인다. 마지막에는 하얀 보를 덮은 기다란 탁자 위에 하얀 토가toga를 입은 아이들을 나란히 앉힌다. 최종 선발된 '우량 아기들'이다. 사람들이 환호성을 지른다.[9]

1920년에서 1932년까지 인디애나를 비롯한 여러 주에서 매년 개최한 이 '우량 아기 선발 대회'는 20세기 초 미국에 몰아친 우생학 운동의 일환이었다. 가축처럼 선택적 번식을 통하면 인간종도 개량할 수 있다는 우생학은 1860년대 영국 인류학자이자 유전학자이자 인종차별주의자 프랜시스 골턴Francis Galton이 개척했고 이 용어도 그가 창안했다. 사촌 형 찰스 다윈의 '자연 선택' 개념을 빌려와 이를 과학적 인종주의 이론으로 뒤바꾼 그는 우생학을 신체적·정신적 장애가 있는 사람들만을 위해 연구하지 않았다. 골턴은 피부색이 어두운 사람들은 지적으로 열등하며 인간종의 퇴보를 막기 위해서라도 그들을 개량해야 한다고 믿은 백인 우월주의자였다. 1869년에 그는 "흑인종의 평균 지능 수준은 우리보다 두 단계 낮다"라고 주장하기도 했다.¹⁰ 골턴은 자신의 비뚤어진 생각이 서구인들의 정신에 얼마나 빨리 스며들지 전혀 예상치 못했다.

우생학은 처음에 골턴의 고향 영국에서만 유행하다가 대서양을 건너고서는 삽시간에 미국 전역으로 퍼져나갔다. 1907년 인디애나 주의회가 앞장서 "확정 범죄자, 얼간이, 저능아, 강간범"의 강제 불임수술을 허용하는 법률을 제정했고, 1931년까지 다른 29개 주의회도 잇따라 유사한 법을 채택했다.¹¹ 공공 보건기관, 대학 연구기관, 기독교 단체를 비롯해 산아제한 운동가 마거릿 생어Margaret Sanger와 심지어 시어도어 루스벨트Theodore Roosevelt 대통령까지 우생학을 옹호했다. 루스벨트는 "사회는 타락한 사람들이 저들 같은 아이를 낳도록 허용할 권리가 없다"면서 "나는 잘못된 사람들의 번식을 완전히 막을 수 있기를 진심으로 바란다"라고 썼다.¹² 그가 지칭한 '잘못된 사람들'은 누구였을까? 전형적인 미국 우생학자나 우생학 지지자들에게 이들은 정신이 박약한 사람, 정신적·신체적 장애인, 범죄자뿐 아니라 아프리카계 미국인, 유대인, 이탈리아 이민자들이었다. 자신의 의지와 상관없이 강제로 불임이 된 6만 명 가운데 대부분은 아프리카계 미국 여성들이었다.¹³

미국 우생학 정책의 충격은 여기에서 그치지 않았다. 예기치 못한 역사의 뒤틀림 속에 나치 독일이 세운 인종 기반 국가의 주요 모델이 된 것이다. 나치에 부역하는 법률가들이 1935년에 발효될

반유대주의 뉘른베르크 법을 만들 당시, 그들은 미국으로 눈을 돌려 캘리포니아 주정부의 강제 불임수술 시행법과 인종 간 결혼 금지법에서 영감을 얻었다.[14] 아돌프 히틀러 자신 또한 일찍부터 미국의 우생학 정책을 흠모했고, 결국 이를 아리아인을 지배 민족으로 만들겠다는 자신의 계획을 정당화하는 데 이용했다. 미국 록펠러재단은 1920~1930년대에 독일에서 우생학 연구를 할 수 있도록 수백만 달러를 지원해 히틀러의 이 미친 대의를 도왔다. 요제프 멩겔레Josef Mengele가 아우슈비츠 수용소에서 기괴하고 잔혹한 쌍둥이 실험을 자행하기 전 몸담았던 유전학 연구소도 그런 곳 중 하나였다.[15]

  2차 세계대전이 끝나갈 무렵까지 나치는 무려 40만 명 이상을 강제로 불임시켰고, 정신적·신체적 장애가 있는 아동, 양극성장애(조울증)가 있는 성인, 동성애자 등 자신들이 유전적으로 부적합하다고 여긴 무고한 사람들을 27만 5,000명 넘게 죽였다. 히틀러가 유럽 유대인들을 궁극적으로 인간 이하의 '운터멘쉬Untermensch(열등 인종)'라고 낙인찍어 말살하려고 든 것은 우생학의 이데올로기와 완벽하게 들어맞았다. 과학역사가 애덤 러더퍼드Adam Rutherford는 이렇게 결론지었다. "우생학의 길은 아우슈비츠의 문으로 곧장 이어졌다."[16]

  우생학 운동은 유대인 대학살과 직접 연관되었으므로 전후 시기에 접어들면서 정당성을 상실했지만, 그 역사는 지금도 우리에게 새로운 유전적 역량이 초래할 잠재적인 사회적·정치적 영향을 성찰해야 한다고 요구한다. 근력에서 행복까지 모든 정보를 담은 유전체 발견, 유전 인자를 이용한 백혈병 치료, 학습 능력을 향상하는 유전자 편집, 장거리 우주여행을 가능케 하는 동면 유전자 식별 등 거의 매일 등장하는 생명공학 뉴스에 우리는 쉽게 현혹된다. 그러나 이 모든 과학적 경이로움의 이면에는 반드시 드러내야 할 질문이 숨어 있다. 우리의 유전적 역량이 성장하면 곧 새로운 첨단 우생학도 다시 고개를 내밀지 않을까?

우생학의 역사는 오늘날 생명공학계를 악몽처럼 짓누르고 있는지도 모른다. 실제로 어떤 이들에게는 그렇다. 혁신적인 크리스퍼-캐스9 유전자 편집 기술을 공동 개척한 제니퍼 다우드나Jennifer Doudna는 자신의 꿈에 실루엣으로 나타난 어떤 사람이 유전자 가위가 어떻게 작동하는지 알고 싶어했다고 고백했다. "그 실루엣이 돌아서자 나는 그가 아돌프 히틀러임을 깨닫고 공포에 질렸어요. 그 순간 꿈에서 깨어났는데, 벌벌 떨고 있던 기억이 나요. '세상에, 내가 무슨 짓을 한 거지?'라는 생각이 들었습니다."[17]

그렇지만 대부분의 생명공학자에게 이런 역사적 연결고리는 무시되기 일쑤다. 다운증후군Down's syndrome 같은 유전질환에 대해 배아 선별 검사 서비스를 제공하는 미국 생명공학 회사 지노믹프레딕션Genomic Prediction의 설립자 스티븐 쉬Stephen Hsu를 예로 들어보자. 그는 "우생학 개념은 단순히 좋은 유전자를 의미할 뿐"이며, 부모가 태어날 아이의 배아가 건강한지 유전학적으로 검사하는 것을 두고 나치의 강제 불임 정책과 연관시키는 것은 "어리석을뿐더러 정신 나간 생각"이라고 지적하면서 유전자 검사가 더 큰 공익을 가져다준다는 사실을 인식하는 게 중요하다고 강조했다. "다운증후군을 앓는 인구 비율이 낮아지면 평균 지능이 높아지니 사회가 좀 더 효율적으로 운영될 수 있죠."[18]

스티븐 쉬는 유전자 검사를 나치의 강압적 정책과 다르게 부모 개인이 선택할 수 있도록 하는 선의의 서비스로 규정하고 있다. 하지만 장애와 지능을 바라보는 그의 세계관을 듣고 있자니 우생학의 어두운 역사가 메아리치는 것을 피하기는 어렵겠다는 생각이 든다. 그는 사회적 '효율성'이라는 명분 아래 어떤 사람들의 삶이 다른 사람들의 삶보다 더 가치 있다고 주장한 것이다. 2020년 슈는 '우생학 연구'를 합리화하고 '과학적 인종주의'를 조장한다는 공개적 비난을 받고 결국 미시간주립대학교 연구 담당 부총장직에서 사임했다.[19] 유전공학은 너무 쉽게 사회공학으로 변질된다.

바로 이 지점이 수많은 장애인 인권 운동가와 연구자들이 유전자 검사와 유전자 편집 기술을 신중하게 살피는 이유다. 이들 가운데는 유전질환인 연골 형성 부전증으로 왜소증dwarfism을 앓고 있는 생명윤리학자이자 사회학자 톰 셰익스피어Tom Shakespeare도 있다. 그는 스물세 살이던 1989년 연골 형성 부전증 유전자가 처음 발견됐을 때 "당신의 출생을 막을 수 있었던 기술이 이제 존재한다"는 말을 듣고 큰 충격과 분노를 느꼈다. 그는 왜소증 장애인을 지원하는 비영리단체 리틀피플오브아메리카Little People of America 회원들이 "멸종위기종"이라는 문구가 쓰인 티셔츠를 입고 거리에 나갔던 시절을 기억했다. 그는 유전자 검사가 나날이 인기를 더해가면서 장애인 활동가들이 "새로운 우생학으로의 가능성에 경각심을 갖게 됐다"는 사실을 너무나도 잘 알고 있다. 장애인 활동가 중에는 청각 장애인도 많은데, 그들은 자신을 수어로 연결된 문화적 소수자로 생각할 뿐 유전공학을 이용해 존재 자체를 지워야 할 대상이라고는 여기지 않는다. 톰 셰익스피어는 유전공학 기술이 발달함에 따라 "다음 세대 부모는 아이를 살아보게 하지 않고 어떤 유전적 상태가 나쁜지 결정한 데 대한 책임을 지게 될 것"이라고 전망했다.[20]

우리는 인류의 유전적 전환이라는 역사의 소용돌이 한가운데에 있다. 21세기 우생학은 과거처럼 국가의 정책이 아닌 개인의 선택으로 작동될 것이다. 현재 인류는 새로운 범주의 '자유 선택' 우생학으로 향하는 미끄러운 경사로에 위태롭게 서 있다. 자신들의 판단이 선의라고 믿는 부모가 유행 중인 문화적 규범에 따라 결정을 내리면 왜소증 학자 톰 셰익스피어, 다운증후군 배우 세라 고디Sarah Gordy, 헌팅턴무도증Huntington's chorea 음악가 우디 거스리Woody Guthrie 같은 인물들은 아예 태어나지도 못할 것이다. 누가 함부로 이들의 삶을 재단할 수 있을까? 하지만 이렇게 '개인의 자유 선택'이 모이고 쌓이면 홍수로 둑이 무너지듯 능력주의와 인종주의와 성차별주의 세계관이 무의식을 사로잡아 결국 우생학이 사회 전체의 면면을 좌우하게 될 것이다. 물론 이렇게 되기까지 시간은 걸리겠지만, 여전히 많은 국가가 인종 편견, 외국인 혐오, 사회 분열로 단절된 상황에서 매우 두려운 전망이라고 하지 않을 수 없다.[21]

유전공학 기술이 더 발전하고 유전자 편집에 대한 법적 제한이 완화된다면, 경제적 여유가 있는 부모들은 질병 편집뿐 아니라 아이에게 뛰어난 기억력이나 높은 지능을 보장하는 강화 편집을 선택할 수도 있다. 심지어 변경사항까지 유전될 수 있도록 개인의 유전체를 편집하는 '생식세포' 편집을 통해 이러한 특성을 대물림하려 들 수도 있다. 그러나 유전자 강화 편집은 아직 초기 단계에 머물러 있다. 높은 IQ는 연관된 유전자만 1,000개가 넘으며, 부모의 교육 수준 같은 환경적 요인에도 영향을 받을 수 있다. 따라서 특정 형태의 지능을 위해 배아를 선별하거나 편집하는 방법은 아직 명확하지 않다. 그런데도 일부 몰지각한 난임 클리닉에서는 확실하지도 않은 기술로 강화 편집 서비스를 제공한다고 홍보한다.[22] 이들의 마케팅 캠페인은 과학적 불확실성에 전혀 아랑곳하지 않는다.

이런 행태는 어떤 결과를 초래할까? 우생학의 역사에서 두 가지 핵심적인 측면을 되새길 필요가 있다. 첫째, 우리는 주로 나치 독일을 떠올리나 사실 우생학은 대서양을 사이에 둔 양쪽의 모든 서구 문화에 뿌리 깊게 박혀 있었다. 둘째, 불과 반세기 만에 빅토리아 시대의 학자가 떠올린 모호한 이론에서 주류 사회의 정책이자 대량 학살 도구로 빠르게 변질했다. 이 같은 사실을 고려하면 생명공학을 이용해 '우량 아기'를 만드는 시점은 우리 예상보다 훨씬 더 빨리 다가올 테고, 부자 나라의 부자 부모가 가장 먼저 이를 활용할 것이다.[23]

위험은 너무나도 명백하다. 인간이 만든 사회 대부분은 계급, 민족, 젠더, 종교 등을 바탕으로 사회계급 형태를 발전시켜 우월한 '자신들'과 열등한 '그들' 사이에 쐐기를 박았다. 생명공학 혁명도 기존의 경제적·사회적 불평등을 쉽게 강화하는 유전 계급을 만들어낼 것이다. 우리 사회는 생물학자 리 실버Lee Silver가 말한 '유전자 부유층GenRich'와 '유전자 빈곤층GenPoor', 다시 말해 유전자를 강화한 사람들과 강화하지 못한 사람들로 점점 더 분열될 것이다.[24] 정확히 어떤 양상일지는 아직 불확실하다. 유전자 부유층은 고위직을 독점하는 일류 시민이 되고, 유전자 빈곤층은 의료보험에 가입할 수도 없는 이류 시민으로 전락하거나 19세기 때처럼 이용만 당하는 식민지 주민으로 취급받을까? 유전자 부유층이 결국 하위 유전자 계급과 유전자를 섞지 않고 단독으로 유전적 진화 코스를 밟아가는 사실상의 인간 초월종이 될까?

생명공학 옹호자들은 대개 이 같은 두려움을 일축하고 고통 감소, 건강 개선, 수명 연장 등 유전자 편집의 개인적 이점만을 부각하곤 한다. 이는 물론 매우 현실적인 얘기다. 1970년대 후반 내가 고작 열 살 때 돌아가신 어머니는 그때 만일 유전자 기반 치료법이 있었다면 더 오래 사셨을지도 모른다. 유전학 혁명으로 공중보건을 더 광범위하게 관리할 수도 있을 것이다. 알 만한 사람들은 알겠지만 아스트라제네카AstraZeneca 코로나19 백신도 유전자 편집 기술로 개발됐다.[25] 백혈병 같은 주요 유전질환을 없앨 수 있다면 개인의 고통을 줄일 수 있을뿐더러 정부 차원에서 의료 예산을 다른 치료 분야로 돌릴 수 있을 것이다. 더욱이 유전자 편집 기술은 지구 온도 상승을 잘 견디고 가뭄에 강해 세계 인구 100억 명을 먹여 살릴 수 있는 작물을 개발하는 데도 널리 이용되고 있다.

따라서 유전공학 기술을 부모가 아이 눈 색깔을 고르거나 부유한 캘리포니아 사람이 130세까지 사는 사적인 이익보다 모두의 공익을 위해 어떻게 하면 더 효과적으로 이용할 수 있을지 탐구하는 것이 더 중요하고 필수적인 과제다. 그래야 국가가 지원했던 우생학의 역사적 위험과 사회계급을 유전자 부유층 대 유전자 빈곤층으로 갈라서 영구 분열을 초래할 자유 선택 우생학의 위험을 모두 피할 수 있다.

역사가 다시 한번 우리에게 도움을 줄 수 있는 지점이 바로 여기다. 이번에는 우생학 사례처럼 경고의 메시지가 아니라 의료 혁신이 공익을 향해 어떻게 나아갈 수 있는지에 대한 영감을 얻을 수 있다.

10센트들의 행진과 소아마비 근절 캠페인

고대의 미덕이었던 '보눔 코무네Bonum Commune(공동선)'는 개인주의와 개인 선택의 시대에 힘을 얻지 못하고 있다. 공동선의 정확한 의미는 수세기에 걸쳐 정립됐다. 아리스토텔레스에게는 지혜와 절제 같은 미덕을 사회에 꽃피우는 것이었고, 토머스 홉스에게는 공공의 안전을 보장하는 일이었다. 반면 현대 사상가들에게 공동선은 사회복지와 정치적 정의 그리고 지구 생태계를 보전하는 것 이상을 포함할 수 있다. 우리 종의 가장 위대한 사회적 혁신인 공동선에 대한 모든 개념을 하나로 묶는 것은 다름 아닌 사적인 이익보다 공동체 전체의 안녕을 추구해야 한다는 생각이다. 문제는 이 부분이 오늘날 우리 자신의 선택에 전적으로 초점을 맞춘 생명공학 논쟁에서 경시되는 것처럼 보인다는 것이다. 사회학자 아미타이 에치오니Amitai Etzioni의 지적처럼 1960년대 개인주의가 급부상한 이래 우리 문화에서 "공동선을 향한 헌신은 상실"됐다.[26] 유전공학이 지배하는 시대에 모든 개인의 선택은 앞으로 여러 세대를 거치면서 다른 사회를 형성하고, 결국 우리 종의 진화 과정을 근본적으로 바꿔놓는 집단적 결과를 초래할 것이다. 우리 개인의 유전자뿐 아니라 사회 유전체를 바꾸는 것도 우리 책임이다.

그러므로 공중보건과 의료 증진 영역에서 공동선이 어떤 모습일지, 그것이 유전공학 기술의 미래와 관련한 우리의 생각에 어떤 영향을 끼칠 수 있는지 성찰해야 한다. 우생학 유행이 최고조에 이르고 얼마 지나지 않아 미국에서 주목할 만한 사례가 나타났다. 바로 소아마비 근절 캠페인이다.

20세기 전반기 미국에 사는 부모들의 가장 큰 두려움은 아이가 소아마비에 걸리는 것이었다. 소아마비는 신경계가 기원을 알 수 없는 '폴리오polio' 바이러스에 감염됐을 때 발생하며, 척수 변형을 일으켜 신체가 영구적으로 마비되거나 결국 죽을 수도 있는 무서운 질병이다. 예방접종이 없던 그때는 매년 여름 바이러스가 빠르게 퍼질 때마다 아이들을 집에서 내보내지 않았고, 공공 수영장이나 극장은 전부 문을 닫았다. 부모들은 아이가 휠체어 타는 일이 생기지 않기를 간절히 기도했다. 미국에서 기록된 최초의 소아마비는 1894년에 발생했는데, 123명이 감염됐고 18명이 사망했다. 감염자 수는 해마다 증가했다. 가장 심각했던 1952년에는 5만 1,000명 이상(대부분 아동)이 감염돼 3,000명 넘게 사망했고 2만 1,000명이 평생 걷지 못하게 됐다.

소아마비는 수십 년 동안 미국 사회 전반에 걸쳐 숙명적인 공포감을 불러일으켰다. 가장 상징적인 희생자는 훗날 대통령이 된 프랭클린 델러노 루스벨트Franklin Delano Roosevelt였다. 그는 정치 경력을 시작하고 얼마 지나지 않은 1921년 여름 처음으로 다리 마비 증상을 겪었고 결국 휠체어에 갇히게 됐다. 소아마비 진단을 받은 뒤 그는 이 질병의 치료법을 찾는 데 지원을 아끼지 않기로 결심했다.[27] 대통령 임기 5년 차에 접어든 1938년 1월에 그는 '국립소아마비재단National Foundation for Infantile Paralysis'을 설립했다. 이후 '마치오브다임March of Dimes'라는 이름으로 더 널리 알려진 이 국영 비영리기구는 미국 내 주요 대학에 소아마비 백신 개발 자금을 지원하기 위한 전국 규모의 캠페인을 주도했다.

이 캠페인이 유명해진 데는 루스벨트 대통령의 절친한 친구이자 할리우드 유명 인사 에디 캔터Eddie Cantor의 공이 컸다. 그는 극장에서 인기리에 상영되고 있던 뉴스 영화 〈마치 오브 타임March of Time(시간의 행진)〉에서 착안해 캠페인을 '마치오브다임(다임들의 행진)'라 이름 짓고 대대적인 홍보 활동을 시작했다. '다임dime'은 10센트짜리 동전의 이름이다. 그렇게 루스벨트 대통령의 생일인 1월 30일을 한 주 앞두고 거국적인 모금 운동이 시작됐다. 마치오브다임 캠페인은 부유한 자선가들에게 거액을 기부받는 일반적인 접근 대신 요즘 우리가 '크라우드펀딩crowdfunding' 전략이라고 부르는 방식을 추구했다. 이름 그대로 '10센트들'의 행진을 유도한다는 것이었다. 일반 시민이 백악관에 있는 대통령 앞으로 10센트짜리 동전을 보내기만 하면 됐다. 반응은 폭발적이었다. 백악관 집무실에는 매일 수만 통의 편지가 쏟아져 들어왔고, 복도에는 동전과 작은 메모들이 쌓여 있었다. 1938년 말까지 268만 개 26만 8,000달러가 넘게 모금됐다. 당시 화폐 가치로 전국에서 동시에 주요 의학 연구 프로그램을 시작하기에 충분한 금액이었다.[28]

마치오브다임 캠페인은 해마다 진행됐고, '소아마비와의 전쟁'에 동참한 사회 각계각층 시민들로부터 수천만 달러가 모였다. 연구자금을 지원받은 학자 중에는 피츠버그대학교 바이러스학자 조너스 소크Jonas Salk도 있었는데, 그는 곧 새로운 역사를 쓰게 될 연

1945년 텍사스 지역 학생들이 루스벨트 대통령에게 직접 전달될 마치오브다임 우편함에 동전을 넣고 있다.

구팀을 이끌고 있었다. 마치오브다임의 지원으로 수년간 연구와 실험에 매진한 끝에 소크 연구팀은 1954년 마침내 임상시험이 가능한 백신을 완성했다고 확신한 뒤 미국 역사상 가장 중대한 의학 실험에 착수했다. 미국 전역 200개 시험 센터에서 진행된 이 소크 백신 임상시험에 200만 명이 넘는 아이들과 예방접종을 도와줄 30만 명 이상의 성인 자원봉사자가 참여했다. 실험은 대성공이었다. 백신이 효과가 있었던 것이다. 조너스 소크는 국민의 영웅이 됐다.

1955년 소크 백신은 일반에 공개됐고, 소크는 엄청난 환호 속에서 텔레비전 방송에 출연해 유명 저널리스트 에드워드 머로

Edward Murrow와 인터뷰했는데, 그때 두 사람은 다음과 같은 대화를 나눴다.

머로: 이 백신에 대한 특허는 누가 소유하게 됩니까?
소크: 글쎄요, 굳이 말하자면 국민이겠죠. 특허는 없습니다. 태양에 특허를 받을 수 있을까요?²⁹

소크의 이 답변은 그대로 전설이 됐다. 그는 소아마비 백신이 사적 소유물이 아닌 모두를 위한 것이며, 영원히 공유지로 남아야 한다는 사실을 분명히 했다.

당시 영리적 제약회사들은 소크 백신의 개발 과정에 관여하지 않았으나, 1953~1961년 드와이트 아이젠하워Dwight Eisenhower 대통령 행정부는 전국적 예방접종 캠페인을 위해 6개 회사에게 소크 백신을 대량 생산하도록 허가했다. 그 결과는 재앙으로 돌아왔다. 비용을 절감한답시고 한 제조업체가 생산 과정을 부실하게 관리해 오염된 백신이 유통됐고, 이 때문에 아이 여러 명이 사망하는 사고가 일어났다. 문제의 백신을 전량 회수하자 공급 부족 사태도 속출했다. 반면 캐나다에서는 연방 보건당국이 소크 백신을 전담 관리하고 충분한 생산 물량을 확보했기에 이 같은 혼란을 피할 수 있었다.³⁰

이런 실수에도 불구하고 다행히 소크 백신 덕분에 미국에서는 소아마비 발병률이 급감했으며, 이후에는 앨버트 세이빈Albert Sabin이 살아 있는 바이러스를 이용한 경구용 소아마비 백신을 개발해 국립소아마비재단의 지원도 받게 됐다. 두 백신 모두 전 세계로 공급됐는데, 특히 간편하게 복용할 수 있는 세이빈 백신이 1960~1970년대에 세계적으로 큰 인기를 끌었다. 1987년 세계보건기구WHO는 15년 이내에 소아마비 재앙을 근절하겠다는 글로벌 프로그램을 공식 발표했고 이 목표는 대부분 달성됐다. 1930년대 미국에서 시작된 대규모의 시민 주도 공중보건 캠페인이 없었다면 이루지 못했을 기념비적인 업적이었다.

이 이야기에서 우리는 유전공학 기술 관리 측면에서 두 가지 역사적 통찰력을 얻을 수 있다. 첫 번째는 소아마비 백신을 개발하기 위한 캠페인과 연구가 모두 '보눔 코무네', 곧 '공동선'을 지향했다는 사실이다. 아이 눈 색깔을 선택하거나 지능을 강화하는 등 개인 선택으로 의학의 영역을 확장하려는 게 아니었다. 소아마비는 모든 아이가 감염될 수 있는 치명적인 전염병이었으며, 소크 백신은 경제력이나 인종이나 국적과 상관없이 모든 아이를 도우려고 개발됐다. "특허는 없습니다"라는 조너스 소크의 단호한 발언은 백신이 인류와 미래 세대를 위한 선물이라는 확고한 믿음을 담고 있었다. 소크도 그래야 우리가 '좋은 조상'이 될 수 있다고 강조했다.[31] 두 번째는 소크 백신과 세이빈 백신 모두 상업성에 집착하는 제약 회사들의 개입 없이 개발됐다는 점이다. 이는 의료 분야 혁신이 꼭 시장의 경제적 유인과 기업들의 영리 목적 투자가 있어야만 가능한 것은 아니라는 분명한 신호였다. 정부와 지역 공동체가 힘을 합치면 얼마든지 이뤄낼 수 있다. 정작 중요한 것은 공중보건 증진이라는 목표를 달성하려는 의지와 헌신이다.

유전공학과 유전체 의학의 미래를 모색할 때 이 두 가지 통찰을 늘 염두에 두어야 한다. 어떻게 하면 크리스퍼 유전자 가위 같은 유전학적 진보를 개인적이고 종종 외모 개선을 위한 선택이 아닌 공동선에 이바지하도록 보장할 수 있을까? 오늘날 생명공학 산업계가 주장하듯이 반드시 민간 기업들이 유전자 기술 개발 분야에서 주도적 역할을 해야만 할까? 이제 생명을 위한 생물학을 누가 소유하고 관리해야 하는지에 관한 복잡한 문제를 중심에 놓고 이런 질문을 살펴보기로 하자.

유전자 공유지와 기업가형 국가

> 법은 남자든 여자든 가두어버리네
> 공유지에서 거위를 훔치는 자를
> 하지만 더 큰 악당은 풀어준다네
> 거위에게서 공유지를 훔친 자들[32]

18세기에 쓰인 이 작자 미상의 시는 영국 역사에서 가장 노골적인 경제 범죄 중 하나인 부유한 지주가 공유지에 울타리를 세워 사유지로 전환한 사건을 규탄한다. 이른바 '인클로저 운동Enclosure Movement'으로 말미암아 1500년부터 1800년 사이에 가난한 마을 주민들의 공유 자원이었던 농촌의 들판과 삼림지 약 680만 에이커(영국 전체 면적의 5분의 1)가 공공 영역에서 몰수되었다. 이런 과정은 때로는 강제로, 때로는 그로부터 이익을 얻은 젠트리(지주) 계급이 작성한 법률의 도움을 받아 이루어졌다.[33]

그들의 주장은 공유지를 사유화하면 농업 생산량을 더 효율적으로 늘릴 수 있다는 것이었다. 경제적 맥락에서만 보면 옳은 주장이었다. 작물 수확량이 늘었고, 대량 사육으로 양고기와 양모 생산도 풍부해졌다. 그러나 동시에 많은 수의 소작농이 일자리를 잃어 농촌 인구는 빈곤의 늪에 빠졌고, 먹고살려면 도시로 이주해 공장 노동을 할 수밖에 없었다. 잉글랜드 지역에서는 수백만 명이 고향에서 쫓겨났고, 스코틀랜드에서는 이른바 '하일랜드 정리 사업Highland Clearances'에 따른 강제 퇴거로 혹독한 기근이 발생했다. 이때 많은 스코틀랜드인이 북아메리카로 떠나기도 했다. 경제역사가 카를 폴라니Karl Polanyi는 인클로저 운동을 "부유한 사람들이 가난한 사람들을 상대로 벌인 혁명"이라고 꼬집었다.[34]

시점을 현재로 옮기면 우리 눈앞, 아니 우리 몸속에서 새로운 인클로저 운동이 일어나고 있는 광경을 목격하게 된다. 인류의 유전자 공유지에 울타리가 세워지고 있다.[35]

인간의 '게놈genome', 곧 유전체는 수백만 년 전부터 진화를 거듭한 DNA 공유지로, 우리 종이 공유하는 유산이며 오랫동안 사적 소유의 영역 밖에 있었다. 그런데 모든 게 변해버렸다. 특히 미국에서 생명공학 분야는 광활한 상업적 놀이터로 전락했는데, 거의 모든 부문을 사유화해 심지어 우리 세포의 DNA마저도 신자유주의 논리에 따라 시장에서 사고파는 상품이 됐다. 우리의 유전 정보는 생명공학 기업들이 이윤을 내기 위해 자르고 꼬고 붙이는 새로운 형태의 유전체 자본주의의 원자재가 되고 있다. 인간의 유전자 풀이 언젠가 고갈할 석유나 금속을 대체해 부를 창출하고 자본주의 경제의 바퀴를 돌리는 미개척 자원으로 급부상한 것이다.[36]

유전자 경제의 작동방식을 보면 이것이 왜 새로운 인클로저 운동일 수밖에 없는지 알 수 있다. 한 부분은 바이오 기술 특허와 관련이 있다. 기존의 특허법과 지식재산권법을 이용해 생명공학 회사가 보유한 유전자 편집 기술 등에 소유권을 부여하는 것이다. 실제로 미국 기업 블루버드바이오Bluebird Bio가 겸상적혈구질환sickle-cell disease, SCD(낫 모양 적혈구 증후군)과 다양한 암 치료에 쓰이는 유전자 치료 및 편집 기술로 특허를 받았다. 그 폐해는 2021년의 악명 높은 사례에서 고스란히 드러났다. 이 회사는 유럽에 진출하면서 겸상적혈구질환 유전자 치료비로 환자 1인당 200만 달러를 받겠다고 신청했다가, 유럽연합이 너무 비싸다며 승인을 거부하자 가격을 낮추는 대신 유럽 시장을 포기해 치료제만 애타게 기다리던 환자들을 망연자실하게 했다.[37] 이것이 유전자 공유지 사유화의 현실이다. 유전자 특허는 합성생물학, 다양한 유전체를 결합하는 재조합 DNA, 크리스퍼-캐스9 유전자 편집 기술처럼 빠르게 성장하는 분야에도 적용되고 있으며, 대규모로 실제 치료가 시작되면 특허권자가 수백만 달러 상당의 라이선스 계약 체결이 가능하게끔 설정되어 있다.[38] 최초의 인클로저와 마찬가지로 법률은 결국 자본주의와 결탁해 인류의 유전자 공유지마저 사유화해 부를 창출하는 자산이 되도록 거들고 있다.[39]

또 한 영역은 생명공학 데이터와 연결된다. 현재 생명공학 기술 기업들은 돈을 받고 우리 DNA를 분석해 선조가 누구인지 알려주거나 건강 정보를 제공하는 등의 상업체계를 이미 갖추고 있지만, 사실 이런 개인의 바이오 데이터를 제약 회사 같은 제삼자에게 판매해 더 큰 이윤을 얻는 수익 모델을 갖고 있다. 구글Google이나 페이스북이 사용자들의 검색 데이터 등을 광고주에게 판매하기 위해 상품화하는 것과 동일한 방식이다. 구글 공동 창업자 세르게이 브린Sergey Brin의 전 부인인 기술기업가 앤 워치츠키Anne Wojcicki의 유전자 분석 회사 23앤드미23andMe는 2018년 400만 명 이상의 고객 데이터를 3억 달러 상당의 계약을 맺고 거대 제약 회사 글락소스미스클라인GlaxoSmithKline에 판매했다.⁴⁰ 사람들 대부분은 이런 회사에서 제공하는 서비스에 가입할 때 자신의 바이오 데이터가 '연구' 목적으로 사용될 수 있다는 약관 조항에 무심코 동의하게 되며, 그 순간 유전자 데이터 소유권이 해당 기업으로 넘어간다는 사실을 깨닫지 못한다. 이 데이터는 이후 수익성 높은 계약을 위해 재판매될 수 있다. 기업의 독점을 피하기 위해 자신의 DNA 정보 공유를 거부할 수는 있지만, 회사가 정말로 폐기했는지 아니면 몰래 보관하고 있는지 확인할 도리가 없다.

이것이 바로 유전자 인클로저 운동이 작동하는 모습이다. 법률역사가 카타리나 피스토르Katharina Pistor가 설명했듯이 미국의 생명공학 산업은 "과거 공유했던 땅에서 농부들을 추방한 지주들"과 다를 바 없다.⁴¹ 생명을 구할 의학 지식을 인류 공동의 보물로 여기고 기꺼이 이윤을 포기한 조너스 소크 같은 사람들은 이런 상업주의에 경악을 금치 못할 것이다. 생명공학계의 대다수 연구자도 같은 견해를 갖고 있다. 산업계와 강한 유대관계를 맺어 개인의 영달을 꿈꾸는 이들도 비록 존재하지만, 그보다 많은 학자가 공중보건의 이상을 실현하는 데 더 강한 사명감을 느낀다. 유전자 공유지를 보호해 유전공학을 보눔 코무네로 향하도록 하면서 민간 부문의 재정적 유인을 견제할 효과적인 방법은 무엇일까?

과거의 토지 귀족과 마찬가지로 생명공학 산업계에서는 크리스퍼 유전자 편집 등의 기술이 공익에 닿으려면 유전자 공유지의 사유화가 필요하다고 주장한다. 결국 자본 논리인데, 그렇게 하지 않으면 충분한 연구 투자가 이뤄지지 못하고 혁신을 촉진할 인센티브를 제공할 수 없기 때문이다. 이 주장이 정말로 사실일까? 유전자 공유지에 울타리를 치는 것만이 지식의 열매를 거두고 나눌 수 있는 가장 좋은 방법일까?

소아마비 백신 사례는 주요 의학 발전이 시장 유인 논리와 상업적 발전에 의존할 필요가 없음을 이미 말해줬다. 기술 혁신의 더 넓은 역사도 이를 보여줬다. 실리콘밸리는 허름한 차고에서 혁신적 기술을 개발하는 천재 기업가의 이미지를 우리에게 판다. 하지만 경제학자 마리아나 마추카토Mariana Mazzucato의 지적처럼 지난 세기의 기술 혁신 대부분은 민간 부문이 아니라 그가 "기업가형 국가Entrepreneurial State"라고 부른 공공 부문에서 나왔다. 인터넷 기술은 1960년대 후반 미국 정부의 방위고등연구계획국DARPA이 개척했고, 휴대전화를 "똑똑한" 스마트폰으로 만든 마이크로프로세서, 터치스크린, 리튬 배터리, 음성 명령 같은 기술도 정부 주도 지원 사업의 결과였다. 이 목록에 오를 기술이 이것뿐일까? 이제는 없으면 아무 데도 못 갈 것 같은 GPS(위성 위치 측정 시스템)는 어떨까? 구글 지도를 작동하게 해주는 GPS 기술도 1970년대 미국 국방부가 군사자산 배치를 추적하고 조정하기 위해 개발했다. 세계 최초의 가상 비서 시리Siri는? 20개 대학이 참여한 미국 정부 지원 연구 프로젝트에서 개발한 기술을 2010년에 애플이 사들인 것이다.[42]

정부는 유전학 분야에서도 가장 큰 투자자로서 기업가적 위험을 감수해왔다. 2003년 최초로 유전체 지도를 만든 27억 달러 규모의 '인간 유전체 프로젝트Human Genome Projec'에 가장 많은 자금을 지원한 주체도 미국 정부였다. 국가가 나서지 않았다면 그 어떤 영리기업도 이런 거대한 연구 프로젝트에 동참하지 않았을 것이다. 그렇지만 그 혜택은 고스란히 회사들이 가져갔다. 같은 맥락에서 옥스퍼드대학교 연구팀 주도로 개발한 아스트라제네카 코로나19 백신도 연구자금 95퍼센트를 국고에서 충당했다.[43] 생명공학 기술의 투자와 혁신을 실리콘밸리 벤처캐피털에 의존해야 한다는 믿음은 허구에 불과하다. 유전학 지식이 마땅히 속해야 할 공유지, 곧 공공의 영역에 있어야 진정으로 공동선을 위해 쓰일 수 있는 것이다.

이 방식은 실제로 어떻게 작동할까? 영국 보건사회복지부가 국가보건서비스NHS에 유전자 염기서열 분석 연구를 제공하기 위해 설립하고 소유한 기업인 지노믹스잉글랜드Genomics England는 혁신적인 '기업가형 국가' 모델을 개발했다. 첫 번째 노력은 희귀질환과 일반 암 치료에 활용할 유전자 정보를 확보하기 위해 국민건강보험 환자들의 동의를 얻어 전체 유전체의 염기 서열을 분석하는 '10만 유전체 프로젝트100,000 Genomes Project'였다. 지노믹스잉글랜드는 수집한 데이터를 학계와 임상 연구 기관에는 무료로 제공하되, 민간 생명공학 기술 기업들의 경우 구독료(국고로 환수해 연구자금으로 사용하며 일부 유망한 소규모 스타트업에는 할인 적용)를 지불해야 접근할 수 있도록 했다. 엄격한 모니터링 체제로 유전체 데이터 이용을 승인받은 프로젝트에만 허용하는 한편, 자신의 데이터를 기부한 개인으로 구성된 '참여자 패널'을 운용해 시민 감시도 이뤄지도록 하고 있다. 국민건강보험에 가입한 환자 대부분은 이 프로젝트가 공익 차원의 필수의학 연구에 큰 도움이 되고 영리 목적으로 이용하지 않는다는 설명을 들으면 자신들의 유전체 데이터를 익명으로 제공한다는 데 기꺼이 동의한다.[44]

이 같은 혼합식 공공-민간 시스템은 미국 생명공학 기술 분야의 야생적인 상업주의보다는 바람직할지언정 완벽과는 거리가 멀다. 한편으로 이 모델에서는 대중의 유전자 정보 소유권이 23앤드미의 경우와 달리 공공기관의 손에 남아 있다. 여기까지는 괜찮다. 정부가 유전자 공유지를 보호하기 위해 효과적으로 행동하고 있다. 그러나 다른 한편으로는 관리 감독을 조금만 소홀히 하면 공익보다 민간기업의 이익이 우선시되고 제한된 범위에서 부자들만 이용할 수 있는 유전자 치료법을 개발해 특허까지 가져가는 여지를 주게 될 것이다.

표준적인 해결책은 정부가 규제 체계를 강화해 생명공학 분야가 공공의 이익을 위해 더욱 명확하게 행동하도록 보장할 것을 제안하는 것이다. 더 과감한 전략은 기업가형 국가가 새로운 유전자 기술 개발에 더 큰 역할을 하는 것이다. 이를테면 독일이 정부 차원에서 코로나19 백신을 개발하는 기업에 투자한 사례처럼 국가가 민간 생명공학 회사의 지분을 확보하는 것이다.[45] 나아가 정부가 나서서 기업의 목표를 더 광범위한 사회적 목표에 종속시킬 수 있는 스튜어드형 오너십 같은 대안적 사업 모델을 지원하는 방법도 있다(9장에서 다룬다).[46]

유전학적 미래에 직면해 한 걸음 물러서서 더 큰 역사적 그림을 그려나가는 일도 마찬가지로 중요하다. 우생학과 토지 사유화라는 선례는 유전자 기술이 초래할 수 있는 위험을 극도로 경계해야 함을 시사한다. 우리는 미래학자 제러미 리프킨Jeremy Rifkin이 "상업적으로 주도되는 우생학 문명"이라고 부른 방향을 향해 쉽게 미끄러질 수 있다.47 유전자 정보를 사고파는 시장에서 개인의 선택은 점차 유전자 부유층과 유전자 빈곤층 사이에 쐐기를 박는다. 현대사회를 지배하는 개인주의적 가치관이나 이윤 추구 기업이 우리를 잠재적 위험에서 벗어나게 해주리라고 믿어서는 안 된다. 위험에 처한 것은 바로 생명을 위한 생물학 그 자체와 인간종의 진화 경로다. 거대 생명공학 기업들이 주도하는 대로 따라가면 모든 일이 잘되리라고 막연한 희망을 품는 것은 완전히 무책임한 일이다.

민간기업이 생명공학 기술 분야를 에워싸고 있는 오늘날, 특히 글로벌 유전학 연구의 중심인 미국을 보면 방금 우리가 살핀 대안을 적용하기가 매우 어려워 보인다. 그럼에도 역사는 꼭 이런 식일 필요는 없다고 가르쳐준다. 정부 주도의 스마트폰 기술 개발 사례나 지노믹스잉글랜드 같은 기업가형 국가 사례도 있고, 앞서 살폈듯이 상업적인 제약 산업에 의존하지 않고도 의료 혁신을 이뤄냈고 그 위대한 결과를 인류에게 선물로 남긴 소아마비 백신과 범국민 캠페인 같은 감동적인 사례도 있다.

이 밖에도 기원전 3세기경 이집트 프톨레마이오스Ptolemaios 왕조 시대가 세운 알렉산드리아 대도서관처럼 훨씬 더 일찍이 인류의 공동선을 구현할 지식을 추구했던 노력을 떠올릴 수도 있다. 그 시대인들의 열망은 전 세계 모든 필수 지식을 담아 지키는 만인의 기록 보관소를 만드는 것이었다. 알렉산드리아 대도서관은 미래 세대를 위해 좋은 조상들이 남긴 과학, 역사, 철학의 보물창고였다. 타지에서 방문객이 들어오면 알렉산드리아 대도서관은 의학 서적에서 별자리표에 이르기까지 그들이 소지하고 있던 모든 문헌을 일시 대여해 필사한 뒤 도서 목록에 포함했다. 수학자 에우클레이데스(유클리드)를 비롯한 학자들은 이 도서관이 결코 개인의 이익을 추구해서는 안 된다고 강조했다. 알렉산드리아 대도서관 서고 입구에는 "영혼을 치유하는 곳"이라고 새긴 비문이 있었다고 전해진다.[48]

우리의 DNA로 이뤄진 인류의 위대한 유전자 도서관도 모두가 공유하고 활용할 공동의 보물창고로서 이와 똑같은 존중과 존경을 받을 자격이 있다.

8장

불평등 격차를 줄이는 방법
케랄라와 핀란드의 평등 투쟁

평등을 향해 계속 나아가기 위해서는
역사의 교훈으로 되돌아가야 한다.
—토마 피케티[1]

그것은 1349년 초에 잉글랜드 레스터셔주의 키브워스 마을로 들어왔다. 중앙아시아에서 중동을 가로지르는 무역로를 따라 퍼져 나간 뒤 유럽 도시를 유린한 그것은, 아마도 옥스퍼드에서 이제 막 돌아와 키브워스의 봉건 대지주 머튼 칼리지Merton College에게 땅덩이를 조금만 떼어달라고 간청하던 청년 로버트 처치Robert Church의 안장주머니 속 쥐벼룩에 숨어 마침내 이곳에 정착할 수 있었을 것이다. 흑사병. 그것은 악마 같은 속도로 무참히 온 마을을 휩쓸었다. 역사가 마이클 우드Michael Wood는 그 장면을 다음과 같이 묘사했다.

우리는 거리와 마당에 새까맣게 널려 있던 죽은 쥐들, 시커멓게 썩어들어가는 피부와 고름집으로 고통받던 마을 사람들, 연신 피를 게우던 폐렴 환자들, 울부짖으며 죽어가던 어린아이 수십 명, 그리고 자신도 절망 속에 죽어가고 있음을 알면서도 양들을 돌보

려고 애쓰던 존 시빌John Sibil 신부를 떠올려야 한다.²

　흑사병은 영국 인구의 약 3분의 1을 죽였지만, 키브워스는 영국의 어떤 마을보다 더 큰 고통을 겪었다. 1년도 채 지나지 않아 500명 넘게 사망하면서 마을 주민 70퍼센트가 사라진 것이다.
　다음 수십 년 동안 흑사병이 경제에 끼칠 영향은 그 누구도 예측할 수 없었다. 급격한 인구 감소로 갑자기 노동력이 부족해지자 키브워스 마을의 살아남은 농민들은 영지 소유자와 예상치 못한 협상을 할 수 있게 됐다. 머튼 칼리지 가문이 남긴 기록에 따르면, 일손이 턱없이 모자라 농지 임대료를 대폭 낮출 수밖에 없었는데 소작농들은 사실상 파업을 벌이면서 영주에게 지불해야 할 임차료를 거부했다.³ 그동안 봉건적 속박 아래 영지에 예속돼 농노로 살아오던 농민들은 점점 더 영주에게 반기를 들고 임금 노동자가 되어 원하는 곳에서 일하고 이동할 자유를 요구했다. 임금도 올랐는데, 유럽이 그랬듯 영국의 많은 지역에서는 두 배 이상 급등했다. 농촌 노동자들의 커지는 자신감과 영향력은 1358년 프랑스 '자크리Jacquerie의 난'과 1381년 잉글랜드에서 일어난 '농민폭동Peasants' Revolt'처럼 대지주들의 오랜 권력에 저항한 대중봉기에서 명확히 드러났다. 역설적이게도 무시무시한 흑사병은 봉건제의 종말을 알리는 신호가 됐고, 결과적으로 중세시대 농노제의 불평등을 무너뜨리는 데 이바지했다.⁴
　경제역사가 발터 샤이델Walter Scheidel은 14세기 유럽을 강타한 흑사병이야말로 역사의 역동성을 있는 그대로 보여준 사례라고 설명했다. 그에 따르면 경제적 불평등이 실질적으로 감소하는

8장. 불평등 격차를 줄이는 방법: 케랄라와 핀란드의 평등 투쟁　233

계기는 그가 "평준화의 네 기수Four Horsemen of Levelling"라고 이름 붙인 "대규모 폭력으로 인한 사회질서의 혼란"이 일어날 때다. 그는 "기록된 역사를 통틀어" 이 네 기수, 곧 "대규모 대중 동원 전쟁, 변혁적 혁명, 국가 붕괴, 치명적 전염병이 초래한 불평등의 주기적인 축소는 완전히 평화적 수단에 의한 평준화의 어떤 알려진 사례보다 압도적으로 많았다"라고 강조했다.[5] 예컨대 2차 세계대전이 발발하자 유럽의 상류층은 막대한 군사비를 충당하기 위해 엄청난 세금을 내야 했고, 전쟁의 결과 또한 그들이 가진 자산 가치를 대폭 떨어뜨렸다. 그리고 전쟁의 여파로 절대다수가 경험한 빈곤과 고통은 더 나은 주거 환경과 의료 서비스를 바라는 대중의 요구와 결합해 유럽 전역에서 불평등이 감소하는 결과로 이어졌다. 프랑스에서는 이를 "영광의 30년Les Trente Glorieuses"이라고 부른다.[6]

역사적 논제 중 이보다 더 무력감을 주는 것도 없을 것이다. 이는 공교육 개선과 진보적 세금제도부터 소액대출 제도와 보편적 기본소득에 이르기까지 국가 차원에서 소득과 부의 불평등을 해결하기 위한 모든 선의의 평화적 노력이 현 상태에 근본적인 영향을 끼칠 가능성이 희박하다는 점을 시사하기 때문이다. 마찬가지로 노동조합이나 다른 사회운동만으로는 국가 내부에 깊숙이 뿌리 박힌 불평등 구조를 해체하기 어렵다. 샤이델이 주장했듯이 "노동조합을 소득 평등의 독립적 주체로 간주할 만한 설득력 있는 근거가 없기 때문"이다. 역사를 통해 보면 실제로 확실한 효과가 있었던 것은 서로마제국의 멸망, 흑사병, 2차 세계대전, 1949년 중국 공산당 혁명처럼 기존 권력이 깡그리 무너져내린 "중대한 폭력적 충격"이라고 할 만한 극단적 붕괴뿐이었다.[7]

불평등 자체는 다양한 형태를 띤다. 이 책에서 반복해서 다뤄온 주제 중 하나는 인종적 불평등과 불의로, 그 오랜 역사는 19세기 노예봉기부터 우생학이라는 인종차별적 이념, 미국 민권운동, 이주 노동자들이 겪은 폭력과 편협함에 이르기까지 곳곳에서 명백히 드러났다. 이 장에서는 우리의 관심을 지금까지와 형태가 다르면서도 깊이 관련된 불평등, 곧 부의 불평등으로 돌릴 것이다. 부의 불평등은 정확히 어떤 이유로 중요할까?

어떤 이들에게 이는 단순히 경제적 정의의 문제다. 부자와 가난한 자 사이의 거대한 격차는 본질적으로 불공정하다. 특히 출생이라는 복권 게임에서 누구는 처음부터 계층의 꼭대기에서, 또 누구는 밑바닥에서 시작하기 때문에 더욱 그렇다. 그런데 불평등은 또한 결과가 해로워서도 큰 문제가 된다. 리처드 윌킨슨Richard Wilkinson과 케이트 피킷Kate Pickett의 선구적인 책《평등이 답이다The Spirit Level》(2011)는 전반적으로 부유하든 가난하든 더 평등한 국가가 사회적 이동성, 신체 건강, 정신 건강, 장수, 교육 성취도, 범죄, 약물 남용, 공동체 생활, 사회적 신뢰 등 대부분의 지표에서 나은 결과를 보인다는 놀라운 증거를 제공했다.[8] 기회균등이라는 허울뿐인 약속은 이미 경제적 불평등으로 인한 양극화가 심각한 사회에서 현실이 될 수 없다. 양극화가 인종주의와 젠더 차별로 더욱 강화되면 그런 약속은 잔혹 동화나 다름없어진다. 미국에서 백인 가구의 평균 경제력 수준은 아프리카계 미국인 가구보다 무려 7배나 높다.[9]

불평등한 사회는 불안정한 사회다. 평등한 사회보다 정치적 혼란에 더 휘청거리고 극우 권위주의의 유혹에 쉽게 빠져든다. 대규모 전염병과 같은 충격에 제대로 대처하지 못하며 기후 변화와 생태적 위험에 더 취약하다. 부유한 기득권층이 자원을 빨아들여 엄폐물 뒤에 숨어 지내는 동안 대다수 시민은 경제적 궁핍에 시달리면서 문명 전체가 쇠퇴의 길로 접어든다.[10] 일찍이 아리스토텔레스도 분명히 인식했듯이 문명의 번영과 안녕을 위한 가장 좋은 처방은 평등이다. "중간 계층이 없고 빈자만 지나치게 많아지면 재난이 일어나 국가는 곧 종말을 맞이한다."[11]

이 고대 그리스 현자가 오늘날의 불평등 통계를 살필 수 있다면, 그는 반드시 경고할 것이다. 상위 1퍼센트가 지난 25년 동안 전 세계 부의 증가분 중 거의 40퍼센트를 독점한 데 반해, 대부분이 글로벌 사우스 국가 시민들인 하위 50퍼센트는 그 가운데 2퍼센트만을 차지했을 뿐이다.[12] 많은 국가가 K자형 미래로 나아가고 있다. 부유한 엘리트 계급이 맨 위에 있고, 대다수가 맨 아래 있으며, 중간 계층은 점점 줄어든다. 발터 샤이델의 '네 기수'가 돌진해 오기를 기다려야 할까? 불평등을 해소할 유일한 희망은 키브워스를 초토화한 흑사병 같은 재앙을 기다리는 것뿐이라는 그의 말이 맞는 걸까?

모든 것은 어디에서 시작하느냐에 달렸다. 과거 전염병과 전쟁과 갖가지 위기가 불평등을 깨뜨리는 데 영향을 끼쳤다는 사실은 의심할 여지가 없다. 그렇지만 현재에서 시작해 가장 평등했던 사회로 역사를 거슬러 올라가면 평등을 향한 더 대안적이고 강력한 길이 나타난다.

이제 나는 두 지역에서 있었던 놀라운 이야기를 전할 것이다. 인도 남부의 주 케랄라와 북유럽 국가 핀란드다. 완벽한 유토피아라고 할 수는 없겠지만 두 곳 모두 K자형 글로벌 추세에 따르지 않고 비교적 평등한 사회를 만들어내는 데 성공했다. 케랄라는 상대적으로 가난하게 평등하고 핀란드는 부유하게 평등하다는 명백한 경제적·문화적·지리적 차이가 있음에도, 이들을 관통한 역사에는 오랜 사회투쟁으로 평등한 세상을 건설했다는 공통점이 있다. 평등은 우연한 상황의 결과도, 자애로운 국가의 선물도 아니다. 평등은 아래로부터 위로 사회질서를 새로 열어가는 시민들의 헌신적 행동에 따른 보상이다. 불평등 격차는 이것으로 메워야 한다. 이것이 근본적 희망이며 빛을 불러들이는 방식이다.

케랄라 여성들이 카스트와 식민주의에 저항한 방법

36개 주와 내륙 지역이 표시된 인도 지도를 화면으로 보고 있다고 상상해보자. 우선 전국 여러 지역 인구의 기대수명 지표가 나오고, 유아 사망률과 병원 분포 및 백신 확보율로 전환된다. 이어서 남녀 학생들의 학업 기간, 여성의 문해력 지수, 영양 수준, 소득 분포, 경제적 불평등 지수가 그래프로 보인다. 그런데 당신은 이상한 패턴을 알아차리기 시작한다. 남서쪽 끝자락의 한 주만 거의 모든 지표가 가장 높다. 그곳이 바로 케랄라다.[13]

1998년 노벨 경제학상 수상자 아마르티아 센Amartya Sen을 비롯한 개발경제학자들은 반세기 넘게 왜 인구 약 3,600만 명(캐나다 및 폴란드와 비슷한 수준)의 이 특정 주가 인도의 다른 주들에 비해 그토록 높은 수준의 평등과 전반적인 발전을 이룰 수 있었는지 궁금해했다.¹⁴ 통상적인 설명은 케랄라의 주요 지표, 특히 보건 및 교육 지출에 대한 인상적인 통계 수치에 주목하는 것이었다. 하지만 그러다 보면 애초에 케랄라에서는 왜 이런 분야들을 그렇게 우선시했는지 더 많은 궁금증이 생겨날 뿐이다. 이에 대한 진짜 답은 훨씬 더 깊이 숨어 있으며, 200년이 넘는 헌신적인 사회투쟁의 세월을 면밀히 살펴야 보인다.

18세기 후반 영국 동인도회사가 오늘날 케랄라로 불리는 이곳을 점령하고 통치하기 시작했을 때 관리자들은 말라바르, 코친, 트라반코르 세 주요 지역에 힌두교인, 무슬림, 고대 시리아 기독교인들이 두루 섞여 살고 있는 수풀 우거진 언덕에서 거대한 문화적 다양성을 발견했다. 그리고 한편으로는 인도에서 가장 엄격하고 비인간적인 카스트제도를 목격했다. 힌두교 최하위 카스트 구성원들은 가장 천한 직업에만 종사하도록 제한되었으며, 계급이 가장 높은 브라만Brahman과 10미터 이상 멀찍이 떨어져 다녀야 했다. 말해야 할 경우에는 듣는 사람을 더럽히지 않기 위해 손으로 입을 가렸다. 이들은 알려진 길로 걸을 수 없고, 사원에 들어갈 수 없으며, 비가 내려도 우산을 쓰면 안 됐다. 가장 굴욕적인 처우는, 하층민 여성들은 허리 위로 옷을 입는 게 허용되지 않아 사람들 앞에서 젖가슴을 드러낼 수밖에 없다는 것이었다.¹⁵

결국 1813년 하위 카스트가 모여 살던 나다르Nadar 공동체 여성들이 옷이나 천으로 가슴을 가림으로써 이 같은 불평등에 저항했다. 카스트 제도에 반기를 든 여성들이 이끈 찬나르Channar 봉기는 이렇게 시작됐다. 여성들이 사회적·종교적 규범을 무시하고 허리 위로 옷을 입자 상위 카스트는 물론 비슷한 하층민들조차 이들을 비난했다. 1858년 나다르 여성들이 또 한 번 상반신을 가리자 인근의 나야르Nayar 카스트 공동체 남성들이 몰려와 구타하고, 옷을 찢고, 집을 불태우고, 우물에 독을 푸는 등 만행을 저질렀다. 그러나 대다수 여성이 이에 굴하지 않고 "모두를 위한 하나의 카스트, 하나의 종교, 하나의 신, 하나의 언어, 하나의 세계"를 설파한 영적 지도자 아야 바이쿤다 스와미Ayya Vaikunda Swami의 인도를 따랐고 마침내 승리했다. 1859년 새로운 규정에 따라 이제 모든 하위 카스트 여성들도 상의를 입을 수 있게 됐다.[16]

이런 용기 있는 행동주의와 더불어 케랄라는 19세기 대중 교육의 글로벌 선구자이기도 했다. 남녀 모두에게 학교 교육이 확대된 직접적 계기는 기독교 선교사들과 트라반코르 왕족들의 교육 옹호였으나, 이전부터 계속된 풀뿌리 운동에서도 상당한 압력을 받았다. 예를 들면 1890년대 불가촉천민 에자바Ezhava 카스트 주민들이 통치계급인 마하라자Maharaja에게 정규 교육과 정부 일자리를 요구하는 1만 명 이상의 서명이 담긴 청원서를 제출함으로써 제한 완화에 크게 영향을 끼쳤다. 그리고 모계사회의 특성상 학교 교육을 받은 여학생들이 성장해 혈통과 재산을 이어받은 덕분에 케랄라 여성들은 인도의 다른 지역보다 더 큰 사회적 지위와 자율권을 확보할 수 있었다(케랄라에서 모계사회가 발달한 배경은 11세기까지 거슬러 올라가는데, 아직 명확히 밝혀지지 않았다). 1891년 인구 현황 조사에 따르면 적어도 절반 이상의 가정이 모계 혈통이었다. 물론 다른 지역처럼 케랄라에서도 남성이 가정 내에서 가장 강력한 의사결정권자였지만, 모계 혈통을 따르는 전통 덕에 여학생들이 학교에 다니는 데 큰 문제가 없었다.[17]

대중 교육이 현실화하자 케랄라에서는 엄청난 정치적 잠재력을 지닌 인구가 늘어나기 시작했다. 사회 각계각층에 퍼진 사람들은 시민 참여를 특별한 수준까지 끌어올렸다. 수많은 사람이 신문을 눈여겨 읽고, 정치에 주목하고, 자신들의 권리를 위해 일어섰다. 카스트의 억압에도 맞서 싸웠다. 그들은 부유한 지주들을 겨냥했으며, 영국으로부터 독립하기 직전까지 수십 년 동안 수십만 명의 농민이 수많은 봉기를 일으켰다. 협동조합을 결성하고, 노동조합에 가입해 파업 투쟁을 벌였다(야자 섬유 공장 노동자들이 가장 열성적으로 참여했다). 이들은 마하트마 간디의 시민불복종운동을 지지하며 영국의 통치에 항의하기 위해 거리로 나섰다.[18]

여성들이 이 모든 극렬한 저항의 현장에서 선두에 섰다.[19] 1938년 10월 23일, 29세 학교 교사 아카마 체리얀Akkamma Cheriyan은 2만 명이 넘는 시위대를 이끌고 독립운동을 하다 체포된 수감자들의 석방을 요구했다. 시위대를 향해 총을 쏘겠다는 영국군의 위협에 맞서 그는 이렇게 외쳤다. "내가 이들을 이끌고 있으니 나를 먼저 쏴라!"[20] 쩌렁쩌렁한 호통에 영국군은 무기를 내릴 수밖에 없었다. 훗날 그는 자서전에 이렇게 썼다.

> 셰익스피어는 이 세상이 무대이며 모든 남자와 여자는 단지 배우일 뿐이라고 말했다. 하지만 내게 이 삶은 기나긴 항의다. 보수주의, 아무 의미도 없는 허례, 사회적 불의, 성차별 등 부정하고 부당한 모든 것에 대한 항의다. 이런 것들을 목격할 때면 나는 눈이 멀고, 심지어 누구와 싸우고 있는지조차 잊게 된다.[21]

케랄라의 평등을 향한 길에서 집단투쟁의 중요성은 사회운동을 경시하고 전쟁이나 재난 같은 격변만이 '평준화'에 결정적 역할을 한다는 발터 샤이델의 주장에 정면으로 도전한다. 그의 관점이 전부 잘못됐다는 뜻은 아니다. 2차 세계대전이 변화의 촉매제 역할을 했다는 점에서는 샤이델의 관점도 어느 정도 타당성이 있다. 전쟁 중 버마(현재 미얀마)로부터 쌀 수입이 중단되자 정부 관리들은 '공정가격' 상점 유통망의 지원을 받아 인도에 광범위한 식량배급 체제를 도입했다. 하지만 그동안 임금 파업을 선동하고 공공도서관을 설립하며 노동자의 미덕을 노래하는 급진적인 공연을 홍보하는 데 앞장서온 공산당이 대규모 대중시위를 주도하지 않았다면 이런 변화는 일어나지 않았을 것이다. 2차 세계대전이 끝나고도 계속된 독립운동으로 1947년 마침내 인도가 독립을 쟁취했을 때도 공산당은 전쟁 당시의 '공정가격' 상점들이 그대로 유지되도록 도왔다(이들 상점은 오늘날에도 존재하며 기본 곡물과 기타 상품을 유통하고 있다). 이후에도 인도 공산당은 교육, 보건, 토지개혁 등을 위해 대중운동을 이끌었다. 그리고 1957년 케랄라 자치주가 탄생하자 세계 최초로 민주적 선거를 통해 집권한 공산주의 자치정부가 됐다.[22]

이후 케랄라 정부는 당분간 혁명을 멈추고 선거정치를 통해 공산당과 사회민주주의 중도 좌파 정당인 국민회의가 번갈아 집권하면서 통치하는 독특한 구조를 유지했다. 그러다가 1970년 그 어느 곳보다 변화 욕구가 높고 정치에 관심이 많은 케랄라 시민의 줄기찬 요구로 공산당이 주축이 되어 인도 역사상 가장 급진적인 토지개혁 정책을 추진했다. 이로써 뿌리 깊은 봉건적 관행과 불평등이 해체됐고, 두 정당은 신자유주의적 긴축 정책이라는 시련 속에서도 인도에서 가장 광범위한 복지 및 교육 시스템을 확립하는 데 성공했다. 환경운동가이자 저널리스트 빌 매키번Bill McKibben이 지적했듯이 "케랄라 정치의 모토는 부의 재분배"였다.[23]

인도 공산당이 많은 일을 해냈지만, 그 가운데 가장 큰 업적이라면 아마도 1998년 '쿠둠바슈리Kudumbashree'일 것이다. '가족의 번영'이라는 뜻의 이 정책은 지금도 정부가 주도한 세계 최고의 '빈곤 퇴치 및 젠더 평등' 프로그램으로 인정받고 있다. 케랄라의 과거에서처럼 그 중심에는 여성들이 있었다. 다중심 분권화 공동체 네트워크인 쿠둠바슈리는 기본 가구 수준의 '이웃 그룹NHGs', 지역 수준의 '지역 개발 협회ADS', 지자체 정부 수준의 '공동체 개발 협회CDS', 이렇게 3단계 구조로 케랄라 전역에 퍼져 있다. 가구당 한 명의 여성이 10~20명으로 구성된 '이웃 그룹'의 회원이 되고, 이 그룹이 섬유·운송·건설·농업 등 분야에서 중간 규모로 '지역 개발 협회'를 구성해 정부로부터 대출과 훈련 지원을 받아 집단 기업을 설립할 수 있는데, 규모가 더 커지면 자연스럽게 '공동체 개발 협회'로 격상된다. 분권화 조직 체계와 여성에게 권한을 부여한다는 철학에 따라 2023년 기준 450만 명의 여성, 케랄라 전체 가구의 60퍼센트가 참여하고 있다. 25만 명이 넘는 여성이 가족의 식량안보를 보장하고자 6만 개 이상의 소규모 집단농장(대부분 환경 영향이 적고 지속 가능한 농장)을 설립했다. 생산 물량 대부분은 자급자족에 쓰이며, 나머지 생산물은 공개 시장에 판매한다.

쿠둠바슈리는 실질적으로 부의 재분배보다 선분배를 실천하는데, 여성들이 정부 복지에 의존하지 않고도 적절히 생계를 유지할 수 있는 경제적 수단을 제공한다. 전 세계적으로 점점 더 많이 참조되고 있는 쿠둠바슈리는 케랄라의 평등과 사회정의를 위한 투쟁에서 그동안 여성들이 맡았던 역할의 오랜 역사를 보여주는 고무적인 증거다. 한 여성 농민은 이렇게 강조했다. "우리의 힘은 집단의 힘이에요. 서로 연대해서 용기와 의지를 얻죠. 쿠둠바슈리의 활동은 모두 연대에 관한 거예요."[24]

그렇더라도 케랄라를 사회적 낙원처럼 묘사하는 것은 너무 성급한 판단이다. 쿠둠바슈리 같은 정책을 통한 성평등 성과에도 불구하고 케랄라에서 여성에 대한 '가정폭력'은 여전히 만연해 있다.[25] 아울러 비평가들은 케랄라가 유엔 인간개발지수 지표상 건

2019년 케랄라 포트코치Fort Kochi의 한 쿠둠바슈리 협동조합 카페에서 일하고 있는 여성 노동자들.

사진 제공: 베니 쿠루빌라Benny Kuruvilla.

강·교육·생활 수준 등이 인도 내에서 가장 높긴 하지만, 1인당 GDP는 전국 평균보다 낮다는 점을 지적한다. 그렇더라도 그림을 크게 놓고 보면 이른바 '케랄라 모델'이 가장 주목할 만한 평등주의 성공 사례라는 것이다. 왜일까? 앞서 살폈듯이 2차 세계대전의 위기가 평등주의 개혁을 촉진하는 데 영향을 끼치긴 했지만, 그와 같은 사건의 중요한 역할에 관한 샤이델의 이론을 내세울 만큼 결정적이지는 않았기 때문이다. 정부 주도 정책, 특히 인도 공산당이 추진한 토지개혁 등의 정책이 전후 시대에 상당한 영향을 끼친 것은 사실이다. 그런데 장기적 관점에서 보면 그 밑바탕에는 19세기로 거슬러 올라가는 정치적 행동주의political activism 문화가 깊게 자리잡고 있었으며, 그 대부분은 권한이 있고 교육받은 여성들이 뒷받침하고 고무했다.

여성의 행동주의는 역사에서 너무 자주 너무 쉽게 등한시된다. 케랄라의 역사는 수정과 보완이 절실히 필요한 역사적 사례를 제공한다. 역사가 로빈 제프리Robin Jeffrey의 지적처럼 "많은 여성이 글을 읽고, 자유롭게 여행하고, 임금을 받는 직업에 종사하는 정치적으로 활동적이고 조직적인 사회는 보건·주거·교육 등 기본 복지를 요구하고, 선출된 정부로 하여금 이를 제공하도록 강제할 수 있었다". 아니면 그가 케랄라에서 얻은 교훈을 표현한 다음과 같은 등식이 더 직관적으로 다가올 수도 있겠다. "정치+여성=웰빙(행복)."[26]

핀토피아: 핀란드가 변두리 후진국에서 평등주의 쇼케이스로 떠오른 방법

케랄라가 글로벌 사우스에서 가장 평등한 지역으로 꼽힌다면, 글로벌 노스에서는 주로 스칸디나비아의 부유한 나라들에 관심이 집중되는 경우가 많다. '북유럽 모델'을 바라보는 대중의 인식은 강력한 평등주의 정책과 포괄적인 복지가 국가 정부 차원에서 이뤄진다는 데 초점을 맞춘다. 하지만 케랄라와 마찬가지로 역사적으로 보면, 장기적인 사회투쟁(이 또한 여성들의 행동주의가 두드러지게 이바지한)이 불평등 격차를 좁히는 데 결정적인 역할을 했다는 점이 드러난다. 지난 세기 핀란드의 놀라운 경제성장이 이를 잘 보여준다.

2019년 12월, 새롭게 개편된 핀란드 연립정부 지도자 다섯 명의 사진을 올린 트위터 포스팅이 소셜미디어에서 화제가 된 일이 있었다.[27] 무엇 때문이었을까? 다섯 명 모두 여성인 데다 대부분 젊어서였다. 총리인 산나 마린Sanna Marin은 겨우 서른네 살이었다.

그다음 선거에서 다수당이 등장해 연립정부는 몇 년밖에 지속되지 않았지만, 이 기간은 핀란드가 지구상에서 가장 평등하고 행복한 나라라고 평가받는 충분한 계기가 됐다. 어떻게 그럴 수 있었는지는 쉽게 이해된다. 핀란드는 사회적·경제적·정치적 평등 및 복지 수준에 관한 100개 이상의 글로벌 지표에서 대부분 1위나 2위를 차지했고 아무리 낮아도 3위였다.[28] 이 같은 성과는 직장 내 성평등, 육아수당과 육아휴직, 부유세, 상위 1퍼센트 소득 비율, 공교육의 질, 노후 수준, 아동빈곤 수준, GDP 대비 공공지출 비율,

유엔의 지속 가능 발전 목표Sustainable Development Goals, SDGs 이행 현황 등과 관련한 국가 통계에서도 명확히 드러났다. 핀란드는 인구 1인당 헤비메탈 밴드 수가 전 세계에서 가장 많다는 재미있는 기록도 갖고 있다. 여전히 자살, 알코올의존증, 인종 차별, 특히 아프리카계 핀란드인에 대한 차별 등 심각한 사회 문제가 남아 있지만, 전반적으로 볼 때 핀란드 사람들의 삶은 꽤 윤택하다.²⁹

케랄라처럼 핀란드도 몇 세대에 걸쳐 이런 업적을 달성했다. 20세기 초반까지만 해도 핀란드는 유럽에서 최빈국에 속했고, 산업구조도 농업과 임업 중심에서 벗어나지 못하고 있었다. 그랬던 핀란드가 노르웨이처럼 막대한 석유나 천연가스 없이도, 스웨덴처럼 식민지를 통한 경제적 이익 없이도 반전 드라마를 써낸 것이다. 핀란드는 대체 무슨 수로 '핀토피아Finntopia'라고 불릴 수 있게 된 걸까?³⁰

시계를 1907년으로 돌려서 핀란드가 아직 러시아제국의 일부였던 때로 돌아가보자. 또 다른 시대와 또 다른 여성들의 사진이 나온다. 이 사진에는 핀란드의 새로운 단일 의회에 선출된 여성 19명 중 13명이 등장한다. 이때 핀란드는 유럽 최초로, 세계적으로는 뉴질랜드와 오스트레일리아에 이어 세 번째로 여성에게 국회의원 선거 투표권과 국회의원 피선거권을 동시에 허용한 나라가 됐을뿐더러, 여성 국회의원을 대거 배출한 최초의 국가가 됐다. 신임 여성 의원 가운데는 중산층 지식인뿐 아니라 재봉사, 직조공, 제빵사, 가정부 등 더 낮은 계층 출신 여성들도 있었다. 가장 잘 알려진 인물로는 사회민주당 소속의 미나 실란패Miina Sillanpää를 들 수 있다. 가정부 출신으로 헬싱키 가사노동자협회 지도자였으며,

이후 사회부 장관이 됐다. 훗날 핀란드 최초의 여성 대통령이 된 타르야 할로넨Tarja Halonen(재임 2000~2012년)의 말을 빌리자면 그는 "복지국가의 어머니" 중 한 명이었다.³¹

이들 또한 투쟁 없이 그 자리까지 올라간 것이 아니었다. 케랄라와 마찬가지로 핀란드도 19세기 여성 교육의 최전선에 있었다. 부분적으로는 루터교의 영향과 제국 영토 내 상류층 여성을 위한 교육을 옹호한 러시아 여제 예카테리나 2세Ekaterina II의 유산 덕분이었다. 그리고 핀란드 민족주의자들의 노고도 빼놓을 수 없다. 이들은 수백 년 동안 서쪽으로는 스웨덴, 동쪽으로는 러시아 식민지로부터 독립을 위해 싸웠고, 교육받은 여성 인구가 많아질수록 애국심이 고취되리라고 믿었다. 1800년대 후반에 이르자 핀란드 고등학생의 40퍼센트, 대학생의 14퍼센트를 여성이 점유하게 됐

유럽 최초의 여성 국회의원들. 미나 실란패(윗줄 오른쪽에서 세 번째)는 사회민주당 동료 의원들과 같이 흰색 블라우스를 입고 있다.

다.³² 이 새로운 세대의 지식인 여성들은 1884년 핀란드 여성협회를 설립하고 여성 참정권 운동을 벌였다. 하지만 이때까지만 해도 그 대상은 부유한 상류층 여성에 국한됐다.

그런데 이런 물결이 퍼져나가는 데는 그리 오랜 시간이 걸리지 않았다. 곧이어 여러 파생 여성단체들이 생겨났고, 출신이나 배경에 상관없이 모든 여성에게 완전한 참정권을 요구했다. 그 중심에는 1900년에 설립된 노동여성연맹이 있었다. 한창 성장하던 사회민주주의 운동과 힘을 합친 노동여성연맹은 1905년 10월 총파업에서 다른 노동운동 단체들과 함께 거리로 나섰다. 그해 초 상트페테르부르크에서 촉발된 정치적 불안을 틈타 러시아 제국주의에 맞서려는 대규모 봉기의 일환이었다. 당시 미나 실란패가 주필로 있던《가정부여성잡지Palvelijatarlehti》(나중에《노동자여성Työläisnainen》으로 제호를 바꿈 - 옮긴이)는 "파업 주간은 여성의 권리를 각성하는 주간이었다"라고 보도했다. 노동여성연맹은 이후로도 몇 달 동안 모든 여성의 투표권과 피선거권을 요구하는 대중집회를 200회 이상 개최했다. 수만 명이 참여한 대규모 시위가 잇따르자 완전한 여성 참정권 도입에 반대하는 목소리도 마침내 수그러들기 시작했다. 1906년 결국 의회 개혁위원회는 이들의 요구를 받아들였다.³³

이 역사적인 풀뿌리 운동이 오늘날 핀란드에서 볼 수 있는 여성의 높은 정치 참여를 가능케 한 원동력이었다. 이들의 투쟁이 없었더라면 2019년 트위터 사진은 올라오지도 않았을 테고, 핀란드 국회의원 46퍼센트가 여성일 리도 없었을 것이다(이 비율은 유럽 국가 평균 33퍼센트보다 상당히 높은 수준이다). 아울러 미나 실란패를 비롯한 정치적으로 적극적이고 전투적인 여성들이 여성,

아동·청소년, 노년 인구를 위한 의료 및 사회적 지원을 개선하는 데 헌신했기에 핀란드가 복지국가로의 기반을 다질 수 있었다. 역사학자 아우라 코르피토몰라Aura Korppi-Tommola는 "핀란드 여성들이 일찍부터 투표권과 피선거권을 확보한 덕분에 민주주의와 복지사회를 확립하는 데 중요한 역할을 할 수 있었다"라고 분석했다.34

평등주의를 향한 핀란드의 여정은 1918년에 발발한 적백 내전으로 방해를 받았는데, 이때 2만 명 이상의 사회민주당 적위대(적군)가 사망했고, 이들 중 다수는 내전에서 승리한 원로원 백위대(백군) 세력에게 처형당했다.35 하지만 2차 세계대전에서의 공동 투쟁, 특히 소련과의 길고 오래된 갈등은 국가 통합을 재건하는 데 도움이 되었다. 이는 또한 전후 복지 개혁을 촉진하는 계기로도 작용했다. 다른 유럽 국가들이 그랬듯 참전용사들은 연금, 주택, 의료 서비스를 요구하며 전후 복지 개혁을 촉발시켰다.

1948년 핀란드는 참정권을 획득한 이후로도 왕성하게 활동해 온 노동조합과 여성단체들의 꾸준한 압력 덕분에 세계 최초로 보편적 아동수당을 지급하는 나라가 됐다.36 이듬해에는 아이를 낳은 전국의 모든 여성을 위한 출산 축하 패키지도 도입했다. 지금도 여전히 인기가 높고 이제는 베이비 박스Baby Box로 알려진 이 일종의 육아 스타터 키트starter kit 안에는 신생아용 옷·담요·매트리스·장난감·책이 들어 있으며, 튼튼하게 제작된 상자는 아기 침대로 사용할 수 있다. 임신 4개월 무렵 산전 건강 클리닉을 방문해 신청하면 받을 수 있는데, 이 정책은 1950년대 이후 영아 사망률을 급격히 낮추는 데도 이바지했다. 이 정책의 결과로, 인구통계학자 대니 돌링Danny Dorling과 애니카 콜조넨Annika Koljonen은 "핀란드 신

핀란드 베이비 박스 내용물. 지금도 전국 모든 산모에게 무료로 제공되고 있다.

생아는 지구상에서 가장 공평하게 인생을 시작하는 셈"이라고 썼다.[37]

전후 시대는 '노동조합, 고용 주체, 국가' 간 삼자 임금협정 체계도 탄생시켰지만, 1960년대 후반에서 1970년대 초반의 격렬한 사회적 항의가 있기 전까지는 제대로 확산되지 않았다.[38] 당시 핀란드노동조합연맹Suomen Ammattiliittojen Keskusjärjestö, SAK 노동자들은 노동 손실 일수로 따졌을 때 아마도 전 세계에서 가장 전투적인 파업 참여자들이었을 것이다. 전체 노동력 부족 등 여러 요인으로 점점 더 많은 여성이 노동시장에 진입하면서 이들 역시 노동운동에 적극적으로 참여했고, 1969년에서 1977년 사이에는 여성 핀란드 노동조합연맹 회원 수가 두 배 이상 늘어 40만 명을 넘어섰다. 이 같은 발전은 사회민주당 주도의 정부가 추진한 일련의 소득정책 협정에 기여했으며, 이로써 최저임금과 여성 노동자 임금이 인상

될 수 있었고 공공주택·연금·실업수당도 개선될 수 있었다. 노동 역사가 타피오 베르그홀름Tapio Bergholm에 따르면 이 시기 핀란드는 "소득 분배 측면에서 세계에서 가장 평등한 국가로 매우 빠르게 변모"하고 있었다.[39] 게다가 나날이 힘을 더해가는 페미니즘 운동에 탄력을 받은 노동조합은 여성들이 더 마음놓고 일할 수 있도록 새로운 보육 서비스를 확보하고 유급 출산휴가를 연장하는 데 성공했다.

1907년 여성 참정권에서부터 2020년 남성과 여성에게 동등한 육아휴직을 부여하는 법률 같은 혁신에 이르기까지 핀란드의 평등주의 역사는 불평등 격차를 줄이기 위한 비전 있는 모델을 계속해서 보여주고 있다. 몇 년 전 내 배우자가 강연 초청을 받고 핀란드의 한 중학교를 방문한 적이 있는데, 학급 규모가 작았고 과학 실험실, 음악실, 첨단기술 교실 등 시설의 수준이 높아서 무척 놀랐다고 했다. "이곳이 사립학교인가요?" 하고 물었더니 학교 관계자들이 몇 분 동안 질문을 이해하지 못한 듯 의아해했다고 한다. 그들에게 사립학교는 무슨 의미였을까? 낯선 개념인 듯했다. "아, 아니, 정부에서 운영하는 학교예요." 그들의 설명에 따르면 1968년 기본학교법Basic School Act 시행 이후 대부분의 사립학교들은 모든 아이를 위한 무상 포괄교육을 실현하기 위해 지자체에 인수되었다. 현재 사립학교라고 볼 수 있는 학교는 독립적으로 운영하는 몇 곳뿐이며, 종교재단 산하로 운영되는 학교법인을 포함해 대부분의 학교는 국가 예산을 받고 있다. 더욱이 이들 학교 가운데 어떤 곳도 학비를 받거나 수익사업을 하지 못하며, 심지어 입학시험을 치르는 것도 허용되지 않는다. 교사는 대개 석사 학위 이상을 보유하고 있으며, 1948년부터 모든 학생이 매일 무료급식을 제공받는다. 핀란드 아이들은 일곱 살에 학교에 입학하고 시험도 거의 보지 않지만, 학업 성취도에서는 세계 최고 수준을 기록하고 있다.[40]

"아메리칸 드림을 원한다면 핀란드로 가십시오." 전 영국 노동당 대표 에드워드 밀리밴드Edward Miliband가 농담처럼 했던 말이다.[41] 그의 말이 맞을 것이다. 이러한 평등주의의 꿈은 국가의 공공서비스, 풍부한 복지제도, 확고한 소득 재분배 세금정책에서 기인한다고 여겨질 때가 많다. 그러나 핀란드가 그것을 실현했다는 것은 핀란드라는 국가에 그 공을 돌리거나, 심지어 2차 세계대전 같은 격변의 영향력을 강조하는 것만으로는 결코 충분히 설명되지 않는다. 케랄라와 마찬가지로 시민들의 사회운동과 노동운동이 지구상에서 월등히 평등한 사회를 건설하는 데 결정적인 역할을 했다는 사실은 역사가 증명하고 있다. 여기서도 중심에는 여성들이 있었다. 이들의 적극적인 시민의식이 진보적인 국가를 탄생시킨 것이다.

평등과 복지 수준을 평가하는 글로벌 지표에서 1위를 차지하고는 있지만, 핀란드를 완벽한 이상향으로 찬양하는 것은 여전히 경계해야 한다. 핀란드는 이민자들에 대한 인종 차별이 유럽에서 가장 심한 편에 속한다.[42] 이뿐만 아니라 생태적 불확실성이 심화하는 21세기 오늘날에도 핀란드는 너무 많은 물건을 소비하고 있다. 핀란드 국민의 1인당 물질발자국은 OECD 회원국 중 최악이며 케랄라보다 4배나 높다.[43] 우리 지구는 핀란드인들처럼 사는 사람들을 지탱할 수 없다. 그렇기에 우리는 핀란드식 평등주의의 스뫼르고스보르드smörgåsbord(뷔페)에서 현명하게 취사선택해야 한다. 다행히 어떤 평등은 지구를 희생시킬 필요가 없다. 무상교육은 환경에 해를 끼치지 않는다. 공공의료도 민간 의료보다 탄소·물질 발자국이 적다. 하지만 쓰고 싶은 대로 막 쓰는 소비 평등은 다르다. 이 경우는 탄소 배출량이 불균형적으로 높은 부유층에 탄소세 등을 부과해 억누를 필요가 있다.[44] 그래도 좋은 소식이 있는데, 베이비 박스가 이제 지속 가능한 골판지로 제작되며, 기저귀도 재사용 원료를 사용해 탄소 중립에 동참하고 있다.

근본적 희망과 연대의 힘

경제적 불평등은 국내는 물론 국가 사이에서도 인류의 재앙 중 하나로 남아 있다. 옥스팜Oxfam의 최근 보고서에 따르면 "불평등으로 인해 4초마다 최소 한 명이 사망"하고 있으며, 이런 현상은 대부분 기아 대책과 기본 의료체계가 취약한 글로벌 사우스에서 일어난다.[45] 이에 반해 디지털 혁명은 더 많은 부를 끌어모으는 새로운 세대의 빅테크 억만장자를 만들어내고 있다. '긱 이코노미 gig economy'는 안정적이었던 고용을 아마존 택배원이나 딜리버루 Deliveroo 배달원 같은 불안정한 임시직으로 대체하고 있다. 기후위기에 치명상을 입을 이들은 가난한 사람들이고, 경제적 수단이 넉넉한 사람들은 기온 상승·해수면 상승·식량가격 상승으로부터 자신들을 보호할 새로운 인종주의로 불평등을 심화할 것이다. 어떻게 해야 커져만 가는 불평등 격차를 좁힐 수 있을까?

다름 아닌 역사가 근본적 희망의 원천이다. 케랄라와 핀란드라는 낯선 조합은 얼핏 서로 매우 다른 것 같지만, 두 사례 모두 더 평등한 사회를 만들고 정부가 자원을 더 공평하게 분배하도록 압박하는 사회운동의 힘을 여실히 보여준다. 이곳 시민들은 식민주의, 가부장제, 계급, 지주, 저임금, 극심한 빈곤에 맞서 반복적으로 일어섰다. 이들은 끊임없이 그리고 사심 없이 조직을 구성했고, 기회와 위험을 기꺼이 감수했다. 이들은 기득권에 맞서 "나를 먼저 쏴라!"는 외침으로 응전했다. 수십 년에 걸친 이들의 투쟁은 모두가 함께할 때라야 비로소 평등이 승리한다는 진실을 드러낸다. 이는 전쟁이나 재난 같은 극단적 위기만이 평등을 창출한다는 발터 샤이델의 주장에 대한 직접적인 반증이다. 2차 세계대전이 케랄라와 핀란드에서 평등주의 개혁을 촉진하는 데 도움이 된 것은 사실이나, 그것은 현상 유지에 저항하는 시민 행동이 결정적이고 지속적인 역할을 한 훨씬 더 커다란 이야기의 일부일 뿐이다.

나아가 케랄라와 핀란드의 역사는 변혁적인 변화가 세계적으로 확산하는 과정도 상징한다. 토마 피케티는 데이터에 기반한 일련의 국제 연구를 토대로 20세기에 부의 불평등을 감소시킨 가장 결정적인 힘, 이를테면 누진세를 적용하는 부유세 도입 같은 "제도적 변화를 가능케 한 것은 사회적·정치적 투쟁"이었다고 결론 내린 바 있다. 그에 따르면 바로 이것이 더 평등한 세상을 이루기 위한 근본적인 "역사의 교훈"이다.[46] 샤이델이 크게 과소평가한 힘, 그러니까 집단 연대의 파괴적 위력이 현실에서 실제로 차이를 만들어낸다. 극심한 역경에 맞서 비록 즉각적인 보상이 없더라도 공동의 목표를 향해 함께 나아갈 사회운동을 조직하는 인간 존재의 능력이야말로 가장 획기적인 사회 혁신이라고 할 수 있다(10장에서 다시 다룰 주제다).

지금까지 살폈듯 더 평등한 사회를 만들어가는 역사의 과정에서 여성운동이 매우 중요한 역할을 했다. 여성들은 성별 임금 격차와 가정폭력에 저항하는 캠페인에서 흑인 페미니즘 운동을 비롯해 지금 내가 이 책을 쓰는 동안에도 한창 히잡을 불태우는 이란 여성들에 이르기까지 다양한 전선에서 투쟁을 멈추지 않고 있다. 여성들은 글로벌 생태운동에서도 중심에 서 있는데, 이들 가운데는 시예 바스티다Xiye Bastida, 바네사 나카테Vanessa Nakate, 그레타 툰베리Greta Thunberg, 리시프리야 칸구잠Licypriya Kangujam 같은 청소년 활동가들도 있다.

나는 주로 경제적 불평등의 역사와 변화를 주도하는 주체로서 여성들의 역할에 초점을 맞췄지만, 미래를 내다볼 때 사회운동은 인종, 젠더, 성적 지향, 계급, 장애를 비롯한 각종 차별 형태를 중심으로 한 다양한 불평등과 그들 사이의 교차점을 점점 더 많이 다룰 것이다. 이로써 14세기 봉건 농노제에 맞서 들고일어난 농민 봉기로 거슬러 올라가는 오랜 반억압 운동의 역사 속에 더 새롭고 더 강력한 세대를 끌어들일 것이다. 사회운동은 인간 역사의 중심 서사 중 하나인 사회 정의가 집단투쟁의 타오르는 열기 속에서 단련된다는 사실을 다시 한번 증명할 것이다. 도무지 극복할 수 없을 것 같은 불평등이 느껴질 때마다 사회운동가 앤절라 데이비스Angela Davis의 말을 떠올려보자. "우리는 집단이 될 때 희망과 낙관주의의 저장고를 발견할 수 있다."⁴⁷

9장

AI를 효과적으로 통제하는 방법
자본의 착취에서 분산 소유권으로

지금 우리는 AI 발전의 분수령을 맞이하고 있다. 빌 게이츠Bill Gates는 AI가 인류의 희망이며 "세계 최악의 불평등을 줄일" 힘을 갖고 있다고 단언했다.[1] AI로 학교가 없는 지역에서도 아이들에게 필수적인 읽기와 쓰기, 산술 능력을 가르칠 수 있고, 병원에 갈 수 없는 사람들에게 질병을 치료할 방법을 조언할 수 있다. AI로 특정 암을 치료하고, 핵융합 기술을 앞당길 수 있으며, 가뭄에 강한 작물을 개발하도록 도울 수 있다. 여러분만을 위한 맞춤형 스포티파이Spotify 플레이리스트를 대신 편집하는 것 따위는 일도 아니다. 싫어할 이유가 있을까?

그러나 AI의 놀라운 능력은 우리에게 희망만큼이나 두려움도 심어줬다. 은행 계좌를 해킹하는 사이버 범죄자나 정치인을 암살하려고 드론을 날리는 테러리스트처럼 사악한 자들이 AI를 제멋대로 이용하면 어떻게 될까? 그렇게 결국 AI가 심각한 통제 불능 상태에 빠진 일종의 전자 프랑켄슈타인이 되어 우리 인간을 소모성 종으로 판단해 제거하려 든다면? 영국 일간지 《데일리메일Daily Mail》은 최근 1면 머리기사로 "AI가 인류를 멸망시킬 수도 있다"라고 보도했다.[2]

우리가 이 두 극단 사이에서 고민하는 동안 AI는 이미 우리 생활 거의 모든 측면에 침투하고 있다. 개인형 맞춤 소셜미디어 뉴스

피드 내용을 결정하는 알고리즘, 아마존에서 다음 구매 품목을 알려주는 푸시 알림, 전기 및 난방 시스템을 세밀하게 보정하는 스마트 미터smart meter, 교통 체증을 피하도록 돕는 GPS, 피카소 스타일로 무엇이든 그리게 해주는 앱, 복잡한 컴퓨터 코딩부터 냉장고에 남은 재료로 요리하는 법까지 알려주는 챗GPTChatGPT나 바드Bard 같은 대규모언어모델large language model, LLM(어떤 이들은 이걸로 책을 쓰게도 한다는데, 이 책은 그렇게 쓰지 않았다) 등 이루 말할 수 없을 정도로 많다.³ 그리고 지금 나열한 것들은 모두 우리가 설정하는 특정 작업에만 최적화된 디지털 기계로, 방대한 양의 데이터를 인간보다 압도적으로 빠르고 효율적으로 분석해 결과를 내놓는 '좁은 AInarrow AI'의 예시다. '좁은 AI'는 영화 〈터미네이터Terminator〉나 〈매트릭스Matrix〉 시리즈 같은 SF 디스토피아에 등장하는 '인공일반지능artificial general intelligence, AGI', 때로는 '강한 AIstrong AI'라고 불리는 것에 능력이 훨씬 못 미친다. 다만 우리가 좋아하든 싫어하든 간에 스스로 인식하고 목표를 설정할 수 있는 디지털 기계라는 점은 똑같다.

이 장에서는 이미 엄청난 속도로 확산 중인 '좁은 AI'가 초래할지 모를 위험에 대비하려면 어떻게 해야 하는지를 역사의 통찰을 통해 살필 것이다. 반면 AGI는 아직 존재하지 않으며, 실현되지 못할 수도 있는 기술적 도약이 필요하므로 여전히 추측의 영역에 머물러 있다. 언뜻 보기에 역사는 AI처럼 전례 없는 첨단 기술이 만들어내는 위험을 이해하고 완화하는 데 거의 도움이 되지 않을 것 같다. 하지만 과거로 눈을 돌리면 놀라울 만큼 비슷한 장면을 찾을 수 있다.

역사를 들여다봐야 하니 우선 이런 질문으로 시작할 수 있을 것이다. 우리 인류가 AI와 매우 흡사한 완전히 통제할 수 없는 대규모 시스템을 만들어낸 적이 있을까? 답은 '예'다. 바로 오늘날 우리가 '금융자본주의'라고 부르는 경제체제다.[4] 그 기원과 발전을 따라가다 보면 AI가 초래할 위험을 쉽게 이해할 수 있다.

AI는 '금융자본주의'뿐 아니라 지난 400년에 걸쳐 등장한 '산업자본주의' '식민지 자본주의' '소비자본주의'라는 세 가지 다른 형태의 자본주의와도 유사점을 갖고 있다는 사실이 밝혀졌다. AI와 자본주의 사이의 깊은 연관성을 온전히 파악하려면 AI의 능력만 생각하지 말고 그것이 개발되고 기능하게 된 근본적인 배경도 고려해야 한다. 인공지능과 그 영향에 관해 연구하는 케이트 크로퍼드Kate Crawford의 주장처럼 우리는 AI를 "천연자원, 연료, 인간 노동, 사회 기반시설, 물류, 역사, 분류체계로 이뤄진 구체적이고 물질적인 것"으로 이해할 필요가 있다.[5]

AI와 자본주의의 유사성을 찾으면 AI의 중대한 위험을 피할 수 있는 단서가 자본주의 체제의 대안에 숨겨져 있음을 알게 된다. 그런데 이런 위험을 제한할 방법을 알아보기 전에 금융자본주의가 어떻게 생겨났는지 자세히 확인함으로써 AI의 작동방식과 잠재적 위험에 관해 무엇을 조명할 수 있는지 살펴보기로 하자.

금융자본주의는 어떻게 통제 불능의 슈퍼시스템이 되었는가

금융자본주의의 뿌리는 고대 바빌로니아 왕국 사람들이 신용과 부채를 기록하는 수단으로 사용한 점토판이나 르네상스 시대 이탈리아에서 복식부기 회계 방식을 개발한 것에서 찾을 수 있다. 그렇지만 복잡한 통합 체제로서 현대적이라고 할 만한 형태는 17세기 초 암스테르담에서 처음 나타났다. 매일 정오에서 오후 2시 사이에 열리는 세계 최초의 주식시장 암스테르담 증권거래소 중앙광장으로 수많은 인파가 몰려와 격렬한 몸싸움까지 벌이면서 주식과 상품 거래를 했다. 어떤 이는 이 모습을 "악수하는가 싶더니 이내 소리치고, 욕하고, 새치기하고, 당기고, 밀치는 등 난장판이 따로 없다"라고 묘사했다.[6] 증권거래소는 마치 초기 형태의 컴퓨터처럼 운용됐는데, 거래를 하려는 사람들이 몰려들어 회랑으로 둘러싸인 중정을 회로판 삼아 정보의 조각들을 전달하는 식이었다. 당시에는 많은 사람이 네덜란드 동인도회사 주식을 보유하고 있었다. 이 회사는 최초의 상장 주식회사이자 현대 기업의 선구자로서 1602년 처음 주식을 공식 발행했으며, 육두구 같은 향신료와 직물, 기타 식민지 상품을 취급했다.

이 증권거래소의 곡마단 같은 풍경은 1609년 암스테르담에서 급속히 성장하는 대외무역을 지원하고자 설립된 초기 형태의 중앙은행이자 외환은행인 비셀방크Wisselbank 덕분에 점차 수그러들었다. 암스테르담 시 청사에는 해상보험을 담당하는 시 의회가 있었고, 문을 몇 개 더 지나면 모든 것이 잘못될 경우를 대비한 파산 회

인간 컴퓨터: 암스테르담 증권거래소 중정에서 빠른 속도로 주식을 거래하는 사람들.

의소도 있었는데, 문 바로 윗벽에 의미심장하게도 이카루스가 추락하는 모습이 조각되어 있었다. 암스테르담은 역사가 사이먼 샤마Simon Schama가 "세상이 지금까지 목격한 가장 강력한 자본주의"라고 부른 체제를 운용하는 데 필요한 모든 것을 갖추고 있었다.[7] 그러나 그 모든 것이 얼마나 쉽게 통제 불능 상태에 빠질 수 있는지 예상한 사람은 거의 없었다.

1690년대로 빠르게 넘어가면, 스코틀랜드에서 재무관을 지낸 존 로John Law가 바다 건너 암스테르담에 도착한다. 도박에 빠져 가족 재산을 탕진한 것도 모자라, 살인까지 저질러 감옥에 갇혔다가 탈출해 스코틀랜드 당국으로부터 수배가 내려진 상황이었다. 암스테르담에 숨어든 그는 이곳의 금융 시스템, 특히 투자자들을 본래 투자금보다 높은 액수의 금융 위험에서 보호하는 네덜란드의 또 다른 선구적 발명품인 공동 출자 방식의 유한책임회사에 매료됐다. 곧바로 그는 주식시장에 뛰어들어 온갖 투기 거래로 도박 욕구를 충족했다. 그리고 다른 한편으로는 비셀방크 모델을 뛰어넘어 아예 화폐를 자체 발행하는 공공 은행을 설립해 '종이로 금을 만들어낼' 금융혁명을 기획하기 시작했다.

마침내 그는 프랑스의 루이 14세 국왕의 급증하는 부채 덕분에 기회를 잡았다. 1716년 로는 파리에 방크제네랄Banque Générale 설립 허가를 받았고, 이 은행은 정부 부채 상환을 돕기 위해 즉시 지폐를 발행하기 시작했다. 불과 1년 뒤인 1717년, 로는 다음 행보로 서방회사Compagnie d'Occident를 설립했는데, 이 회사는 프랑스령 루이지애나(현재 미국 영토의 약 4분의 1에 해당하는)의 무역 독점권을 부여받았다.

진짜 문제는 이때부터 시작됐다. 오늘날 IT 기업가들이 최신 제품을 과대 선전하듯 존 로도 프랑스령 루이지애나가 회사와 자신을 포함한 주주들을 부자로 만들어줄 풍요로운 에덴동산이라고 호언장담하며 주식을 발행했다. 이 시기 방크제네랄은 방크루아얄Banque Royale로 이름을 바꾸고 사람들이 더 많은 주식을 매수하도록 대출을 시작했는데, 이는 광란의 투기와 거대한 자산 거품을 부채질했다. 볼테르Voltaire는 "파리 사람들은 모두 미쳐버렸는가? 이 혼란을 도무지 이해할 수 없다"라고 썼다. 물론 막대한 부를 챙긴 사람들도 있었다. '백만장자millionaire'라는 용어도 이때 처음 생겼다. 하지만 1720년이 되자 루이지애나는 경제적 잠재력이 거의 없고 그저 곤충만 들끓는 늪지대 오지라는 사실이 고통스러울 정도로 분명해졌다. 투자자들은 앞다퉈 주식을 처분하기 시작했다.

현재 많은 사람이 AI가 개발자의 본래 의도에서 벗어날 수 있음을 인지하고 있듯이, 존 로도 자신이 통제 불가능한 괴물을 풀어놓았다는 사실을 깨달았다. 그는 필사적으로 금융시장을 안정시키려고 했으나 투자자들의 집단심리를 억제할 수는 없었다. 신규 투자를 유치하고자 새로운 주식을 발행해도 아무 소용이 없었다. 사람들이 저축을 더 안전한 금속화폐로 옮기는 상황을 막기 위해 금과 은의 공시 가격을 수십 차례 조정했지만 침체를 늦추기에는 역부족이었다. 급기야 방크 루아얄에 주식을 대량 매수하게 했으나, 오히려 그로 인한 유동성 과잉으로 물가가 급등했다. 마지막 초강수로 화폐 가치를 평가절하하자 대중의 분노는 극에 달했고, 금융시스템은 신뢰성을 완전히 상실했다. 그 무엇으로도 흐름을 막을 수 없었다.

그 결과 '미시시피 거품Mississippi Bubble'으로 알려진 세계 최초의 금융 붕괴 사태가 일어났다. 수천 명이 생계를 잃었고, 프랑스 경제는 산산조각났으며, 존 로는 해임돼 쫓겨났다. 이카루스는 추락했다.[8]

어떤 이들은 존 로를 비운의 천재라고 평가하고, 어떤 이들은 희대의 사기꾼이라고 비난한다. 그런데 엄밀히 말하자면 미시시피 거품은 사실 그가 어찌해볼 수 있는 무엇이 아니었다. 인위적으로 만들어진 시스템이 스스로 생명을 얻어 꿈틀거리다가 통제 불능 상태에 빠질 때 초래되는 결과였다. 존 로가 초기 금융투자 열풍을 촉진했을 수 있지만 결국 아무리 애써도 붕괴를 막을 수는 없었다. 이러한 투기적 호황과 붕괴의 패턴은 같은 해 영국에서 발생한 남해회사South Sea Company 거품과 1825년 영국 금융 공황에서 1929년 미국 월스트리트 대폭락과 미국인 400만 명이 집을 잃은 2008

년 글로벌 금융위기에 이르기까지 계속 반복되었다.

17세기 암스테르담에서 시작된 글로벌 금융자본주의는 거대하고 강력하며 어디와도 연결되는 초연결망 슈퍼시스템으로 진화했다. 현재 하루마다 수백만 건의 국가 간 금융 거래가 나노초 속도로 이뤄지기에 각국 정부가 이를 규제하고 제한하기란 사실상 불가능하다. 2008년 글로벌 금융위기 당시 국제금융 흐름은 고도로 통합되어 있었기 때문에 리먼브라더스Lehman Brothers 같은 거대 금융회사가 무너지면 전 세계에 파괴적인 영향을 끼칠 수밖에 없다.[9] 역사가 페르낭 브로델Fernand Braudel은 이미 반세기 전에 이런 가능성을 간파하고 자본주의 체제가 금융 이익에 집착하면 "이후에는 결코 적절히 통제하지 못할 힘이 풀려나게 된다"라고 지적했다.[10] 지니는 끝내 램프에서 빠져나온다.

이쯤에서 잠시 멈추고 생각해보자. 이 금융자본주의 이야기는 오늘날 AI 관련 도전과제의 어떤 부분을 비출 수 있을까? 정확히 어느 지점에서 유사점이 발견되며, 핵심적인 차이점은 무엇인가? 답은 다름 아닌 '시스템 복잡성' '전염 위험' '의도적 설계' 이 세 가지 영역에 있다.

첫 번째로 '시스템 복잡성'부터 살펴보자. AI도 거대하고 복잡한 초연결망 슈퍼시스템으로 발전하고 있다는 점에서 금융자본주의와 분명히 닮았다. 글로벌 금융체제만큼이나 통제와 규제가 어렵다.[11] 차이점이라면 확장 속도가 금융자본주의보다 훨씬 더 빠르다는 것이다. AI는 불과 몇 년 만에 거미집보다 복잡한 전자 그물망으로 우리를 유인했다. 검색 엔진은 물론이고 감시 시스템, 스마트 비서, 체스 봇에 이르기까지 디지털 정보와 관련이 있는 거의 모든 것이 AI다. 챗GPT는 2022년 공식 출시 후 고작 5일 만에 100만 명이 넘는 이용자를 확보했으며, 6개월이 흐른 시점에서는 1억 명을 돌파했다.

광범위하고 빠른 확산을 가속하는 AI만의 특징은 사회철학자 대니얼 슈마흐텐버거Daniel Schmachtenberger가 '옴니모달Omni-Modal'이라고 부르는 개념으로 정의할 수 있다. 이는 AI가 수많은 다른 기술과 효과적으로 결합할 수 있음을 의미한다. 예를 들어 유전자 치료 연구에서 데이터 분석을 강화하거나, 기상 위성 예보를 개선하거나, 석유회사가 새로운 원유 및 천연가스 매장지를 찾거나, 항공기 비행 경로를 계획하는 데 활용될 수 있다. 이로써 AI는 이미 기술에 깊이 중독된 이 세상으로 침투하는 일종의 '초기술'로 변모한다. 자본주의 또한 슈퍼마켓 사과부터 증권거래소 주식에 이르기까지 거의 모든 상품과 서비스를 시장화할 수 있는 옴니모달 요소를 갖고 있다.

나아가 슈마흐텐버거는 AI 도구의 '강제성'도 빠른 확산의 요인이라고 설명했다. 기업이든 개인이든 경쟁사나 다른 사람들이 AI를 쓰고 있다면 덩달아 AI를 사용할 수밖에 없다.[12] 정치도 마찬가지다. 어떤 정당이 AI를 이용해 온라인에서 유권자를 확보하고 있다면 다른 정당도 그렇게 하지 않을 도리가 없다. 마이크로소프트의 지원을 받은 오픈AIOpenAI가 챗GPT를 성공적으로 출시하자마자 이에 질세라 구글이 대화형 AI 바드를 내놓은 것도 같은 맥락이다. 아무도 뒤처지고 싶어하지 않는다. 통제 불능 상태로 흘러가게 될 슈퍼시스템은 이런 모습을 띤다. 3세기가 넘도록 금융시장을 움직인 집단심리의 메아리다.

AI와 금융자본주의의 두 번째 유사점은 '전염 위험', 이른바 '시스템 리스크systemic risk'와 관련이 있다. 거대한 규모로 상호 연결된 시스템에서는 한쪽에서 발생한 문제가 시스템 전체로 확산해 감염될 확률이 매우 높다. 금융 시스템의 핵심 위험은 미시시피 거품이나 월스트리트 대폭락처럼 경기침체가 통제 불능 상태로 치달아 붕괴로 이어질 수 있다는 것이다. AI의 통제 불능은 이와는 다른 양상을 띤다. AI가 금융 붕괴와 똑같은 방식으로 '붕괴'할 가능성은 낮다. 하지만 그럼에도 AI는 시스템 전반에 걸쳐 다양한 위협을 초래한다.

대표적인 시스템 리스크 가운데 하나는 가짜 정보의 기하급수적 확산이다. 사람 목소리를 3초만 듣고도 거의 완벽하게 복제하는 AI도 나온 상황이다. 배우자로부터 공동 은행 계좌 비밀번호를 잊어버렸다는 전화 메시지를 받았는데 사실은 사기꾼의 속임수라는 걸 알게 되는 상황을 상상해보라. 이런 신분 도용이 빠르게 확산하고 있으며, 전 세계적 규모로 국가 보안 시스템에 심각한 위협을 초래할 수 있다. 기술윤리학자 트리스턴 해리스Tristan Harris는 AI 기술을 이용해 가짜 신원, 가짜 정치 연설, 가짜 주식시장 보고서, 심지어 가짜 종교까지 만들어내는 "모든 것이 가짜인 세계"를 우려했다.[13] 진실과 신뢰가 이런 식으로 무너지면 파악하기조차 어려운 엄청난 사회적 혼란이 일어날 것이다. 가짜 디지털 정보로 뒤범벅된 세상에서 민주주의는 효과적으로 작동할 수 있을까? 현실 자체가 AI에 의한 가상현실로 잠식되고 있다.

이게 전부가 아니다. 통제 불가능한 대규모 실업 사태도 전염된다. AI가 IT를 비롯해 마케팅, 행정, 법률, 금융과 같은 산업 분야의 일자리를 위협하리라는 것은 주지의 사실이다. 여기에 기술이 더 발전하고 산업에서 산업으로 전염되면 일부 연구 결과가 보여주듯 미국과 유럽의 실업률은 25퍼센트까지 치솟을 수 있다.[14] 1930년대 대공황과 유사한 상황이 벌어지는 것이다. 당시 미국의 실업률도 25퍼센트에 달했고, 그 여파로 유럽에서 파시즘이 급부상하는 등 극단적인 정치적 불안정이 초래됐다.

AI의 시스템 리스크는 군사 분야로도 확대된다. AI는 민간인의 희생은 고려하지 않은 채 군사적 목표를 달성하도록 프로그래밍한 살인 로봇에서 치명적인 화학·생물학 무기를 운송하는 스마트 드론에 이르기까지 무인무기 체계로 전쟁의 판도를 아예 뒤바꿀 것이다. 아무도 의도하거나 예상하지 않았더라도, 이런 상황에서는 국가들이 경쟁국의 AI 역량을 따라잡아야 한다는 부담을 안게 되어 시스템 전반에 걸친 군비경쟁이 쉽게 벌어질 수 있다. 이런 위험은 구글, IBM, 메타Meta 등 몇몇 거대 기업이 지배하는 AI 산업의 소유 구조로 인해 더욱 증폭된다. 재무 목표에 따라 움직이는 민간 기업들은 이 같은 위험을 부차적 피해로 간주할 가능성이 크다. 당연하게도 이들은 벌써부터 수익성 높은 군사 계약을 싹쓸이하기 시작했다. 2022년 구글, 마이크로소프트, 아마존, 오라클Oracle은 90억 달러 규모의 클라우드 컴퓨팅 프로젝트인 '합동 전투 클라우드 역량Joint Warfighter Cloud Capability, JWCC' 계약을 공동으로 체결했다. 이 계약으로 이들은 드론 영상 분석 등 미군의 군사 작전을 위한 핵심 데이터 분석을 제공할 것이다.[15]

AI와 금융자본주의의 마지막 유사점은, 너무나도 당연해 보이는 얘기지만 '의도적 설계'라는 점이다. 다시 말해 둘 다 인간이 만들어낸 의식 없는 창조물이다. 일단 금융 시스템은 확실히 그렇다. 하지만 AI 리스크에 대한 공개적인 논의에서는 이 점이 자주 간과되는데, 이러한 논의가 종종 AGI에 대한 두려움으로 왜곡되곤 하기 때문이다. 요컨대 우리가 곧 의식을 가지고 스스로 결정을 내리는 기계들의 노리개가 될지도 모른다는 두려움이다. 자기인식형 초지능으로의 도약이 실제로 일어날 것이라는 근거가 부족함에도 불구하고(예를 들어 여전히 잘 이해하지도 못하는 인간의 의식을 컴퓨터로 모델링하기는 어려워), IT 리더들은 언젠가 AI가 멋대로 통제를 벗어나 호모 사피엔스를 역사 속으로 밀어낼 것이라는 두려움을 부추기고 있다.[16] 오픈AI의 최고경영자 샘 올트먼Sam Altman의 말처럼 "잘못된 초지능 AGI는 세계에 심각한 해악"을 끼칠 수 있으며 인류에게 "실존적 위험"이 될 수 있다.[17]

바로 이런 발언이 비현실적인 AGI에 대한 두려움만 증폭시키면서 정작 매우 현실적이고 발전에 발전을 거듭하고 있는 좁은 AI의 위험으로부터 주의를 돌리게 한다. 다시 말해 AI 알고리즘의 인종적 편향, 국가 감시 및 군사작전에서의 활용, 챗GPT에게 물으면 집에서 생물학적 병원균 추출법을 알려준다는 사실, IT 기업이 AI 사업으로 창출하는 독점적 초과 수익 등은 신경 쓰지 않게 만든다. 구글 출신 AI 전문가이자 암호화 메시지 처리 서비스를 개발한 비영리재단 시그널Signal 대표 메러디스 휘태커Meredith Whittaker는 이렇게 경고했다. "환상적이고 아드레날린을 솟구치게 하는 유령 이야기가 지금 당장 해결해야 할 문제에서 주의를 분산시키고 있다."[18] 브레이크가 고장 나면 자동차가 통제 불능 상태로 돌진할 수 있듯이, AI도 꼭 의식을 갖지 않아도 통제 불능 상태가 되어 심각한 피해를 낳을 수 있다. 그러니 유령 이야기는 접어두고 현실 문제에 집중해보자.

AI가 초래할 광범위한 위험에도 불구하고, 그나마 희망의 한 조각은 역설적이게도 17세기 암스테르담에서 처음 생겨난 금융 시스템이 그랬듯 우리 인간이 이것을 설계했다는 사실에서 찾을 수 있다. 따라서 AI가 슈퍼시스템으로 성장하기 전에, 아무도 통제하지 못하는 사태가 벌어지기 전에 (적어도 일부 측면은) 재설계할 수 있을지도 모른다. 그러려면 덮개를 들어올려서 기존 AI가 실제로 어떻게 기능하는지 물리적·인간적 토대와 그것을 뒷받침하는 구조의 세부사항을 더욱 자세히 살펴야 한다. 그러다 보면 AI와 금융자본주의의 변종들 사이에는 단순한 유사성 이상이 있다는 것이 점차 분명하게 드러날 것이다. 오히려 AI는 '금융자본주의'까지 이르는 '산업자본주의' '식민지 자본주의' '소비자본주의'의 역사적 형태를 구현한 자본주의 체제 자체의 본질적 일부로서 이해되어야 한다. 이 연결에 성공하면 인간과 AI의 관계에서 덜 위험한 미래를 그려갈 수 있을 것이다.

자본주의의 화신: AI, 추출의 기술

자본주의는 사유재산과 임금노동 그리고 시장이라는 핵심 메커니즘을 통해 자본 소유자에게 되돌아가는 이익을 극대화하는 경제 구성 방식이라고 정의할 수 있다.[19] 18세기 산업혁명 이후 점점 더 보편화한 산업 형태의 본질을 파악하려면 영국의 20파운드짜리 지폐를 보면 된다(지금은 신권으로 교체됐다 - 옮긴이). '경제학의 아버지' 애덤 스미스Adam Smith는 핀 공장에서 일하는 노동자들을 유심히 관찰하면서 "핀 제조의 분업과 그로 인한 노동 생산성의 대폭 증가"라는 설명을 붙였다. 애덤 스미스는 그 유명한 《국부론The Wealth of Nations》(1776)에서 핀을 만드는 데에는 18가지의 개별 공정이 있는데, 한 사람이 모든 단계를 맡아서 작업하면 "아무리 열심히 일하더라도 하루에 핀 하나를 간신히 만들 뿐 하루 20개 제작은 상상조차 하지 못할 것"이라고 설명했다. 이에 반해 산업자본주의의 초석을 다진 '노동 분업'이라는 경제 기적을 거치면 노동자 한 사람이 하나 또는 두 가지 작업만 수행해도 "하루 평균 4,800개 이상"의 핀을 만들 수 있다. 그렇지만 스미스 자신도 그 결과가 소득만 높이는 게 아니라 지루하고 반복적인 작업으로 인한 "정신적 무기력"을 유발할 수 있다고 인정했다.

그런데 이제 AI는 누구도 핀 공장 노동의 무기력함을 느낄 필

애덤 스미스의 옆모습과 분업 기반의 핀 공장을 보여주는 영국의 20파운드 지폐 견본.

9장. AI를 효과적으로 통제하는 방법: 자본의 착취에서 분산 소유권으로 **271**

요가 없다고 약속한다. AI를 탑재한 스마트 머신smart machine이 모든 지루한 공정을 대신하므로 노동자들은 다른 생산적인 일을 할 수 있다는 것이다. 연기나고 더러운 산업 시스템 대신 AI로 구동되는 손바닥만 한 기기로 공정을 관리하고, 데이터도 아주 안전하고 깨끗한 클라우드 서버와 연동하면 된다.

그러나 AI의 현실은 우리의 상상과 달리 오히려 애덤 스미스의 핀 공장에 훨씬 더 가깝다. AI 시스템 개발 및 적용 분야를 선도하고 있는 아마존을 예로 들어보자. 20파운드 지폐 속 노동자들은 핀 제작 기계에 통합된 작은 로봇과 유사하다. 여러분이 오늘이라도 당장 아마존 물류센터에 방문한다면 그와 같은 장면을 목격할 수 있다. '협력사'에서 파견된 아마존 창고 노동자들은 AI가 관리하는 상품 패키지와 마찬가지로 끊임없이 스캐닝·모니터링되며, AI 물류 소프트웨어가 이들의 동선과 작업 패턴을 추적·분석해 수시로 효율성을 개선한다. 더욱이 작업자의 일거수일투족은 낱낱이 기록된다. 주로 아마존의 AI 기반 구매 추천 시스템에 따라 주문이 이뤄진 품목을 처리하는 노동자들은 10시간 교대 근무마다 고작 15분 쉴 수 있고, 식사시간 30분도 무급으로 처리된다. 이들은 아마존 물류 공정 대부분을 수행하는 오렌지색 키바 로봇Kiva Robot이 할 수 없는 작업, 이를테면 모양이 복잡한 상품을 '패킹packing(포장)'하는 일을 반복하며, '피킹picking(운반)' 속도를 맞추려고 안간힘을 쓴다.[20] 모든 노동자가 효율성 극대화 알고리즘의 일부로, 이는 마치 영화 〈모던 타임스Modern Times〉(1936)의 찰리 채플린Charlie Chaplin처럼 기계 속 톱니바퀴에 불과하기에 공정 속도가 빨라지면 거기에 맞춰 재빨리 움직일 수밖에 없다.

그리고 아마존의 '메커니컬 터크Mechanical Turk'에도 엄청난 노동력이 숨겨져 있다. 본래 메커니컬 터크는 1770년 헝가리 왕국 출신의 발명가 볼프강 폰 켐펠렌Wolfgang von Kempelen이 만든 체스 기계였다. 그는 터번을 쓴 이 '기계 튀르키예인'이 스스로 체스를 둔다고 선전해 유럽을 순회하면서 사람들과 체스 시합을 벌여 큰 돈을 벌어들였다. 하지만 메커니컬 터크는 AI처럼 스스로 작동하는 기계가 아니라 그 안에 체스 고수가 들어가 몰래 조종하는 일종의 마술 도구였다. 아마존 버전은 전 세계 저임금 노동자 수만 명을 기업과 연결하는 크라우드소싱 플랫폼이다. 이들은 중복된 상품 소개 페이지를 골라내거나, 안면 인식 소프트웨어를 위한 사진에 감정을 설명하는 라벨을 붙이는 등 AI가 아직 수행할 수 없는 미세한 작업을 수행하기 위해 서로 입찰한다. 이 디지털 삯일의 표준 품삯은 작업당 0.01달러다. 사실상 인간이 AI 시스템과 알고리즘 프로세스를 보완하고 있는 셈이다.[21]

이렇듯 AI는 생명이 없는 '인공' 기술이 아니다. 적어도 현재로서는 '인간적인 너무나 인간적인' 기술이다. AI는 인간 노동과 기계 지능의 혼합체인 사이보그cyborg 시스템일 뿐이다. 1940년대와 1950년대 최초의 '컴퓨터'라고 야단법석을 떨었던 기술들이 실제로는 그 뒤에서 사람(대개는 여성)이 공학과 우주여행 등을 위해 복잡한 수학적 계산을 했던 것과 똑같은 맥락이다.[22] 기술적 실업의 위협에도 불구하고, AI는 불안정한 일자리에서 저임금으로 일하는 노동자라는 자본주의의 핵심에 여전히 의존하고 있다. 이런 의미에서 이는 오래된 공장 시스템의 현대적 변형이라 할 수 있다. 카를 마르크스Karl Marx가《공산당 선언Das Kommunistische Manifest》

(1848)에서 묘사했듯이, 지금도 노동자는 '기계의 부속물'이다.

나아가 마르크스는 자본주의의 논리가 국경을 뛰어넘어 확산하리라고 예측하면서 그것이 "어디에나 자리를 잡고, 어디에나 정착하며, 어디에든 연결망을 구축해야 한다"라고 지적했다.[23] 이 같은 팽창주의적 질주가 '식민지 자본주의'를 낳았는데, 세계경제의 중심에 선 국가들이 주변의 가난한 나라들에서 값싸게 원자재를 추출하고 노동력을 착취해 이익을 독점하는 '산업자본주의'의 공범이었다.[24] 그 초기 지역 중 한 곳이 바로 대량의 은이 매장되어 있어 '세로 리코Cerro Rico(부유한 산)'라고 불린 광산을 품고 있던 볼리비아의 포토시였다. 17세기 에스파냐 정복자들은 이곳을 통해 라틴아메리카의 혈관을 열었다. 1650년까지 포토시 인구는 16만 명으로 늘었고, 댐 22곳이 140개 제련소에 동력을 공급해 은을 제련했다. 원래대로라면 에스파냐로 흘러들어온 막대한 부만큼이나 인건비도 어마어마했을 것이다. 그런데 에스파냐는 철저히 그 노동력을 토착민과 아프리카인 노예들에게서 뽑아냈다. 무려 800만 명이 은을 캐다가 사망했다. 우루과이 작가이자 저널리스트 에두아르도 갈레아노Eduardo Galeano는 그렇게 "채굴한 광석은 포토시에서 마드리드까지 순은으로 다리를 놓을" 정도의 양이었고, "은을 캐다가 죽은 사람들의 뼈로도 다리를 놓을" 만큼 수많은 사상자가 발생했다고 썼다.[25]

오늘날 AI 산업에도 식민지 자본주의의 뚜렷한 메아리가 담겨 있다. 포토시에서 그리 멀리 떨어져 있지 않은 볼리비아 남서쪽에 우유니 소금사막이 있는데, 정작 소금보다 이곳에 매장된 '리튬'이 전 세계의 이목을 끌고 있다. 알다시피 이 '회색빛 금'은 충전식 배터리의 필수 원료이자 AI의 미래가 달린 매우 중요한 자원이다. 테슬라 같은 회사를 떠올려보자. 테슬라 전기자동차는 에너지 효율 시스템, 안전 모니터링 장치, GPS 등 AI와 관련한 부품으로 가득 차 있다. 게다가 더 많은 전기자동차가 자율주행 시스템을 채택하면 AI 의존도는 더 높아질 것이다. 그런데 전기자동차 배터리 팩에는 60킬로그램 이상의 리튬이 들어간다. 테슬라의 모든 첨단 AI는 리튬이 없다면 무용지물이다. 지금까지 전기자동차 산업에 필요한 리튬 대부분은 중국, 오스트레일리아, 칠레에서 공급됐다. 그런데 이제 이 분야 빅테크 기업들이 우유니의 소금사막으로 눈을 돌려 입맛을 다시고 있다.[26] 볼리비아 정부가 자국의 이 귀중한 자원을 제대로 통제하지 못한다면 콩고민주공화국의 전철을 그대로 밟을 수 있다. 콩고민주공화국은 배터리 생산에 사용되는 코발트의 60퍼센트를 보유하고 있으나, 정부가 통제권을 확보하지 못한 채 글렌코어Glencore 같은 다국적기업이 채굴 대부분을 주도하는 상황이다.

스마트폰이나 전기자동차 등의 AI 기반 제품 대부분을 저소득 국가가 보유한 원자재에 의존하는 탓에 이런 식민지적 경제 종속 관계가 전 세계적으로 재현될 가능성이 크다. 아이폰에 들어가는 부품 원재료는 주기율표 원소의 65퍼센트 이상을 포함하고 있으며, 평균 수명도 고작 4년에 불과한 데다 대개는 재활용되지 못하고 폐기물로 버려진다. AI 산업(더 넓게는 기술 산업)의 리튬과 코발트, 기타 금속을 향한 갈증은 그 옛날 식민지 정복자들의 금과 은에 대한 탐욕만큼이나 채워지기 어려운 것이다.[27]

식민지 자본주의의 본질은 AI 시대에 맞춰 변화하고 있으며,

아베바 비르하네가 "알고리즘 식민지화"라고 부르는 새로운 시대를 열어가고 있다.²⁸ 바야흐로 첨단기술 산업이 단순히 제품을 제조하기 위해 글로벌 사우스의 원자재를 추출하는 행위를 넘어 AI 자체를 활용해 글로벌 사우스에서 악착같이 가치를 뽑아내는 사례는 차고 넘친다. 페이스북은 2015년 전 세계 저소득 국가를 대상으로 '프리 베이직스Free Basics'라는 무료 인터넷 서비스를 출시했다가 몇 년 뒤 중단한 적이 있는데, 실제로는 페이스북을 포함한 극히 일부 플랫폼에 접속할 때만 무료였고, 여기에 혹한 수천만 명 사용자를 자사의 AI 기반 광고 알고리즘으로 가두는 일종의 '게이트웨이 마약gateway drug(입문용 마약)'과도 같은 술책에 지나지 않았다. 당연히 수익은 실리콘밸리가 빨아들였다(인도는 이 서비스를 금지한 몇 안 되는 국가 중 하나다).²⁹ 저금리로 소액 대출을 제공함으로써 빈곤 퇴치 수단으로 종종 찬사를 받는 '마이크로크레딧Microcredit' 모델 역시 AI를 이용한 신용 평가를 통해 돈을 갚을 수 있는 사람들에게만 대출을 해준다. 케냐 정부의 경우 아프리카에서 점유율이 가장 높은 마이크로크레딧 서비스 엠페사M-Pesa를 운영하는 기업 사파리컴Safaricom의 지분 35퍼센트를 갖고 있다고는 하나, 경영권 방어 수준인 40퍼센트는 다국적 통신 기업 보다폰Vodafone이 소유하고 있으며, 나머지 지분도 글로벌 노스의 부유한 투자자들에게 있다. 경제학자 밀퍼드 베이트먼Milford Bateman은 이를 역사적 맥락에서 이렇게 꼬집었다.

식민지 시대에 아프리카의 광물 자원을 착취했던 채광 산업과 마찬가지로, 오늘날 아프리카 마이크로크레딧 산업 또한 가장 가난

한 지역 공동체에 그나마 남아 있는 가치마저 뽑아내겠다는 것 말고는 다른 존재 이유가 없다.[30]

안면 인식 소프트웨어의 분류체계도 유사한 식민주의적 사고방식을 담고 있다. 수만 개의 얼굴 이미지로 안면 인식 AI를 훈련하는 데이터 집합 가운데 가장 유명한 유티케이페이스UTKFace는 사람을 남성과 여성 그리고 피부색에 따라 백인, 흑인, 아시아인, 인도인 등 6가지 범주로만 분류하도록 프로그래밍되었다. 이는 1950년대 남아프리카공화국의 인종차별 정책 아파르트헤이트apartheid가 백인, 반투Bantu(아프리카 흑인), 아시아인, 기타 유색인종으로 분류한 방식과 사실상 동일하다. 실제로 AI는 식민주의의 인종 범주를 알고리즘에 통합한다. 환원주의에 따라 작동할 수밖에 없는 이런 분류체계는 현실에서 그대로 적용되고 있다. 경찰이 사용하는 AI 감시 카메라 시스템은 부정확할뿐더러 소수민족을 범죄 용의자로 잘못 식별하는 경우가 허다하다. 비영리 인권단체 미국시민자유연맹ACLU이 아마존에서 서비스하고 미국 내 법 집행 기관에서 주로 사용하는 안면 인식 소프트웨어 리코그니션Rekognition에 의회 의원들의 얼굴을 대입해 분석한 결과, 이 AI는 28명의 의원을 범죄자로 인식했고 그중 11명은 유색인종이었다.[31] 여성도 이와 같은 지배구조에 종속되어 있다. AI 기반 소셜미디어 알고리즘은 여성이 남성보다 급여가 낮게 책정된 구인 광고를 우선해서 노출한다.[32]

자본주의의 가장 최근 변형 형태인 '소비자본주의' 또한 AI를 바라보는 추가적인 통찰을 제공한다. 여기에서 유용하게 쓸 수 있는 사고 도구는 카를 마르크스의 '잉여가치' 개념이다. 잉여가치란 노동자가 자신의 임금을 초과해 생산한 가치를 말하며 자본가의 이익으로 귀속된다. 이를 AI 산업에 해당하는 용어로 바꾸면 사회심리학자 쇼샤나 주보프Shoshana Zuboff가 창안한 '행동잉여'가 된다.33 행동잉여는 어떤 식으로 작동할까?

AI는 우리가 구매하는 상품, 시청하는 영화, 읽는 뉴스, 운전해서 가는 장소 등 우리 개인의 경험을 끊임없이 추적한다. 이 데이터 중 일부는 서비스나 앱의 품질을 개선하는 데 활용된다. 그러나 그 나머지, 곧 행동잉여 데이터는 따로 포장되어 광고주에게 판매되며, 광고주는 이를 이용해 우리의 소비 행동을 예측하고 자신들의 제품을 구매하도록 유도한다. 개인정보의 이런 디지털 도용은 유럽연합의 일반 데이터 보호 규정 등 몇 가지 예외를 제외하고는 일반적으로 우리가 인지하지 못하거나 동의하지 않은 상태에서 발생한다. 쇼샤나 주보프에 따르면 스마트폰은 그 자체로 우리의 귀중한 데이터를 추출하기 위한 일종의 트로이 목마다. 스마트폰이 상대적으로 저렴한 이유 중 하나다. 2012년 미국을 떠들썩하게 만들었던 사건이 있었다. 미네소타에 사는 한 아버지가 고등학생 딸아이 앞으로 발송된 아기 옷과 요람 할인 쿠폰을 발견하고는 기겁했다. 이런 게 왜 왔느냐고, 혹시 임신한 것 아니냐고 추궁했으나 딸은 극구 부인했다. 알고 보니 AI 알고리즘이 임신 사실을 딸이 알기도 전에 예측한 것이었는데, 딸아이가 평소와 달리 향이 없는 크림 화장품을 구매했기 때문이었다. 냄새가 싫어지는 게 임신 중기 때 증상이라는 연구 통계에 기반해 맞춤형 제품을 설정한 AI의 판단은 정확했다.34

소비자를 그저 금전적 이익의 원천으로 보는 이런 시각은 AI가 자본주의 역사와 얼마나 가깝게 맞닿아 있는지를 여실히 드러낸다. 18~19세기 산업자본주의는 노동자의 임금을 최소한으로 유지함으로써 이익을 극대화했다. 하지만 노동조합의 힘이 강력해지자 다른 돌파구를 찾았고, 그렇게 20세기 초 소비자본주의로 탈바꿈했다. 이제 저들의 이익은 고도로 정교하게 설계된 광고를 통해 새로운 욕망을 억지로 끄집어냄으로써(필요하지 않은 제품을 구매하도록 함으로써) 창출될 것이다. 1차 세계대전 이후 폭발적으로 성장한 광고, 홍보, 마케팅 산업은 피우지 않았던 담배를 피우게 만들고, 입지 않을 옷으로 옷장을 채우게 만들고, 반짝이는 것 말고는 아무 쓸모도 없는 다이아몬드 반지를 끼게 만들고, 굳이 없어도 되는 두 번째 세 번째 자동차를 가족의 필수품으로 만드는 등 소비를 위한 소비를 부추겼다. 행동잉여는 이런 무의식적 욕망을 표적 삼아 기어이 상품을 구매하게끔 유도하는 광고의 기반이다. 구글은 검색엔진 회사가 아니라 광고 회사다. 매출의 90퍼센트가 광고에서 나온다. 클릭이 곧 돈이다. 자유의지는 매번 희생양이다.

"역사는 반복되지 않지만, 운율을 맞춘다." 마크 트웨인Mark Twain의 말이다. AI에 관해서는 확실히 그렇다. 케이트 크로퍼드가 세심히 관찰했듯이 AI는 "추출의 기술"이며 산업자본주의, 식민지자본주의, 소비자본주의의 근본적 특성을 모두 구현한다.[35] SF 판타지라고 치부할 때가 아니다. 자세히 들여다보면 AI는 기적에 가까운 초지능이 아니라 훨씬 더 친숙한 것, 바로 자본주의라는 거대 슈퍼시스템의 구성 요소다. 아울러 AI는 자본보다 데이터 축적에 기반을 둔 새로운 자본주의 형태인 '정보자본주의'의 주요 수단으로 자리잡았다. 정보가 글로벌 경제의 핵심 자원이며, AI는 이를 바이트 단위로까지 쥐어짜 악착같이 돈을 뽑아내는 데 활용되고 있다.

일찍이 경제체제의 핵심 쟁점이 생산 수단을 소유하는 주체에 있음을 깨달은 카를 마르크스라면 이 같은 상황을 목격하더라도 놀라지 않을 것이다. AI를 놓고 봐도 답은 명확하다. 일부는 정부가 관리한다지만, 대부분은 미국 기업 내부에서 개발해 소유하고 있다. 메타, 마이크로소프트, 구글, 팔란티어Palantir 등 전 세계에서 10여 개 회사만이 AI를 대규모로 개발하고 운용하는 데 필요한 자원을 보유하고 있다. 이들 빅테크 기업은 기술 혁신이나 비전 같은 겉모습과는 별개로 17세기 자본주의가 탄생한 시점부터 변함없이 이어져 내려온 투자 수익과 주주 가치를 극대화하는 오랜 알고리즘에 충실한 곳들이다.

우리가 지금껏 살폈듯이 자본주의의 역사는 AI를 향한 경고의 역사이기도 했다. 그렇다면 어디에서 희망의 단서를 찾을 수 있을까? 과거 어느 지점에 이 AI 슈퍼시스템의 단점을 완화하면서도 장점은 유지할 수 있는 힌트가 숨어 있을까? AI가 품고 있는 근본적인 문제가 자본주의 운용 방침과 궤를 같이하는 것이라면, 해결책을 찾기 위한 가장 좋은 방법은 자본주의의 대안에 있을지도 모른다. 아마도 엄청난 도전처럼 느껴질 것이다. 철학자 슬라보예 지젝Slavoj Žižek은 "자본주의의 종말보다 세상의 종말을 상상하는 게 더 쉽다"라고 말했다.[36] 그러나 곧 알게 될 테지만, 올바른 지점만 찾는다면 AI의 위험을 길들일 탈자본주의 경제를 상상하는 것이 그리 어려운 일만은 아니다.

분산 소유권: 실리콘밸리에서 협동조합 밸리까지

AI처럼 막강하고 잠재적으로 위험한 기술을 인류와 지구의 안녕보다 금전적 이익만을 추구하는 기업들의 손에 맡겨야 할까? 이 분야 산업계는 정부의 규제가 가벼워도 얼마든지 AI를 현명하게 개발할 지혜와 선의가 있으니 모쪼록 자신들을 믿어달라고 말하곤 한다. 하지만 꼭 마르크스를 읽지 않더라도 그것이 위험한 선택이라는 것쯤은 금세 깨닫는다. 미래 화성 식민지에 직접민주주의가 있다고 선언하고선 현재 테슬라 공장의 노동조합 결성을 방해한 일론 머스크Elon Musk만 봐도 단박에 알 수 있다. 그가 최근에 설립한 회사 xAI로 무엇을 할지 누가 알까? 2018년 개발자의 내부 고발로 홍역을 치른 뒤 미군의 AI 드론 프로젝트에서 철수했던 구글도 불과 몇 년 만에 아무 일도 없었다는 듯 국방부 계약을 따냈다. 챗GPT 개발사 오픈AI는 2015년 '오픈소스 비영리' 연구기관으로 시작했다가 마이크로소프트와 수십억 달러 상당의 거래 계약을 맺고는 '클로즈 소스 영리' 회사로 변신해 그동안의 이상주의적인 약속을 모조리 저버렸다.[37]

기업들의 행태가 이런데 어떻게 해야 할까? 한 가지 선택지는 주요 AI 기업을 공공 소유로 전환해 윤리적으로 견제하면서 혁신을 촉진하도록 '기업가형 국가'가 운영하는 것이다(7장을 참조할 것). 20세기에 실제로 많은 국가가 석탄과 철도 등 필수 산업을 국유화할 때 이렇게 했다. 그렇지만 블라디미르 푸틴Vladimir Putin이 러시아의 AI 역량을 이용해 서방국가들의 선거를 해킹한 사례나, 중국 정부가 AI 안면 인식 기술로 자국민을 대규모로 감시한 사례에서 알 수 있듯 정부 주도 관리 방식은 자체적 위험을 수반한다.

그래도 역사는 한 세기 이상 국가 통제와 기업자본주의 양쪽 모두 활기차고 바람직하게 실행할 수 있었던 또 다른 길을 제시한다. 이 길은 AI를 개발하는 기업뿐 아니라 이를 사업에 활용하는 기업에도 영감을 줄 수 있다. 오늘날 '분산 소유권'이라 부르는 이 모델은 기업의 소유자가 주주와 투자자가 아니라 더 넓은 범위의 지역사회 이해관계자들로 구성되는 경제적 민주주의의 한 형태다.

기원을 거슬러 올라가면 19세기 위대한 사회혁신 중 하나인 협동조합 운동에서 이 형태를 찾을 수 있다. 미국낙농인협회Dairy Farmers of America, DFA, 네덜란드의 라보방크Rabobank, 에스파냐의 몬드라곤Mondragon 같은 협동조합은 직원과 고객이 공동으로 소유하고 운영하는 사업체로, 보통 기업 정관에도 재무적 목표와 더불어 사회적 목표가 명시되어 있다. 이와 관련해 '스튜어드형 오너십'으로 알려진 구조에서는 기업이 신탁에 맡겨지며, 이 신탁은 직원, 소비자 또는 지구 자체를 대신하여 행동할 신탁 의무를 지닌다. 예를 들면 영국의 백화점 존루이스John Lewis, 독일의 전자제품 제조회사 보쉬Bosch, 아웃도어 의류 회사 파타고니아Patagonia, 인터넷 서비스 제공업체 모질라Mozilla가 이런 기업들이다.

대다수 국가에서는 이 같은 분산 소유권 모델이 경제의 극히 일부를 차지하지만, 어떤 국가나 지역 공동체에서는 살림살이 대부분을 책임지는 거대하고 역동적인 부문이다. 눈으로 똑똑히 확인하고 싶다면 실리콘밸리에서 '협동조합 밸리'로 여행을 떠나보자. 이탈리아 북부의 에밀리아로마냐가 바로 그곳인데, 전 세계에서 협동조합이 가장 많이 밀집해 있는 지역이다.

에밀리아로마냐의 주도는 역사와 전통의 도시 볼로냐로 인구 500만 명이 생활하고 있으며, 이탈리아에서 1인당 GDP가 세 번째로 높은 지역이다. GDP의 약 3분의 1을 협동조합 사업체들이 창출하는데, 이 지역 전체 노동인구의 약 30퍼센트가 일하고 있다.[38] 세 명 중 한 명은 자신을 포함한 직원들이 공동 소유한 협동조합으로 출근하고, 점심에는 인근 협동조합 식당에서 점심을 먹은 뒤 협동조합 카페에 들러 커피를 마시고, 저녁에는 협동조합이 운영하는 요양원을 방문해 연로한 아버지께 인사를 드린 다음, 고객들이 공동 소유한 전국 최대 규모의 슈퍼마켓 협동조합 체인 쿱 COOP에서 먹을거리를 챙겨 집으로 돌아간다. 직장 동료나 친구와 함께 동네 술집에서 협동조합이 생산한 와인을 마시기도 한다. 로마시대부터 있던 볼로냐의 자갈길을 걷다 보면 살아 있는 협동조합 유토피아가 이곳임을 여실히 느낄 수 있다. 협동조합이 너무 많아서 슈퍼마켓 같은 몇몇 예외를 제외하면 그 사실을 광고조차 하지 않는다.

언제부터 이랬을까? 에밀리아로마냐 협동조합 경제의 출발점을 보통은 중세 때 이 지역에 등장한 공동체 제도와 시민정신에서 찾는다. 12세기에 이곳 상인과 장인 그리고 여러 전문가 계층이 교황과 군주의 통치에서 벗어나고자 자치공동체 정부를 수립했다. 크고 작은 성공과 실패 끝에 다양한 노동자가 서로 협력을 맹세하며 갖가지 공예 및 무역 길드를 조직했다. 이웃 공동체와 종교 공동체도 번성했고 1088년에 설립된 볼로냐대학교도 학생조합이 300년 가까이 운영했다. 지역 과두 정치는 여전히 강력했지만, 볼로냐는 의심할 여지 없이 "공동체 이탈리아의 수도"처럼 여겨졌다.[39]

13세기 초 볼로냐대학교 학생들이 신성로마제국 하인리히 2세Heinrich II의 강의를 주의 깊게 듣고 있다. 학생조합은 대학을 직접 운영했고, 심지어 강의 수준이 기대에 미치지 못하면 강사에게 벌금을 부과하기도 했다.⁴⁰

이와 같은 시민 공동체 네트워크는 수백 년 동안 지속하면서 끈끈하고 견고한 집단 연대 유산을 남겼다. 비교정치학자 로버트 퍼트넘Robert Putnam에 따르면, 19세기 에밀리아로마냐에서 시작된 노동자 상호부조 협회는 구성원들의 질병과 노후를 지원하도록 설계됐으며, "명확히 남아 있는" 중세 공동체 조직의 역사적 유산으로서 "가난한 농민들 사이에서도 후대까지" 계속 이어졌다.⁴¹ 1800년대 후반 에밀리아로마냐의 협동조합 운동은 일부 지역에서 '다정한 협회'라고 부른 과거의 이 상호부조 협회를 바탕으로 성장한 것이었다. 대표적인 사례는 농장 및 공장 노동자들에게 대출을 제공한 이몰라Imola 신용협동조합이었다. 1904년 수익이 발생한 첫

해부터 조합원들은 수익금 일부를 협동조합의 미래를 위한 '비분할 적립금'으로 남겨두기로 합의했다. 이는 단기적 이득보다 장기적 관리에 초점을 맞춘 경제 모델이었으며, 어떤 학자들은 '세대 간 상호성'이라고 표현하기도 했다.[42]

협동조합 운동은 이후 수십 년 동안 사회주의 조직과 가톨릭 교회의 장려로 더 빠르게 확산했다. 1차 세계대전과 2차 세계대전 사이 파시즘이 득세했을 때 모진 박해로 무너지는 듯했지만, 종전 후 공산당의 지지를 받아 부활했다. 공산당은 곧이어 지역 선거정치에서 우위를 차지했다. 1948년에는 이탈리아 헌법 등 대대적인 법률 개정에 따라 협동조합은 사익 극대화보다 공익을 추구하는 필수 경제 영역으로서 법적 지위를 확보했다.[43] 이를 통해 협동조합은 세금 감면과 여러 지원을 받아 더욱 발전할 수 있었다. 연간 순이익 일부를 비분할 적립금으로 따로 떼어놓는 모델도 협동조합 기본법으로 성문화했다. 향후 내부 투자를 위한 자금 확보와 더불어 일시적 경기침체에도 꺾이지 않고 계속해서 새로운 협동조합을 육성할 수 있도록 하기 위함이었다.

그 결과 에밀리아로마냐의 협동조합은 유럽의 어느 지역에도 없는 번영을 누려왔고, 오늘날 4,000개가 넘는 기업으로 구성된 협동조합 네트워크를 형성할 수 있었다. 분산 소유권 체제 덕분에 에밀리아로마냐는 유럽 대륙에서 가장 상향 평준화한 지역으로 낮은 실업률과 높은 1인당 소득을 자랑하는 곳이 됐다.[44] 부의 재분배보다 선분배를 원칙으로 하는 협동조합 체제의 이점은 명확하다. 주주와 투자자가 소유하고 지배하는 기업구조 말고 다른 형태를 상상하는 게 거의 불가능해 보이는 신자유주의 시대에 에밀리아로마냐는 다른 방법으로도 얼마든지 경제를 활성화할 수 있음을 거듭 증명하고 있다.

이 같은 역사적 여정을 머릿속에 남겨둔 채 다시 AI 문제로 돌아가보자. AI로 제기되는 위험과 도전은 그 군사적 역량을 감시하는 것에서 자율주행 자동차의 사고를 방지할 방법을 찾는 것에 이르기까지 매우 광범위하다. 에밀리아로마냐 사례가 보편적인 만병통치약이 될 수 있다고 주장하려는 게 아니다. 에밀리아로마냐 협동조합 네트워크가 채택한 분산 소유권 모델이 새롭게 형성될 AI 경제에 더 무거운 윤리의식과 책임감을 부여하는 데 도움이 될 수 있는지 고려해보자는 얘기다.

얼핏 유토피아적이고 순진한 발상으로 들릴 수도 있다. 예컨대 미국 같은 개인주의 국가에는 협동조합 기반의 AI 회사를 조직할 만한 공동체 전통이 없다고 생각할 수 있다. 하지만 북부 이탈리아와 마찬가지로 미국에서도, 특히 경제위기 때 상호부조가 꽃을 피웠던 적이 있다는 설득력 있는 증거가 존재한다. 1930년대 대공황 시기 투자자들이 수익성 부족을 이유로 농촌 지역 전기화 사업에 투자하기를 꺼리자, 지역 농민들이 뉴딜정책에 따른 저금리 정부 대출을 받아 협동조합 수백 개를 조직해서 고립되어 있던 지역 공동체에 전력망을 연결했다. 놀랍게도 이들 협동조합은 지금도 그 모습 그대로 4,200만 명의 지역 인구에 전력을 공급하고 있다.

협동조합 경제를 심도 있게 연구한 네이선 슈나이더Nathan Schneider는 "더 포용적인 기술경제를 바란다면 뉴딜정책의 유산이 좋은 출발점이 될 것"이라면서, 나아가 에밀리아로마냐 모델에서도 배울 점이 많다고 강조했다.⁴⁵ 실제로도 이미 분위기가 무르익고 있다. 협동조합 기업들은 AI 기술 분야, 특히 플랫폼 분야에서 큰 성공을 거두고 있다. 대부분 AI 데이터 분석 도구에 기반을 둔 디지털 기업들이며, 소유권은 직원과 이용자(고객)에게 골고루 분산되어 있다.

그중에는 2020년 뉴욕에서 설립된 운전자협동조합도 있는데, 조합원 약 1만 명이 코업 라이드Co-op Ride라는 앱으로 고객 예약을 받고 이 앱에 탑재된 AI를 활용해 목적지까지 최적의 경로로 안전하게 운전한다. 가난한 이민자들이 택시 운전기사로 일하면서 겪고 있던 고용 불안정과 노동착취 문제를 해소하고자 고안된 협동조합 기반의 이 서비스는 우버Uber나 리프트Lyft 같은 상업적 경쟁사보다 운전자에게 수수료를 덜 요구한다. 더욱이 운전자들이 모두 조합원이기에 공동 소유자로서 비즈니스 의사결정에 참여할 뿐 아니라 수익의 일부도 배당받을 수 있다. 그런데 다른 플랫폼 협동조합들이 그렇듯 운전자협동조합도 설립 자금을 확보하기가 가장 어려웠다. 일반적으로 AI 기술 기반 회사는 막대한 창업비용으로 사업 초기 단계에 적자를 보는 경우가 태반이라 벤처캐피털 의존도가 높다. 다행히 운전자협동조합은 공유자본협동조합이라는 지역 공동체 투자 회사의 자금 지원으로 무사히 사업을 시작할 수 있었다. 현재 운전자협동조합은 민간 고용 회사보다 직원들에게 더 높은 임금을 제공할뿐더러 수익의 10퍼센트를 지역 공동체 개발 프로젝트에 지원할 만큼 성장했다.⁴⁶

협동조합 모델은 AI 알고리즘의 주요 영역 중 하나인 소셜미디어에서도 확산하고 있다. 2022년 일론 머스크가 트위터를 인수해 X로 바꾸자 많은 사용자가 더 윤리적인 대안을 찾았고, 무료 오픈소스 기반의 비영리 탈중앙화 소셜네트워크 마스토돈Mastodon에서 그 가능성을 발견했다. 불과 한 달 만에 이용자 수가 30만 명에서 300만 명으로 껑충 뛰었다. 마스토돈에서 운용하는 분산 소셜네트워크 서버 중에는 협동조합 형태로 관리되는 소셜닷쿱social. coop이 있는데, "이용자가 소유하는 트위터라는 비전"으로 평가받는다. 시간이 흘러 이용자가 더 많아지면 각각의 분산 서버는 위변조 방지 및 전자투표 관리 등의 작업에도 활용할 수 있는 AI 기반 블록체인 기술의 지원 아래 다른 분산 소셜네트워크 서버와 연합을 형성하게 될 것이다.[47]

에밀리아로마냐에는 AI 기술 기반 협동조합이 없으리라고 생각했다면 내가 아직 덜 설명해서 그렇다. 에밀리아로마냐는 유럽 AI 혁신의 중심지 중 하나로 기업들이 AI 기술과 앱을 개발하고 있을 뿐만 아니라 지자체의 전폭적인 지원으로 플랫폼 협동조합들도 계속해서 설립되고 있다.[48] 그리고 주변 임대료를 끌어올려 도시 공동화로 유령 도시만 양산하고 있다고 비난받는 에어비앤비Airbnb의 착취적 관행이 싫다면 페어비앤비Fairbnb가 훌륭한 대안이다. 협동조합 문화의 역사적 중심지인 볼로냐에 본사를 둔 숙박 공유 플랫폼 협동조합 페어비앤비는 수수료 수익의 50퍼센트를 지역사회에 환원한다.

플랫폼 협동조합 운동을 비판적으로 바라보는 사람들의 공통점은 이에 관해 들어본 적이 거의 없다는 것이다. 물론 AI 기반 플랫폼 협동조합은 디지털 사업 분야의 일부에 불과하고, 몇 곳 말고는 아직 규모가 작아서 빅테크 기업들과 경쟁할 수준은 못 된다.

그렇지만 아예 없는 것보다는 훨씬 낫다.

AI가 옴니모달을 확산하는 상황에서 AI를 더 안전하게 통제하는 가장 효과적인 방법이자 우리가 가진 유일한 선택지는 기술 산업 분야에서 협동조합이나 스튜어드형 오너십 도입 기업을 더 많이 육성하는 것이다. 이로써 AI 기술을 더 많은 주체들에게 분산시키고 탈중앙화할 수 있다. 이는 AI 경제(그리고 더 넓게는 자본주의)의 핵심 위험 요소 중 하나인 소유권과 권력의 집중을 약화하는 데 도움이 될 것이다.

이 전략은 뛰어난 체스 선수들이 수싸움에서 밀리거나 압박을 받을 때 활용하기도 한다. 모든 말을 골고루 운용해 보드를 복잡하게 만들어 상대의 강력한 말이 섣불리 움직이지 못하도록 막는 한편 최대한 시간을 끈다. 여러 말이 효과적으로 협력할 수 있다면 예상치 못한 기회를 잡을 수도 있다. AI 산업을 통제할 때는 다양성이 미덕이다.

그러나 이 다양성 생태계는 다음 세 가지 지원이 없다면 발전하기 어렵다. 첫째는 '정부 개입'이다. 정부가 적극적으로 나서서 AI 협동조합 활성화 지원 예산을 마련해야 하는데 현재로서는 쉽지 않다. 둘째는 '관련 규제'다. 세심한 법률로 규제 나사를 잘 조여야 한다. 관건은 균등한 경쟁 환경이다. 구글이나 마이크로소프트 등 AI 분야의 빅테크 기업들은 협동조합 또는 직권 소유 체제로 전환할 가능성이 희박하므로 독점 금지법을 적용해 덩치가 큰 기술 부문을 분산시켜야 할 수도 있다(4장을 참조할 것). 디지털경제학자 더글러스 러시코프Douglas Rushkoff를 비롯해 정책학자이자 전 미국 노동부장관 로버트 라이시Robert Reich 등이 이 전략을 지지한다.⁴⁹ 2023년 제정해 2025년 발효한 유럽연합의 인공지능법Artificial Intelligence Act은 안면 인식 데이터 집합을 구축할 때 인터넷에서 얼굴 이미지를 추출하는 행위를 금지하는 조항 등을 포함하고 있다.⁵⁰ 하지만 많은 분석가는 더 강력하고 실질적인 보호장치가 필요하다고 지적한다. 트리스턴 해리스는 2차 세계대전 이후 핵실험금지 조약이 핵무기 확산을 성공적으로 제한한 사례와 유사하게, AI와 관련한 시스템 리스크 자체가 안정성이 확실히 보장될 때까지 새로운 대규모언어모델 배포를 늦춰야 할 규제 근거를 내포하고 있다고 주장했다.⁵¹

셋째는 '대중 압력'이다. 대의민주주의에서 대부분의 국가 정부는 시민이 목소리를 내지 않으면 잘 움직이려고 들지 않는다. 따라서 정부가 이런 정책을 추진하도록 대중이 나서서 압박을 가해야 한다. '미래를 위한 금요일'이나 '멸종반란'처럼 AI 규제 운동에 앞장설 새로운 급진파가 필요하다. 그럼으로써 우리는 거대 AI 기업들을 긴장하게 만들고 무거운 책임을 지우면서 플랫폼 협동조합 같은 혁신 모델을 위한 여지를 마련할 수 있다. 좋은 소식은 이런 디지털 연대가 '인도적 기술센터Center for Humane Technology' '알고리즘 저스티스 리그Algorithmic Justice League' '살인 로봇 금지Stop Killer Robots' 캠페인 연합 등의 사회운동 형태로 나타나기 시작했다는 것이다. 이들 단체는 무인무기 체계에서 AI 악용을 막기 위해 애쓰고 있다.

이 중 어떤 일도 쉽지 않을 것이다. 특히 AI 업계는 소유권 문제처럼 근본적이고 민감한 사안에 대해서는 말조차 꺼내기 싫어하기에 더 그렇다. AI 업계 리더들은 아직 존재하지도 않는 AGI의

악행을 염려하며 주의를 환기하곤 하지만, 정작 악행을 저지르고 있거나 저지를 주체는 돈에 눈먼 기술 기업 자체다. 이런 기업들이 규제를 통해 확실히 통제되거나 더 온건한 비즈니스 모델로 태세 전환을 하기 전까지 AI는 결코 진정으로 안전해지지 못할 것이다.

에밀리아로마냐의 역사는 협동조합이 공정성, 정의, 평등의 원칙에 기반을 둔 역동적이고 혁신적이며 경쟁력 있는 경제의 중심축이 될 수 있다는 중요한 사실을 증명했다. 그렇다면 이를 AI 산업에 적용해보면 어떨까? 협동조합은 사회적·환경적 의무를 규정으로 명시하고 있기에 노동자를 저임금과 열악한 조건으로 착취할 수 없고, 무기 산업에 매각될 염려도 없으며, 생태 범죄를 저지를 일도 없고, 무단으로 개인정보를 이용할 까닭도 없다. 기업 권력을 분산하는 데 필수적인 경제적 다양성을 제공할 뿐이다.

AI 소유권을 여러 주체에게 분산하는 방식이 모든 것을 해결하지는 못할 것이다. 다만 존 로와 17세기 암스테르담의 금융자본주의 역사를 되새겨 AI를 소수의 주주나 투자자가 아닌 노동자와 고객 및 관리 신탁의 손에 나누어 맡긴다면 확실히 위협이 덜할 것이다. 이를 자본주의가 없는 시장이라고 생각하자.

1885년 기업가이자 정치가 릴런드 스탠퍼드Leland Stanford가 훗날 실리콘밸리의 상징이 될 대학을 설립할 때 염두에 둔 생각이 바로 이것이었다. 노동자가 주인인 협동조합을 열렬히 옹호했던 그는 스탠퍼드대학교 건립 취지문에 학생들이 "연대와 협력의 권리와 이점"을 배워야 한다고 명시했다.[52] 그러나 이런 그의 바람은 금세 잊히고 말았다. 스탠퍼드대학교가 그의 비전과는 정반대인 구글, 야후Yahoo, 페이팔PayPal, 인스타그램Instagram 같은 디지털 거물을 그렇게도 많이 낳았다는 사실은 얼마나 역설적인가? 릴런드 스탠퍼드가 이탈리아 협동조합 밸리에 대학을 설립했다면 세상은 어떻게 바뀌었을지 상상해보기 바란다.

10장

문명 붕괴를 피하는 방법

국가와 제국이 위기와 변화에서 살아남은 방법

태양으로부터 에너지를 얻지 못했다면 지구에는 그 어떤 생명체도 존재하지 않았을 것이다. 인간의 노동력, 일하는 가축, 물레방아, 땔감으로 불을 당기는 대장간에서 에너지를 끌어올 수 없었다면 도시나 문명이 탄생하지 못했을 것이다. 에너지를 활용하는 능력이야말로 지난 1만 년 인류 역사의 원동력이었다.[1] 하지만 여기에는 감추고 싶은 비밀이 하나 있다. 19세기 이후 인류의 경제적·사회적 성장은 한 번 쓰면 사라지는 화석 에너지에 기반한 것이었다는 사실이다. 우리 인간은 자연이 만들어낸 속도보다 수백만 배나 빠른 속도로 일회용 석유와 석탄과 천연가스를 소모했다. 문자 그대로 일회용이다. 영원하지 않다. 생태경제학자 네이트 하겐스Nate Hagens는 이렇게 비유했다.

> 약간 영리하고 꽤 사교적인 유인원 무리가 화석 에너지가 담긴 쿠키 항아리를 뒤져 150년 동안 흥청망청 파티를 즐겼다. 그러나 파티에 필요한 조건은 지구의 생물리학적 현실과 양립할 수 없다. 파티가 곧 끝나고 아침이 오면 이들의 생활방식에 근본적 변화가 일어날 것이다.[2]

우리는 하겐스가 '거대한 단순화Great Simplification'라고 부른 가능성에 직면해 있다. 파티는 흐르는 물의 힘과 말의 힘, 곧 수력과 마력으로 농업사회에 투입하는 에너지가 비교적 제한적이고 지속 가능했던 산업화 이전 시대부터 시작됐다. 이 파티는 산업혁명이 낳은 증기기관과 자동차의 새로운 기계 시대에 연료를 대고자 응축 탄화수소를 쓰기 시작하면서 후끈 달아올랐다. 그 좋은 분위기를 가라앉힐 수는 없었다. 인류는 화석 에너지 자원을 더 뽑아냈고, 금융시장을 키워서 엄청난 소비를 뒷바라지했다. 한번 맛본 풍요는 잊힐 수 있는 게 아니었다. 그렇게 파티는 월스트리트 대폭락과 글로벌 금융위기 속에서도 계속됐다.

하지만 하겐스에 따르면 인류는 이 시스템이 더는 유지되기 어려운 결정적인 전환점에 빠르게 다가가고 있다. 인류가 사회를 구축하면서 쓴 일회성 탄소의 급증은 이산화탄소 배출량과 생물다양성 손실 등 수많은 생태적 한계를 넘어설 것이다. 금융 시스템에 쌓이는 돈과 지구가 지속 가능하게 제공할 수 있는 물리적 자원 사이의 격차는 너무 커질 것이다. 파티가 끝나는 순간, 우리는 진지하게 현실을 직시해야 할 파열의 순간을 맞이할 것이다. 이것이 '거대한 단순화'라 불리는 대규모 조정 국면이다. 이때가 오면 우리는 재생 가능한 자원으로 공급하는 훨씬 낮고 지속 가능한 수준의 에너지로 사회를 운영해야만 하며, 글로벌 GDP는 이제 더 이상 산업시대의 값싼 오염원 에너지에 의존할 수 없으므로 크게 감소할 것이다.[3]

네이트 하겐스는 묻는다. "거대한 단순화 과정에서 우리는 구부러질 것인가, 부러질 것인가?"[4] 나도 궁금하다. 거대한 단순화에 직면해 우리 사회는 그대로 부러져 충격적인 붕괴를 맞이할까, 아니면 변화의 흐름을 따라 구부러져 새로운 생태문명을 형성하는 쪽으로 좀 더 서서히 변화할까?

지금까지 추세로 보면 문명 붕괴 시나리오가 현실이 될 가능성이 더 크다. 여전히 부유한 강대국들은 파티를 끝낼 생각이 없어 보인다. 끝까지 성장을 부르짖으며 화석연료를 뽑아내고, 대지를 황폐화하고, 바다를 오염시키면서 심판의 날을 미루고 있다. 믿는 구석은 오직 하나, 기술뿐이다. 기술이 이 모든 혼란을 잠재울 그날만을 기다린다. 자기최면에 빠져서 GDP 성장과 지구 환경 피해가 서로 불가분의 관계에 있다는 사실을 부정하려고 든다.[5] 시도 때도 없이 일어나는 산불, 더 매서워진 폭풍, 급격히 줄어드는 꽃가루 매개 동식물, 더 지독해지는 극우 극단주의, 지정학적 불안정, 생활비 폭등, 전염병 위협, AI와 사이버 테러 위험 등 '다중 위기 polycrisis'는 갈수록 심화하고 있다. 이것이 벼랑 끝에 몰린 우리 문명의 모습이다.[6]

우리는 또다시 역사로 눈을 돌릴 수밖에 없다. 역사는 인류가 부러지지 않고 구부러지는 법을 배우는 데 어떤 도움을 줄 수 있을까? 이 질문은 우리를 과거 문명의 흥망성쇠에서 생존의 단서를 찾는 '붕괴학collapsology'으로 이끈다. 붕괴학도 응용역사의 한 분야다. 정치경제학자 루크 켐프Luke Kemp는 우리가 "맹목적으로 나아가면 붕괴할 것이고, 과거에 귀 기울이지 않으면 파멸할 것"이라고 경고했다.[7] 그러니 역사에 귀를 기울이는 게 좋겠다.

붕괴라는 말이 좀 무섭게 들릴 수도 있으나, 사실 영원히 지속되는 문명은 없다. 인류 역사에서 모든 제국과 왕조는 탄생했다가, 꽃을 피운 뒤, 붕괴했다. 순식간에 몰락하기도 했지만, 보통은 수십 년 또는 수백 년에 걸쳐 천천히 붕괴했다(이렇게 보면 '붕괴'보다는 '쇠락'이 더 적절한 표현이다). 몇몇 붕괴학자는 이스터 섬으로 더 잘 알려진 라파누이가 풍요의 덫에 빠져 섬의 모든 나무를 베어내면서 멸망한 사례처럼 붕괴의 직접적 요인이 된 하나의 티핑 포인트를 찾으려고 노력한다. 반면 어떤 학자들은 수십 가지 복합적인 요소가 붕괴의 원인임을 보여주고자 복잡한 틀을 개발한다. 한 연구는 로마제국의 쇠락 요인이 이민족 침략에서 납 중독에 이르기까지 무려 210가지였음을 밝혀내기도 했다.[8]

하지만 거대한 단순화 과정에서 부러지지 않고 구부러질 수 있기를 바란다면, 문명 붕괴의 원인에 집중하기보다는 그 문명이 오랜 기간 회복력을 잃지 않고 생존할 수 있었던 요인에 초점을 맞춰야 한다. 요컨대 무엇이 해당 문명에 위기 극복과 변화 대처 능력을 부여했을까? 미리 질병을 예방하거나 궂은 날씨에 대비하면 좋듯이, 어떤 것들을 준비해야 무슨 일이 닥치더라도 오랫동안 버티면서 앞으로 나아갈 수 있을까? 이런 관점에서 생각하면 오랜 세월 변화하고 적응한 문명에는 세 가지 특징이 있었음을 발견할 수 있다. 다름 아닌 '집단 연대' '생명애' '위기 대응'이다. 격동하는 우리 세기에도 반드시 확보해야 할 미덕이다.

아사비야와 집단 연대의 힘

1375년 아랍의 사상가이자 역사가이자 정치가 이븐 할둔은 알제리 서쪽의 외딴 성에 칩거해 《무캇디마 The Muqaddimah (역사서설)》를 썼다. 훗날 세계적인 역사가 아널드 토인비Arnold Toynbee가 "어느 시대와 장소에서 어떤 사람이 무엇을 썼든 역사상 가장 위대한 작품"이라고 극찬한 이슬람 역사서다.⁹ 1764년 에드워드 기번이 힘없이 무너져내린 고대 로마의 신전 기둥을 본 뒤《로마제국 쇠망사》를 쓴 것처럼, 이븐 할둔은 전쟁과 내란 그리고 자신의 어머니와 아버지를 죽음에 빠뜨린 흑사병으로 황폐해진, 한때는 영광스러웠을 북아프리카 고대 도시의 폐허에서 깊은 영감을 얻었다. 그는 무엇으로 이들 문명의 성장과 쇠락을 설명할 수 있을지, 미래에 이로부터 어떤 교훈을 얻을 수 있을지 궁금했다.¹⁰

4년 뒤 이븐 할둔은 책을 완성했고, 다시금 바람 잘 날 없는 정치 무대로 복귀했다. 저명한 학자였던 그는 에스파냐의 이슬람 왕국과 북아프리카의 이슬람 왕국들에서 법무관과 외교관으로 활동하면서 급변하는 정세에 휘둘려 등용됐다 밀려나기를 반복했으며, 심지어 옥살이를 하기도 했다. 그래도 학계에서의 지위가 확고한 덕분에 1384년에는 카이로로 건너가 대법관을 지냈고, 술탄의 신임을 받아 여러 학교에서 교수로 생활했다. 그렇게 별 탈 없이 지내다가 만년 무렵인 1401년 시리아 원정에 나선 튀르크-몽골의 정복자 티무르Timur가 다마스쿠스를 포위했을 때 포로로 붙잡혔다. 명망 있는 역사가가 포로로 잡혔다는 소식에 흥미를 느낀 티무르는 그를 큰 바구니에 담아 성벽 아래로 내린 뒤 자신의 주둔지에서 한 달 동안 지내게 했다. 이때 이븐 할둔은 악명 높은 정복자 티무르 앞에서 국가와 제국의 흥망성쇠에 관해 자신이 알게 된 사실을 강의했다.¹¹

할둔은 '집단 연대' 또는 '집단 감각'을 뜻하는 아랍어 '아사비야asabiya'를 중심으로 자신의 논지를 설명했다. 아사비야는《무캇디마》에도 500번 넘게 등장하는 용어다. 그는 국가가 성공적으로 오랫동안 번영하려면 강력한 아사비야를 확보해야 한다고 주장했다. 북아프리카 마그레브 지역의 베르베르Berber 부족은 사막 생활의 가혹함을 견고한 아사비야로 극복한 덕분에 강력한 왕국을 세울 수 있었다. 7세기 무슬림 군대는 열렬한 종교적 신념이 이끌어 낸 아사비야가 신을 위해 목숨마저 내놓겠다는 의지를 불러일으켰기에 적은 병력으로도 승리할 수 있었다. 한편으로 할둔은 부의 불평등이 아사비야를 약화한다고 지적했다. 흥했던 왕조 대부분은 통치자들이 부와 사치를 향한 욕망에 굴복해 재정을 낭비했고, 그런 상황 속에서 점점 더 불공평해지는 부의 분배가 내부 갈등을 초래해 균열을 일으켰으며, 결국 호시탐탐 기회를 엿보던 주변 유목민 부족의 약한 먹잇감으로 전락함으로써 붕괴했다. 11세기 이슬람 에스파냐의 우마이야 왕조도 이 과정을 그대로 밟았다. 아리스토텔레스와 폴리비오스Polybios처럼 이븐 할둔도 자신의 이런 생각을 역사적 순환론의 일부로 여겼다. 그에 따르면 일반적인 왕조는 3~4세대 또는 120년가량 지속하다가 붕괴했는데, 아사비야도 세대가 바뀌면서 점점 쇠퇴했다.[12]

《무캇디마》에서 할둔은 자신의 책이 "새롭고, 비범하고, 매우 유용하며, 완전히 독창적인 학문"이라고 단언한다.[13] 그의 탁월함은, 아마도 세계 최초일 텐데, 단순히 과거 사실을 기록한 연대기나 영웅적 인물의 재미있는 이야기를 넘어서 역사의 변화에 대한 사회학적 이론을 제시했다는 데 있다. 물론 먼 옛날 사람이라 오늘날 역사 이론으로 보면 그가 주장한 역사적 순환론은 경험적 결함이 곳곳에서 드러난다. 이후 합스부르크나 오스만제국, 그리고 중국을 비롯한 동양의 여러 왕조가 120년보다 훨씬 더 오래 유지된 데다 현대 붕괴학 연구의 핵심인 문명 쇠락의 환경적 요인에 관한 분석은 거의 없다. 그렇더라도 사회적 결속과 집단 연대의 중요성을 강조한 그의 생각은 여전히 큰 공감을 얻고 있다.

무슨 의미일까? 루크 켐프는 고대 문명 87곳의 붕괴에 관한 연구를 바탕으로 "불평등은 집단 연대를 약화하고 정치적 혼란을 수반"한다면서 "경제적·정치적 불평등이 사회 붕괴의 핵심 동인"이라고 결론지었다.[14] 재러드 다이아몬드Jared Diamond도 마야제국의 왕들과 그린란드에 정착했던 노르드족Nord 사례를 들어 부와 권력을 이용해 심각한 사회적·생태적 문제로부터 자신들만 보호하려는 기득권 지배층의 성향 때문에 불평등이 일반적으로 문명의 붕괴 원인이라고 설명했다. 문화비평가이자 사회활동가 리베카 솔닛Rebecca Solnit은 《이 폐허를 응시하라A Paradise Built in Hell》(2010)를 통해 역사에서 대규모 재난이 일어났을 때 어떻게 집단 연대와 결속으로 사회가 위기에 대응하는 데 필요한 회복력을 얻었는지 보여줬다. 예를 들면 1906년 샌프란시스코 대지진 때 지역 시민들이 힘을 합쳐 급식소를 세우고 수천 가구의 이재민에게 음식을 제공했는데, 이처럼 "지진, 폭격, 폭풍 등이 지나고 나면 사람들은 대개 주변 사람들, 곧 친구든 이웃이든 낯선 사람이든 상관없이 다른 이들을 돌보기 위해" 기꺼이 나선다.[15] 이런 모습을 할둔이 봤다면 당연히 아사비야라고 이해했을 것이다. 아사비야가 견고한 사회는 시련과 트라우마를 이겨낼 수 있다. 아사비야가 없으면 우리 사회는 오래가지 못한다.

아사비야(집단 연대): 1906년 샌프란시스코 대지진 당시 시민들이 거리에 설치한 임시 공동 주방.

페테르 투르친Peter Turchin은 할둔의 역사관을 적극적으로 옹호하는 현대 역사가 중 하나로 정량적 데이터를 활용해 역사에서 장기적 동인을 분석하는 '역사동역학cliodynamics' 분야를 창안한 인물이다. 그는 아사비야가 제국의 흥망성쇠에 결정적 영향을 끼친다는 할둔의 생각에 대체로 동의하면서도, 할둔이 아사비야를 형성하는 요인으로 본 외부 위협을 그보다 더욱 비중 있게 다뤘다.

투르친은 인류가 수백 명이 모여 사는 작은 공동체에서 수천만 명의 시민을 아우르는 거대한 민족국가와 제국으로 진화했다는 놀라운 사실에 주목했다. 이들 국가는 내부의 이웃을 넘어 정치 경계 내에서 완전히 낯선 사람들까지 포용하는 공동체적 연대감을 형성하고 있었다. 이를 가능케 한 가장 중요한 요인은 외부세력으로부터의 침략 위협이었다. 위기가 심화할 때마다 사람들은 서로의 차이를 제쳐둔 채 함께 힘을 모아서 공동선을 위해 일치단결했다. 고대 스파르타가 그토록 강성한 전투력을 갖출 수 있었던 이유도, 아무리 많은 적이 몰려들어도 굴하지 않고 목숨 바쳐 싸웠던 까닭도 여기에 있었다. 1차 세계대전이 발발하자 애국심 강한 영국의 청년세대가 자원입대한 것도, 가난한 농촌 가정이 2차 세계대전 중 도시에서 온 100만 명이 넘는 피난민 아이들을 받아들인 것도 외부 위협이 아사비야에 동기를 부여했기 때문이다. 오늘날 우크라이나가 러시아의 침략에 맞서 나라를 지키기 위해 단결한 것도 마찬가지다. 인류는 이 같은 집단 연대의 토대 위에서 사회를 구축했으며, 공공보건에서 국가 교육 시설까지 모든 공익 시스템을 확립하려는 집단 비전도 여기에서 나왔다. 아사비야는 국가 간 경쟁을 통해 번창하고 있다. 역설적이게도 폭력의 위협이 대규모 사회 진화의 가장 강력한 동인이다. 페테르 투르친의 말처럼 "1만 년 동안의 전쟁이 인간을 지구상에서 가장 위대한 협력자"로 만들었다.[16]

투르친의 말대로라면 오늘날 우리 인류도 심각한 곤경에 처해 있다. 기후위기와 생태적 비상사태가 인류의 범세계적 협력을 요구하고 있다. 이는 본질적으로 국경을 초월하는 문제로 어느 한쪽의 노력만으로는 절대로 해결할 수 없다. 한 국가가 친환경정책을 열심히 펼치더라도 다른 국가가 호응하지 않으면 아무 소용이 없으며, 부유한 국가가 탄소를 배출하면 가난한 국가가 그 파괴적인 결과를 고스란히 떠안는다. 거대한 단순화 과정에서 인류가 부러지지 않고 구부러지려면 이산화탄소를 비롯해 모든 위험한 온실가스를 감축하기 위한 법적 구속력을 갖춘 국제 협약이 필요하다. 석유를 가진 국가들이 즉시 이익을 포기하고 '검은 금black gold'을 땅속에 묻어둬야 한다. 화학 오염물질 배출과 산림 벌채를 특정 국가가 아닌 모든 국가에서 금지하거나 엄격히 제한해야 한다. 방법은 이것뿐이다. 그러나 불편한 진실은 1987년 염화불화탄소(프레온가스)를 국제법으로 금지한 몬트리올 의정서 같은 극히 예외를 제외하면 이런 종류의 국제 협약이 전혀 없다는 것이다.

이븐 할둔의 통찰을 바탕으로 한 페테르 투르친의 역사동역학 이론은 이 모든 것이 왜 그토록 엄청난 도전일 수밖에 없는지 설명한다. 지구상의 모든 인류가 연대해 행동해야 할 만큼 행성 수준의 아사비야를 이끌어낼 외부의 적이 없어서다. 기후 변화는 외계의 침략군처럼 느껴지지 않는다. 극단적인 정치적·이데올로기적 차이에도 불구하고 연합군을 공동의 적 나치 독일에 맞서 싸우게 한 위협과는 다르기 때문이다. 기후 변화의 영향은 느리고 즉각적으로 눈에 띄거나 폭력적이지 않다. 배후에 단일 행위 주체가 없는 데다, 그 영향도 홍수나 가뭄처럼 특정 원인에서 기인한다고 콕 집어 특정하기 어려운 경우가 많다. 그렇기에 대부분의 국가가 어지간해서는 자신들의 경제적 이익을 희생하거나 주권 일부를 포기하려고 들지 않는 것도 어찌 보면 당연한 일이다. 우리 개인이 항공기를 덜 이용하거나 육류 섭취를 포기하는 등의 희생을 원하지 않는 것도 같은 맥락이다.

하지만 투르친도 주장했듯이 희생은 아사비야에 꼭 필요한 미덕이다. "공익을 위해 사익을 희생할 수 있는 능력이야말로 협력의 필수 조건이다. 희생 없이 집단 연대는 불가능하다."[17] 대부분의 국가 정부가 재생 에너지에서조차 경제적 이익을 타진하고 생태위기 앞에서도 국가 간 '윈윈win-win' 해결책만 찾고 있는 상황에서 어느덧 희생이라는 말은 입에 담기 싫은 말이 됐다. 그러나 궁극적으로 우리는 공동의 이익을 위해 무언가를, 특히 물질집약적인 고탄소 소비문화가 제공하는 편의와 사치품들을 포기해야 할 것이다. 이것이 거대한 단순화에 직면한 우리의 가혹한 현실이다.

    아마도 전 지구적 차원의 협력을 끌어낼 수 있는 것은 외계인의 침공 정도일 것이다(2016년 영화 〈컨택트Arrival〉를 기준으로 삼는다면 이조차도 가능성이 희박하지만). 그렇다면 어떻게 해야 할까? 외부의 적이 존재하지 않는다면 안에서라도 만들어내야 하지 않을까? 인류를 결속시키기 위해 지구 내부에서 악당을 설정해야 할 수도 있다. 가장 확실한 후보는 수십 년 동안 기후위기의 심각성을 은폐하고 글로벌 에너지 위기가 심화할수록 그에 비례해 엄청난 이익을 챙긴 화석연료 회사들이다. 이들은 실제로도 언론의 비난을 받고 활동가들의 표적이 된다. 〈파이프라인 폭파 작전 How to Blow Up a Pipeline〉(2022) 같은 영화에서 보면 악마가 따로 없다. 집단 연대감을 집중시킬 수 있는 또 다른 잠재적 기후 범죄자는 전용기를 타고 돌아다니며 호화 요트에서 일광욕을 즐기는 백만장자와 억만장자들이다. 힘겹게 지구 표면 온도를 섭씨 1.5도 이하로 유지하고자 책정한 탄소 예산의 72퍼센트를 소모하는 자들이다.[18] 아니면 기후친화적인 이미지로 포장하기 위해 애쓰고 있는 세계 최대의 원유 및 천연가스 수출국 사우디아라비아나 러시아, 아니면 노르웨이 같은 대규모 화석연료 생산국은 어떤가?

    어떤 이들은 이처럼 특정 집단이나 국가를 표적 삼지 않고도 우리에게 필요한 행성 수준의 아사비야를 형성해 보편적이면서 포괄적인 인류 연대를 구축할 수 있다고 생각할지 모르겠다. 나도 그렇게 되기를 바란다. 예컨대 유럽연합은 탄소 감축이라는 그린 딜 Green Deal 계획을 추진하기 위해 국가적 차이를 배제하는 데 성공했다. 그렇지만 유럽연합이 이렇게 할 수 있는 까닭은 이미 이런 정책 분야에서 오랜 협력의 역사를 경험했기 때문이며, 이는 2차 세계대전을 겪으면서 국경을 넘나드는 협력만이 유럽 전체의 갈등을 방지할 유일한 수단임을 뼈저리게 깨달은 덕분이다. 더욱이 문 앞에 거대하고 호전적인 러시아가 있다는 지정학적 현실이 유럽연합 회원국들 사이의 집단 정책을 추진하는 데 주효한 요소로 작용하고 있다. 결국 페테르 투르친의 관점으로 돌아오게 되는데, 대규모 연대는 문 앞에 적이 존재한다는 위기의식과 연결될 수밖에 없다. 글로벌 아사비야가 목표일 때 우리의 가장 확실한 전략은 생존 가능한 미래를 위해 내부의 적을 설정하는 것임을 기정사실로 받아들여야 할 수도 있다.

생명애와 살아 있는 세상과의 화해

1970년대에 나는 시드니 교외에서 어린 시절을 보냈는데, 그때까지만 해도 일반적으로 '원주민'이라고 불렸던 토착 오스트레일리아인들의 역사와 문화에 관해 거의 알지 못했다. 훗날 알고 보니 내가 다니던 학교, 뛰어놀던 공원, 자전거를 타고 달리던 거리가 모두 다루그 Darug 와 쿠링가이 Kuringai 부족에게서 빼앗은 땅이었다. 내 정신이 트이기 시작한 계기는 여덟 살 무렵 할아버지가 집에 딕

러프시Dick Roughsey라는 이름으로 알려진 토착 오스트레일리아인 예술가 구발라탈딘Goobalathaldin을 초대했을 때였다. 그때 그가 내게 《무지개 뱀The Rainbow Serpent》(1975)이라는 어린이 그림책을 선물했다. 창조주인 거대한 뱀 구리알라가 똬리를 틀어 대지의 모양을 조각하고, 사람들에게 춤을 가르친 다음, 그들을 온갖 식물·새·곤충·동물로 바꾸는 이야기였다. 그리고 이야기는 이렇게 끝을 맺었다. "이제 남은 사람들은 처음에는 남자와 여자였던 모든 동물과 생명체를 돌봐야 한답니다."

《무지개 뱀》은 인간과 땅 그리고 살아 있는 세상 사이의 친밀성과 상호의존성을 이야기한다. 이 세계관은 많은 토착 문화권에서 쉽게 발견할 수 있지만, 우리가 '자연'이라고 부르는 것을 더불어 살아가는 이웃 같은 존재가 아닌 자원으로 간주하는 서구 사회에서는 거의 찾아볼 수 없다. 그러나 이처럼 자연과 깊은 상호의존성을 중시하는 세계관이야말로 문명의 장기적인 생존과 갱신에 중요한 밑바탕이 된다. 여러 연구에 따르면 문명 붕괴의 또 다른 주요 원인은 기원전 2350~2150년경 메소포타미아 최초의 아카드제국이 비옥했던 농경지를 황폐화한 사례에서 볼 수 있듯이 사회 발전의 토대가 되는 환경자원의 과도한 착취다.[19] 반대로 그린란드의 이누이트(에스키모)에서 오스트레일리아의 토착 수렵채집인들에 이르기까지 전통적인 토착민들은 토지, 해양, 산림 등이 모두 서로 의지해야 할 이웃이라는 생각으로 생태계를 파괴하지 않고도 수백 수천 년 동안을 지속 가능하게 살았다.[20] 환경생물학자 로빈 월 키머러Robin Wall Kimmerer는 우리가 계속해서 생태계를 망가뜨리고 있는 가운데 "전 세계적으로 생물 다양성이 심각한 수준까지 감소하고 있지만, 토착민들이 관리하는 지역은 손실률이 현저히 낮다"라고 강조하면서 지금이라도 토착민의 지혜를 빌려 "지구에서 무엇을 얻을지"가 아닌 "지구가 무엇을 요구하는지"를 물어야 한다고 역설했다. "우리는 일곱 세대 뒤에도 우리만큼이나 풍요로운 세상을 남겨야 한다."[21]

지구를 세대에 세대를 이어 물려줘야 할 일종의 선물로 여기는 생태 관리 철학은 이븐 할둔의 생각을 넘어서는 것이다. 거대한 단순화의 시련을 헤쳐나가고 문명 회복력을 키우려면 인류 사이의 아사비야를 확보하는 것만으로는 충분하지 않으며, 생명의 그물망 전체와 연대하도록 그 범위를 확대해야 한다. 이 개념이 바로 진화생물학자 에드워드 윌슨Edward Wilson이 강조한 '바이오필리아biophilia', 곧 '생명애'로 자연의 일부로서 살아 있는 세상과 연결될 수 있는 인간의 타고난 감각이다. 나무는 우리가 들이마시는 산소를 공급하는 외부의 허파이며, 우리 대신 노래하는 새들의 지저귐을 들으면 정신 건강을 회복할 수 있고, 우리의 번영은 지구의 모든 생명체를 아우르는 얇은 보호막의 무결성과 균형을 유지하는 데 달렸다.[22] 생명애는 지구의 생태적 한계 내에서 우리가 잘 살아가기 위해, 부러지지 않고 구부러질 수 있는 재생경제와 지속 가능한 사회를 만들어가기 위해 꼭 필요한 정신적 밑바탕이다.

토착 철학과 과학은 생명애를 고취하는 데 필수적인 지침이다. 그렇다고 서구 역사에서 아무것도 배울 점이 없다는 뜻은 아니다. 서구인들의 정신에 새겨진 자연과의 연결의 흔적에서 기대했던 것보다 훨씬 더 많은 것을 배울 수도 있다. 우리가 발굴하려는 마음만 있다면, 그것은 우리 내면 깊숙이 자리하고 있는 역사다.

처음에는 불가능한 전망처럼 보일 수도 있다. 500년이 넘도록 우리 서구세계의 부유한 인간들은 생태적 전격전으로 자연을 복속시키고자 했다. 농사를 짓고 배를 만든다며 숲을 파괴했고, 산업자본주의를 키운다며 광물과 탄화수소를 끌어다가 태웠으며, 고래를 마구 잡아 멸종시키고, 강에 온갖 폐수를 흘려보냈다. 그리고 이 모든 행위를 '진보'라는 이름으로 정당화했다. 기술과 상업은 지상의 열매가 인류를 섬기기 위해 존재한다는 기독교의 지배 교리에 힘입어 수백 년간 이루 헤아릴 수 없는 파괴를 자행해왔다. 1456년 요하네스 구텐베르크가 양피지로 특별 제작한 성서 30부가 이 불경한 삼위일체를 가장 잘 보여주는 상징일 것이다. 이 성서의 제작에는 송아지 약 5,000마리의 가죽이 필요했다. 19세기 영국 총리 윌리엄 글래드스톤William Gladstone은 멀쩡한 참나무를 베는 게 취미였고, 그에게 잘 보이려는 전 세계 지지자들로부터 도끼 수십 자루를 선물받았다.[23] 이후로도 우리는 더 빠르게 도끼를 휘두르며 입에 올리기도 힘든 생태 범죄를 저질렀다. 인간이 초래할 여섯 번째 멸종으로 나아가는 동안 창조주 구리알라는 고통에 몸부림치고 있을 것이다.

하지만 이 같은 암울하고 추악한 역사에도 불구하고 우리에게 왜 생명애호 본능이 남아 있는지 참으로 궁금하다. 산업혁명의 본고장인 영국에서 왕립조류보호협회 회원 수가 120만 명이 넘는 이유는 무엇일까? 어떤 정당도 이보다 많은 당원을 확보하지는 못했다. 사회 각계각층에서 정원사 자격증을 가진 사람들은 왜 2,000만 명이나 되며, 뭐가 그리 좋아서 손에 흙을 묻히고 식물이 자라는 모습을 흐뭇하게 바라보는 걸까?[24] 데이비드 애튼버러David

Attenborough의 자연 다큐멘터리 시리즈 〈블루 플래닛 2Blue Planet II〉를 1,400만 명이 넘게 시청한 까닭은 어디에 있을까? 왜 수만 명이 주말마다 시골 숲속에 들어가 블루벨이며 너도밤나무며 야생 사슴 등을 찾아다니는 걸까? 어쩌면 우리는 아직 흔한 이야기와 달리 자연에서 완전히 소외당하지는 않았을지도 모른다. 이에 관한 설명이 필요할 것이다.

키스 토머스에 따르면 16세기에서 18세기 사이 영국에서 "감수성의 심오한 변화"가 일어났는데, 이는 오늘날까지 영향을 끼치고 있다.[25] 한편으로 이때는 이미 문명이 진보하기 위해서는 자연을 정복하고 착취해야 한다는 생각이 확고히 자리잡은 시기였다. 그러나 동시에 다른 한편에서는 인간이 자신의 이익을 위해 동식물을 착취해서는 안 된다는 반론도 발전하고 있었다.

정원사 존 이블린John Evelyn이 쓴 《실바Sylva》(1664)가 중대한 전환점으로 작용했다. 갈수록 황폐해지는 영국의 자연 풍경을 되살리자는 주장이 담긴 이 책 덕분에 전국적으로 나무 심기 열풍이 일어났다. 귀족도 동참해 자신들 영지에 수십만 그루의 묘목을 심도록 지원했다. 산림 자원을 확보하기 위한 이유도 있었지만, 심미적 즐거움을 찾으려는 목적도 있었다. 수세기에 걸쳐 벌거숭이가 된 산림이 다시 푸릇푸릇해지기 시작했다. 왕실도 적극적으로 나서서 전국 왕립 삼림지Royal Forest에 대규모 식재가 이뤄졌고, 옥스퍼드와 케임브리지 대학교도 곳곳에 나무 산책로를 조성했다. 이런 분위기를 가장 열렬히 지지한 사람은 상인이자 작가인 토머스 트라이언Thomas Tryon이었다. 평소 동물 권리와 채식주의를 옹호했던 그는 1691년 저서에서 "나무도 짐승과 동물이 죽음을 당할 때처럼 베어질 때 고통을 받는다"라고 주장했다.[26] 같은 시기 정원 가꾸기도 여가활동으로 인기를 얻기 시작했다. 각종 원예 교본이 출간되면서 장미와 카네이션 심기를 장려했고, 식민지에서 수입한 품종들 덕에 식물 종류도 급속히 늘어났다. 이후 낭만주의 운동이 18~19세기에 이런 감성을 한 단계 더 발전시켜 자연을 경외와 경이로움의 대상으로 끌어올렸으며, 레이크 디스트릭트 지역에 살던 낭만적인 호수의 시인들은 산, 개울, 오래된 나무를 기리는 서정시를 썼다.[27]

동물의 삶을 바라보는 태도에도 비슷한 변화가 일어났다. 예전에는 동물을 식량이나 농사에 필요한 노동 자원으로만 여겼으나, 17세기 들어 애완동물이라는 완전히 범주가 다른 동물이 기하급수적으로 증가했다. 스튜어트 왕조는 하운드·스패니얼·푸들 같은 견종을 특히 좋아했고, 심지어 찰스 2세Charles II는 추밀원 회의에도 개와 함께 참석했다. 귀족들은 사냥개인 하운드를 특히 아꼈는데, 하인들보다도 더 잘 먹이고 자신들의 초상화에 등장시키기도 했다. 시간이 흐름에 따라 애완견을 키우는 인구는 사회 계층 전반으로 확대했고, 본래 황소와 싸움을 붙이는 유혈 낭자한 놀이 '불 베이팅bull baiting(소 곯리기)'에 이용됐던 불독은 용기와 끈기의 국가적 상징으로 변모했다. 고양이는 애완동물의 지위를 얻기까지 시간이 더 걸렸다. 18세기에 이르러서야 비로소 쥐 잡는 데나 쓰는 가축이 아닌 애정의 대상으로 여겨졌다. 이때쯤 애완동물과 일반 동물의 차이점이 명확해졌다. 애완동물은 집 안에 들일 수 있고, 개별적인 이름을 부여했으며, 절대로 먹지 않았다.[28]

자연세계와의 점진적인 재연결은 부분적으로는 도시화와 산업화에 대한 반작용이었다. 공장과 제분소가 내뿜는 연기 속에서 빠르게 사라지고 있던 농촌생활의 오랜 전통을 재발견하려는 욕구가 커지기 시작했다. 자연주의 생태학자 길버트 화이트Gilbert White의 《셀본의 박물지Natural History of Selborne》(1789)가 큰 인기를 끈 것만 보더라도 알 수 있다. 이 책은 넘기는 페이지마다 이끼와 야생화에서 지렁이와 거미에 이르기까지 모든 생명체에 경의를 표하고 있었다. 하지만 그 칭송은 식물학과 진화론의 과학적 발전을 향한 반응이기도 했다. 인간이 다른 생명체와 다르고 우월하다는 그간의 가정에 점점 더 의문이 제기됐고, 이는 조금씩 자연이 인간에게 이로운 자원일 뿐이라는 생각을 침식했다. 칼 폰 린네Carl von Linné가 1730년대에 새로운 식물 분류체계를 발표하자 그때부터 식물은 인간에게 유용한지, 이를테면 약재가 될 수 있는지 없는지가 아닌 저마다 타고난 물리적 구조에 따라 분류됐다. 그 뒤로 찰스 다윈이 우리가 자연의 위대한 진화 이야기의 한 갈래에 불과하며, 놀랍게도 침팬지가 우리와 가장 가까운 종임을 밝혀냈다.[29]

그런데 이런 과학적 발전은 중세시대부터 이어져온 이교도의 자연 숭배 관습의 잔재와도 결합했다. 영국에서 불가리아까지 농촌 지역이라면 수확기에 옥수수 인형이나 꼭두각시를 만들어 '옥수수 어머니Corn Mother'의 영혼을 기리는 의식을 행했는데, 중앙아메리카 마야인들이 수천 년 동안 옥수수를 숭배한 것과 매우 흡사했다. 독일 뮌헨이나 스웨덴 웁살라 등 유럽 전역의 도시나 마을에서도 고대부터 내려온 민속 축제를 전승했고, 그중에는 나뭇잎으로 몸을 감싸 '그린맨Green Man'으로 변장해 춤추며 봄을 축하하는 '메이데이May Day'도 있었다.[30] 1598년으로 거슬러 올라가는 옥스퍼드의 메이데이에 관한 최초의 기록을 보면 "여자 옷을 입은 남자들이 꽃과 화환으로 장식한 여성을 마을로 데려와 '5월의 여왕 Queen of the May'이라고 불렀다"는 설명이 있으며, "모리스Morris 댄스와 그 밖에 조금 정신없거나 망측한 놀이"도 이뤄졌다.[31] 그때 같지는 않겠지만 지금도 이런 관습은 축제문화의 일부로 여전히 남아 있다. 해마다 5월 1일 메이데이 아침에 '메이모닝May Morning' 행사가 시작되면 나도 잎사귀 모자와 초록색 옷을 입고 옥스퍼드 거리로 나가 수천 명과 함께 모리스 댄스 행렬에 합류해 춤을 추며 즐긴다.

서구 사회가 오늘날 토착민들과 비견될 만큼 살아 있는 세상과 연결되어 있다고 주장하려는 게 아니다. 《무지개 뱀》을 고이 간

옥스퍼드에서는 400년 세월이 흐른 지금도 모리스 댄서와 그린맨이 함께하는 메이모닝 행사가 열린다.

사진 제공: 옥스퍼드대학교 모리스 팀

직하고 있다가 내 쌍둥이 아이들에게 읽어주긴 했지만, 구리알라는 내 아이들의 문화권에 속하지 않는다. 내가 이런 사례들을 소개한 이유는 서구 사회가 진보와 현대성을 추구하면서 자연과 완전히 단절됐다는 널리 퍼진 고정관념에 도전하고 싶어서다. 키스 토머스는 이렇게 썼다. "세상이 인간만을 위해 존재하지 않는다는 관점을 솔직하게 수용한 것은 현대 서구 사상의 위대한 혁명이라고까지 할 수 있으나, 대부분의 역사가는 이에 대해 정당한 평가를 하지 않았다."[32] 수세기에 걸쳐 우리는 점진적으로 자연의 동식물과 다시 연결됐다. 이 과정은 대체로 제한적이고 조심스럽고 억제된 방식으로 이뤄졌다. 우리는 심미적 만족감을 위해 깔끔한 정원을 바랐고, 함께한다는 즐거움을 위해 순종적인 애완동물을 원했다. 그렇게라도 했기에 우리는 실낱같으나마 생명애적인 자아를 유지하고 키워나갈 수 있었다.

이 역사는 21세기의 생태적 위협에 대처하는 방식에도 깊은 영향을 끼친다. 미래 시민들을 위한 지구 관리자로서 우리에게 생명애를 발휘할 수 있는 강력한 기반이 있음을 말해주기 때문이다. 사람들 대다수가 여가시간 대부분을 온라인 쇼핑이나 텔레비전 시청으로 보낼지 모르지만, 한편으로는 수백만 명의 정원사와 자연 애호가들이 아직 개발되지 않은 혁명적 생태 세력을 구성하고 있다. 그리고 이미 그들 가운데 일부는 자연 다큐멘터리 제작자이자 급진파 자연주의자 크리스 패컴Chris Packham 같은 이 분야 저명인사의 독려에 따라 거리로 몰려나오고 있다. 또 어떤 이들은 전통적인 환경보호 단체를 향한 지원을 넘어 훼손된 생태계에서 자연 스스로 길을 찾도록 과거의 야생 상태를 복원하려는 야생 재건 프로젝트에 초점을 맞추고 있다. 점점 더 많은 이가 덴마크와 독일 같은 국가에서 인기리에 진행되고 있는 숲속학교 활동에서 영감을 얻어 숲 체험을 자녀들의 교육 과정에 포함하도록 교육 당국에 촉구하고 있다.[33] 이런 활동들은 우리 내면의 생명애 본능을 일깨우고 발현시킬 힘을 지닌 자연 화해 운동의 시작일 뿐이다.

위기 대응: 위기로 혁신적 변화를 일으키는 방법

아사비야(집단 연대)와 바이오필리아(생명애)는 거대한 단순화 과정에서 인류가 부러지지 않고 구부러지는 회복력을 구축하도록 돕는 두 가지 근본적인 기둥이다. 이 두 요소는 인류가 종 내와 종 간 연대를 바탕으로 지구의 협상 불가능한 생물리학적 한계를 존중하면서 안정적이고 통합적인 사회를 만들 수 있게 한다. 그렇지만 이런 사회를 대대적으로 세워나가는 일은 수십 년 또는 여러 세대에 걸쳐 새로운 가치와 세계관을 심어줘야 하기에 매우 더디게 진행될 수밖에 없다. 그러므로 우리에게는 '위기 대응'이라는 한 가지 역량이 더 필요하다. 거기까지 가는 동안 수없이 직면하게 될 위기에 신속히 대응할 수 있는 능력을 개발해야 한다. 데이비드 애튼버러는 우리가 처할 위기의 심각성을 다음과 같이 엄중하게 경고했다. "무섭게 들릴지 모르지만, 수없이 많은 과학적 증거는 10년 이내에 극적인 조치를 취하지 않으면 자연세계에 돌이킬 수 없는 피해가 발생하고 사회가 붕괴한다고 말하고 있습니다."[34]

이 같은 위기에 대처하고, 이상적으로는 생태문명을 향한 근본적인 새로운 길을 개척할 기회로 삼으려면 어떻게 해야 할까? 그 답은 역사적으로 '위기'가 무엇을 의미해왔는지 살피고 사회가 어떤 조건에서 급속한 변화를 겪는지 이해할 때 찾을 수 있다.

존 F. 케네디 대통령의 연설에서 유래해 그동안 수많은 자기계발서 작가가 단골로 인용한 이야기가 있다. 한자어 '위기危機'의 '위'와 '기'가 각각 '위험'과 '기회'를 뜻한다는 것이다. 따라서 위험에 직면하더라도 이를 기회로 받아들인다면 충분히 극복할 수 있다는 얘기다. 이 설명에 많은 사람이 공감했고 용기를 얻었다. 그러나 선의로 가득한 좋은 해석이긴 하지만 사실은 잘못된 지식이다. '위危'가 '위험'을 뜻하는 것은 맞으나 두 번째 글자 '기機'는 '변화점change point' 또는 '중대한 시점critical juncture'에 더 가깝다.35 이는 중요한 순간의 '선택'이나 '결정'을 의미하는 고대 그리스어 동사 '크리노krino'의 명사형 '크리시스krisis'가 어원인 영어 단어 '크라이시스crisis'와 훨씬 더 유사하다. 그러니까 당시 '크라이시스'는 법률적 맥락에서 누군가 유죄나 무죄 둘 중 하나로 판단될 수 있는 '중대한 결정의 시점'을 일컫는 말이었다. 의학 분야로 치면 환자의 생사가 결정되는 질병의 극적인 전환점이다. 그러다가 시간이 지나면서 새로운 의미가 추가됐다. 18세기 토머스 페인에게 위기는 전체 정치질서가 뒤집힐 수 있는 '정치적' 임계점인 동시에 미국독립전쟁을 지지할지 말지와 같은 '도덕적' 결정도 포함하는 개념이었다. 19세기 카를 마르크스는 자본주의가 피할 수 없는 위기에 빠져 '경제적'이고 '정치적'인 파열을 초래할 수 있다고 주장했다.36 최근에는 맬컴 글래드웰Malcolm Gladwell이 내가 이 책에서도 자주 사용한 '티핑 포인트'라는 개념을 대중화했는데, 이 또한 위기와 연결되는 용어로 체제 전체가 바뀌는 급격한 변화나 전염의 순간을 나타낸다. 일상에서 우리가 언급하는 위기도 그에 따른 행동 의무를 암시하는 강력한 위험이나 중요한 결정의 순간을 지칭한다. 결혼생활 위기든 경제적 위기든 기후위기든 전부 마찬가지다. 하나같이 '변화'를 가리키고 있다.

이런 의미의 유산을 종합하면 위기는 오롯이 어느 한 방향으로 나아가기 위해 담대한 결정을 요구하는 비상사태라고 정의할 수 있다. '집단 연대' 및 '생명애'와 더불어 우리 문명을 더욱 회복력 있게 만들고 붕괴의 대격변을 막아낼 세 번째 기둥인 '위기 대응' 능력으로 오늘날의 커다란 위기를 돌파해야 한다. 그렇다면 정부가 위기에 대응해 신속하고 혁신적인 정책 변화를 끄집어내도록 자극할 조건으로는 무엇이 있을까? 역사적으로 민첩한 위기 대응은 '전쟁' '재난' '혁명' '파괴적 변화'라는 네 가지 맥락에서 촉진됐다.

가장 일반적인 맥락은 '전쟁'이다. 1941년 12월 일본의 진주만 공습 이후 미국이 2차 세계대전에 참전하면서 발생한 미국 경제의 지각변동을 떠올려보자. 산업계 전반의 거센 반대에도 정부는 자가용 자동차 생산을 금지하면서 휘발유를 1주일에 한 번 3갤런(약 11리터)씩 배급제로 공급했다. 자동차 공장은 전차와 비행기 생산기지로 변경됐고, 시민들은 히틀러를 물리치는 데 힘을 보태기 위해 "오늘 바로 자동차 함께 타기 운동에 동참하세요!"라는 구호를 외쳤다. 프랭클린 루스벨트 대통령은 전쟁 노력에 모든 역량을 집중하고자 미국 역사상 최초로 연방 소득세를 도입했는데, 1944년까지 시행되면서 최고 세율 94퍼센트라는 전무후무한 기록을 남졌다. 나아가 미국은 막대한 돈을 빌리면서까지 1942년에서 1945년 사이에 지난 150년 동안보다 더 많은 돈을 썼다.37 이 모든 일이 인류 역사에서 가장 극단적인 자본주의 자유시장 경제에서 일어났다. 심지어 미국은 곧이어 숙명의 적이 될 소련과도 군사동맹을 맺었다. 대위기 속에서 정치적 셈법은 창밖으로 던져졌다.

'재난' 발생 상황에서도 정부는 위기 대응 태세로 전환한다. 2,000명 이상의 사상자를 낸 1953년 대홍수 이후 네덜란드 정부는 미래에도 있을지 모를 홍수 위험에서 국가를 보호하기 위해 거대 제방 델타베르켄Deltawerken을 건설하는 프로젝트에 착수했다. 20세기를 통틀어 가장 야심 찬 기반시설 확충 공사였고, 당시 네덜란드 GDP의 20퍼센트가 넘는 엄청난 예산이 투입됐다. 이후 어떤 국가 정부도 기후위기를 해결하기 위해 이와 비슷한 일을 하지 않았다. 향후 100년 동안 예상되는 해수면 상승을 델타베르켄으로 막지 못할 수도 있는 네덜란드조차 예외가 아니다.38 최근의 코로나19 팬데믹도 위기 대응 사례를 추가한다. 공중보건 비상사태 앞에서 영국 정부는 국경을 봉쇄하는 한편 학교와 기업도 폐쇄했고, 모든 스포츠 행사와 항공 여행도 금지했다. 백신 개발 프로그램에 수십억 달러를 쏟아부었으며, 시민 수백만 명에게 1년 이상 재난급여를 지급했다. 집권 후 국가 차원의 경제 개입은 하늘이 무너질 일이라며 비판적 입장을 견지해왔던 중도 우파 정부라는 점을 고려할 때 놀라운 일이 아닐 수 없었다. 그리고 하늘은 무너지지 않았다.

또 다른 범주의 신속하고 변혁적인 위기 대응은 '혁명'이라는 맥락에서 찾을 수 있다. 혁명은 정치체제 전반에 극적인 개방이 이뤄지는 격변을 촉발한다. 1940년대 후반 국공 내전 기간과 1949년 승리 직후에 중국 공산당은 부유한 지주로부터 가난한 농민에게 농지를 재분배하는 급진적인 토지개혁 정책을 시행했다.

또 다른 사례로 쿠바의 문맹 퇴치 운동도 있다. 1959년 피델 카스트로Fidel Castro가 이끈 혁명 세력이 집권한 이후 첫 번째로 추진한 주요 정책으로, 만연한 문맹 문제 해결이 목표였다. 1961년 혁명정부는 전 세계에서 유례를 찾을 수 없는 엄청난 규모의 국민 교육 프로그램에 착수했다. 자원봉사자만 25만 명이 넘었는데, 그중 10만 명은 18세 미만에 절반 이상이 여성이었다. 이들이 70만 명의 쿠바인들에게 읽고 쓰는 법을 가르쳤다. 이를 위해 정부가 학교 문을 9개월 동안 닫았으며, 마을의 10대 자원봉사자들은 낮에는 들판에서 가족과 일하고 밤에는 등불 아래에서 문맹자들에게 글을 가르쳤다. 힘들고 때로는 위험한 일이었다. 게다가 얼마 지나지 않아 미국 CIA를 뒷배로 둔 카스트로 반대 세력이 피그스만을 침공하는 사태가 벌어졌고, 이들의 손에 수십 명의 교사와 학생들이 죽음을 당했다. 이런 혼란 속에서도 문맹 퇴치 운동은 계속 이어져 그해 연말까지 전국 문맹률을 24퍼센트에서 4퍼센트로 줄이는 데 성공했다. 교재가 혁명정부 선전에 악용되고 있다는 비판도 받았지만, 쿠바 국민 대부분의 지지를 받으면서 많은 사람이 여전히 이때의 봉사 임무를 삶의 전환점으로 기억하고 있다. 카스트로가 통치한 쿠바를 어떻게 평가하든 간에 혁명이 위기 대응과 급진적인 변화를 이끌 수 있다는 사실에는 의심의 여지가 없다.[39]

그런데 지금의 생태 비상사태는 이 세 가지 범주에 깔끔하게 들어맞지 않는 기이한 종류의 위기다. 명확한 적이 존재하는 '전쟁' 상황도 아니고, 혁신적 대응을 불러일으킬 수 있는 '혁명'의 순간도 아니다. 1953년 네덜란드 대홍수처럼 특정 '재난'을 상정하기에도 모호하다. 더욱이 네덜란드 정부는 홍수가 발생한 '이후'에야 델타베르켄을 세웠으며, 그런 뒤에는 홍수가 언제 또 일어날지 모른다는 전문가들의 조언을 무시했다. 이에 반해 현재 우리가 우려하는 생태 비상사태는 훗날 돌이킬 수 없는 재난이 벌어지기 '이전'에 조치를 취해 변화의 티핑 포인트를 앞당겨야 하는 위기다. 대개의 정부는 재난이 벌어지고 나서 빠르게 대응하는 데는 좋은 실적을 보이지만, 코로나19가 발생했을 때 어느 나라에도 팬데믹 대비책이 없었던 데서 확인했듯이 예방 차원에서는 한없이 약한 모습을 보여주고 있다. 하지만 지구의 건강 문제에 관한 한 치료가 아닌 예방이 유일하고 확실한 선택지다.

이 대목이 우리를 어렵게 만든다. 정부가 생태위기를 가장 시급하고 심각한 의제로 다뤄서 앞으로 수십 년 동안 우리가 부러지지 않고 구부러지도록 하는 데 앞장서게 만들려면 무엇이 필요할까? 바로 이 지점에 근본적인 위기 대응 정책의 변화를 촉발할 수 있는 네 번째 맥락이 있다. 다름 아닌 '파괴적 변화'다. 이는 급속한 변혁의 기회를 제공하는 '시스템 불안정'의 순간으로, 이는 상호 연결된 세 가지 요소의 결합 또는 복합체에 의해 만들어진다. 첫째, 일종의 위기(비록 전쟁이나 혁명 또는 대재앙처럼 극단적이지는 않더라도), 둘째, 파급력 있는 사회운동, 셋째, 선구적인 새로운 사상이다.[40] 이 상호 관계가 내가 개발한 '파괴적 변화의 연결고리 Disruption Nexus' 모델이다. 작동 방식은 다음과 같다.

삼각형 모양의 다이어그램 맨 위의 '위기'부터 살펴보자. 이 모델은 2008년 글로벌 금융위기 같은 경제적 재앙이나 2022년 캘리포니아 산불 같은 생태적 재앙 등 대부분의 위기는 전쟁과 달리 그 자체만으로 신속하고 실질적인 정책 변화를 유도하지 못한다는 인식에 기반을 두고 있다. 한때는 나도 태풍과 허리케인이 상하이와 뉴욕을 강타하고 런던이 엄청난 홍수에 잠기는 재난 상황이 발생하면 전 세계가 생태적 비상사태에 눈을 뜰 수 있으리라고 믿었다. 지금은 내가 틀렸다고 생각한다. 화석연료 산업의 어마어마한 로비 능력에서 경제성장을 굳건히 추구해야 한다는 맹목적인 신념에 이르기까지 정부가 행동에 나서지 않는 이유는 너무 많다. 위기는 사회운동과 사상이라는 두 가지 다른 핵심 조건이 동시에 형성되

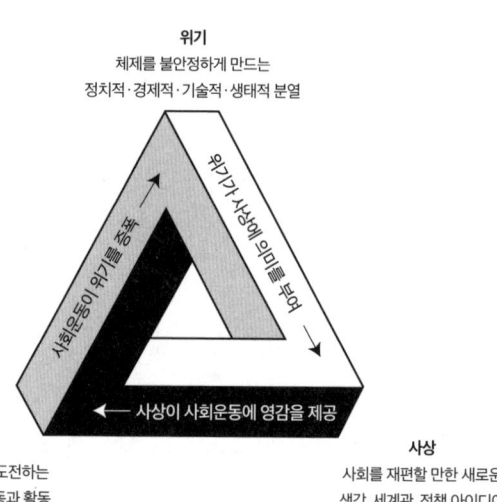

파괴적 변화의 연결고리

위기
체제를 불안정하게 만드는
정치적·경제적·기술적·생태적 분열

사회운동이 위기를 증폭

위기가 사상에 의미를 부여

사상이 사회운동에 영감을 제공

사회운동
정부 권력자들에게 도전하는
파급력 있는 사회운동과 활동

사상
사회를 재편할 만한 새로운
생각, 세계관, 정책 아이디어

신속하고 변혁적인 변화는 위기가 파급적 사회운동 및 비전 있는 새로운 개념과 결합해 발생할 때 일어날 가능성이 크다. 그들 중 어느 하나만으로는 충분치 않다.

었을 때라야 빠르고 변혁적인 변화를 만들어낼 수 있다.

다음은 '사회운동'이다. 이 책에서 내가 반복한 주제 중 하나가 변화를 일으킬 수 있는 사회운동의 힘이었다. 시민 활동가들은 보통은 표면 아래에서 조용히 끓고 있거나 사회 지배세력이 무시하고 있는 위기를 증폭시킴으로써 정부의 행동을 유도한다. 작가이자 사회활동가 나오미 클라인Naomi Klein은 이렇게 지적했다.

노예제는 폐지 운동이 그것을 위기로 바꿀 때까지 영국과 미국의 기득권 지배층에게 위기가 아니었다. 인종차별은 민권운동이 그것을 위기로 바꿀 때까지 위기가 아니었다. 성차별은 페미니즘 운동이 그것을 위기로 바꿀 때까지 위기가 아니었다. 아파르트헤이트는 아파르트헤이트 반대 운동이 그것을 위기로 바꿀 때까지 위기가 아니었다.

이 관점은 나와 완전히 일치한다. 오늘날의 글로벌 생태운동도 정확히 같은 일을 함으로써 정치세력이 "기후 변화가 마셜 계획Marshall Plan 수준의 대응에 걸맞은 위기"임을 인식하게 만들어야 한다.[41]

많은 역사적 기록이 파급력 있는 사회운동과 위기 사이의 긴밀한 관계를 여실히 드러낸다. 앞서 우리는 1831년 자메이카 노예 반란 같은 '급진파' 운동이 어떻게 정부를 공황 상태로 몰아넣어 1833년 노예제 폐지법을 이끌어냈는지 똑똑히 봤다(1장 참조). 핀란드 여성 운동은 1905년 총파업 동안 거리로 나가 위기를 심화했고, 이를 이용해 여성 참정권이라는 대의를 밀어붙였다(8장 참조).

비교적 최근인 1989년 11월에 베를린에서 일어난 대규모 민중 봉기는 지난 몇 달 동안 누적된 정치 위기를 증폭했고, 동독 정부의 혼란과 소련 지도자 미하일 고르바초프Mikhail Gorbachov의 개혁으로 촉발된 동구권의 민주주의 시위에 기름을 부었다. 그리하여 11월 9일, 마침내 베를린 장벽이 무너지고 정치체제가 재편되는 등 이들의 행동이 새로운 역사를 만들었다.[42]

그러나 이 모든 사례에서 변화는 '사상'을 필요로 했다. 새로운 사상이 제공한 영감이 없었다면 불가능한 일이었다. 경제학자 밀턴 프리드먼Milton Friedman은 위기가 변화의 기회로 작용하긴 하지만 "위기가 발생할 때 취해지는 조치는 그 주변을 감싸고 있는 사상에 따라 결정된다"라는 유명한 말을 남겼다.[43] 위 사례에서 인종 평등, 여성의 권리, 민주적 자유를 향한 새로운 사상은 변혁적 사회운동의 중요한 근거였다. 2008년 글로벌 금융위기는 통합된 새로운 사상이 없을 때 어떤 일이 일어나는지 적나라하게 보여줬다. 이를테면 삼각형 맨 위의 '위기'와 왼쪽 아래 '사회운동'(2011년 월스트리트 시위-옮긴이)은 있었지만 안타깝게도 실패한 체제를 바로잡을 새로운 경제 사상과 모델이 없었다. 그랬으니 시위 구호가 "모든 것을 점거하고, 아무것도 요구하지 마라"였던 것이다. 그 결과 투자 은행의 기존 권력 세력은 구제됐고 낡은 금융 시스템 또한 그대로 유지됐다. 현재는 탈성장경제나 현대 통화이론 등 새로운 경제 모델이 주목받고 있으므로 그때처럼 엉성한 결과가 나타날 가능성은 작을 것이다.

밀턴 프리드먼과 마찬가지로 철학자 한나 아렌트Hannah Arendt도 전후 정치위기의 본질에 관한 여러 논문에서 위기는 정통성이나 고착된 사상에 의문을 제기할 수 있는 유익한 순간이라고 주장했다. 위기는 "우리의 사고 범주와 판단 기준의 붕괴"를 초래하여 "더는 작동하고 있지 않은 전통적 진실"을 인식하도록 돕는다.[44] 지배적이고 오래된 사상은 유동적이고 불확실한 상태에 처할 수밖에 없으며, 새로운 사상이 잠재적으로 언제든지 그 자리를 차지하게 되어 있다. 위기는 전체주의와 같은 어둠의 세력이 득세하는 결과를 낳을 수 있지만(1930년대 독일에서 대공황으로 인한 대량 실업이 히틀러의 부상을 가능케 했듯이), 동시에 기득권 정치와 사회 조직 모델을 뒤흔드는 사상을 추구할 기회도 제공한다.

'사회운동이 위기를 증폭'하고, '위기가 사상에 의미를 부여'하고, '사상이 사회운동에 영감을 제공'하는 이 삼각형 모양의 체제 변화 모델은 우리의 집단행동에 실질적 역할을 부여한다는 장점이 있다. 전쟁 같은 위기 상황에서는 일반적으로 정치 및 군사 지도자가 책임을 맡는다. 반면 파괴적 변화의 연결고리는 시민이 조직해 정부를 결정적 의사결정 지점, 곧 고대 그리스적 의미에서의 '크리시스'로 옮겨가게 해준다. 그러면 정부는 빠르고 변혁적인 정책을 추진해 격동하는 상황에 대응해야 한다는 압박을 느낄 것이다. 이 세 가지 조건의 상호작용이 정치적 의지를 자극하는 변화 압력을 만들어낸다.

바로 여기에 지구의 비상사태가 요구하는 녹색 마셜 계획을 이끌 우리의 희망이 달려 있다. 지금은 온건하고 미온적인 개혁, 비례적인 대응, 점진주의의 낮은 불꽃을 바랄 때가 아니다. 거대한 단순화에 부러지지 않고 구부러지려면 급진파의 사회운동과 체제를 바꿀 사상이 필요하며, 이를 현재 계속 진행 중인 환경위기와 결합해 인류를 생태문명으로 전환하는 파괴적 변화로 통합해야 한다.

우리는 도전에 나설 수 있을까? 인간은 적응력이 뛰어난 종이다. 그동안 우리는 지구상의 거의 모든 환경 틈새를 차지했고 인구를 엄청난 수준까지 끌어올렸다. 그런데 한편으로는 역사가 피터 프랭코판Peter Frankopan의 따끔한 지적처럼 "인류 역사 대부분은 주변의 물리적·자연적 세계에서 변화하는 상황을 이해하거나 적응하지 못해서" 벌어진 일이었다.[45] 이 때문에 메소포타미아와 유카탄 반도의 위대했던 고대 문명이 사라졌다. 게다가 농업을 시작한 이래 인류는 현재와 같은 빠른 속도로 치명적인 결과를 범세계적인 규모로 초래하는 환경 변화를 경험한 적이 없다. 우리가 위기 대응에 성공할지 실패할지는 우리 시대의 근본적인 불확실성을 어떻게 극복하느냐에 달렸다.

역사의 통찰력은 행성 차원의 갱신이라는 거대한 도전과제를 어디에서부터 시작해야 할지 알려준다. 아사비야로 우리는 격동의 미래를 헤쳐나가는 데 필요한 결속의 힘을 배울 수 있다. 우리는 우리 국가 공동체뿐 아니라 국경을 넘어 공감과 협력을 키워나가고 사회를 분열시키는 극심한 불평등을 해결하고자 부단히 노력해야 한다. 바이오필리아는 생태적 연결과 관리 및 회복력에 관한 깊은 이해를 제공한다. 이를 통해 우리는 지구의 생물리학적 한계를 넘지 않는 재생경제를 이룰 수 있다.[46] 마지막으로 역사는 강력하고 새로운 사상에서 영감을 받은 사회운동으로 증폭한 위기가 우리에게 절실히 요구되는 변혁적인 정책 변화를 유도할 위기 대응 능력을 촉진한다고 말한다. 이제 우리는 부러지지 않고 구부러지려면 무엇이 필요한지 알았다. 이제 시작하면 된다.

맺음말

근본적 희망이 남아 있는 5가지 이유

현재가 자연의 돌이킬 수 없는 사실처럼 보인다면,
과거는 우리가 절대로 고려하지 않았을 가능성을
암시하는 방법으로 가장 유용하게 쓰일 수 있다.
과거는 경고와 영감을 동시에 제공한다.
―하워드 진, 〈시민으로서의 역사가〉, 1966.¹

우리의 상상력은 역사적으로 얼마나 더 거슬러 올라갈 수 있을까? 현재의 현실에서 벗어나기 위해서 상상력은 꼭 필요한 기술이다. 그러나 우리는 생태학자들이 '기준점이동증후군shifting baseline syndrome'이라고 부르는 것과 비슷한 고통을 겪고 있는 듯하다. 이는 연구자가 어류 자원이나 산림 면적 등 생물계의 현재 상태를 측정할 때 자신의 경력 초기나 어린 시절에 '정상'으로 여겨졌던 것을 기준으로 삼는 현상을 가리킨다. 하지만 시간이 흐르면서 각 세대는 결국 '정상' 상태를 재정의할 테고, 이전의 더 풍부했던 조건은 잊힐 것이다. 반면 기준점을 최근 상황으로 잡으면 그동안 이어지고 있는 장기적 쇠퇴를 심각하게 과소평가할 수 있다. 오늘날 현대인들은 대규모 저인망 조업이 시작되기 전 18세기 영국 해안에 넘쳐났던 고등어나 대구를 기억하지 못한다. 그 결과, 사실상 고갈의 정도를 잘 느끼지 못하게 된다. 기준점이동증후군은 궁극적으로 생태 파괴를 관망하게 만드는 일종의 점진적 기억 상실이다.

나는 기준점이동증후군이 인간 생활의 영역에도 영향을 끼친다고 믿는다. 우리가 정상이라고 여기거나 가능하다고 생각하는 것들은 일반적으로 우리가 살면서 마주한 경험으로 국한된다. 우리는 자신이 태어나면서부터 지금까지 겪어온 대의민주주의나 신자유주의 시장경제가 아닌 다른 형태의 민주주의나 자본주의를 상상하기 어렵다. 세대를 거듭할수록 우리는 선조들이 사회를 조직했던 방식이 선사했던 풍요의 뿔(코르누코피아)에서 점점 더 멀어진다. 그 결과로 인류, 특히 글로벌 노스에 사는 우리는 역사적 상상력의 집단적 결핍을 겪고 있다.

나는 이 책으로 이를 치료하고 싶었다. 내가 다음 표에 요약하는 일련의 역사적 사례들은 우리 자신의 기억이라는 잘못된 기준점을 돌파하기 위한 시도다. 지난 1,000년 동안 있었던 광대한 풍요로움과 다양한 가능성으로 우리를 다시 연결하고, 21세기에 인류가 직면한 가장 시급한 과제를 어떻게 조명하는지 확인할 수 있을 것이다.

역사를 관통하는 이런 여정은 어떤 메시지를 전달할까? 역사는 미래에 대해 결정적인 행동 지침이나 공식을 제공하지는 않는

지난 1,000년 동안의 주요 역사적 사례

타임라인: 1000 CE — 1500 — 1700 — 1900 — 2000 CE

도전과제

화석연료
- 알안달루스 이슬람 왕국
- 카리브해 식민지 노예반란
- 영국 캡틴 스윙 반란
- 민권운동

팬데믹
- 중국인들의 미국 이민
- 가나 독립국가 건설

소비주의
- 퀘이커교의 소박한 삶
- 일본 에도시대 순환경제
- 2차 세계대전 시기 배급 정책

소셜미디어
- 인쇄혁명
- 종교개혁
- 조지 왕조 시대 커피하우스 문화
- 대중매체의 발전

물
- 중국의 치수 정책
- 발렌시아 물의 법정
- 중동 6일전쟁

민주주의
- 밀라 젠네제토
- 이탈리아 도시국가
- 스위스 라에티아 자유국
- 나이지리아 이그보 공동체

유전공학
- 중세 연금술
- 영국 인클로저 운동
- 우생학 운동
- 소아마비 근절 캠페인

불평등
- 유럽 흑사병
- 인도 캐럴라 여성운동
- 핀란드 복지국가

기계(AI)
- 에스파냐 시민파
- 네덜란드 금융자본주의
- 산업혁명
- 에밀리아로마냐 협동조합

문명 붕괴
- 북아프리카 왕조 붕괴
- 산업화 이전의 자연 관계
- 탄소 에너지 확대
- 쿠바 문맹퇴치운동

다. 역사에는 철칙도 없고 시간과 공간을 넘나드는 고정된 패턴도 없다. 이를 찾으려는 시도는 모두 헛수고였다. 역사에서는 그 어떤 사건도 발생하기 전까지는 필연이 아니다.

그러나 우리가 과거의 풍경에 한껏 마음을 열면 지금도 여전히 공감되고 재발견할 것들이 많이 있다. 그리고 한편으로는 유럽의 식민주의나 양 대전 사이의 파시즘 같은 경고의 에피소드도 있는데, 이 같은 역사를 반복하지 않도록 각별히 경계해야 한다. 나머지는 대부분 우리 시대의 다중 위기를 극복하는 데 활용할 영감을 주는 것들로 가득 차 있다. 무엇이 잘못됐는지만큼 무엇이 잘됐는지를 기억하는 게 중요하다.

인류 역사가 미래를 향한 장밋빛 낙관론의 근거라는 말은 아니다. 역사를 교훈 삼아 기후 비상사태 같은 도전에 쉽게 뛰어들거나 AI의 위험을 지혜롭게 관리할 수 있다고 단정하기에는 너무 많은 전쟁과 대량 학살, 억압과 탐욕, 내부 갈등과 근시안적인 단기 성과주의가 있었다. 그렇지만 내가 '근본적 희망'이 남아 있다고 말하는 데는 충분한 이유가 있다. 그저 '유리잔이 반이나 찼다며' 모든 게 잘되리라고 맹신하는 낙관주의와 달리, 근본적 희망은 작은 확률과 기회가 불리하게 작용할 수 있음을 인식하면서도 굳건히 뿌리를 내린 가치와 비전에 따라 행동하도록 이끈다.[2] 하워드 진의 조언처럼 우리는 늘 변화 가능성을 염두에 두고 마치 이미 준비가 되어 있던 것처럼, 그러니까 항상 변화할 수 있다는 믿음을 지닌 채 행동해야 한다. 정말로 그럴 수도 있기 때문이다. 시도하지 않고 후회하는 것보다 더 큰 후회는 없을 테니 말이다.

이제 우리가 지금까지 탐구한 역사를 통해 근본적인 희망이 남아 있는 다섯 가지 이유를 제시하고자 한다. 격동의 시대를 헤쳐 나가는 데 필요한 행동의 대전환을 고무시킬 수 있을 것이다.

1. 파급력 있는 사회운동이 체제를 바꿀 수 있다

'파괴적 변화'는 언제나 제구실을 톡톡히 해낸다. 인류는 19세기 카리브해 노예 반란을 비롯해 인도 카스트의 억압에 맞선 저항운동, 영국과 핀란드에서 평등권을 위해 투쟁한 여성단체에 이르기까지 변화를 요구하고자 서로 연대하면서 일어서고 또 일어섰다. 그럴 때마다 '급진파'가 성공을 견인했다. 호전적이고 때로는 불법적인 전술로 공론장의 논의를 전환시키고 기존의 위기를 증폭시켜 기득권 권력자들이 대응할 수밖에 없게 만들었다. 인류가 변화의 여지 없이 생태적 자기종말의 길을 무감각하게 걷고 있는 상황에서 점진주의라는 힘없는 불꽃에 의존하는 것은 무모하다. 우리에게는 집단적 교란이라는 활활 타오르는 불꽃이 필요하다.

2. '우리'는 '나'보다 강하다

역사는 호모 사피엔스가 단순히 개인의 목표에 따라서만 행동하지 않고 협력, 공감, 상호부조에 뛰어난 능력을 지닌 사회적 동물이라는 깊이 있는 진화 이야기를 들려준다. 조건만 적절하다면 '우리'는 '나'보다 강하다. 발렌시아 물의 법정을 떠올려보자. 그들의 공유지 원칙은 오늘날에도 여전히 가장 귀중한 자원을 나누는 기반이 된다. 중세 이슬람 왕국 알안달루스에서 문화적 관대함을 키웠던 도시들, 조지 왕조 시대 커피하우스를 뜨겁게 달궜던 낯선 이들과의 담론, 샌프란시스코 대지진 때 수많은 이재민을 먹였던 길 위의 주방, 이븐 할둔의 아사비야를 향한 이상 등은 모두 인류 역사를 관통해 우리를 서로 묶어줬던 보이지 않는 실타래였다. 남은 질문은 경제 불안과 이민 증가의 압력에서도 이를 유지할 수 있을지뿐 아니라, 이와 같은 연대를 미래 세대와 모든 지구 생명체에 확대할 수 있을지다.

3. 자본주의의 대안이 있다

자본주의는 지구를 벼랑 끝으로 몰고 있는 화석연료 산업과 소비주의에서 AI와 생명공학 혁명을 추진 중인 이윤 중심 기업들의 브레이크 없는 질주에 이르기까지 수많은 위기의 밑바탕이다. 그런데도 우리는 아직 실현 가능한 대안에 눈을 돌리기보다 '깨어 있는' '지속 가능한' '포용적인' '녹색' 같은 갖가지 형용사로 포장한 수정자본주의에만 집착하고 있다. 역사에는 이미 실행 가능하고 생동감 넘쳤던 자본주의의 대안들이 있었다. 18세기 일본 에도시대 경제는 끊임없는 성장이라는 자본주의적 명령이 아닌, 근본적인 순환과 지속 가능한 자원 사용 원칙에 기반을 둔 재생경제였다. 에밀리아로마냐의 뿌리 깊은 협동조합 경제는 주주자본주의와 극명히 대조되는 분산 소유권 모델을 통해 사회경제 정의와 세대 간 관리를 촉진하고 있다. 기업가형 국가는 정부가 필수 공공 서비스 제공 능력 외에도 상업적 유인에 아랑곳하지 않고 의료 연구 및 디지털 기술 등의 분야에서 혁신할 수 있는 능력을 확보할 수 있음을 보여준다. 자본주의를 넘어서는 경제의 가능성은 존재한다.

4. 인간은 사회적 혁신가다

문명은 단지 기술 혁신으로만 주도되지 않는다. 인류의 가장 위대한 발전은 사회적 혁신의 영역에서도 이뤄졌다. 우리 선조들은 위기를 극복하고, 불의에 맞서고, 평화롭게 더불어 살아가기 위해서 다양한 조직화 방법을 개척했다. 사회운동을 창안했고, 산림과 어장의 공유 자원을 공동으로 관리하는 방법도 개발했다. 살고, 일하고, 놀 수 있는 도시도 건설했다. 선조들의 혁신에는 개방적인 정치토론과 시민의식 함양을 위한 공론장이 있었고, 소아마비 근절 캠페인 같은 행동에 영감을 준 공동선 같은 이상도 있었다. 그러니 우리 자신을 구원하고자 오매불망 새로운 기술만 기다리거나 위대한 지도자만 바라볼 필요는 없다. 우리는 서로를 바라봐야 한다. 공동의 가치에 고무되어 함께 문제를 해결하는 주변 사람들의 독창적인 능력에 관심을 기울여야 할 때다.

5. 다른 미래가 가능하다

하루하루가 종말에 가까워지는 듯한 시대, 우리의 정치와 경제 체제가 온갖 위기로 허우적거리는 이 시대에 역사가 우리의 시야를 넓히는 데 도움을 줄 수 있다. 역사는 꼭 이렇게 흘러가야만 하는 것은 아니라고 말해준다. 그 옛날 우리 선조들이 다르게 행동하는 법을 배웠다면 우리도 그렇게 할 수 있다. 근본적 희망을 품기에 충분한 이유다. 대표적인 사례가 대의민주주의다. 우리는 꼭 대의민주주의를 고집하지 않아도 된다. 대의민주주의는 생태적 위기뿐 아니라 불평등 심화에서 극우 극단주의까지 너무 많은 문제를 체계적으로 해결하는 데 실패했다. 민주주의를 대체할 체제를 상상하기는 어렵지만 이를 보완할 더 나은 대안은 역사에서 쉽게 발견할 수 있다. 우리는 가끔 투표소를 방문하는 일보다 훨씬 더 참여적인 형태의 정치 기회를 제공했던 고대 아테네, 서아프리카 고대도시 젠네제노, 스위스 라에티아 자유국에서 공동체 민주주의에 대한 영감을 얻을 수 있다. 이렇듯 역사는 우리가 현재의 구속에서 벗어나도록 도와 다른 미래를 상상하게 해준다.

*

우리는 어디로 향해야 할까? 캐나다 방송인이자 환경운동가 데이비드 스즈키David Suzuki는 '호피엄hopium', 곧 '행동 없는 막연한 희망'을 경계해야 한다고 말했다.[3] 지극히 옳은 지적이다. 개인 차원에서도 역사는 우리 각자가 변혁적인 변화의 희망이 있음을 깨닫게 해주는 것 이상을 할 수 있으며, 우리 스스로 변화의 주체가 되도록 자극할 수도 있다. 가정에서든, 직장에서든, 지역 공동체에서든 변화를 이끌어내고 싶은 모든 곳에서 우리는 과거를 다양한 가능성으로 바라볼 수 있다. 시위에 참여하거나 협동조합을 설립하는 일에서 시민의회의 일원이 되는 일까지 역사는 먼 옛날로 거슬러 올라가는 시민의식의 위대한 전통과 연결되어 있음을 상기시킨다.

나는 우리가 '응용역사'의 가치에 대해서도 스스로 깨우칠 수 있기를 바란다. 응용역사를 다루는 몇몇 대학 과정이 있긴 하지만, 중·고등학생들도 역사적 주제가 현재의 도전과제에 어떤 통찰을 주는지 탐구하는 수업을 받으면 어떨지 상상해보자.[4] 과거의 눈으로 오늘날의 문제를 살펴보고, 경고와 영감을 모두 제시하면서도 장밋빛 향수에 빠지지 않는 전시물을 갖춘 응용역사 박물관이 있다면 어떨까? 정치인과 활동가를 비롯한 모든 유형의 변화 주도자들, 다양한 시대와 국가와 문화에 속한 우리 선조들이 한데 모여 토론할 자리를 마련했다고 상상해보자. 퀘벡 지자체 의회가 미래 세대를 위해 한 것처럼 진짜 의자를 마련하는 것도 한 방법일지 모른다.[5] 우리 선조들은 어떤 조언을 들려줄까? 어떤 지혜를 나눠줄까?

인류는 앞으로 나아가기 위해 과거를 뒤돌아봐야 한다. 역사는 우리 상상력의 기준점을 초월해 잃어버린 보물처럼 묻혀 있던 과거의 가능성에 마음을 열어주는 힘을 간직하고 있다. 물론 우리는 시대의 도전에 부응하지 못할까 봐 두려워할 수 있다. 위기에 너무 늦게 대응하거나 폭주하는 기술에 굴복할 수도 있다. 그러나 역사를 지침으로 삼는다면 21세기의 격변에 맞서 부러지기보다 구부러지는 문명을 만들어낼 수 있다. 이제 내일을 위해 역사를 기반으로 삼고, 근본적인 희망을 행동으로 옮길 때다.

주

머리말: 앞으로 나아가기 위한 뒤돌아봄
1. 이 학문 분야에 관한 간략한 설명은 다음 논문 자료를 참조할 것. Harm Kaal, Jelle van Lottum, 'Applied History: Past, Present, and Future', *Journal of Applied History* 3/1-2(December 2021), https://doi.org/10.1163/25895893-bja10018; Pamela Cox, 'The Future Uses of History', *History Workshop Journal* 75/1(2013), https://doi.org/10.1093/hwj/dbs007; John Tosh, 'In Defence of Applied History', *History and Policy*(February 2006). 오늘날 세상을 위해 과거에서 교훈을 얻어야 한다고 주장하는 걸 출한 학자들로 티머시 스나이더(Timothy Snyder), 앤절라 데이비스(Angela Davis), 장 하준(張夏準), 이브람 X. 켄디(Ibram X. Kendi), 재레드 다이아몬드(Jared Diamond) 등이 있다. 그레이엄 앨리슨(Graham Allison)과 더불어 〈응용역사 선언문(Applied History Manifesto)〉을 공동 집필한 니얼 퍼거슨(Niall Ferguson)도 빼놓을 수 없다. https://www.belfercenter.org/publication/applied-history-manifesto.
2. 인용문의 원출처는 괴테의 《서동 시집(West-östlicher Divan/West-Eastern Diwan)》 (1819) 제5편 제15절이다. 내가 인용한 영문 번역본은 다음 논문에서 찾을 수 있다. Charles Needham, 'Finding the Ethical Standard of Medical Science in the Age of Sciences', *Journal of Evaluation in Clinical Practice* 5/1(1999), https://doi.org/10.1046/j.1365-2753.1999.00166.x.
3. Robert Kennedy, *Thirteen Days: A Memoir of the Cuban Missile Crisis* (Signet, 1969), p. 127.
4. Margaret MacMillan, *The Uses and Abuses of History* (Profile, 2010), p. 161; Richard Neustadt, Ernest May, *Thinking in Time: The Uses of History for Decision Makers* (The Free Press, 1986), pp. 7-16, 44; Serhii Plokhy, *Nuclear Folly: A New History of the Cuban*

Missile Crisis (Penguin, 2021), pp. 103, 147-148, 178, 185; Andre Pagliarini, 'The Book That Stopped the Outbreak of War', *The New Republic*, 16 April 2021, https://newrepublic.com/article/162058/book-stopped-outbreak-nuclear-war. 1차 세계대전 발발 과정에 대한 터치먼의 설명은 현재 관점에서 보면 논쟁의 여지가 있다. 그럼에도 당시 그 해석은 케네디 대통령의 통찰에 큰 도움이 됐다.
5. https://www.gutenberg.org/files/15000/15000-h/15000-h.htm.
6. Howard Zinn, *A People's History of the United States* (Harper Perennial, 1995), p. 622. 다음 책도 참조할 만하다. Howard Zinn, *On History* (Seven Stories Press, 2011).
7. 나는 다음 논문에서 역사적 변화에 관한 개념 모델을 탐구한 바 있다. Roman Krznaric, 'How Change Happens: Interdisciplinary Perspectives for Human Development', Oxfam GB, 2007.
8. 문명 붕괴와 글로벌 위험 등에 관한 주요 출처는 다음과 같다. Joseph Tainter, *The Collapse of Complex Societies* (Cambridge University Press, 1988); Jared Diamond, *Collapse: How Societies Choose or Fail to Survive* (Penguin, 2011); Hugo Bardi, *The Seneca Effect: Why Growth is Slow but Collapse is Rapid* (Springer, 2017); Sandrine Dixson-Decleve 외, *Earth for All: A Survival Guide for Humanity* (New Society Publishers, 2022); Graeme Cumming, Gary Peterson, 'Unifying Research on Social-Ecological Resilience and Collapse', *Trends in Ecology and Evolution* 32/9(2017); Tim Lenton 외, 'Operationalising positive tipping points towards global sustainability', *Global Sustainability* 5(2022), https://doi.org/10.1017/sus.2021.30; Brian Fagan, Nadia Durrani, *Climate Chaos: Lessons on Survival from Our Ancestors* (Public Affairs, 2021); Toby Ord, *The Precipice: Existential Risk and the Future of Humanity* (Bloomsbury, 2020). 아울러 이 책의 연구는 세계경제포럼(World Economic Forum, WEF)이 매년 수백 명의 전문가를 대상으로 미래 위험과 글로벌 동향을 파악해 연간 보고서로 발표하는 〈글로벌 위험 보고서(Global Risks Report)〉 등의 설문조사 데이터와 교차 검증도 수행했다.
9. 내가 쓴 다음 역사서를 참조할 것. Roman Krznaric, *The Wonderbox: Curious Histories of How to Live* (Profile, 2011). 일, 시간, 사랑, 죽음을 비롯한 일상의 어려움에 관해 과거에서 영감을 구하는 책이다. 역사를 바라보는 내 세계관 대부분은 몇 년 동안 함께 일한 문화사학자 시어도어 젤딘의 영향을 받았다. 그는 우리가 얼마나 많은 사람 가운데 일부인지, 우리의 야망과 열정과 두려움이 얼마나 많은 과거 사람에 의해 형성됐는지 이해하는 데 큰 도움을 줬다.
10. Margaret MacMillan, *Uses and Abuses of History*, pp. 86-88.
11. 방법론 측면에서 나는 과거로부터의 배움을 위해 응용역사가들이 즐겨 쓰는 세 가지 접근방식을 취하고 있다. 첫째는 '계보(genealogy)'다. 화석연료 집약적인 생활 양식이나 인공지능의 위험과 같은 현대적 현상 이면을 들여다보기 위해 수십 년 또는 수백 년 전으로 거슬러 올라가면 어떤 연결고리와 의미심장한 이야기를 찾을 수 있을까? 둘째는 '유추'다. 현재가 과거의 어떤 순간과 비슷하거나 다른지 탐구한다. 셋째는 '패턴'이다.

체계적 사고와 질문의 통찰로 역사에서 피드백 루프(feedback loop)나 순환 또는 티핑 포인트가 될 만한 체계적 수준의 패턴이 발견되는지 살핀다. 이와 관련한 더 구체적인 사안은 다음 책을 참조할 것. Richard Neustadt, Ernest May, *Thinking in Time*, pp. 196-211, 232-246; John Tosh, *Why History Matters* (Palgrave, 2008), pp. 46-48, 61-77; MacMillan, *Uses and Abuses of History*, pp. 15-16, 155-64; Eric Hobsbawm, *On History* (Abacus, 1998), p. 41; Donella Meadows, *Thinking in Systems: A Primer* (Earthscan, 2009); Will Durant, Ariel Durant, *The Lessons of History* (Simon & Schuster, 2010).

12. 2018년 스탠퍼드대학교에서 열린 응용역사 콘퍼런스는 여성 없이 백인 남성 30명만 연사로 참여해 많은 비판을 받았다. https://www.nytimes.com/2018/03/17/us/stanford-conference-white-males.html. 응용역사는 공공정책, 특히 바람직한 국제관계와 외교 방안을 모색하기 위해 역사에서 통찰을 얻으려는 경향이 강하다. 사회운동 전략과 같은 다른 영역으로 확장될 엄청난 잠재력을 내포하고 있다는 의미다.

13. Abeba Birhane, 'Algorithmic Colonization of Africa', *SCRIPT-ed* 17/2(August 2020), https://script-ed.org/article/algorithmic-colonization-of-africa/; Kehinde Andrews, *The New Age of Empire: How Racism and Colonialism Still Rule the World* (Allen Lane, 2021).

1장. 화석연료 중독을 끊는 방법

1. Michael Taylor, *The Interest: How the British Establishment Resisted the Abolition of Slavery* (Vintage, 2021), p. 59.
2. Adam Hochschild, *Bury the Chains: The British Struggle to Abolish Slavery* (Pan Books, 2005), p. 324.
3. Michael Taylor, *Interest*, pp. 63, 104, 133; 'The Correspondence Between John Gladstone and James Cropper'(West India Association, 1824), pp. 19-20, https://westindiacommittee.org/historyheritageculture/wp-content/uploads/2021/12/The-correspondence-between-John-Gladstone-and-James-Cropper.pdf.
4. Kehinde Andrews, *New Age of Empire*, p. 56.
5. 작성자 미상, 'An Attempt to Strip Negro Emancipation of Its Difficulties as Well as Its Terrors'(인쇄본, J. M. Richardson 외, 1824); 다음 책도 참조할 것. Michael Taylor, *Interest*, p. 118.
6. 당시 벤 반 뷰어든의 발언 및 패널 토론 전체 내용은 다음 테드(TED) 영상 자료로 확인할 수 있다. https://www.ted.com/talks/countdown_summit_decarbonizing_fossil_fuels.
7. 이후 반 뷰어든의 후임으로 셸 최고경영자가 된 와엘 사완(Wael Sawan)도 비슷한 주장을 펼쳤다. https://www.bbc.co.uk/news/business-66108553.
8. 노예제와 탄소경제 사이의 복잡한 유사점과 차이점에 관해서는 다음 논문을 참조할 것. Jean-François Mouhot, 'Past Connections and Present Similarities in Slave Ownership and Fossil Fuel Usage', *Climate Change* 105(2011), https://doi.org/10.1007/s10584-010-9982-7; Eric Beinhocker, 'I Am a Carbon Abolitionist', *Democracy*, 24 June 2019;

Chris Hayes, 'The New Abolitionism', *Nation*, 22 April 2014.
9. https://www.statista.com/statistics/264699/worldwide-co2-emissions/.
10. https://ourworldindata.org/ renewable-energy.
11. Tim Lenton 외, 'Operationalising positive tipping points towards global sustainability', p. 1; https://www.unep.org/news-and-stories/press-release/cut-global-emissions-76-percent-every-year-next-decade-meet-15degc. 어떤 연구에서는 온실가스 배출량을 매년 약 15퍼센트 감소해야 한다고 주장하기도 했다. https://www.carbonbrief.org/unep-1-5c-climate-target-slipping-out-of-reach. 코로나19 팬데믹 기간 중 탄소 배출량 감소에 관해서는 다음 기사를 참조할 것. https://www.nature.com/articles/d41586-021-00090-3.
12. https://www.statista.com/chart/23046/carbon-neutrality-in-china/.
13. Vaclav Smil, *Energy and Civilization: A History* (MIT Press, 2018), p. 395; Clay McShane, Joe Tarr, *The Horse in the City: Living Machines in the Nineteenth Century* (Johns Hopkins University Press, 2007), p. 166.
14. 에너지 효율 전문가 얀 로즈노우(Jan Rosenow)는 "30년 동안 대중적 지지에 힘입어 수십 차례 시범사업을 진행했으나 CCS 기술은 더는 보여줄 게 없다"라고 말한 바 있다. 다음 논문을 참조할 것. Jan Rosenow, Richard Lowes, 'Will blue hydrogen lock us into fossil fuels forever?', *One Earth* 4/11(2021): 1527-9.
15. 이는 애초부터 윌리엄 윌버포스의 오랜 입장이기도 했다. 다음 책을 참조할 것. Michael Taylor, *Interest*, pp. 24-26, 189.
16. David Olusoga, Black and British: A Forgotten History(Macmillan, 2016), p. 229. 다음 책도 참조할 것. Michael Taylor, Interest, p. 197.
17. Michael Taylor, *Interest*, p. 203. 데이비드 올루소가는 약간 다른 견해를 취하는데, 노예 반란이 계획적인 공격이라기보다는 농장 점거 파업에서 시작됐다고 강조한다. 다음 책을 참조할 것. David Olusoga, *Black and British*, p. 228.
18. Adam Hochschild, *Bury the Chains*, p. 341.
19. 다음 유튜브 영상을 참조할 것. https://www.youtube.com/watch?v=7CSRN_qO2jM.
20. Adam Hochschild, *Bury the Chains*, p. 344; Michael Taylor, *Interest*, pp. 230, 250-254, 274; Christopher Brown, 'Later, Not Now', *London Review of Books* 43/14(15 July 2021).
21. Kehinde Andrews, *New Age of Empire*, pp. 58, 82.
22. Adam Hochschild, *Bury the Chains*, p. 351. 마찬가지로 저널리스트 톰 졸러(Tom Zoellner)도 "자메이카 혁명 이야기는 계획된 혁명 행동이야말로 역사적 시기를 초월한다"라고 주장했다. 다음 칼럼을 참조할 것. https://www.zocalopublicsquare.org/jamaican-uprising-samuel-sharpe-rebellion-christmas-uprising-great-jamaican-slave-revolt/.
23. Toke Aidt, Raphaël Franck, 'Democratization Under the Threat of Revolution: Evidence

from the Great Reform Act of 1832', *Econometrica* 83/2(2015): 507, 514.
24. Eric Hobsbawm, George Rudé, *Captain Swing* (Verso, 2014), pp. 139-141, 281-297.
25. Daron Acemoglu, James A. Robinson, *Economic Origins of Dictatorship and Democracy* (Oxford University Press, 2006), p. 26.
26. Toke Aidt, Raphaël Franck, 'Democratization Under the Threat of Revolution', p. 542.
27. Michael Taylor, *Interest*, pp. 253, 274; Adam Hochschild, *Bury the Chains*, p. 343.
28. Herbert Haines, 'Radical Flank Effects', in David A. Snow et al. (eds.), *Wiley Blackwell Encyclopedia of Social and Political Movements*, 제2권(John Wiley & Sons, 2013), pp. 1048-1050; Todd Schifeling, Andrew J. Hoffman, 'Bill McKibben's Influence on US Climate Change Discourse: Shifting Field-Level Debates Through Radical Flank Effects', *Organization and Environment* 32/3(2019): 216, https://doi.org/10.1177/1086026617744278.
29. 이와 관련한 자세한 내용은 다음 책을 참조할 것. Malcolm X, Alex Haley, *The Autobiography of Malcolm X* (Grove Press, 1965); Angela Davis, *An Autobiography* (Random House, 1974).
30. Herbert Haines, *Black Radicals and the Civil Rights Mainstream, 1954-1970* (University of Tennessee Press, 1988), pp. 159-164.
31. https://open.library.okstate.edu/introphilosophy/chapter/letter-from-the-birmingham-city-jail/.
32. Andreas Malm, *How to Blow Up a Pipeline* (Verso, 2021), pp. 48-49.
33. 다음 책에서 인용. Diane Atkinson, *Rise Up, Women! The Remarkable Lives of the Suffragettes* (Bloomsbury, 2018), p. 362.
34. June Purvis, 'Did Militancy Help or Hinder the Granting of Women's Suffrage in Britain?', *Women's History Review* 28/7(2019), https://doi.org/10.1080/09612025.2019.1654638.
35. Andreas Malm, *How to Blow Up a Pipeline*, pp. 50-59. 이 밖에도 급진파 조직은 다양한 정치적 스펙트럼에 따라 극우 정치세력이나 미국의 낙태 찬성 운동 등 전방위적으로 등장했다.
36. Erica Chenoweth, Maria Stephan, *Why Civil Resistance Works: The Strategic Logic of Nonviolent Campaigns* (Columbia University Press, 2011), p. 43; Herbert Haines, 'Radical Flank Effects', p. 1048.
37. Erica Chenoweth, Kurt Schock, 'Do Contemporaneous Armed Challenges Affect the Outcomes of Mass Nonviolent Campaigns?', *Mobilization: An International Quarterly* 20(2015), p. 443, https://doi.org/10.17813/ 1086-671x-20-4-427; https://web.archive.org/web/20150320024433/http://anc.org.za.
38. Erica Chenoweth, Maria Stephan, *Why Civil Resistance Works*, p. 7; Erica Chenoweth, 'The Success of Non-Violent Resistance', TEDx Boulder, 2013, https://www.youtube.com/

watch?v=YJSehRlU34w.
39. 급진파의 명백한 실패 사례는 다음 논문을 참조할 것. Erica Chenoweth, Kurt Schock, 'Do Contemporaneous Armed Challenges Affect the Outcomes of Mass Nonviolent Campaigns?', pp. 428-430. 다만 이들의 분석은 '멸종반란'이나 '저스트스톱오일' 같은 비무장 직접행동 운동보다는 무장 저항투쟁의 부정적 영향에 초점을 맞추고 있다는 데 유념할 필요가 있다.
40. 에리카 체노웨스와 마리아 스테판의 연구가 끼친 광범위한 영향력은 다음 특집 기사를 참조할 것. https://www.bbc.com/future/article/20190513-it-only-takes-35-of-people-to-change-the-world.
41. 최근 짧은 논문에서는 에리카 체노웨스 자신도 이런 비교의 문제점을 인정하고 3.5퍼센트 임계치의 관련성에 대해서 스스로 의문을 제기했다. "그러나 3.5퍼센트 기준을 기후운동에 적용하는 데는 몇 가지 한계가 있다. 우선 이 규칙은 시민들이 자국 정부를 전복하려고 시도한 역사적 사례를 살피는 과정에서 도출됐다. 이들은 정책 개혁을 지향하지 않았으며, 지속 가능한 국제적 변화를 조정하려고 시도한 것도 아니었다." Greta Thunberg (ed.), *The Climate Book* 중 Erica Chenoweth, 'People Power'(Allen Lane, 2022), p. 366. 아울러 체노웨스와 스테판이 평화적 운동을 옹호하는 것과 대조적으로 '비무장 집단 무력(사유재산이나 공공기물 파괴 포함)'이 사회운동의 결과에 긍정적인 영향을 끼친다고 주장하는 연구 결과도 늘고 있다. 예를 들면 다음 논문을 참조할 것. Mohammad Ali Kadivar, Neil Ketchley, 'Sticks, Stones and Molotov Cocktails: Unarmed Collective Violence and Democratization', *Socius* 4(2018), https://doi.org/10.1177퍼센트2F2378023118773614.
42. '멸종반란'이나 '저스트스톱오일' 같은 조직을 포함해 급진파 단체의 긍정적 영향력을 확인하려면 다음 논문을 참조할 것. Brett Simpson, Robb Willer, Matthew Feinberg, 'Radical Flanks of Social Movements Can Increase Support for Moderate Factions', *PNAS Nexus* 1/3(2022), https://doi.org/10.1093/pnasnexus/pgac110; 다음 기사도 참조할 것. India Burgess, 'Grassroots Campaigns Can Influence Climate Policy. Here's How Extinction Rebellion Did It', Earth.Org (1 October 2021), https://earth.org/grassroots-campaigns-can-influence-climate-policy-extinction-rebellion/.
43. James Ozden, Sam Glover, 'Protest Movements: How Effective Are They?', Social Change Lab (2022), pp. 9-10, https://commonslibrary.org/protest-movements-how-effective-are-they/.
44. https://nltimes.nl/2023/10/10/mp-majority-favor-potential-phase-fossil-fuel-subsidies.
45. '멸종반란'이 급진파 조직으로 자리매김한 뒤 수많은 평가가 있었다. 주요 인사 가운데 한 사람인 루퍼트 리드(Rupert Read)에 따르면 멸종반란은 애초부터 "기존 환경운동과 궤를 함께하는 급진파 단체로서 전체 논의를 필요한 방향으로 이끌기 위해 설립"됐다. 더욱이 2023년 4월 런던에서 열린 '빅원(Big One)' 시위에서는 많은 사람이 파괴적 행

위로 체포되는 이전 양상과 달리 노동조합이나 인종 정의 운동가들과 함께 '지구의 벗' 같은 주류 운동단체들과의 연합으로 온건한 대중 동원 전략을 실험하기도 했다. 이 책이 나온 시점에도 이들이 온건한 방식을 유지하고 있을지는 모르겠다. 대중매체의 눈에 멸종반란은 여전히 저스트스톱오일 같은 급진파 조직으로 인식되고 있다. 다음 유튜브 영상을 참조할 것. 'Radical Flank or Moderate Flank: Roger Hallam and Rupert Read Dialogue on Movement Strategy,' https://www.youtube.com/watch?v=eVhpcpJcNkQ.
46. 다음 설문조사 및 연구 요약 자료를 참조할 것. James Ozden, Sam Glover, 'Disruptive climate protests in the UK didn't lead to a loss of public support for climate policies', https://forum.effectivealtruism.org/posts/YDtsGHmDJMsAWB7Wt/disruptive-climate-protests-in-the-uk-didn-t-lead-to-a-loss#Likelihood_of_Engaging_in_Activism; James Ozden, Sam Glover, 'Protest Movements'.
47. 다음 틱톡 영상과 기사를 참조할 것. https://www.tiktok.com/@greenpeaceuk/video/7237112736449088794; https://www.theguardian.com/sport/2023/jul/06/lewis-hamilton-backs-peaceful-just-stop-oil-protest-at-british-grand-prix; https://www.ft.com/content/4a0ab6f3-83fc-4e89-b6a2-c05c85f3791b.
48. Abbie Hoffman, *The Autobiography of Abbie Hoffman* (Four Walls Eight Windows, 2000), p. 64.
49. Erica Chenoweth, Maria Stephan, *Why Civil Resistance Works*, p. 13.
50. '타이어익스팅귀셔스'의 구체적인 활동 내용과 정보 공유 방식에 관해서는 다음 기사를 참조할 것. https://www.theguardian.com/environment/2022/mar/18/tyre-extinguishers-deflating-suv-tyres-as-a-form-of-climate-action. 이들이 스웨덴에서 활동한 단체로부터 영감을 받았다는 견해도 있다. 다음 책을 참조할 것. Andreas Malm, *How to Blow Up a Pipeline*, pp. 79-80. 1만 2,000개 타이어 공기가 빠졌다는 것은 활동가 개인끼리의 소통에서 나온 수치다.
51. Howard Zinn, *On History*, p. 39.
52. https://www.un.org/press/en/2022/sgsm21228.doc.htm; https://media.un.org/en/asset/k1x/k1xcijxjhp.
53 Jay Griffiths, *Why Rebel* (Penguin, 2021), p. 4.

2장. 관대함을 키우는 방법

1. Felicita Tramontana, 'Five Lessons History Can Teach Us About Migration', Warwick Knowledge Centre, 14 August 2018, https://warwick.ac.uk/newsandevents/knowledgecentre/arts/history/migration.
2. Hein de Haas, Stephen Castles, Mark Miller, *The Age of Migration: International Population Movements in the Modern World* (Guilford, 2019), p. 7; https://www.un.org/en/development/desa/population/migration/data/estimates2/estimates19.asp;

https://www.unhcr.org/uk/admin/hcspeeches/48873def4/people-move-challenges-displacement-21st-century-international-rescue-committee.html; https://publications.iom.int/system/files/pdf/wmr_2020.pdf; https://www.unhcr.org/uk/about-unhcr/who-we-are/figures-glance.

3. https://reliefweb.int/report/world/climate-migrants-might-reach-one-billion-2050; https://www.pnas.org/content/117/21/11350; Gaia Vince, *Nomad Century: How to Survive the Climate Upheaval* (Allen Lane, 2022), pp. xi, xvi.
4. Leo Lucassen, Felicita Tramontana, 'Migration in Historical Perspective', *OpenDemocracy*, 11 August 2017, https://www.opendemocracy.net/en/can-europe-make-it/migration-in-historical-perspective/.
5. Parag Khanna, *Move: How Mass Migration Will Reshape the World – and What It Means for You* (Weidenfeld & Nicolson, 2021), pp. 29-45.
6. Afroditi-Maria Koulaxi, 'Convivial reflexivity in the changing city – a tale of hospitality or hostility?', *International Journal of Cultural Studies* 25/2(2021): 5. https://doi.org/10.1177/13678779211055490.
7. Theodore Zeldin, *An Intimate History of Humanity* (Minerva, 1995), p. 272.
8. 다음 칼럼을 참조할 것. Ying Diao, 'The Chinese Poetry Left at Angel Island, the "Ellis Island of the West"', *Smithsonian Magazine*, 20 April 2021, https://www.smithsonianmag.com/blogs/smithsonian-center-folklife-cultural-heritage/2021/04/20/chinese-poetry-angel-island-immigration-station/.
9. 판결문 전문은 다음 웹사이트에서 확인할 수 있다. http://www.cetel.org/1854_hall.html.
10. Sven Lindqvist, *The Skull Measurer's Mistake – and Other Portraits of Men and Women Who Spoke Out Against Racism* (The New Press, 1997), pp. 72-73. 다음 다큐멘터리 시리즈도 참조할 것. Bill Moyers, *Becoming American – The Chinese Experience* (2003), https://www.youtube.com/watch?v=1IkDn08i-A4.
11. Andrew Gyory, *Closing the Gate: Race, Politics, and the Chinese Exclusion Act* (University of North Carolina, 1998); Robert Chang, 'The Dark History of the Chinese Exclusion Act', TED-Ed(2021), https://www.youtube.com/watch?v=2K88pWCimZg; Gary Okihiro, *The Columbia Guide to Asian American History* (Columbia University Press, 2001), 제4장.
12. John Kuo Wei Tchen, Dylan Yeats, *Yellow Peril! An Archive of Anti-Asian Fear* (Verso, 2014), pp. 7-16; Lindqvist, *Skull Measurer's Mistake*, pp. 114-115; https://www.gutenberg.org/files/173/173-h/173-h.htm.
13. Kevin Scott Wong, *Americans First: Chinese Americans and the Second World War* (Harvard University Press, 2005), p. 70.
14. Lisa Kiang 외, 'Moving Beyond the Model Minority', *Asian American Journal of Psychology* 8/1(2017) p. 3. 아시아계 미국인과 아프리카계 미국인 사이의 복잡한 관

계는 다음 논문을 참조할 것. Saemyi Park, 'Asian Americans' Perception of Intergroup Commonality with Blacks and Latinos: The Roles of Group Consciousness, Ethnic Identity, and Intergroup Contact', *Social Sciences* 10/11(2021): 441, https://doi.org/10.3390/socsci10110441.

15. https://www.searac.org/wp-content/uploads/2020/02/SEARAC_NationalSnapshot_PrinterFriendly.pdf; https://www.nbcnews.com/news/asian-america/chinese-migrants-are-coming-us-foot-officials-say-rcna77244.
16. https://www.bbc.co.uk/news/world-us-canada-56218684.
17. Robert S. Chang, 'Whitewashing Precedent: From the Chinese Exclusion Case to Korematsu to the Muslim Travel Ban', *Case Western Reserve Law Review* 68/4(2018), https://heinonline.org/HOL/LandingPage?handle=hein.journals/cwrlrv68&div=53&id=&page=.
18. Michelle Ye Hee Lee, 'Donal Trump's false comments connecting Mexican immigrants and crime', *The Wasington Post*, 8 July 2015, https://www.washingtonpost.com/news/fact-checker/wp/2015/07/08/donald-trumps-false-comments-connecting-mexican-immigrants-and-crime/; Sally Kohn, 'Nothing Donald Trump Says on Immigration Holds Up', *Time*, 29 June 2016, https://time.com/4386240/donald-trump-immigration-arguments/; https://www.theatlantic.com/entertainment/archive/2019/08/trump-immigrant-invasion-language-origins/595579/.
19. Vogt J. Isaksen, 'The impact of the financial crisis on European attitudes toward immigration', *CMS* 7(2019).
20. https://www.oxfordeconomics.com/resource/the-fiscal-impact-of-immigration-on-the-uk; Hein de Haas, Stephen Castles, Mark Miller, *Age of Migration*, p. 38.
21. Marco Tabellini, 'Gifts of the Immigrants, Woes of the Natives: Lessons from the Age of Mass Migration', Harvard Business School Working Paper 19-005(2019), https://www.hbs.edu/ris/Publication퍼센트20Files/19-005_a4261e39-175c-4b3f-969a-8e1ce818a3d8.pdf; Hein de Haas, Stephen Castles, Mark Miller, *Age of Migration*, p. 39; Gaia Vince, *Nomad Century*, pp. 72-73.
22. Edward Gibbon, *The Decline and Fall of the Roman Empire*, 제6권(Methuen, 1898), pp. 28-29.
23. María Rosa Menocal, 'Culture in the Time of Tolerance: Al-Andalus as a Model for Our Own Time', *Yale Law School Occasional Papers* (2000): 11, https://openyls.law.yale.edu/bitstream/handle/20.500.13051/17668/Menocal_paper.pdf.
24. María Rosa Menocal, *The Ornament of the World: How Muslims, Jews and Christians Created a Culture of Tolerance in Medieval Spain* (Back Bay, 2002), pp. 72-74.
25. J. H. Elliott, 'A Question of Coexistence', *New York Review of Books*, 13 August 2009, https://www.nybooks.com/articles/2009/08/13/a-question-of-coexistence/.

26. Brian Catlos, *Kingdoms of Faith: A New History of Islamic Spain* (Hurst, 2018), pp. 145, 157, 167, 202, 320, 428-429; Brian Catlos, *Muslims in Medieval Latin Christendom* (Cambridge University Press, 2014), pp. 469-477, 509, 524; Salma Khadra Jayussi (ed.), *The Legacy of Muslim Spain*, 제1권 중 Robert Hillenbrand, '"The Ornament of the World": Medieval Córdoba as a Cultural Centre'(Brill, 2012); J. H. Elliott, 'A Question of Coexistence'.
27. Brian Catlos, *Kingdoms of Faith*, p. 202.
28. María Rosa Menocal, 'Culture in the Time of Tolerance', p. 66.
29. 같은 논문.
30. R. C. H. Davis, *The Normans and Their Myth* (Thames & Hudson, 1976), pp. 8-9, 71, 75; https://www.bl.uk/collection-items/the-harley-trilingual-psalter.
31. María Rosa Menocal, 'Culture in the Time of Tolerance', pp. 101-109. 더 넓은 역사적 맥락에서 이 같은 융합 사례를 살피려면 다음 논문을 참조할 것. Felicita Tramontana, 'Five Lessons History Can Teach Us About Migration'.
32. 자세한 내용은 다음 책을 참조할 것. Connie Scarborough (ed.), *Revisiting Convivencia in Medieval and Early Modern Iberia* 중 Kenneth Baxter Wolf, 'Convivencia and "The Ornament of the World"'(Juan de la Cuesta, 2014); Dario Fernández-Morera, *The Myth of the Andalusian Paradise* (ISI, 2014); Mark Abate (ed.), *Convivencia and Medieval Spain: Essays in Honour of Thomas F. Glick* (Palgrave Macmillan, 2018); David Nirenberg, *Communities of Violence: Persecution of Minorities in the Middle Ages* (Princeton, 1996), pp. 33, 237, 245-249.
33. 폭력에 초점을 맞춘 학자들도 일상적인 콘비벤시아의 깊이는 인정하는 편이다. 예를 들어 기독교 통치 왕국 아라곤의 공동체 박해 사례를 연구한 역사가 데이비드 니렌버그(David Nirenberg)도 "중세 아라곤 연합 왕국 치세 때 기독교인과 비기독교인의 관계는 대체로 평화적이었다"라고 강조했다. 다음 책을 참조할 것. David Nirenberg, *Communities of Violence*, p. 38.
34. Brian Catlos, 'Islamic Spain Ended in the 15th Century and We Still Can't Agree if It Was a Paradise or Hell?', History News Network, 6 October 2018, https://historynewsnetwork.org/article/168990.
35. 다음 PBS TV 다큐멘터리 시리즈를 참조할 것. *The Ornament of the World* (2019), https://www.youtube.com/watch?v=aoMs783m624.
36. David Nirenberg, *Communities of Violence*, pp. 38-39.
37. 다음 논문을 참조할 것. Christopher M. Huggins, Jeffrey S. Debies-Carl, 'Tolerance in the City: The Multilevel Effects of Urban Environments on Permissive Attitudes', *Journal of Urban Affairs* 37/3(2015), https://onlinelibrary.wiley.com/doi/abs/10.1111/juaf.1214. 이 논문을 소개한 다음 칼럼도 참조할 것. Richard Florida, 'Tolerance and Intolerance in the City', Bloomberg, 30 May 2015, https://www.bloomberg.com/news/

articles/2015-05-29/a-new-study-tries-to-determine-what-a-tolerant-city-looks-like.
38. Thomas Pettigrew, Linda R. Tropp, 'A Meta-Analytic Test of Intergroup Contact Theory', *Journal of Personality and Social Psychology* 90/5(2006), https://doi.org/10.1037/0022-3514.90.5.751.
39. Brian Catlos, 'Islamic Spain Ended in the 15th Century'.
40. https://www.un.org/development/desa/en/news/population/2018-revision-of-world-urbanization-prospects.html#.
41. David Birmingham, *Kwame Nkrumah: The Father of African Nationalism* (Ohio University Press, 1998), p. 51; Kofi Takyi Asante, 'Individualistic and Collectivistic Orientations: Examining the Relationship Between Ethnicity and National Attachment in Ghana', *Studies in Ethnicity and Nationalism* 20/1(April 2020): 4, https://doi.org/10.1111/sena.12313. 은크루마는 미국과 영국의 사회주의자들과 접촉하면서 정치를 민족적 투쟁이 아닌 계급적 측면에서 바라볼 수 있었다.
42. 은크루마는 가나 통일민족주의와 더불어 범아프리카주의 이데올로기를 지지하기도 했다. Harcourt Fuller, *Building the Ghanaian Nation-State: Kwame Nkrumah's Symbolic Nationalism* (Palgrave Macmillan, 2014), p. 4; David Birmingham, *Kwame Nkrumah*, pp. 30-31, 49.
43. Paul Kwame Asamoah, 'Ethnic Conflict: A Threat to Ghana's Internal Stability – A Case Study of the Nkonya – Alavanyo Conflict in the Volta Region', doctoral dissertation, University of Oslo, 2014, p. 2, https://www02.core.ac.uk/download/pdf/30903716.pdf; David Birmingham, *Kwame Nkrumah*, p. 59.
44. 다만 가나는 성적 정체성과 성적 지향에 대한 관용 측면에서는 아프리카 국가 중 하위권에 속한다. https://www.afrobarometer.org/wp-content/uploads/migrated/files/publications/Dispatches/ab_r7_dispatchno362_pap17_tolerance_in_africa_2.pdf.
45. Jeffrey Paller, *Democracy in Ghana: Everyday Politics in Urban Africa* (Cambridge University Press, 2019), pp. 212-213; Konadu Adam, Frederick Mensah-Bonsu, Dorcas Amedorme, 'Fostering Religious Tolerance and Harmonization in Ghana: A Discussion on Efforts Made by Various Stakeholders', *E-Journal of Humanities, Arts and Social Sciences(EHASS)* 3/5(May 2022): 185, https://doi.org/10.38159/ehass.2022352.
46. https://www.nas.gov.sg/archivesonline/data/pdfdoc/lky19650809b.pdf.
47. Selina Lim 외, 'Reconfiguring the Singapore Identity Space', *International Journal of Intercultural Relations* 43(2014), https://doi.org/10.1016/j.ijintrel.2014.08.011.
48. Amanda Wise, Selvaraj Velayutham, 'Conviviality in Everyday Multiculturalism: Some Brief Comparisons Between Singapore and Sydney', *European Journal of Cultural Studies* 17/4(2014): 411, https://doi.org/10.1177/1367549413510419.
49. Hong Liu, Lingli Huang, 'Paradox of Superdiversity: Contesting Racism and

"Chinese Privilege" in Singapore', *Journal of Chinese Overseas* 18/2(2022), https://doi.org/10.1163/17932548-12341468.
50. Gaia Vince, *Nomad Century*, p. 134; Claudia Finotelli, Sebastian Rinken, 'A Pragmatic Bet: The Evolution of Spain's Immigration System', Migration Policy Institute, 18 April 2023, https://www.migrationpolicy.org/article/spain-immigration-system-evolution.
51. Tilmann Heil, 'Are Neighbours Alike? Practices of Conviviality in Catalonia and Casamance', *European Journal of Cultural Studies* 17/4(2014): 454, 547, 463, 466, https://doi.org/10.1177/1367549413510420.

3장. 소비주의에서 벗어나는 방법

1. Victor Lebow, 'Price Competition in 1955', *Journal of Retailing* (Spring 1955).
2. 본래 봉마르셰는 1838년 센강 좌안에 들어선 작은 상점이었다. 1863년 아리스티드 부시코가 인수했는데, 1872년 신축 건물이 완공되고 주요 최고급 플래그십(flagship) 매장이 문을 열면서 랜드마크 쇼핑몰로 자리매김했다. 그 화려한 역사는 다음 책을 참조할 것. Michael B. Miller, *The Bon Marche: Bourgeois Culture and the Department Store, 1869-1920* (George Allen & Unwin, 1981).
3. Keith Thomas, *The Ends of Life: Roads to Fulfilment in Early Modern England* (Oxford University Press, 2011), p. 142. 소비문화의 역사적 기원에 관한 논의는 내가 쓴 다음 책을 참조할 것. Roman Krznaric, *The Wonderbox*, 제6장.
4. Stuart Ewen, *PR! A Social History of Spin* (Basic Books, 1996), pp. 3-4.
5. 나이키의 상징적인 광고 캠페인 '그냥 해(Just Do It)'를 심도 있게 분석한 다음 책을 참조할 것. Naomi Klein, *No Logo* (Flamingo, 2001), pp. 365-379.
6. Juliet Schor, Douglas Holt (eds.), *The Consumer Society Reader* 중 Juliet Schor, 'Towards a New Politics of Consumption'(The New Press, 2000), p. 449.
7. Jason Hickel, *Less Is More: How Degrowth Will Save the Planet* (Windmill, 2021), pp. 102, 109.
8. Kenneth Boulding, 'The Economics of the Coming Spaceship Earth', in H. Jarrett (ed.), *Environmental Quality in a Growing Economy* (Resources for the Future/Johns Hopkins University Press, 1966), pp. 3-14.
9. Kate Raworth, *Doughnut Economics: Seven Ways to Think Like a 21st-Century Economist* (Random House Business Books, 2017), pp. 206-242.
10. David E. Shi, *The Simple Life: Plain Living and High Thinking in American Culture* (Oxford University Press, 1985), p. 39.
11. Juliet Schor, Douglas Holt (eds.), *The Consumer Society Reader* 중 Duane Elgin, 'Voluntary Simplicity and the New Global Challenge'(The New Press, 2000), pp. 397-413.
12. James Wallman, *Stuffocation: Living More with Less* (Penguin Books, 2013), pp. 7-9.
13. https://www.theguardian.com/environment/2021/nov/07/few-willing-to-change-

lifestyle-climate-survey.
14. https://yougov.co.uk/topics/society/articles-reports/2022/12/29/how-many-britons-will-attempt-vegan-diet-and-lifes.
15. https://www.statista.com/statistics/298322/chicken-broiler-slaughterings-in-the-united-kingdom-uk-by-breed/; George Monbiot, *Regenesis: Feeding the World without Devouring the Planet* (Allen Lane, 2022), pp. 39-41; https://www.monbiot.com/2015/11/19/pregnant-silence/.
16. 다음 논문에서 인용. Nana Supriatna, 'Confronting Consumerism as a New Imperialism', *Journal of Social Studies Education* 6(2017).
17. https://edoflourishing.blogspot.com/2014/01/recycling-and-reuse.html; Eisuke Ishikawa, *Japan in the Edo Period – An Ecologically Conscious Society* (Kodansha, 2000).
18. Azby Brown, *Just Enough: Lessons in Living Green from Traditional Japan* (Kodansha, 2010); Azby Brown, 'Building a Circular Economy: Lessons from Edo Japan', TEDx(2001), https://www.youtube.com/watch?v=zKkQ2PIjAas; Duncan Baker-Brown, *The Re-Use Atlas: A Designer's Guide Towards the Circular Economy* (RIBA, 2017); Susan Hanley, 'Urban Sanitation in Preindustrial Japan', *Journal of Interdisciplinary History* 18/1(1987): 1-26.
19. Conrad Totman, *The Green Archipelago: Forestry in Pre-Industrial Japan* (Ohio University Press, 1998), p. 171. 나는 다음 책에서 도쿠가와 시대의 목재 및 임업 정책에 관해 설명한 바 있다. Roman Krznaric, *The Good Ancestor: How to Think Long Term in a Short-Term World* (WH Allen, 2020), pp. 104-106.
20. Conrad Totman, *Green Archipelago*, pp. 85-89, 115; Conrad Totman, *Early Modern Japan* (University of California Press, 1993), pp. 245-247. 당시 목재 배급제가 성공적으로 운용될 수 있었던 배경에 관해서는 다음 논문을 참조할 것. Osamu Saito, 'Forest History and the Great Divergence: China, Japan and the West', Institute of Economic Research, Hitotsubashi University, 2008, https://warwick.ac.uk/fac/soc/economics/seminars/seminars/conferences/econchange/programme/saito_-_venice.pdf, p. 20. 사회 계급에 따라 차등 적용한 사치 규제법으로 비단옷 착용, 건축물 내 금박 사용, 결혼식 장식품 전시 등에 관한 제한 규정도 있었지만, 마찬가지로 완벽하게 시행되지는 못했다. 에도 막부 초대 쇼군 도쿠가와 이에야스는 특히 물질적 검소함을 강조한 것으로 유명했다. 다음 논문을 참조할 것. Donald H. Shively, 'Sumptuary Regulation and Status in Early Tokugawa Japan', *Harvard Journal of Asiatic Studies* 25(1964), https://doi.org/10.2307/2718340.
21. Conrad Totman, Green Archipelago, pp. 114-115, 136, 163; Conrad Totman, 'Land-Use Patterns and Afforestation in the Edo Period', *Monumenta Nipponica* 39/1(1984): 4-5, https://doi.org/10.2307/2384477; Yorshiya Iwai (ed.), *Forestry and Forest Industry in Japan* 중 Junichi Iwamoto, 'The Development of Japanese Forestry'(University of British

Columbia Press, 2002), p. 5. 에도시대 경제에 관한 더 깊은 내용은 내가 발표한 다음 논문을 참조할 것. Roman Krznaric, 'Food Coupons and Bald Mountains: What the History of Resource Scarcity Can Teach Us About Tackling Climate Change', Human Development Report Office Occasional Paper 2007/63, United Nations Development Programme(2007).

22. '에도노미'는 지속 가능한 도시를 연구하는 기타바시 이사오(北林功)가 처음 명명한 용어다. https://zenbird.media/circular-edonomy-japans-original-circular-economy-model/. 당시 '에도노믹스'는 결코 완벽한 체제가 아니었다. 목재 배급제를 몰래 따르지 않는 사람들도 있었고, 만일 열도 북부 접경지에서 수산 자원을 과도하게 조업하지 않았다면 늘어가는 도시 인구를 충분히 부양하지 못했을 것이다. 다음 논문을 참조할 것. Tessa Morris-Suzuki, 'Sustainability and ecological colonialism in Edo period Japan', *Japanese Studies* 15/1(1995), https://doi.org/10.1080/10371399508571520.

23. Eiichiro Ochiai, 'Japan in the Edo Period: Global Implications for a Model of Sustainability', *Asia Pacific Journal* 5/2(2007): 2.

24. Eisuke Ishikawa, 'Japan in the Edo Period', p. 11; Azby Brown, *Just Enough*; Azby Brown, 'Building a Circular Economy'.

25. '선택편집(choice editing)'이라는 개념은 2006년 영국 지속가능소비원탁회의 (Sustainable Consumption Roundtable)가 발간한 보고서 〈앞을 내다보며, 뒤를 돌아보다: 지속 가능성을 위한 선택편집 연습(Looking Forward, Looking Back: Lessons in Choice Editing for Sustainability)〉에서 처음 제안했다.

26. Azby Brown, 'Building a Circular Economy'.

27. https://www.fairphone.com/en/impact/fair-materials.

28. William McDonough, Michael Braungart, *The Upcycle: Beyond Sustainability – Designing for Abundance* (North Point Press, 2013), p. 11.

29. Jo Williams, 'Circular Cities: Planning for Circular Development in European Cities', *European Planning Studies* 31/1(2022), https://doi.org/10.1080/09654313.2022.2060707. 네덜란드 암스테르담 정부가 공시한 순환경제 실행 의제도 참조할 만하다. https://www.amsterdam.nl/en/policy/sustainability/circular-economy/.

30. 'The Circularity Gap Report 2023', Circle Economy, Amsterdam, 2023, https://www.circularity-gap.world/2023#download.

31. Jason Hickel, *Less Is More*, pp. 158-159.

32. Greta Thunberg (ed.), *The Climate Book* 중 Kate Raworth, 'Towards 1.5°C Lifestyles'(Penguin, 2022), p. 334.

33. https://www.nature.com/articles/s41586-021-03821-8.

34. Ina Zweiniger-Bargielowska, *Austerity in Britain: Rationing, Controls and Consumption, 1939-1955* (Oxford University Press, 2000), p. 31; John Kenneth Galbraith, *A Life in Our Times* (André Deutsch, 1981), p. 127; Meg Jacobs, 'How About Some Meat?:

The Office of Price Administration, Consumption Politics, and State Building from the Bottom Up, 1941-46', *Journal of American History* (December 1997): 911, 921, https://doi.org/10.2307/2953088; Geoffrey Mills, Hugh Rockoff, 'Compliance with Price Controls in the United States and the United Kingdom During World War II', *Journal of American History* 47/1(1987), https://www.jstor.org/stable/2121945, p. 209.
35. Paul M. O'Leary, 'Wartime Rationing and Governmental Organization', *American Political Science Review* 39/6(December 1945): 1103, https://doi.org/10.2307/1949657.
36. Thomas Piketty, *A Brief History of Equality* (Belknap Press, 2022), pp. 25-26.
37. Lewis Akenji 외, '1.5 Degree Lifestyles: Towards a Fair Consumption Space for All', Hot or Cool Institute, Berlin, 2021, pp. 94-102; https://ecocore.org/lahti-25-reduction-carbon-footprint/; Fuso F. Nerini 외, 'Personal carbon allowances revisited', *Nature Sustainability* 4(2012), https://doi.org/10.1038/s41893-021-00756-w; Judith Deutsch, 'Lessons for the Climate Emergency: Rationing, Moratoriums, Ending War', *Bullet*, 27 June 2019.
38. https://takethejump.org/.

4장. 소셜미디어를 길들이는 방법

1. Marshall McLuhan, *The Gutenberg Galaxy* (University of Toronto Press, 1962), p. 1.
2. Tom Standage, *Writing on the Wall: Social Media, the First 2,000 Years* (Bloomsbury, 2013), p. 22. 이 책은 '응용역사' 분야의 모범이자 이 장에 중요한 영감을 제공한 원천이다.
3. Stanley Stowers, *Letter Writing in Greco-Roman Antiquity* (John Knox Press, 1989); Marcus Tullius Cicero, *The Letters of Cicero: The Whole Extant Correspondence in Chronological Order*, 엮은이 Evelyn Shirley Shuckburgh (Legare Street Press, 2022).
4. Tom Standage, *Writing on the Wall*, pp. 21-47; Cristina Kuhn (ed.), *Politische Kommunikation und offentliche Meinung in der antiken Welt* 중 Robert Morstein-Marx, 'Political Graffiti in the Late Roman Republic: "Hidden Transcripts" and "Common Knowledge"'(Franz Steiner Verlag, 2012), pp. 191-217.
5. Marshall McLuhan, *Understanding Media* (Abacus, 1973), p. 15.
6. Elizabeth Eisenstein, *The Printing Revolution in Early Modern Europe* (Cambridge University Press, 2005), p. 176. 구텐베르크의 천재성은 낱개로 된 금속활자, 내구성이 뛰어난 유성 잉크, 조절 가능 나사라는 세 가지 기술을 융합한 데 있다.
7. 프리드리히 미코니우스의 이 말은 다음 책에서 재인용했다. A. Skevington Wood, *Captive to the Word – Martin Luther: Doctor of Sacred Scripture* (Paternoster Press, 1969), p. 65.
8. Tom Standage, Writing on the Wall, pp. 51-60; Elizabeth Eisenstein, *Printing Revolution*, pp. 171, 187; Mark Edwards, *Printing, Propaganda and Martin Luther* (University of

California Press, 1994), pp. 14-40.
9. Elizabeth Eisenstein, *Printing Revolution*, p. 165.
10. 위 책, p. 176; Neil Postman, *Technopoly: The Surrender of Culture to Technology* (Vintage, 1993), p. 15.
11. Natalie Grace, 'Vermin and Devil-Worshippers: Exploring Witch Identities in Popular Print in Early Modern Germany and England', *Midlands Historical Review* 5(2021): 2-6.
12. Lyndal Roper, *Witch Craze: Terror and Fantasy in Baroque Germany* (Yale University Press, 2006); Andrew Pettegree (ed.), *Broadsheets: Single-Sheet Publishing in the First Age of Print* 중 Abaigéal Warfield, 'Witchcraft Illustrated: The Crime of Witchcraft in Early Modern German News Broadsheets'(Brill, 2017), p. 459; Keith Thomas, *Religion and the Decline of Magic* (Penguin, 1973), pp. 521-523, 612.
13. https://pursuit.unimelb.edu.au/articles/bewitched-and-beguiled-by-art. 다음 책도 참조할 것. Charles Zika, *The Appearance of Witchcraft: Print and Visual Culture in Sixteenth-Century Europe* (Routledge, 2007), pp. 2-4; Marjorie Elizabeth Plummer (ed.), *Ideas and Cultural Margins in Early Modern Germany* 중 Wolfgang Behringer, 'Witchcraft and the Media'(Routledge, 2009), pp. 218-219.
14. Charles Zika, *Appearance of Witchcraft*, pp. 182-183; Wolfgang Behringer, 'Witchcraft and the Media', pp. 220-223; Abaigéal Warfield, 'Witchcraft Illustrated', pp. 461, 464; http://www.geschichte-schiltach.de/themen/aufsaetze/der-teufel-von-schiltach/der-teufel-von-schiltach.html.
15. Natalie Grace, 'Vermin and Devil-Worshippers', p. 11; Abaigéal Warfield, 'Witchcraft Illustrated', p. 484; Charles Zika, *Appearance of Witchcraft*, p. 179; Thomas, *Religion and the Decline of Magic*, p. 561.
16. 어떤 학자들은 인쇄의 역사에서 가짜 뉴스의 초기 사례를 발견하기도 했다. 예컨대 15세기 후반 처음 인쇄 출판된 트란실바니아의 피에 굶주린 드라큘라 백작 이야기는 실화가 아니다. Brian Winston, Matthew Winston, *The Roots of Fake News: Objecting to Objective Journalism* (Routledge, 2021).
17. Wolfgang Behringer, 'Witchcraft and the Media', pp. 219-220; Abaigéal Warfield, 'Witchcraft Illustrated', p. 460; Zoey Strzelecki, 'Printing Witchcraft', *Manchester Historian*, 12 November 2014; Jon Crabb, 'Woodcuts and Witches', *Public Domain Review*, 4 May 2017.
18. 일부 국가의 경우 여전히 마녀사냥식 여론몰이와 모략이 횡행하면서 인권 침해로 이어지고 있다. 이를테면 몇몇 아프리카 국가에서는 백색증(albinism) 환자를 마녀로 몰아가는 등 인권 유린 문제가 심각한 수준이다. 이에 2021년 7월 유엔인권위원회는 이 문제에 관한 특별 결의안을 통과시켰다. 다음 자료를 참조할 것. https://jogh.org/wp-content/uploads/2022/06/jogh-12-03029.pdf.

19. Charles Zika, *Appearance of Witchcraft*, p. 9.
20. Paul Mason, *Why It's Still Kicking Off Everywhere: The New Global Revolutions* (Verso, 2013).
21. S. Schumann 외, 'Social Media Use and Support for Populist Radical Right Parties: Assessing Exposure and Selection Effects in a Two-wave Panel Study', *Information, Communication and Society* 24/7(2019), https://doi.org/10.1080/1369118X.2019.1668455; Paolo Gerbaudo, 'Social Media and Populism: An elective affinity?', *Media, Culture and Society* 40/5(2018), https://doi.org/10.1177/0163443718772192.
22. Paul Barrett, Justin Hendrix, J. Grant Sims, 'Fuelling the Fire: How Social Media Intensifies US Political Polarization – And What Can Be Done About It', Stern Center for Business and Human Rights, New York University, 2021.
23. https://scrapsfromtheloft.com/movies/the-social-dilemma-movie-transcript/.
24. Elizabeth Eisenstein, *Printing Revolution*, p. 48.
25. Steve Pincus, "Coffee Politicians Does Create": Coffeehouses and Restoration Political Culture', *Journal of Modern History* 67/4(1995): 813, 819, https://www.jstor.org/stable/2124756; https://www.bl.uk/restoration-18th-century-literature/articles/newspapers-gossip-and-coffee-house-culture; https://www.newstatesman.com/culture/2023/01/social-media-culture-coffeehouse-history.
26. Tom Standage, *Writing on the Wall*, pp. 107, 109.
27. 다음 논문에서 인용. Steve Pincus, "Coffee Politicians Does Create"', p. 821. 다음 책도 참조할 것. Alan Charles Kors (ed.), *Encyclopedia of the Enlightenment* 중 Thomas Brennan, 'Coffeehouses and Cafes'(Oxford University Press, 2002).
28. https://www.spectator.co.uk/article/1711-and-all-that-the-untold-story-of-the-spectator/.
29. Jürgen Habermas, *The Structural Transformation of the Public Sphere: An Inquiry into a Category of Bourgeois Society* (Polity Press, 1992), pp. 57-60.
30. 다음 논문에서 인용. Steve Pincus, "Coffee Politicians Does Create"', p. 815. 다음 책도 참조할 것. Richard Sennett, *The Fall of Public Man* (Faber and Faber, 1986), pp. 80-82.
31. John Barrell, 'Coffee-House Politicians', *Journal of British Studies* 43/2(2004): 206-210, https://doi.org/10.1086/380950; John Keane, *Tom Paine: A Political Life* (Bloomsbury, 2009), pp. 321, 336.
32. James Curran, Jean Seaton, *Power without Responsibility: Press, Broadcasting and the Internet in Britain* (Routledge, 2018), pp. 10-14; Jürgen Habermas, 'The Public Sphere: An Encyclopedia Article', *New German Critique* 3(1974) p. 54. https://doi.org/10.2307/487737.
33. https://www.theatlantic.com/technology/archive/2018/05/when-did-tv-watching-peak/561464/. 텔레비전의 급부상과 그 영향력에 관한 더 자세한 논의는 내가 쓴 다음

책을 참조할 것. Roman Krznaric, *Carpe Diem Regained: The Vanishing Art of Seizing the Day* (Unbound, 2017), pp. 60-67.
34. 인터넷과 그 해방 잠재력에 대한 유토피아적 비전을 이해하려면 정치활동가 존 페리 발로(John Perry Barlow)가 1996년에 발표한 〈사이버스페이스 독립 선언(Declaration of the Independence of Cyberspace)〉을 참조할 것. 다음 웹사이트에서 전문을 열람할 수 있다. https://www.eff.org/cyberspace-independence. 더 깊은 논의는 다음 책을 참조할 것. Evgeny Morozov, *The Net Delusion: How Not to Liberate the World* (Allen Lane, 2011), 제7장.
35. Jürgen Habermas, 'Reflections and Hypotheses on a Further Structural Transformation of the Political Public Sphere', Theory, Culture & Society 39/4(2022): 66, https://doi.org/10.1177/02632764221112341.
36. 이를 지지하는 견해는 다음 책을 참조할 것. Lizzie O'Shea, *Future Histories: What Ada Lovelace, Tom Paine and the Paris Commune Can Teach Us About Digital Technology* (Verso, 2019), p. 168.
37. https://medium.com/@teamwarren/heres-how-we-can-break-up-big-tech-9ad9e0da324c.
38. Azeem Azhar, *Exponential: How Accelerating Technology Is Leaving Us Behind and What to Do About It* (Random House Business, 2021), pp. 120-122.
39. Rishab Nithyanand, Brian Schaffner, Phillipa Gill, 'Online Political Discourse in the Trump Era', *arXiv* (2017), https://doi.org/10.48550/arXiv.1711.05303, pp. 1, 2, 5. 다음 기사도 참조할 것. https://www.newscientist.com/article/2154743-politics-chat-on-reddit-reads-like-it-was-written-by-6-year-olds/.
40. https://www.metafilter.com/guidelines.mefi.
41. https://www.statista.com/statistics/978010/coffee-shop-numbers-united-kingdom-uk/.
42. 옥스퍼드뮤즈(Oxford Muse) 재단이 주최한 이때의 담론 주제 메뉴를 다음 BBC 라디오 다큐멘터리에서 소개했다. Eka Morgan, *The Art of Conversation* (2005), https://www.bbc.co.uk/sounds/play/p03cgdhb.
43. http://news.bbc.co.uk/1/hi/world/middle_east/6948034.stm.
44. https://www.timesofisrael.com/education-ministry-bars-israeli-palestinian-bereavement-group-from-schools/.
45. Theodore Zeldin, *Conversation* (Harvill Press, 1998), p. 14.
46. Marshall McLuhan, *Understanding Media*, p. 26.
47. David Dunér, Christer Ahlberger (eds.), *Cognitive History: Mind, Space, and Time* (De Gruyter Oldenbourg, 2019).
48. Marshall McLuhan, Quentin Fiore, *The Medium Is the Massage* (Penguin Books, 2008), pp. 44-50; Walter Ong, *Orality and Literacy: The Technologizing of the World* (Routledge,

1982), p. 121.
49. Postman, Technopoly, p. 65; Elizabeth Eisenstein, *Printing Revolution*, pp. 105-107.
50. Walter Ong, *Orality and Literacy*, pp. 123-125; Elizabeth Eisenstein, *Printing Revolution*, pp. 71-81.
51. Marshall McLuhan, *Understanding Media*, p. 189.
52. Marshall McLuhan, *Gutenberg Galaxy*, pp. 22-27, 72, 125, 151, 175. 이와 더불어 기계식 시계의 발명도 내가 쓴 다음 책에서 다룬 선형적 사고의 발전에 이바지했다. Roman Krznaric, *The Good Ancestor*, pp. 40-44.
53. John Naughton, *From Gutenberg to Zuckerberg: What You Really Need to Know About the Internet* (Quercus, 2012), pp. 25-26.

5장. 모두를 위한 물을 얻는 방법

1. William Ligtvoet 외, *The Geography of Future Water Challenges* (PBL Netherlands Environmental Assessment Agency, 2018), pp. 14, 39.
2. Vandana Shiva, *World Water Wars* (Sound End Press, 2002), p. 1; https://www.wri.org/insights/17-countries-home-one-quarter-worlds-population-face-extremely-high-water-stress; https://www.bbc.co.uk/news/world-42982959; https://www.rd.com/list/water-shortages-cities/.
3. https://www.wri.org/insights/ranking-worlds-most-water-stressed-countries-2040.
4. William Ligtvoet 외, *Geography of Future Water Challenges*, p. 10.
5. 한자 '치(治)'가 들어간 단어로는 '정치(政治)' '법치(法治)' '자치(自治)' '치료(治療)' 등이 있다. 지면을 빌려 한자 용어와 관련해 도움을 준 중국학 연구가 데이비드 켈리(David Kelly)에게 고마움을 전한다. 다음 웹사이트 자료도 참조할 것. https://languagelog.ldc.upenn.edu/nll/?p=19251.
6. Steven Solomon, *Water: The Epic Struggle for Wealth, Power, and Civilization* (Harper Perennial, 2011), 제5장; Brian Fagan, *Elixir: A Human History of Water* (Bloomsbury, 2011), 제12장. 다음 책의 경우 중국의 수자원 관리가 전제주의의 확고한 기반이라는 견해에 의문을 제기하면서 중요한 지역적 차이를 지적하고 있다. Mark Elvin, *The Retreat of the Elephants: An Environmental History of China* (Yale University Press, 2004), pp. 117-119.
7. William Rowe, *Saving the World: Chen Hongmou and Elite Consciousness in Eighteenth-Century China* (Stanford University Press, 2001), pp. 1-10, 24-44, 222-31, 453; Brian Fagan, *Elixir*, pp. 235-238.
8. Mike Davis, *Late Victorian Holocausts: El Nino Famines and the Making of the Third World* (Verso, 2002), p. 81.
9. 같은 책, pp. 67-86, 187-98. 중국 역사 전반에 걸친 대기근 시기의 인신매매와 식인 행위는 다음 책에서 비교적 자세히 다루고 있다. Mark Elvin, *Retreat of the Elephants*, pp.

193-194, 443-444.
10. Thomas Glick, *Irrigation and Society in Medieval Valencia* (Harvard University Press, 1970), pp. 65-68; Julia Hudson-Richards, Cynthia Gonzales, 'Water as a Collective Responsibility: The Tribunal de las Aguas and the Valencian Community', *Bulletin for Spanish and Portuguese Historical Studies* 38/1(2013), https://asphs.net/wp-content/uploads/2020/02/Water-as-a-Collective-Responsibility.pdf.
11. 그러나 현재 에스파냐 일부 지역에서는 이 같은 전통적 수자원 관리 방식이 점점 퇴색하고 있다. 다음 기사를 참조할 것. https://www.bbc.com/future/article/20221011-the-moorish-invention-that-tamed-spains-mountains.
12. Elinor Ostrom, *Governing the Commons: The Evolution of Institutions of Collective Action* (Cambridge University Press, 2015, 재출간), pp. 69-76.
13. https://research.com/scientists-rankings/political-science.
14. https://wiki.p2pfoundation.net/Water_Cooperatives.
15. David Bollier, *Think Like a Commoner: A Short Introduction to the Life of the Commons* (New Society Publishers, 2014), pp. 26-33.
16. Stephen Lansing, *Perfect Order: Recognizing Complexity in Bali* (Princeton University Press, 2006).
17. 다음 영상자료 속 엘리너 오스트롬의 인터뷰를 참조할 것. Elinor Ostrom, *Crafting Institutions for Self-Governing Irrigation Systems*, Institute for Contemporary Studies(1992), https://www.canr.msu.edu/resources/video-crafting-institutions-for-self-governing-irrigation-systems.
18. https://www.newyorker.com/magazine/2002/04/08/leasing-the-rain. 다음 다큐멘터리 영화도 참조할 것. Samuel Vartek, *Blue Gold: World Water Wars* (2008).
19. 수자원 민영화에 대한 갈등 양상은 다음 칼럼을 참조할 것. Olutimehin Adegbeye, 'How Lagos waged a war against water privatisation-and turned the tide', *openDemocracy*, 17 April 2018, https://www.opendemocracy.net/en/tc-lagos-water-privatisation; John Vidal, 'Water Privatisation: A Worldwide Failure?', *Our World*, 20 February 2015, https://ourworld.unu.edu/en/water-privatisation-a-worldwide-failure. 대부분의 연구 결과는 수자원 민영화가 물값을 상승시키는 경향이 있다고 말한다. 예를 들면 다음 논문을 참조할 것. Naren Prasad, 'Privatisation of Water: A Historical Perspective', *Law, Environment and Development* 3/2(2007) pp. 231-233, https://lead-journal.org/content/07217.pdf.
20. Ariel Sharon, *Warrior: An Autobiography* (Simon & Schuster, 2001).
21. Ofira Seliktar, 'Turning Water into Fire: The Jordan River as the Hidden Factor in the Six-Day War', *Middle East Review of International Affairs* 9/2(June 2005); Brahma Chellaney, *Water, Peace, and War: Confronting the Global Water Crisis* (Rowman and Littlefield, 2015).

22. B'Tselem, *Parched: Israel's policy of water deprivation in the West Bank* (April 2023), https://www.btselem.org/sites/default/files/publications/202305_parched_eng.pdf, p. 7; United Nations Development Programme, *Human Development Report 2006: Beyond Scarcity* (New York, 2006), https://hdr.undp.org/system/files/documents/human-development-report-2006-english.human-development-report-2006-english, p. 216; https://www.amnesty.org/en/latest/campaigns/2017/11/the-occupation-of-water/; https://reliefweb.int/report/occupied-palestinian-territory/allocation-water-resources-occupied-palestinian-territory.
23. Brahma Chellaney, *Water, Peace, and War*, 제1장.
24. 같은 책, p. 7.
25. https://www.wri.org/insights/how-solve-water-related-conflicts.
26. Peter Gleick, Charles Iceland, Ayushi Trivedi, *Ending Conflicts Over Water: Solutions to Water and Security Challenges* (World Resources Institute, 2020), https://pacinst.org/wp-content/uploads/2020/09/Ending-Conflicts-Over-Water-Pacific-Institute-Sept-2020.pdf.
27. United Nations Development Programme, *Human Development Report 2006*, 제6장; https://www.independent.co.uk/climate-change/news/syria-drought-climate-change-civil-war-isis-b1947711.html; National Geographic, 'Global Water Wars', *Parched* (2017), https://www.youtube.com/watch?v=A0yu7nP50rM.
28. https://www.youtube.com/watch?v=B1gPCwErTr4&t=613s.
29. https://hispagua.cedex.es/en/documentacion/noticia/82752.
30. https://ecopeaceme.org/wp-content/uploads/2021/03/A-Green-Blue-Deal-for-the-Middle-East-EcoPeace.pdf; https://www.usip.org/publications/2022/12/water-can-be-rare-win-win-israelis-palestinians-and-region; https://www.jpost.com/middle-east/article-714896.
31. Vincent Ostrom, *The Meaning of American Federalism: Constituting a Self-Governing Society* (ICS Books, 1991); Elinor Ostrom, 'A Polycentric Approach for Coping with Climate Change', World Bank Policy Research Working Paper 5095(October 2009).
32. 이 과정을 자세히 소개한 보고서는 다음 웹사이트 링크에서 열람하거나 내려받을 수 있다. https://www.icpdr.org/sites/default/files/nodes/documents/lessons-from-the-danube-a-world-leader-in-transboundary-river-basin-management.pdf.
33. Jeremy Rifkin, *The Age of Resilience: Reimagining Existence on a Rewilding Earth* (Swift, 2022), pp. 201-202.
34. Tarek Majzoub, Fabienne Quilleré Majzoub, 'The Time Has Come for a Universal Water Tribunal', *Pace Environmental Law Review* 36/1(2018), https://doi.org/10.58948/0738-6206.1822.
35. https://tragua.org/.

36. 심각한 물 부족에 따른 캘리포니아의 위기 상황에 관해서는 다음 칼럼을 참조할 것. https://theconversation.com/zero-day-for-california-water-not-yet-but-unprecedented-water-restrictions-send-a-sharp-warning-173479.
37. Petri Juuti, Tapio Katko, Heikki Vuorinen, *Environmental History of Water: Global Views on Community Water Supply and Sanitation* (IWA Publishing, 2007), p. 241; Colin Ward, *Reflected in Water: A Crisis of Social Responsibility* (Cassel, 1997), 제1장 및 제8장.

6장. 민주주의의 믿음을 되살리는 방법

1. 다음 책에서 인용. Roderick McIntosh, *Ancient Middle Niger: Urbanism and the Self-Organizing Landscape* (Cambridge University Press, 2005), p. 9.
2. https://www.worldhistory.org/Djenne-Djenno/.
3. 로더릭 매킨토시의 예일대학교 강의에서 인용. 'Why Study African Cities?', 5 July 2016, https://www.youtube.com/watch?app=desktop&v=0IJJIVEkk7A. 이 강의에서 그는 다음과 같이 지적했다. "초기 식민지 시대 고고학자들이 툭하면 범람했을 이 광대한 지역을 그냥 지나쳤다는 게 참으로 놀랍습니다. 토기 파편이 그렇게나 많았는데도 그 아래에 도시가 묻혀 있으리라고는 생각지 못했던 겁니다." 이전에 발표한 논문에서 그는 서구 사회가 "비서구 도시를 타락한 전제 권력의 억압적 횡포가 횡행했던 장소로 바라보는 뿌리 깊은 편견"을 갖고 있다고 비판했다. 다음 책을 참조할 것. Susan Keech McIntosh (ed.), *Beyond Chiefdoms: Pathways to Complexity in Africa* 중 Roderick McIntosh, 'Western Representations of Urbanism and Invisible African Towns'(Cambridge University Press, 1999), p. 56.
4. 다음 칼럼을 참조할 것. Damola Adejumo-Ayibiowu, 'Western style "democracy" in Africa is just a way of pushing the neoliberal agenda', *OpenDemocracy*, 6 November 2019, www.opendemocracy.net/en/oureconomy/western-style-democracy-in-africa-is-just-a-way-of-pushing-the-neoliberal-agenda/.
5. Roderick McIntosh, *Ancient Middle Niger*, pp. 5, 10-14, 36-7, 42-3, 187-9. 아울러 계급 통치의 흔적이 보이지 않는 고대 도시 사례로 젠네제노가 유일한 것은 아니다. 메소아메리카의 테오티우아칸과 우크라이나 지역의 신석기시대 정착지 탈리안키도 있었다. 인류 초기 도시 중 상당수는 "권위적 통치자, 야심 찬 정객, 으스대는 관료" 따위는 필요 없이 굳건한 평등주의 체제로 조직됐다. 다음 책을 참조할 것. David Graeber, David Wengrow, *The Dawn of Everything: A New History of Humanity* (Penguin, 2022), pp. 4, 292, 330-2.
6. Kwasi Wiredu, 'Democracy and Consensus in African Traditional Politics: A Plea for a Non-Party Polity', *Centennial Review* 39/1(1995): 53, https://www.jstor.org/stable/23739547. 고대 아프리카 민주주의의 이른바 '우두머리 없는 사회'에 관한 오랜 논의는 다음 책을 참조할 것. Chancellor Williams, *The Destruction of Black Civilization: Great Issues of a Race From 4500 bc to 2000 ad* (Third World Press, 1971), pp. 172-176.

7. Jan Vansina, *How Societies Are Born: Governance in Central West Africa Before 1600* (University of Virginia Press, 2005), pp. 209, 216, 224-237, 248, 255-259; https://www.vaguelyinteresting.co.uk/what-a-palaver/.
8. Ikpechukwuka E. Ibenekwu, 'Igbo Traditional Political System and the Crisis of Governance in Nigeria', *Ikoro Journal of the Institute of African Studies UNN* 9/1-2(2015); Susan Keech McIntosh (ed.), *Beyond Chiefdoms: Pathways to Complexity in Africa* 중 Susan Keech McIntosh, 'Pathways to Complexity: An African Perspective'(Cambridge University Press, 1999), p. 9.
9. Elizabeth Isichei, *Igbo Worlds : An Anthology of Oral Histories and Historical Descriptions* (Institute for the Study of Human Issues, 1978), pp. 71-75.
10. David Van Reybrouck, *Against Elections: The Case for Democracy* (Seven Stories Press, 2018), pp. 1-16.
11. https://www.v-dem.net/documents/19/dr_2022_ipyOpLP.pdf, pp. 6, 14.
12. David Graeber, 'There Never Was a West: Or, Democracy Emerges from the Spaces in Between', *Possibilities: Essays on Hierarchy, Rebellion, and Desire* (AK Press, 2007), p. 331.
13. James Madison, *The Federalist Papers, Number 10* (1787).
14. Francis Dupuis-Déri, 'The Political Power of Words: The Birth of Pro-democratic Discourse in the Nineteenth Century in the United States and France', *Political Studies* 52/1(2004), https://doi.org/10.1111/j.1467-9248.2004.00467.x. 다음 책도 참조할 것. Bernard Manin, *The Principles of Representative Government* (Cambridge University Press, 1997), pp. 1-7; Van Reybrouck, *Against Elections*, pp. 62-63; Hélène Landemore, *Open Democracy: Reinventing Popular Rule for the Twenty-First Century* (Princeton University Press, 2020), pp. 3-4.
15. Jean-Jacques Rousseau, *The Social Contract* (1762), 제3부 제15장.
16. 다음 책에서 인용. Philip Kotler, *Democracy in Decline: Rebuilding Its Future* (Sage, 2016), p. 17.
17. Van Reybrouck, *Against Elections*, pp. 62-69; Murray Bookchin, *From Urbanization to Cities: Toward a New Politics of Citizenship* (Cassell, 1995), pp. 74-75; Murray Bookchin, *The Ecology of Freedom* (AK Press, 2005), pp. 204-205; David Graeber, David Wengrow, *Dawn of Everything*, p. 306. 추첨으로 선출됐다고 해서 반드시 불레 의원이 되어야 하는 것은 아니었다. 너무 바쁘거나 가난한 남성 시민들 가운데는 선택을 받고도 포기하는 경우가 종종 있었다. https://www.britannica.com/topic/boule-ancient-Greek-council.
18. Aristotle, *The Politics* (Cambridge University Press, 1988), 제4권 제9장 및 제6권 제2부.
19. Piero Gualtieri, 'Institutional Practices of the Florentine Republic: From the Regime del Popolo to the Electoral Reform 1282-1328', *Revue Francaise de Science Politique* 64/6(2014), pp. 1109-1121. 아테네의 민주주의가 이탈리아 도시국가들에 끼친 영향을 직접적으로 추적하기는 어렵지만, 고대 그리스의 민주주의 전통이 르네상스 시

대 이탈리아에서의 임보르사치오네 관행을 정당화하고 합법화한 근거로 쓰였다는 증거는 있다. 다음 칼럼을 참조할 것. James Kierstead, 'Is Democracy Western? The Case of Sortition', *Medium*, 25 April 2021, https://jamesk508.medium.com/is-democracy-western-the-case-of-sortition-1f0bbfaa78e8. 다음 책도 참조할 것. Murray Bookchin, *From Urbanization to Cities*, pp. 100-105.

20. 다음 책에서 인용. David Van Reybrouck, *Against Elections*, p. 74. 중국 여러 제국의 관료 선발에도 추첨제가 활용됐으며, 인도 동부의 와디바시(Adivasi) 공동체에서도 아주 오랫동안 전통으로 이어져 내려왔다. 다음 논문을 참조할 것. Alpa Shah, 'What if We Selected Our Leaders by Lottery? Democracy by Sortition, Liberal Elections and Communist Revolutionaries', *Development and Change* 52/4(2021), https://doi.org/10.1111/dech.12651.

21. Benjamin Barber, *The Death of Communal Liberty: A History of Freedom in a Swiss Mountain Canton* (Princeton University Press, 1974), pp. 49, 172-182, 193; Randolph Head, *Early Modern Democracy in the Grisons: Social Order and Political Language in a Swiss Mountain Canton, 1470-1620* (Cambridge University Press, 1995), pp. 74-109.

22. Benjamin Barber, *Death of Communal Liberty*, pp. 171-172.

23. 같은 책, p. 170.

24. Peter Kropotkin, *Mutual Aid: A Factor of Evolution* (Freedom Press, 1987), 제7장; Murray Bookchin, *From Urbanization to Cities*, pp. 87-116; Peter Marshall, *Demanding the Impossible: A History of Anarchism* (Fontana Press, 1993), pp. 462-463.

25. '공동체 민주주의'라는 용어를 내가 처음 사용한 것은 아니다. 다음 논문을 참조할 것. Daniel J. Elazar, 'Communal Democracy and Liberal Democracy: An Outside Friend's Look at the Swiss Political Tradition', *Publius* 23/2(1993), pp. 3-18, http://www.jstor.org/stable/3330856. 아울러 역사에는 내가 미처 논의하지 못한 공동체 민주주의 사례가 많이 있다는 사실에 주목할 필요가 있다. 예컨대 북아메리카 토착민 부족 연합 가운데 '하우데노사우니(Haudenosaunee)'가 있었는데, 평화를 추구하는 50인의 추장이 대의회를 구성했다. 과거 '이로쿼이(Iroquoi)' 연맹으로 알려졌던 이 의회는 6개 부족을 합친 분권화한 연방 체제였다. https://www.onondaganation.org/government/chiefs/. 더 최근 사례는 멕시코 남부 사파티스타(Zapatista) 공동체에서 찾을 수 있다.

26. Murray Bookchin, *From Urbanization to Cities*, p. 118.

27. 같은 책, p. 8. 1992년 미국에서 초판이 출간된 《도시 없는 도시화》는 1996년 《도시화에서 도시로(From Urbanization to Cities)》로 제목이 바뀌어 재출간됐다. 머레이 북친의 사상이 압둘라 외잘란과 쿠르드족 해방운동에 끼친 영향을 더 자세히 알고 싶다면 다음 논문을 참조할 것. Damian Gerber, Shannon Brincat, 'When Öcalan Met Bookchin: The Kurdish Freedom Movement and the Political Theory of Democratic Confederalism', *Geopolitics* 26/4(2018), https://doi.org/10.1080/14650045.2018.1508016; Debbie Bookchin, 'How My Father's Ideas Helped the Kurds Create a New Democracy', *New*

York Review of Books, 15 June 2018; https://theanarchistlibrary.org/library/various-authors-bookchin-ocalan-correspondence. 북친이 말하는 공동체주의는 '자유주의적 지방자치주의'라고도 불리며 우리가 5장에서 살핀 엘리너 오스트롬의 '다중심 거버넌스' 개념과도 궤를 함께한다.

28. 다음 설명을 참조할 것. Sophia Hussain, 'Murray Bookchin and the Ocalan connection: the New York Times profiles the students of PKK Rojava', Verso Blog, 2 December 2015, https://www.versobooks.com/blogs/2368-murray-bookchin-and-the-ocalan-connection-the-new-york-times-profiles-the-students-of-pkk-rojava. 참고로 압둘라 외잘란이 머레이 북친에게 보낸 편지는 그의 변호인이 대신 작성한 것이다.
29. http://new-compass.net/articles/bookchin-%C3%B6calan-and-dialectics-democracy.
30. 압둘라 외잘란은 이 체제를 '민주적 연방주의' '국가 없는 민주주의'라고 불렀다. 다음 책을 참조할 것. Abdullah Öcalan, *Democratic Confederalism* (Transmedia Publishing, 2011); https://www.bakonline.org/wp-content/uploads/2018/12/NWA-Reader-5.pdf.
31. https://www.ft.com/content/50102294-77fd-11e5-a95a-27d368e1ddf7.
32. https://www.resilience.org/stories/2019-07-01/making-rojava-green-again/.
33. https://www.nytimes.com/2015/09/30/opinion/the-kurds-democratic-experiment.html.
34. 공동체 민주주의에 대한 비판적 견해는 다음 책을 참조할 것. Hélène Landemore, *Open Democracy*, p. 212. 타이완의 사례는 소프트웨어 프로그래머 출신으로 타이완 디지털 담당 정무위원(장관)이 된 탕평(唐鳳)의 2019년 테드엑스(TEDx) 강연을 참조할 것. https://www.ted.com/talks/audrey_tang_digital_social_innovation_to_empower_democracy.
35. George Monbiot, 'Feeling the urge to take back control from power-mad governments? Here's an idea', *Guardian*, 13 July 2022, https://www.theguardian.com/commentisfree/2022/jul/13/take-back-control-governments.
36. 압둘라 외잘란의 저서 가운데 《자유의 사회학(The Sociology of Freedom)》이라는 책의 제목은 머레이 북친의 《자유의 생태학(The Ecology of Freedom)》 오마주다. 아울러 외잘란은 페르낭 브로델(Fernand Braudel)과 이매뉴얼 월러스틴(Immanuel Wallerstein) 등 다른 역사가들에게서 영향을 받기도 했다. 다음 책을 참조할 것. Abdullah Öcalan, *The Sociology of Freedom: Manifesto of the Democratic Civilization*, 제III권(PM Press, 2020), pp. 10, 387 n. 7.
37. Hélène Landemore, *Open Democracy*, p. 13.
38. 다음 OECD 보고서를 포함해 여러 논문 자료를 참조했다. https://www.oecd.org/gov/open-government/innovative-citizen-participation-new-democratic-institutions-catching-the-deliberative-wave-highlights.pdf, p. 20; https://involve.org.uk/citizens-assembly-tracker; Jean-Benoit Pilet 외, 'The POLITICIZE Dataset: an inventory of Deliberative Mini-Publics(DMPs) in Europe', *European Political Science* 20(2022),

https://doi.org/10.1057/s41304-020-00284-9; Nabila Abbas, Yves Sintomer, 'Three Contemporary Imaginaries of Sortition: Deliberative, Antipolitical, or Radically Democratic?', *Raisons Politiques* 82/2(2021), pp. 33-54, https://doi.org/10.3917/rai.082.0033.

39. David Van Reybrouck, *Against Elections*, p. 148.
40. 내가 2023년 7월 28일 아일랜드 시민의회 의장 이빈 니 훌러윈(Aoibhinn Ní Shúilleabháin) 박사와 직접 소통한 내용을 옮긴 것이다. 아일랜드 시민의회의 원칙과 방식, 구성원 선정 과정 등에 관한 자세한 사항은 다음 웹사이트를 참조할 것. https://citizensassembly.ie/about/faq/.
41. 이때 강연한 내용은 내가 쓴 다음 책을 바탕으로 한 것이었다. Roman Krznaric, *The Good Ancestor*. 다음 유튜브 링크에서 강연 영상을 시청할 수 있다. https://www.youtube.com/watch?v=2pXjLg3dhVg.
42. 참고로 이 기간에는 7세에서 17세 사이의 아이들과 청소년들이 참여하는 '생물 다양성 손실에 관한 아동 및 청소년 의회(Children and Young People's Assembly on Biodiversity Loss)'도 병행 개최됐으며, 그 결과 또한 주요 성인 의회에 권고사항으로 전달됐다. 다음 웹사이트를 참조할 것. https://cyp-biodiversity.ie.
43. https://globalassembly.org/resources/downloads/GlobalAssembly2021-FullReport.pdf.
44. 프랑스의 기후 변화 시민 협약에 대한 비판적 평가는 다음 논문을 참조할 것. Graham Smith, 'Placing the Convention: An Outlier Amongst Climate Assemblies?', *Participations*, 2022(기후 시민의회에 관한 특집 논문), p. 3, https://shs.cairn.info/journal-participations-2022-3-page-261?lang=en; Charles Girard, 'Lessons from the French Citizens' Climate Convention: On the role and legitimacy of citizens' assemblies', *VerfBlog*, 28 July 2021, https://verfassungsblog.de/lessons-from-the-french-citizens-climate-convention/.
45. 2019년과 2020년 프랑스의 '기후를 위한 시민 협약'과 2022년 에스파냐의 '기후 시민의회' 모두 에코사이드(생태 살해)를 범죄로 법률화할 것을 제안했고, 2021년 영국의 '기후 및 생태 위기에 대한 글로벌 시민의회'에서도 마찬가지였다.
46. 시민의회 제도화 노력에 관한 논의는 다음 책을 참조할 것. Graham Smith, *Can Democracy Safeguard the Future?* (Polity, 2021), pp. 104-112.
47. 상원 의회를 추첨제로 구성하자는 제안은 다음 책을 참조할 것. Anthony Barnett, Peter Carty, *The Athenian Option: Radical Reform for the House of Lords* (Imprint Academic, 1998). 그단스크 시민의회에 관해서는 다음 칼럼을 참조할 것. Tin Gazivoda, 'Solutions: How the Poles Are Making Democracy Work Again in Gdansk' 22 November 2017, https://www.resilience.org/stories/2017-11-22/solutions-how-the-poles-are-making-democracy-work-again-in-gdansk/. 시민의회가 지닌 근본적 잠재력은 다음 논문을 참조할 것. Nabila Abbas, Yves Sintomer, 'Three Contemporary Imaginaries of Sortition'. 이브 생토메르의 다음 인터뷰도 참조할 것. Yoram Gat, 'With sortition, the scale is

immaterial', Equality By Lot, June 21, 2019, https://equalitybylot.com/2019/06/21/interview-with-yves-sintomer-part-2-of-2-with-sortition-the-scale-is-immaterial/.
48. '선거근본주의'라는 용어는 데이비드 반 레이브룩이 처음 사용했다. 다음 책을 참조할 것. David Van Reybrouck, *Against Elections*, p. 39).

7장. 유전공학을 관리하는 방법

1. Lawrence Principe, *The Secrets of Alchemy* (University of Chicago Press, 2013), p. 51.
2. 같은 책, p. 129. 다음 두 책도 참조할 것. *Religion and the Decline of Magic*, p. 321; Carl Jung, *The Psychology of the Transference* (Ark Paperbacks, 1983).
3. Paracelsus, *Of the Nature of Things* (1537). 몇몇 학자는 이 책을 그의 추종자 가운데 한 사람이 썼다고 믿는다.
4. Annette Burfoot, 'Life Light: Explorations in Alchemy and the Magic of Enlightenment', *Public* 18(1999), p. 108, https://public.journals.yorku.ca/index.php/public/article/view/30303.
5. 다음 웹사이트 설명을 참조할 것. https://www.focusonreproduction.eu/article/ESHRE-News-COP23_adamson; https://www.hfea.gov.uk/treatments/embryo-testing-and-treatments-for-disease/pre-implantation-genetic-testing-for-monogenic-disorders-pgt-m-and-pre-implantation-genetic-testing-for-chromosomal-structural-rearrangements-pgt-sr/.
6. 크리스퍼의 중요성과 발전 과정은 다음 책을 참조할 것. Jamie Metzl, *Hacking Darwin: Genetic Engineering and the Future of Humanity* (Sourcebooks, 2019), 제5장. 크리스퍼는 세균이나 고생 원핵생물의 유전체에서 발견되는 독특한 DNA 서열을 지칭하는 용어로, '규칙적인 간격을 갖고 나타나는 짧은 회문 구조의 반복 서열(Clustered Regularly Interspaced Short Palindromic Repeats)'의 약어다.
7. https://www.zetafertility.com/profiling.
8. 이와 관련한 각국의 법률 환경은 매우 유동적인 상황이다. 예를 들어 미국에서는 배아 검사로 성별을 확인하는 게 합법이지만, 영국에서는 부모의 질병이 아이에게 전염될 위험이 확실하고 남녀 성별 중 한쪽에만 심각한 영향을 끼치는 유전질환이 있는 경우에만 허용한다. 현재 많은 국가에서 유전질환을 알아보는 검사에 대해서는 제재하지 않으나, 연구 목적을 제외한 인간 배아의 유전자 편집은 여전히 불법이다. 2018년 중국 생명공학자 허젠쿠이(贺建奎)가 유전자 편집 기술을 이용해 HIV(인간 면역 결핍 바이러스)에 면역력을 지닌 맞춤형 쌍둥이 자매를 출산시켜 엄청난 윤리적 논란과 반발을 초래했고, 결국 불법 의료 행위죄로 기소되어 징역 3년과 벌금 300만 위안을 선고받았다. 다음 세대에 유전되지 않는 '체세포' 유전자 편집과 달리 세대 간에 대물림되는 '생식세포' 편집에 대해서는 윤리적 논쟁이 치열하다. 생식세포 유전자 편집은 최소 70개국에서 원천적으로 금지하고 있다. 다음 논문을 참조할 것. Françoise Baylis 외, 'Human Germline and Heritable Genome Editing: The Global Policy Landscape', *CRISPR Journal* 3/5(2020),

http://doi.org/10.1089/crispr.2020.0082. 다음 책도 참조할 것. Jamie Metzl, *Hacking Darwin*, pp. 216-217.
9. 사회역사가 알렉산드라 미나 스턴(Alexandra Minna Stern)에 따르면 이 대회는 "아프리카계 미국인 아이들을 배제함으로써" 미국 내 인종분리주의를 강화했고, "백인 아이들만이 완벽하다"는 생각을 부추겼다. 대회는 아이들을 인종별로 "서류상이 아니라 실제로 분리"했다. 다음 책을 참조할 것. Osagie Obasogie, Marcy Darnovsky (eds.), *Beyond Bioethics: Toward a New Biopolitics* 중 Alexandra Minna Stern, 'Making Better Babies: Public Health and Race Betterment in Indiana, 1920-35'(University of California Press, 2018), pp. 41, 50 n. 51.
10. 다음 책에서 인용. Adam Rutherford, *Control: The Dark History and Troubling Present of Eugenics* (Weidenfeld & Nicolson, 2022), p. 48.
11. 같은 책, p. 66; https://scholarworks.iupui.edu/communities/4e5f76bf-5f6c-4328-82c6-d6327848d4d1.
12. https://www.johnlocke.org/two-quotes-from-obamas-new-heroe-teddy-roosevelt/.
13. Philip R. Reilly, 'Eugenics and Involuntary Sterilization: 1907-2015', *Annual Review of Genomics and Human Genetics* 16(2015), https://doi.org/10.1146/annurev-genom-090314-024930. 강제 불임수술은 1906년에서 1975년까지 스웨덴과 1970년대 인도에서도 일반적으로 시행됐다.
14. Osagie Obasogie, Marcy Darnovsky (eds.), *Beyond Bioethics: Toward a New Biopolitics* 중 Edwin Black, 'Eugenics and the Nazis: The California Connection'(University of California Press, 2018), pp. 52-59; Jeremy Rifkin, *The Biotech Century: Harnessing the Gene and Remaking the World* (Tarcher/Putnam, 1999), pp. 26-27; James Whitman, 'Why the Nazis Studied American Race Laws for Inspiration', *Aeon*, December 2016, https://aeon.co/ideas/why-the-nazis-studied-american-race-laws-for-inspiration.
15. Lia Weintraub, 'The Link Between the Rockefeller Foundation and Racial Hygiene in Nazi Germany', dissertation, Tufts University, 2013, http://hdl.handle.net/10427/77753.
16. Adam Rutherford, *Control*, p. 135.
17. 다음 다큐멘터리 영화에서 인용. Adam Bolt, *Human Nature* (2019), https://www.imdb.com/title/tt9612680/.
18. 같은 영화.
19. https://statenews.com/article/2020/06/michigan-state-vp-of-research-stephen-hsu-resigns.
20. Tom Shakespeare, 'Inheritance after genetics', 톰 셰익스피어가 자신의 블로그에 포스팅한 칼럼(게시일 불명), https://farmerofthoughts.co.uk/collected_pieces/inheritance-after-genetics/. 다음 칼럼도 참조할 것. Harriet McBryde Johnson, 'Unspeakable Conversations', *New York Times Magazine*, 16 February 2003, https://www.nytimes.com/2003/02/16/magazine/unspeakable-conversations.html. 장애인 인권운동가 해리

엇 맥브라이드 존슨(Harriet McBryde Johnson)은 이 칼럼에서 장애가 사람을 '더 나쁘게' 만들고 '고통'이 가치 없는 삶을 초래할 수 있다는 생명윤리 철학자 피터 싱어(Peter Singer)의 주장에 의문을 제기한다.
21. 유전학적 개입이 '개인 서비스 모델'로 불리는 문제에 관해서는 다음 책을 참조할 것. Allen Buchanan 외, *From Chance to Choice: Genetics and Justice* (Cambridge University Press, 2000), pp. 13, 51.
22. Adam Rutherford, *Control*, p. 177. 다음 홍보성 기사도 참조할 것. Clare Wilson, 'Exclusive: A new test can predict IVF embryos' risk of having a low IQ', NewScientist, 15 November 2018, https://www.newscientist.com/article/mg24032041-900-exclusive-a-new-test-can-predict-ivf-embryos-risk-of-having-a-low-iq/. 한편으로 줄리언 사불레스쿠(Julian Savulescu) 같은 철학자들은 '도덕 강화' 유전자 편집을 옹호한다. 인류의 도덕성을 개선하기 위해 인간종을 유전적으로 강화할 필요가 있다는 논리다. 인간을 선하게 만드는 유전자 편집 가능성이 0에 가깝고 이 수준을 유지하는 현 상황을 고려할 때, 이런 논의는 대개 이론에서 벗어나지 못한다. 다음 논문을 참조할 것. Julian Savulescu, Ingmar Persson, 'Moral Enhancement', *Philosophy Now* 91(2012), https://philosophynow.org/issues/91/Moral_Enhancement. 이 주장에 대한 비판은 다음 책과 논문을 참조할 것. Michael Sandel, *The Case Against Perfection: Ethics in the Age of Genetic Engineering* (Belknap Press, 2009), pp. 47-49; Michael Parker, 'The Best Possible Child', *Journal of Medical Ethics* 33/5(2007), https://doi.org/10.1136/jme.2006.018176.
23. Osagie Obasogie, Marcy Darnovsky (eds.), *Beyond Bioethics: Toward a New Biopolitics* 중 Nathaniel Comfort, 'Can We Cure Genetic Diseases without Slipping into Eugenics?'(University of California Press, 2018), pp. 184-185.
24. Lee Silver, *Remaking Eden: How Genetic Engineering and Cloning Will Remake the American Family* (Harper Perennial, 2007). 다음 책도 참조할 것. Yuval Harari, *Homo Deus: A Brief History of Tomorrow* (Vintage, 2016), pp. 403-408.
25. https://www.openaccessgovernment.org/covid-19-vaccines-genetic-modification/112020/.
26. Amitai Etzioni, *The Common Good* (Polity, 2004), p. 3. 다음 논문도 참조할 것. M. Jaede, 'The Concept of the Common Good', *PSRP Working Paper* No. 8(2017), Global Justice Academy, University of Edinburgh.
27. 최근에는 그가 소아마비가 아닌 비슷한 증상의 다른 질병을 앓았을 가능성이 제기되기도 했다.
28. David Oshinsky, *Polio: An American Story* (Oxford University Press, 2005), pp. 53-55.
29. 같은 책, p. 211.
30. https://www.history.com/news/salk-polio-vaccine-shortages-problems.
31. Jonas Salk, 'Are We Being Good Ancestors?', *World Affairs: The Journal of International Issues* 1/2(1992), https://www.jstor.org/stable/45064193.

32. 다음 논문에서 인용. James Boyle, 'The Second Enclosure Movement and the Construction of the Public Domain', *Law and Contemporary Problems* 66/1(2003): 33, https://scholarship.law.duke.edu/lcp/vol66/iss1/2/.
33. 인클로저 운동의 역사는 다음 책을 참조할 것. Ellen Meiksins Wood, *The Origin of Capitalism: A Longer View* (Verso, 2002), pp. 108-115; Edward Thompson, *The Making of the English Working Class* (Pelican, 1968), pp. 237-243. 영국 의회의 인클로저 법률과 그 의의에 관한 설명은 다음 웹사이트를 참조할 것. https://www.parliament.uk/about/living-heritage/transformingsociety/towncountry/landscape/overview/enclosingland/.
34. Karl Polanyi, *The Great Transformation: The Political and Economic Origins of Our Time* (Beacon Press, 2001), p. 37.
35. Osagie Obasogie, Marcy Darnovsky (eds.), *Beyond Bioethics: Toward a New Biopolitics* 중 Tom Athanasiou and Marcy Darnovsky, 'The Genome as Commons'(University of California Press, 2018), pp. 157-162; James Boyle, 'Second Enclosure Movement', p. 33; Stephen Scharper, Hilary Cunningham, 'The Genetic Commons: Resisting the Neoliberal Enclosure of Life', *Social Analysis: The International Journal of Anthropology* 50/3(2006), https://www.jstor.org/stable/23182119.
36. 이 장에서 자세히 다루지는 않으나 유전공학과 관련한 위험은 곳곳에 널려 있다. 예를 들면 대량 살상 생물학 무기를 만드는 데 유전자 기술이 사용될 수도 있고, 크리스퍼 유전자 편집이 암을 유발하는 등 의도치 않고 예상치 못한 부작용이 얼마든지 발생할 수 있다.
37. https://www.fiercepharma.com/pharma/situation-untenable-bluebird-will-wind-down-its-operations-broken-europe; https://investor.bluebirdbio.com/news-releases/news-release-details/bluebird-bio-licenses-lentiviral-vector-patent-rights; Fyodor Urnov, 'Imagine CRISPR Cures', TEDx Berkeley, 2022, https://www.youtube.com/watch?v=eql8XUxM6Ss.
38. Jonathan Stempel, Blake Brittain, 'Bleakthrough gene-editing technology belongs to Havard, MIT-U.S. tribunal', *Reuters*, 1 March 2022, https://www.reuters.com/business/healthcare-pharmaceuticals/breakthrough-gene-editing-technology-belongs-harvard-mit-us-tribunal-2022-03-01/.
39. Katharina Pistor, *The Code of Capital: How the Law Creates Wealth and Inequality* (Princeton University Press, 2019), pp. 114, 131.
40. Precision Medicine Online, '23andMe Gets $50M Payment as GSK Extends Companies' Drug Discovery Alliance', 18 Jan 2022, https://www.precisionmedicineonline.com/cancer/23andme-gets-50m-payment-gsk-extends-companies-drug-discovery-alliance.
41. Katharina Pistor, *Code of Capital*, pp. 112, 127; Osagie Obasogie, Marcy Darnovsky(엮음), *Beyond Bioethics: Toward a New Biopolitics* 중 Osagie Obasogie, 'Your Body, Their Property'(University of California Press, 2018), p. 212.

42. Mariana Mazzucato, *The Entrepreneurial State: Debunking Public vs Private Sector Myths* (Anthem Press, 2013), 제5장; Mariana Mazzucato, *The Value of Everything: Making and Taking in the Global Economy* (Allen Lane, 2018), pp. 194-199.
43. https://gh.bmj.com/content/6/12/e007321; Mariana Mazzucato, *Entrepreneurial State*, pp. 67-71.
44. https://www.genomicsengland.co.uk/patients-participants/participant-panel; 'A public dialogue on genomic medicine: time for a new social contract?', Ipsos, 25 April 2019, https://www.ipsos.com/en-uk/public-dialogue-genomic-medicine-time-new-social-contract-report.
45. https://www.euractiv.com/section/coronavirus/news/german-government-takes-a-stake-in-vaccine-developer-curevac/.
46. 현재 생명공학 기술 산업 분야에서는 스튜어드형 오너십을 도입한 사업 모델을 거의 찾아볼 수 없는데, 외부 투자를 받아야 할 만큼 창업에 대규모 자금이 필요하다는 것이 가장 큰 요인이다. 그 대신 이 분야에는 점점 더 많은 '베네피트 기업(Benefit Corporation)'이 생겨나고 있다. 다음 칼럼을 참조할 것. Christopher Marquis, 'Why Are So Few Life Sciences Companies Certified B Corps?', *Forbes*, 19 April 2021, https://www.forbes.com/sites/christophermarquis/2021/04/19/why-are-so-few-life-sciences-companies-certified-b-corps/.
47. Jeremy Rifkin, *Biotech Century*, p. 9.
48. Simon Singh, *Fermat's Last Theorem* (Harper Perennial, 2011), pp. 48-49; Alberto Manguel, *The Library at Night* (Yale University Press, 2008), pp. 24-26.

8장. 불평등 격차를 줄이는 방법

1. Thomas Piketty, *Brief History of Equality*, p. 2.
2. Michael Wood, *The Story of England* (Penguin, 2011), 제10장.
3. R. H. Hilton, 'Kibworth Harcourt: A Merton College Manor in the Thirteenth and Fourteenth Centuries', *Transactions of the Leicestershire Archaeological Society* 24(1949), pp. 38-40.
4. Michael Wood, *Story of England*, 제13장.
5. Walter Scheidel, *The Great Leveler: Violence and the History of Inequality from the Stone Age to the Twenty-First Century* (Princeton University Press, 2017), p. 463.
6. Thomas Piketty, *Brief History of Equality*, p. 185.
7. Walter Scheidel, *Great Leveler*, pp. 9, 165, 434-436.
8. Richard Wilkinson, Kate Pickett, *The Spirit Level: Why Equality Is Better for Everyone* (Penguin, 2010), pp. 19-20; Dixson-Decleve 외, *Earth for All*, 제4장.
9. https://www.brookings.edu/articles/the-black-white-wealth-gap-left-black-households-more-vulnerable/.

10. Timothy Snyder, *On Tyranny: Twenty Lessons from the Twentieth Century* (Bodley Head, 2017), p. 12; Tony Judt, *Ill Fares the Land* (Penguin, 2011), p. 235; Luke Kemp 외, 'Climate Endgame: Exploring Catastrophic Climate Change Scenarios', *PNAS* 119(2022), p. 6, https://doi.org/10.1073/pnas.2108146119; Jared Diamond, *Collapse*, pp. 430, 519-520. https://www-cdn.oxfam.org/s3fs-public/file_attachments/bp172-no-accident-resilience-inequality-of-risk-210513-en_1_0.pdf.
11. Aristotle, *Politics*, 1296a16-17.
12. https://www.weforum.org/agenda/2021/12/global-income-inequality-gap-report-rich-poor/.
13. 케랄라는 유엔이 발표하는 인간개발지수(Human Development Index)에서 가장 높은 순위를 차지한 인도의 주다. https://globaldatalab.org/shdi/table/shdi/IND/?levels=1+4&years=2019&extrapolation=0. 케랄라의 지니(Gini) 계수, 여성 역량 강화 수준, 학교 보유 수, 1인당 의료비 지출 수준과 같은 자세한 지표는 다음 논문을 참조할 것. Aviral Pandey, Richa Gautam, 'Regional Inequality in India: A State Level Analysis', MRPA Paper No. 101980(2020), https://mpra.ub.uni-muenchen.de/101980/. 기타 사항은 다음 기사를 참조할 것. https://www.bbc.co.uk/news/world-asia-india-62951951.
14. Jean Dreze, Amartya Sen (eds.), *Indian Development: Selected Regional Perspectives* (United Nations University, 1999), pp. 15-18; Barbara H. Chasin, Richard W. Franke, 'The Kerala Difference'(아마르티아 센의 답변 수록), *New York Review of Books*, 24 October 1991; https://www.rbi.org.in/Scripts/PublicationsView.aspx?id=20675.
15. Robin Jeffrey, *Politics, Women and Well-Being: How Kerala Became a 'Model'* (Oxford University Press, 2001), pp. 1-2; Manali Desai, *State Formation and Radical Democracy in India* (Routledge, 2007).
16. Rajan Gurukkal, Raghava Varier, *History of Kerala: Prehistoric to the Present* (Orient BlackSwan, 2018), pp. 250-251, 258-259; Eliza Kent, *Converting Women: Gender and Protestant Christianity in Colonial South India* (Oxford University Press, 2004), pp. 204-210; K. D. Binu, Manosh Manoharan, 'Absence in Presence: Dalit Women's Agency, Channar Lahala, and Kerala Renaissance', *Journal of International Women's Studies* 22/10(2021), p. 24, https://vc.bridgew.edu/jiws/vol22/iss10/3.
17. Robin Jeffrey, *Politics, Women and Well-Being*, pp. xxvii, 35, 55-56; Robin Jeffrey, 'Legacies of Matriliny: The Place of Women and the "Kerala Model"', *Pacific Affairs* 77/4(2004), pp. 648-649, 655, http://www.jstor.org/stable/40023536; Jean Dreze, Amartya Sen (eds.), *Indian Development: Selected Regional Perspectives* 중 V. K. Ramachandran, 'On Kerala's Development Achievements'(United Nations University, 1999), pp. 265-280, 305-308; Manali Desai, *State Formation*, p. 51; Bharati Ray (ed.), *Different Types of History* 중 Udaya Kumar, 'Subjects of New Lives: Reform, Self-Making and the Discourse of Autobiography in Kerala'(Pearson Education India, 2009), p. 329.

18. Manali Desai, *State Formation*, p. 35; Lavinia Steinfort, Satoko Kishimoto (eds.), *Public Finance for the Future We Want* 중 Benny Kuruvilla, 'Kerala's Web of Cooperatives: Advancing the Solidarity Economy'(Transnational Institute, 2019); Robin Jeffrey, 'Legacies of Matriliny', pp. 663-664; Jos Chathukulam, Joseph Tharamangalam, 'The Kerala Model in the Time of COVID 19: Rethinking State, Society and Democracy', *World Development* 137(2020), https://doi.org/10.1016/j.worlddev.2020.105207.
19. V. K. Ramachandran, 'On Kerala's Development Achievements', pp. 317-318.
20. Robin Jeffrey, *Politics, Women and Well-Being*, pp. 124-125; Rajan Gurukkal, Raghava Varier, *History of Kerala*, p. 298.
21. https://countercurrents.org/2021/09/what-made-keralas-women-achievers-of-the-last-century/.
22. Robin Jeffrey, *Politics, Women and Well-Being*, pp. 83-89; V. K. Ramachandran, 'On Kerala's Development Achievements', pp. 207, 292; Manali Desai, *State Formation*, pp. 85-87; V. Bijukumar, 'Radicalised Civil Society and Protracted Political Actions in Kerala(India): A Socio-Political Narrative', *Asian Ethnicity* 20/4(2019), https://doi.org/10.1080/14631369.2019.1601005. 이전에 남유럽의 작은 공화국 산마리노에서도 공산당 정부가 집권한 적이 있지만, 인구 수준으로 비교할 때 첫 번째 사례는 케랄라였다.
23. Bill McKibben, *Hope, Human and Wild: True Stories of Living Lightly on Earth* (Milkweed Editions, 2007), p. 145; V. K. Ramachandran, 'On Kerala's Development Achievements', pp. 294-300; G. K. Lieten, 'Human Development in Kerala: Structure and Agency in History', *Economic and Political Weekly* 37/16(2002), p. 1542, https://www.jstor.org/stable/4412015.
24. https://thewire.in/agriculture/keralas-women-farmers-rise-above-the-flood; https://kudumbashree.org; Kuruvilla, 'Kerala's Web of Cooperatives', pp. 83-85; Glyn Williams 외, 'Performing Participatory Citizenship—Politics and Power in Kerala's Kudumbashree Programme', *Journal of Development Studies* 47/8(2011), https://doi.org/10.1080/00220388.2010.527949.
25. Jesha Mohammedali Mundodan, K. K. Lamiya, Sheela P. Haveri, 'Prevalence of spousal violence among married women in a rural area in North Kerala', *Journal of Family Medicine and Primary Care* 10/8(August 2021), pp. 2845-2852, https://doi.org/10.4103/jfmpc.jfmpc_2313_20; K. V. Kala, 'Domestic violence in Kerala: Data shows calls to women helpline almost doubled in 2021, *Mathrubhumi.com*, 2 April 2022, https://english.mathrubhumi.com/news/kerala/domestic-violence-in-kerala-data-shows-calls-to-women-helpline-almost-doubled-in-2021-1.7398704.
26. Robin Jeffrey, *Politics, Women and Well-Being*, p. xxvi.
27. https://twitter.com/TNiskakangas/status/1203729511658995713?ref_src=twsrc%5Etfw.
28. Danny Dorling, Annika Koljonen, *Finntopia: What We Can Learn from the World's*

Happiest Country (Agenda, 2020), pp. xvi, 249-255.
29. https://harvardpolitics.com/nordic-racism/.
30. Danny Dorling, Annika Koljonen, *Finntopia*.
31. https://www.youtube.com/watch?v=jQwosjKbhH0&t=37s.
32. Aura Korppi-Tommola, 'Fighting Together for Freedom: Nationalism, Socialism, Feminism, and Women's Suffrage in Finland 1906', *Scandinavian Journal of History* 15/1-2(1990), pp. 181-183, https://doi.org/10.1080/03468759008579196; Riita Jallinoja, 'The Women's Liberation Movement in Finland: The Social and Political Mobilisation of Women in Finland, 1880-1910', *Scandinavian Journal of History* 5/1-4(1980), pp. 40-42, https://doi.org/10.1080/03468758008578965.
33. Eric Blanc, 'Finland 1906: The Revolutionary Roots of Women's Suffrage', March 2015, https://johnriddell.com/2015/03/04/finland-1906-the-revolutionary-roots-of-womens-suffrage-an-international-womens-day-tribute/. 다음 책과 논문도 참조할 것. Eric Blanc, *Revolutionary Social Democracy: Working-Class Politics Across the Russian Empire(1882-1917)* (Brill, 2021); Aura Korppi-Tommola, 'Fighting Together for Freedom', p. 188.
34. Blanca Rodriguez Ruiz, Ruth Rubio Marín (eds.), *The Struggle for Female Suffrage in Europe* 중 Aura Korppi-Tommola, 'A Long Tradition of Equality: Women's Suffrage in Finland'(Brill, 2012), p. 56.
35. https://encyclopedia.1914-1918-online.net/article/finnish_civil_war_1918.
36. Herbert Obinger et al. (eds.), *Warfare and Welfare: Military Conflict and Welfare State Development in Western Countries* 중 Pauli Kettunen, 'Wars, Nation, and the Welfare State in Finland'(Oxford University Press, 2018), pp. 277-278; Anne Ollila, 'Women's Voluntary Associations in Finland during the 1920s and 1930s', *Scandinavian Journal of History* 20/2(1995), https://doi.org/10.1080/03468759508579297; Maria Lahteenmaki, 'To the Margins and Back? The Role of Women in the Finnish Labour Movement in the Twentieth Century', *Scandinavian Journal of History* 23/3-4(1998), https://doi.org/10.1080/03468759850115909.
37. Danny Dorling, Annika Koljonen, *Finntopia*, p. 100; Ilkka Taipale (ed.), *100 Social Innovations from Finland* (Finnish Literature Society, 2013), pp. 101-103.
38. Martti Siisiäinen, 'Social Movements, Voluntary Associations and Cycles of Protest in Finland 1905-91', *Scandinavian Political Studies* 15/1(1992), pp. 23-24; Jaakko Kiander, Pekka Sauramo, Hannu Tanninen, 'The Finnish Incomes Policy as Corporatist Political Exchange: Development of Social Capital and Social Wage', Palkansaajien Tutkimuslaitos, Labour Institute for Economic Research, Working Paper 256(2009).
39. Tapio Bergholm, 'Decade of Equality: Employment, Pay and Gender in Finland in the 1970s', *Moving the Social: Journal of Social History and the History of Social Movements*

48(2012), p. 85, https://doi.org/10.13154/mts.48.2012.73-88.
40. Danny Dorling, Annika Koljonen, *Finntopia*, pp. 81-91. 핀란드의 모든 학교가 무상 공교육으로 운영되는 것은 아니다. 국제학교 같은 소수의 유료 사립학교도 있다는 점에 유의할 필요가 있다. https://www.thetimes.co.uk/article/private-schools-row-what-can-we-learn-from-other-countries-jkj9xbc2g; https://factual.afp.com/en-finlandia-no-esta-prohibida-la-educacion-privada.
41. 다음 책에서 인용. Danny Dorling, Annika Koljonen, *Finntopia*, p. 136.
42. https://fra.europa.eu/sites/default/files/fra_uploads/fra-2019-being-black-in-the-eu-summary_en.pdf.
43. OECD 자료는 다음 웹사이트 링크에서 열람하거나 내려받을 수 있다. https://ec.europa.eu/eurostat/statistics-explained/SEPDF/cache/36609.pdf. 지속가능발전목표(SDGs)로 보는 물질 발자국 데이터는 다음 웹사이트를 참조할 것. https://www.sustainabledevelopmentindex.org/time-series.
44. Jason Hickel, *Less Is More*, pp. 185-186.
45. https://oxfamilibrary.openrepository.com/bitstream/handle/10546/621341/bp-inequality-kills-170122-en.pdf, pp. 2, 13.
46. Thomas Piketty, *Brief History of Equality*, pp. 2, 155; https://www.nytimes.com/interactive/2022/04/03/magazine/thomas-piketty-interview.html.
47. Angela Davis, *Freedom Is a Constant Struggle: Ferguson, Palestine and the Foundations of a Movement* (Haymarket Books, 2016).

9장. AI를 효과적으로 통제하는 방법

1. https://www.gatesnotes.com/The-Age-of-AI-Has-Begun.
2. https://liveblog.digitalimages.sky/lc-images-sky/lcimg-89e9134e-cd33-435b-8b03-1c8d42146c14.png.
3. 사실 나도 알아야 하고 몹시 궁금하기도 해서 챗GPT에 이 장의 초안을 주고 내용과 문체를 유지한 채 500단어만 줄여달라고 요청해봤다. 금세 결과가 나오긴 했는데, 글이 너무 생기가 없고 딱딱해서 바로 집어치웠다.
4. 역사적으로 인간은 통제하기 어려운 다른 대규모 시스템을 만들어내기도 했다. 예컨대 우리는 거대한 영토를 관리하고 적들과 전쟁을 벌이기 위해 관료기구인 '국가'를 만들었고, 전 세계 공동체와 지역 연결망을 통해 수없이 많은 사람의 삶을 이끌어온 '종교'를 조직했다. 하지만 이런 사례 가운데 그 어느 것도 '금융자본주의'만큼 AI와 유사하지는 않다.
5. Kate Crawford, *Atlas of AI: Power, Politics, and the Planetary Costs of Artificial Intelligence* (Yale University Press, 2021), p. 8.
6. Niall Ferguson, *The Ascent of Money: A Financial History of the World* (Penguin, 2009), p. 133.

7. Simon Schama, *The Embarrassment of Riches: An Interpretation of Dutch Culture in the Golden Age* (Fontana Press, 1988), p. 323.
8. Niall Ferguson, *Ascent of Money*, 제3장; David Graeber, *Debt: The First 5,000 Years* (Melville House, 2021), pp. 341-342; John Kenneth Galbraith, *The Age of Uncertainty* (BBC, 1997), 제6장. 미시시피 거품 이전에도 1637년 네덜란드 튤립 파동 같은 금융 붕괴가 일어난 적은 있지만, 이렇게 큰 규모로 엄청난 결과를 초래한 사태는 없었다.
9. 이는 전 영국은행(Bank of England) 수석 이코노미스트 앤디 홀데인(Andy Haldane)의 글로벌 금융체제 분석을 통해 효과적으로 입증된 바 있다. 다음 기사를 참조할 것. https://www.businessinsider.com/these-two-charts-show-how-the-worlds-banking-system-exploded-in-size-before-the-2008-crash-2015-3.
10. Fernand Braudel, *Civilization and Capitalism*, 제I권(Collins/Fontana, 1981), p. 437.
11. Dominic Leggett, 'Feeding the Beast: Superintelligence, Corporate Capitalism and the End of Humanity', *Proceedings of the 2021 AAAI/ACM Conference on AI, Ethics, and Society* (July 2021), https://doi.org/10.1145/3461702.3462581; George Dyson, *Analogia: The Entangled Destinies of Nature, Human Beings and Machines* (Allen Lane, 2020), p. 251; Max Tegmark, *Life 3.0: Being Human in the Age of Artificial Intelligence* (Penguin, 2017), pp. 86-91.
12. 다음 팟캐스트 인터뷰에서 대니얼 슈마흐텐버거의 자세한 설명을 들을 수 있다. Nate Hagens, 'The Great Simplification', 에피소드 71, 17 May 2023, https://www.thegreatsimplification.com/episode/71-daniel-schmachtenberger.
13. Tristan Harris, Aza Raskin, 'The A.I. Dilemma', 2023, https://www.youtube.com/watch?v=xoVJKj8lcNQ; https://www.washingtonpost.com/technology/2023/03/05/ai-voice-scam/.
14. https://www.ansa.it/documents/1680080409454_ert.pdf
15. https://www.thegamer.com/microsoft-proxy-statement-investigations-military-contracts/; https://fortune.com/2022/12/08/pentagon-cloud-contract-to-be-shared-by-google-amazon-microsoft-and-oracle-in-9-billion-deal/; https://www.nytimes.com/2018/10/26/us/politics/ai-microsoft-pentagon.html; https://www.defenseone.com/technology/2022/06/new-google-division-will-take-aim-pentagon-battle-network-contracts/368691/.
16. https://theconversation.com/why-a-computer-will-never-be-truly-conscious-120644#.
17. https://www.lesswrong.com/posts/zRn6aQyD8uhAN7qCc/sam-altman-planning-for-agi-and-beyond; https://www.telegraph.co.uk/business/2023/05/23/chatgpt-sam-altman-ai-regulation-risk-fears/. AI의 위험성과 관련해 IT 기업 최고경영자, 학자, 정책 입안자, 저널리스트 등 수십 명이 서명한 공개 성명서도 참조할 것. https://www.safe.ai/statement-on-ai-risk#open-letter.

18. https://www.theatlantic.com/technology/archive/2023/06/ai-regulation-sam-altman-bill-gates/674278/.
19. 자본주의에 대한 이 정의는 철학자 낸시 프레이저(Nancy Fraser), 저널리스트 마저리 켈리(Marjorie Kelly), 법률역사가 카타리나 피스토르(Katharina Pistor)의 연구를 바탕으로 경제학자 케이트 레이워스(Kate Raworth)가 제시한 것이다. https://twitter.com/KateRaworth/status/1632661786426998784. '금융자본주의' '산업자본주의' '식민지 자본주의' '소비자본주의'는 사회학자 제임스 풀처(James Fulcher)의 구분을 따랐다. 다음 책을 참조할 것. James Fulcher, *Capitalism: A Very Short Introduction* (Oxford University Press, 2004), pp. 1-13. 다만 그는 '식민지 자본주의'라고 하지 않고 '상업자본주의'라고 표현했다.
20. Kate Crawford, *Atlas of AI*, p. 53; 다음 기사도 참조할 것. https://www.huckmag.com/article/speaking-to-amazon-uk-workers-on-the-picket-lines-in-coventry-2023.
21. 같은 책, p. 68.
22. https://www.smithsonianmag.com/science-nature/history-human-computers-180972202/.
23. https://www.marxists.org/archive/marx/works/1848/communist-manifesto/ch01.htm.
24. 중심국과 주변국 사이의 이런 식민지적 관계는 1970년대 이매뉴얼 월러스틴(Immanuel Wallerstein)과 안드레 군데르 프랭크(Andre Gunder Frank) 같은 사상가들이 일반화한 이래 오늘날 다시 주목받고 있는 '종속이론(Dependency Theory)'의 토대가 됐다.
25. Eduardo Galeano, *The Open Veins of Latin America* (Latin America Bureau, 1997), pp. 20-3. https://www.theguardian.com/cities/2016/mar/21/story-of-cities-6-potosi-bolivia-peru-inca-first-city-capitalism.
26. https://www.theguardian.com/world/2023/jan/25/bolivia-lithium-mining-salt-flats.
27. AI는 무척이나 자원 집약적이고 에너지 집약적인 산업이다. 전문가들은 2040년까지 전 세계 온실가스 배출량의 14퍼센트를 AI 산업이 차지하리라고 예상한다. 다음 책을 참조할 것. Kate Crawford, *Atlas of AI*, p. 42. 첨단기술 산업에 전력을 확보하기 위한 글로벌 사우스 광물 자원 쟁탈전에 관한 분석은 다음 테드 강연 영상을 참조할 것. Olivia Lazard, 'The Blind Spots of the Global Energy Transition', TED Countdown New York Session, June 2022, https://www.ted.com/talks/olivia_lazard_the_blind_spots_of_the_green_energy_transition?language=en.
28. Abeba Birhane, 'Algorithmic Colonization of Africa'.
29. Michael Kwet, 'Digital Colonialism: US Empire and the New Imperialism in the Global South', *Race & Class* 60/4(2019), https://doi.org/10.1177/0306396818823172. 2020년 페이스북은 '디스커버(Discover)'라고 이름만 바꾼, 사실상 프리 베이직스와 동일한 기능의 앱을 출시하기도 했다. https://restofworld.org/2021/facebook-connectivity-discover/.
30. Milford Bateman, 'The Problem with Microcredit in Africa', *Africa Is a Country*, 9

October 2019, https://africasacountry.com/2019/09/a-fatal-embrace.
31. https://www.aclu.org/blog/privacy-technology/surveillance-technologies/amazons-face-recognition-falsely-matched-28; https://www.washingtonpost.com/technology/2019/12/19/federal-study-confirms-racial-bias-many-facial-recognition-systems-casts-doubt-their-expanding-use/. 다음 다큐멘터리 영화도 참조할 것. Shalini Kantayya, *Coded Bias* (2020).
32. Kate Crawford, *Atlas of AI*, p. 128.
33. Shoshana Zuboff, *The Age of Surveillance Capitalism* (Profile, 2019), 제3장; https://www.cigionline.org/articles/shoshana-zuboff-undetectable-indecipherable-world-surveillance-capitalism/.
34. Kashmir Hill, 'How Target Figured Out A Teen Girl Was Pregnant Before Her Father Did', *Forbes*, 11 August 2022, https://www.forbes.com/sites/kashmirhill/2012/02/16/how-target-figured-out-a-teen-girl-was-pregnant-before-her-father-did.
35. Kate Crawford, *Atlas of AI*; https://www.youtube.com/watch?v=UCxPMF2htEs; https://www.facebook.com/watch/?v=530638791417727.
36. 다음 책에서 인용. Mark Fisher, *Capitalist Realism: Is There No Alternative?* (Zero Books, 2009), p. 2.
37. 자세한 사항은 다음 언론사들의 칼럼과 보도 기사를 참조할 것. https://www.vice.com/en/article/5d3naz/openai-is-now-everything-it-promised-not-to-be-corporate-closed-source-and-for-profit; https://www.wired.com/story/you-yes-you-would-be-a-better-owner-for-twitter-than-elon-musk/; https://www.nytimes.com/2023/03/31/business/tesla-union-musk-twitter.html; https://www.reuters.com/technology/pentagon-awards-9-bln-cloud-contracts-each-google-amazon-oracle-microsoft-2022-12-07/.
38. Colin Ward, *Welcome, Thinner City* (Bedford Square Press, 1989), pp. 90-95. https://www.yesmagazine.org/economy/2016/07/05/the-italian-place-where-co-ops-drive-the-economy-and-most-people-are-members; https://core.ac.uk/download/pdf/58774993.pdf. 에밀리아로마냐의 협동조합 네트워크는 에스파냐의 유명한 몬드라곤 협동조합 연합보다 규모가 훨씬 더 커서 약 3배 더 많은 인력을 고용하고 있다.
39. Robert Putnam, *Making Democracy Work: Civic Traditions in Modern Italy* (Princeton University Press, 1993), p. 126.
40. https://historyofeducation.org.uk/puncta-for-professors-the-university-of-bologna-and-its-fining-system/
41. Robert Putnam, *Making Democracy Work*, pp. 121, 139, 142, 161. 에밀리아로마냐의 역사에 관한 로버트 퍼트넘의 관점을 비판적으로 분석한 견해는 다음 책을 참조할 것. Sarah Blanshei, *Politics and Justice in Late Medieval Bologna* (Brill, 2010).
42. Margaret Lund, Matt Hancock, 'Stewards of Enterprise: Lessons in Economic

Democracy from Northern Italy', International Centre for Co-operative Management, St Mary's University, Canada, Working Paper 2020/01(2020), pp. 15-16; Matt Hancock, 'The Cooperative District of Imola: Forging the High Road to Globalization', University of Bologna, 2004, p. 21, https://base.socioeco.org/docs/imola_0.pdf; Stefano Zamagni, Vera Zamagni, *Cooperative Enterprise: Facing the Challenge of Globalization* (Edward Elgar, 2010), pp. 46-48.

43. Matt Hancock, 'The Communist Party in the Land of Cooperation', University of Bologna, 2005, https://institute.coop/resources/communist-party-land-cooperation.
44. Margaret Lund, Matt Hancock, 'Stewards of Enterprise', pp. 4, 16-17; Vera Zamagni, 'Why We Need Cooperatives to Make the Business World More People-Centred', 2019년 6월 25~26일 '유엔 산하 기구 간 태스크 포스(UNIATF)' 주관으로 스위스 제네바에서 열린 '사회 및 연대 경제(SSE)' 국제 콘퍼런스에서 발표한 논문, pp. 7-8; https://www.lowimpact.org/posts/why-is-the-co-operative-movement-so-successful-in-emilia-romagna-with-matt-hancock-no-not-that-one.
45. Nathan Schneider, 'An Internet of Ownership: Democratic Design for the Online Economy', *Sociological Review* 66/2(2018), https://doi.org/10.1177/0038026118758533; https://www.technologyreview.com/2020/06/17/1003316/what-the-1930s-can-teach-us-about-dealing-with-big-tech-today/; https://www.americamagazine.org/politics-society/2017/09/07/how-communists-and-catholics-built-commonwealth; https://www.electric.coop/electric-cooperative-fact-sheet.
46. 운전자협동조합의 설립 과정과 운영방식 등에 관한 설명은 다음 기사를 참조할 것. https://www.fastcompany.com/90651242/how-the-drivers-cooperative-built-a-worker-owned-alternative-to-uber-and-lyft; https://nextcity.org/urbanist-news/new-yorks-driver-owned-ride-hailing-app-is-putting-its-foot-on-the-accelera.
47. Connor Spelliscy 외, 'Toward Equitable Ownership and Governance in the Digital Public Sphere', Belfer Center for Science and International Affairs, Harvard University, 2023, p. 18.
48. https://platform.coop/blog/is-bologna-on-the-verge-of-becoming-the-italian-co-op-valley/; https://www.ifabfoundation.org.
49. https://www.project-syndicate.org/magazine/break-up-big-tech-companies-by-robert-b-reich-2020-04.
50. 유럽연합 인공지능법 발의 과정에 대한 세부 사항은 유럽의회가 공시한 다음 보도자료를 참조할 것. https://www.europarl.europa.eu/news/en/press-room/ 20231206IPR15699/artificial-intelligence-act-deal-on-comprehensive-rules-for-trustworthy-ai.
51. Tristan Harris, Aza Raskin, 'A.I. Dilemma'.
52. Coralie Koonce, *Thinking Toward Survival* (iUniverse, 2010), p. 337.

10장. 문명 붕괴를 피하는 방법

1. Vaclav Smil, *Energy and Civilization*, pp. 1-2.
2. Nate Hagens, 'Economics for the Future – Beyond the Superorganism', *Ecological Economics* 169(2020), p. 14, https://doi.org/10.1016/j.ecolecon.2019.106520.
3. Nate Hagens, 'Economics for the Future'. 그가 제작한 다음 영상도 참조할 것. Nate Hagens, *The Great Simplification* (2022), https://www.youtube.com/watch?v=-xr9rIQxwj4. 네이트 하겐스의 이론은 인류학자 조지프 테인터의 문명 붕괴 연구와 어느 정도 일맥상통하는데, 그는 동로마제국의 주요 멸망 원인을 '복잡성으로의 회귀'에서 찾았으며, 이 문제는 '단순화'를 강제함으로써 어느 정도 해결할 수 있다. 다음 논문을 참조할 것. Joseph Tainter, 'Problem Solving: Complexity, History, Sustainability', *Population and Environment* 22(2000), https://doi.org/10.1023/A:1006632214612.
4. Nate Hagens, 'Economics for the Future', p. 13.
5. Jefim Vogel, Jason Hickel, 'Is Green Growth Happening? An Empirical Analysis of Achieved Versus Paris-Compliant CO2-GDP Decoupling in High-Income Countries', *Lancet Planetary Health* 7/9(2023), https://doi.org/10.1016/S2542-5196(23)00174-2.
6. 우리 세계가 재앙적인 생태 붕괴의 길로 접어들었다는 증거는 날마다 쌓여가고 있다. Luke Kemp 외, 'Climate Endgame'; Will Steffen 외, 'Trajectories of the Earth System in the Anthropocene', *PNAS* 115/33(2019): 35-44, https://doi.org/10.1073/pnas.1810141115; Gaya Herrington, 'Update to Limits to Growth: Comparing the World3 model with Empirical Data', *Journal of Industrial Ecology* 25/3(2020), https://doi.org/10.1111/jiec.13084.
7. Luke Kemp, 'Are we on the road to civilisation collapse?', *BBC Future*, 19 September 2019, https://www.bbc.com/future/article/20190218-are-we-on-the-road-to-civilisation-collapse.
8. Peter Turchin, *Ultrasociety: How 10,000 Years of War Made Humans the Greatest Cooperators on Earth* (Beresta Books, 2016), p. 28. '단일 이론' 접근방식에서 탈피해 문명 붕괴를 다각적·통합적으로 이해하려는 시도 중 가장 모범적인 사례는 다음 논문을 참조할 것. Graeme Cumming, Gary Peterson, 'Unifying Research on Social-Ecological Resilience and Collapse'.
9. Arnold Toynbee, *A Study of History*, III (Oxford University Press, 1935), p. 322.
10. 이븐 할둔의 글에는 역사의 교훈을 되새기겠다는 생각, 특히 과거로부터 경고를 얻겠다는 의지가 담겨 있다. 《무캇디마》의 확장판이라고 할 수 있는 그의 후기 역사서 《이바르의 서(Kitāb al-'Ibar)》는 '교훈의 서(The Book of Lessons)'와 '경고의 서(The Book of Warning)' 같은 다양한 제목으로 번역 출판됐다.
11. Robert Irwin, *Ibn Khaldun: An Intellectual Biography* (Princeton University Press, 2018), pp. x, 3-9, 24-38, 96-100; Albert Hourani, *A History of the Arab Peoples* (Faber and Faber, 1991), pp. 1-4.

12. Ibn Khaldun, *The Muqaddimah: An Introduction to History*, Franz Rosenthal 옮김 (Princeton University Press, 2015), pp. 45-46, 97-137; Robert Irwin, *Ibn Khaldun*, pp. 19, 45-49, 53-55, 89-90; Sohail Inayatullah, 'Ibn Khaldun: The Strengthening and Weakening of Asabiya', *Periodica Islamica* 6/3(1996): 3-11.
13. Ibn Khaldun, *Muqaddimah*, p. 39.
14. Luke Kemp, 'Are we on the road to civilisation collapse?'. 다음 책도 참조할 것. Miguel Centeno et al. (eds.), *How Worlds Collapse* 중 Luke Kemp, 'Diminishing Returns on Extraction: How Inequality and Extractive Hierarchy Create Fragility'(Routledge, 2023), pp. 37-60. 문명 붕괴를 촉진하는 환경 위기 등을 사회적 결속으로 중재하고 완화하는 방식에 대한 설명은 다음 논문을 참조할 것. Daniel Hoyer, 'Navigating Polycrisis: Long-Run Socio-Cultural Factors Shape Response to Changing Climate', *Philosophical Transactions B: Climate Change Adaptation Need a Science of Culture* (March 2023), https://doi.org/10.31235/osf.io/h6kma.
15. Rebecca Solnit, *A Paradise Built in Hell: The Extraordinary Communities that Arise in Disaster* (Penguin, 2010), pp. 2, 14; Jared Diamond, *Collapse*, pp. 430-431; Robert Putnam, *Making Democracy Work*, pp. 121-162.
16. Peter Turchin, *Ultrasociety*, p. i.
17. Peter Turchin, *War and Peace and War: The Rise and Fall of Empires*(Plume, 2007), p. 108.
18. Stefan Gössling, Andreas Hume, 'Millionaire Spending Incompatible with 1.5° C Ambitions', *Cleaner Production Letters* 4(2023), https://doi.org/10.1016/j.clpl.2022.100027.
19. Ronald Wright, *A Short History of Progress* (Canongate, 2004), pp. 8, 78-79; Graeme Cumming, Gary Peterson, 'Unifying Research on Social-Ecological Resilience and Collapse', pp. 702-706.
20. Jared Diamond, *Collapse*, pp. 306-307; Stephen Lansing, *Perfect Order*.
21. Robin Wall Kimmerer, 'Mending Our Relationship with the Earth', in Greta Thunberg (ed.), *The Climate Book* (Penguin, 2022), pp. 415-420; https://www.yesmagazine.org/issue/good-health/2015/11/26/the-honorable-harvest-lessons-from-an-indigenous-tradition-of-giving-thanks.
22. Stephen Kellert, Edward O. Wilson, *The Biophilia Hypothesis* (Island Press, 1993). https://www.nature.com/articles/s41598-022-20207-6; Jeremy Rifkin, Age of Resilience, pp. 224, 233, 239.
23. Keith Thomas, *Man and the Natural World: Changing Attitudes in England 1500-1800* (Penguin, 1984), pp. 25, 197; Lynn White Jr, 'The Historical Roots of our Ecological Crisis', *Science* 155/3767(1967), https://doi.org/10.1126/science.155.3767.1203; Richard Tawney, *Religion and the Rise of Capitalism* (Penguin, 1980).
24. Masashi Soga 외, 'Gardening Is Beneficial for Health: A Meta-Analysis', *Preventative*

Medicine Reports 5(2017), https://doi.org/10.1016/j.pmedr.2016.11.007.
25. Keith Thomas, *Man and the Natural World*, p. 15.
26. 같은 책, p. 221.
27. Martin Hoyles, *Gardeners Delight: Gardening Books from 1560-1960* (Pluto Press, 1994, 제2권); Laura Rival (ed.), *The Social Lives of Trees: Anthropological Perspectives on Tree Symbolism* (Berg, 1998); Simon Schama, *Landscape and Memory* (Fontana, 1996), pp. 159-168.
28. Keith Thomas, *Man and the Natural World*, pp. 102-112.
29. 같은 책, pp. 65-66, 130, 141, 247.
30. James George Frazer, *The Illustrated Golden Bough* (Macmillan, 1978), pp. 58-64, 73-77, 144-152.
31. Teri Frances Brewer, 'May Morning in Oxford: History and Social Change in an Urban Tradition', 박사논문, University of California, Los Angeles, 1995, pp. 76-77.
32. Keith Thomas, *Man and the Natural World*, p. 166.
33. Jeremy Rifkin, *Age of Resilience*, p. 240.
34. https://www.bbc.co.uk/news/science-environment-47976184.
35. https://pinyin.info/chinese/crisis.html.
36. Reinhart Koselleck, 'Crisis', *Journal of the History of Ideas* 67/2(2006), https://www.jstor.org/stable/30141882.
37. Meg Jacobs, 'How About Some Meat?'; Paul M. O'Leary, 'Wartime Rationing'; https://www.monbiot.com/2021/10/24/miracle-of-reduction/. 내가 발표한 다음 논문에서 당시 미국의 배급 정책에 관해 자세히 확인할 수 있다. Roman Krznaric, 'Food Coupons and Bald Mountains', pp. 8-12.
38. Rutger Bregman, 'This Is What Climate Change Means if Your Country Is Below Sea Level', *The Correspondent*, 24 September 2020, https://thecorrespondent.com/685/this-is-what-climate-change-means-if-your-country-is-below-sea-level.
39. Ruth Supko, 'Perspectives on the Cuban National Literacy Campaign', paper delivered to the Latin American Studies Association, Chicago, 24-6 September 1998; Arlo Kempf, 'The Cuban Literacy Campaign at 50: Formal and Tacit Learning in Revolutionary Education', *Critical Education* 5/4(2014), https://doi.org/10.14288/ce.v5i4.183269; Catherine Murphy, *Maestra*(다큐멘터리 영화, 2012); Illona Otto 외, 'Social Tipping Dynamics for Stabilizing Earth's Climate by 2050', *PNAS* 117/5(2020), p. 2361, https://doi.org/10.1073/pnas.1900577117.
40. '전쟁' '재난' '혁명'이라는 처음 세 가지 위기 대응 촉진 조건은 발터 샤이델이 경제적 불평등을 감소시키는 계기로 제시한 '평준화의 네 기수', 곧 '대규모 대중 동원 전쟁' '변혁적 혁명' '국가 붕괴' '치명적 전염병'과 몇 가지 교집합을 이룬다는 점에 유의할 필요가 있다(8장을 참조할 것). 하지만 샤이델의 모델에는 내 범주인 '파괴적 변화'에 해당하는

것이 없는데, 이는 그에게 급진적 변화를 창출할 파급력 있는 사회운동에 대한 믿음이 거의 없었음을 보여준다. 근본적인 차이가 여기에 있다.

41. Naomi Klein, *This Changes Everything: Capitalism vs the Climate* (Allen Lane, 2014), p. 14.
42. Mary Elise Sarotte, *The Collapse: The Accidental Opening of the Berlin Wall* (Basic Books, 2015), pp. 85-103.
43. 다음 책의 1982년 개정판 서문에서 인용. Milton Friedman, *Capitalism and Freedom* (Chicago University Press, 2002), p. xiv.
44. Steven DeCaroli, 'Arendt's Krisis', *Ethics and Education* 15/2(2020), https://doi.org/10.1080/17449642.2020.1732121, pp. 175, 177; Jeff Jurgens, 'Arendt on Crisis', The Hannah Arendt Center(2018), https://medium.com/quote-of-the-week/arendt-on-crisis-e24ab8225289; Hannah Arendt, 'Understanding Politics', *Partisan Review* 20/4(1953); Hannah Arendt, *Between Past and Future: Eight Exercises in Political Thought* 중 'The Crisis in Culture: Its Social and Political Significance'(Penguin, 2006), pp. 194-223.
45. Peter Frankopan, *The Earth Transformed: An Untold Story* (Bloomsbury, 2023), p. 654; Brian Fagan, Nadia Durrani, *Climate Chaos*, pp. 59-62, 239.
46. '생명애(바이오필리아)'와 '집단 연대(아사비야)' 개념은 케이트 레이워스가 개발하고 나도 자주 인용한 '도넛 경제학(Doughnut Economics)' 모델과도 대응한다. '생명애'는 도넛 모델에서 '생태적 한계'와 연결되고 '집단 연대'는 '사회적 기반'을 뒷받침한다.

맺음말: 근본적 희망이 남아 있는 5가지 이유

1. Howard Zinn, *On History*, p. 44.
2. 같은 책, p. 45. '근본적' 또는 '급진적'이라는 뜻의 영어 단어 '래디컬(radical)'은 어원학적으로 '뿌리'를 일컫는 라틴어 어근 '라디크(radic)'에서 파생했다. 그렇기에 나는 여러분이 뿌리내린 가치에 기반을 둔 '근본적' 희망을 전하는 것이다.
3. https://halifax.citynews.ca/2023/04/07/hanging-in-david-suzuki-shares-insights-as-he-retires-from-the-nature-of-things/.
4. 흔히 '응용역사'라고 말하는 교과 과목은 하버드대학교에서 제공하는 커리큘럼과 같이 주로 국제 문제나 외교에 초점을 맞추므로, 이 책에서 내가 설정한 범주와 비교하면 그 범위가 너무 좁다. https://www.hks.harvard.edu/courses/reasoning-past-applied-history-and-decision-making.
5. https://remolino.qc.ca/2023/10/11/une-chaise-des-generations-pour-lassemblee-nationale/.